5.500 ESCUDOS DE FUTEBOL DO MUNDO TODO

Rodolfo Rodrigues e Romilson de Lima

onze
CULTURAL

Editora	
Publisher	Marco Piovan
Textos	Rodolfo Rodrigues
Arte	Guga Bacan
Pesquisa	Romilson de Lima
Revisão	Gabriel Gama
Comercial e Marketing	João Piovan

DIREITOS DE REPRODUÇÃO RESERVADOS

@11cultural • www.onzecultural.com.br

Dados Internacionais de Catalogação na Publicação (CIP)
(Câmara Brasileira do Livro, SP, Brasil)

```
Rodrigues, Rodolfo
   5.500 escudos do mundo todo / Rodolfo Rodrigues
e  Romilson Rocha de Lima. -- São Paulo :
Onze Cultural, 2025.

   ISBN 978-65-86818-38-3

   1. Brasões 2. Futebol 3. Times de futebol
I. Lima, Romilson Rocha de. II. Título.

25-262945                                    CDD-796.334
```

Índices para catálogo sistemático:

1. Futebol   796.334

Eliane de Freitas Leite - Bibliotecária - CRB 8/8415

SUMÁRIO

PREFÁCIO	4
APRESENTAÇÃO	5
🇧🇷 BRASIL (CBF)	6
FEDERAÇÕES DO BRASIL	7
CLUBES BRASILEIROS	8
CONMEBOL (AMÉRICA DO SUL)	52
🇦🇷 ARGENTINA	53
CLUBES DA CONMEBOL (AMÉRICA DO SUL)	53
CONCACAF (AMÉRICA DO NORTE E CENTRAL)	68
🇺🇸 ESTADOS UNIDOS	70
🇲🇽 MÉXICO	72
CLUBES DA CONCACAF	74
UEFA (EUROPA)	82
🇩🇪 ALEMANHA	84
🇪🇸 ESPANHA	88
🇮🇹 ITÁLIA	92
🏴󠁧󠁢󠁥󠁮󠁧󠁿 INGLATERRA	96
🇫🇷 FRANÇA	102
🇵🇹 PORTUGAL	106
🇳🇱 HOLANDA	110
🇧🇪 BÉLGICA	113
🏴󠁧󠁢󠁳󠁣󠁴󠁿 ESCÓCIA	115
🇷🇺 RÚSSIA	117
🇹🇷 TURQUIA	119
CLUBES DA UEFA	121
CAF (ÁFRICA)	152
CLUBES DA CAF	154
AFC (ÁSIA)	170
🇸🇦 ARÁBIA SAUDITA	172
🇦🇺 AUSTRÁLIA	173
🇰🇷 COREIA DO SUL	174
🇯🇵 JAPÃO	175
CLUBES DA AFC	176
OFC (OCEANIA)	186
🇳🇿 NOVA ZELÂNDIA	187
CLUBES DA OFC	188
ÍNDICE REMISSIVO	190
SOBRE OS AUTORES	200

PREFÁCIO

Escudo para nos proteger. Distintivo para nos identificar. Brasão para nós enobrecer. Insígnia para nos conceder poder. Scudetto para nos fazer campeões. Emblema para nos marcar na única pele.

Chame como quiser. Mas nos chame pelo nosso nome de torcedor. Antes de ser gente sou fanático pelo meu time. Gosto que me chamem pelo meu clube que é mais do que sinônimo do meu nome de família. O meu time de futebol (até mais do que a sociedade esportiva que é) será para sempre meu amor incondicional. Nasci amando meus pais que fizeram torcer pelo nosso clube, nasci amando meus filhos que nem tinham nascido, e fui concebido para ser o que mais gosto de ser: torcedor.

Carregar no peito o escudo que me diferencia para ser igual a milhões que o tatuam na pele.

Sou o que sou pelo meu time ser o que é. No caso especial e específico, ele teve três nomes. Já usou quase uma dezena de escudos. Mas é o sinal que nos investe de amor e lealdade que é maior do que a força e poder que tem.

Não torço pelo meu time para ele ser campeão – e, em torneios no meu país, quem tem mais conquistas nacionais é ele; torço para me fazer o que sou. Com minhas derrotas doloridas, com meus empates diários, com minhas vitórias eternas.

Meu time é meu escudo. Não são outros 500. É único amor. Em mais uma obra maestra do Rodolfo Rodrigues e do Romilson de Lima (mais um Ro-Ro de craques brasileiros...), temos 5.500 amores únicos. Distintos. Distintivos.

Não há problema em multiplicar o coração por vários clubes. Cardiopatia é não ter por quem torcer. Não olhar um escudo e se apaixonar perdidamente (ou vencidamente) por quem ostenta nossa paixão. Símbolo. Síntese.

Prazer de ofício conhecer as armas de cada clube. Relembrar nossa vida e as arquibancadas alheias.

Por questão de gosto, um deles é o mais lindo. Único como a estrela no escudo. Ainda mais belo por ser desenhado por atleta. O do Botafogo é o distintivo dos 5.500.

Tem como discutir. Mas só depois de olhar milhares de paixões. Os 5.500 escudos não podem estar errados.

Só está errado quem não se protege com um manto sagrado.

Mauro Beting

CHEGAMOS LÁ

A história do livro dos escudos nasceu em 2006, mas teve uma origem ainda mais antiga. Em 1988, a Revista Placar publicou um encarte especial com 192 escudos do mundo inteiro. Alguns anos depois, o jornalista Marcelo Duarte, que foi o Redator-Chefe da revista em 1988 e meu colega de redação na própria Placar, me convidou para fazer o livro "Escudos dos Times do Mundo Inteiro", pela Editora Panda Books. A obra reuniu mais de 2.500 escudos, algo totalmente inovador para aquele ano, em que nem todos os logos de clubes e seleções estavam disponíveis na internet. Naquele livro, o meu colega Celso Unzelte fez o prefácio, com o título "Um Grande 'Escudeiro'".

Em 2009, tive o prazer de conhecer Romilson de Lima, do Rio Grande do Norte, um fanático por escudos, que se inspirou justamente no prefácio do livro de 2006 para criar o nome do seu blog "umgrandeescudeiro", que virou um site e referência para qualquer colecionador de escudinhos. E não só de futebol! O blog UGE, além dos mais de 10 mil escudos de futebol, tem logos de times de basquete, beisebol, futsal, automobilismo, vôlei e muito mais. E Romilson não parou aí. Em 2024, lançou o livro digital "Escudos, Arquiteturas e Monumentos - Viaje pelo mundo através dos escudos".

Em 2025, convoquei Romilson para relançar o livro dos escudos, com o desafio de ampliá-lo ainda mais. A ideia foi contar literalmente com escudinhos de times do mundo inteiro. Assim, fomos buscar clubes de todos os 211 países filiados à Fifa. Como critério, escolhemos mais times dos países mais relevantes no futebol mundial. Para os pequenos, foram, no mínimo, seis equipes. Além disso, colocamos a evolução dos escudos dos grandes clubes e aqueles mais populares nos principais países. Dessa forma, a conta dos escudos subiu para mais de 5.500 nesta nova obra. Todos acompanhados com uma ficha técnica com o nome completo, data de fundação, cidade e endereço do instagram daqueles que têm seu perfil oficial na rede social. Um trabalho enorme e grandioso, que contou com a diagramação de Guga Bacan e nos encheu de orgulho. Aqui nós gostamos muito do resultado e esperamos que você, leitor, curta também.

Rodolfo Rodrigues

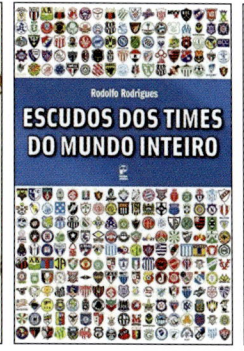

BRASIL

PRINCIPAIS MUDANÇAS DA CBF

FBS 1914 • 1916	FBF 1916 • 1917	CBD 1917 • 1938
CBD 1938 • 1950	CBD 1950 • 1954	CBD 1954 • 1958
CBD 1958 • 1962	CBD 1962 • 1966	CBD 1966 • 1968
CBD 1968 • 1971	CBD 1971 • 1976	CBD 1976 • 1980
CBF BRASIL 1980 • 1985	CBF BRASIL 1985 • 1991	CBF BRASIL 1991 • 1994
CBF BRASIL 1994 • 1999	CBF BRASIL 1999 • 2002	CBF BRASIL 2002 • 2010
CBF BRASIL 2006	CBF BRASIL 2006	CBF BRASIL 2010 • 2014
CBF 2014 • 2016	CBF BRASIL 2016 • 2019	CBF 2019

FEDERAÇÕES

ACRE (FFAC)
Federação de Futebol do Acre
27/1/1947 • Rio Branco
@ffac_oficial

ALAGOAS (FAF)
Federação Alagoana de Futebol
14/3/1927 • Maceió
@fafalagoas

AMAPÁ (FAF)
Federação Amapaense de Futebol
26/6/1945 • Macapá
@faf_ap

AMAZONAS (FAF)
Federação Amazonense de Futebol
26/9/1960 • Manaus
@faf_amazonas

BAHIA (FBF)
Federação Bahiana de Futebol
14/9/1913 • Salvador
@fbfoficial

CEARÁ (FCF)
Federação Cearense de Futebol
23/3/1920 • Fortaleza
@fcfoficial

DISTRITO FEDERAL (FFDF)
Federação de Futebol do Distrito Federal
16/3/1959 • Brasília
@ffdfoficial

ESPÍRITO SANTO (FES)
Federação de Futebol do Estado do Espírito Santo
2/5/1917 • Vitória
@futebolcapixabaoficial

GOIÁS (FGF)
Federação Goiana de Futebol
1/11/1939 • Goiânia
@fgf_futebol

MARANHÃO (FMF)
Federação Maranhense de Futebol
11/1/1918 • São Luís
@fmfoficial

MATO GROSSO (FMT)
Federação Mato-Grossense de Futebol
26/5/1942 • Cuiabá
@fmfmt_oficial

MATO GROSSO DO SUL (FFMS)
Federação de Futebol de Mato Grosso do Sul
3/12/1978 • Campo Grande
@ffms_oficial

MINAS GERAIS (FMF)
Federação Mineira de Futebol
5/3/1915 • Belo Horizonte
@fmf_oficial

PARÁ (FPF)
Federação Paraense de Futebol
2/12/1969 • Belém
@fpfpara

PARAÍBA (FPF)
Federação Paraibana de Futebol
24/4/1947 • João Pessoa
@federacaoparaibana

PARANÁ (FPF)
Federação Paranaense de Futebol
4/8/1937 • Curitiba
@federacaopr

PERNAMBUCO (FPF)
Federação Pernambucana de Futebol
16/7/1915 • Recife
@fpfpe

SÃO PAULO (FPF)
Federação Paulista de Futebol
22/4/1941
São Paulo
@fpf_oficial

1941 • 2015
2015 • 2016
2017

RIO DE JANEIRO (FERJ)
Federação de Futebol do Estado do Rio de Janeiro
29/9/1978 • Rio de Janeiro
@fferjoficial

1978 • 1999
2000 • 2023

PIAUÍ (FFP)
Federação de Futebol do Piauí
25/11/1941 • Teresina
@ffp_oficial

RIO GRANDE DO NORTE (FNF)
Federação Norte-rio-grandense de Futebol
14/7/1918 • Natal
@fnfoficial

RIO GRANDE DO SUL (FGF)
Federação Gaúcha de Futebol
18/5/1918 • Porto Alegre
@oficialfgf

RONDÔNIA (FFER)
Federação de Futebol do Estado de Rondônia
29/10/1944 • Porto Velho
@oficial.ffer

RORAIMA (FRF)
Federação Roraimense de Futebol
18/2/1974 • Boa Vista
@federacaororaimensedefutebol

SANTA CATARINA (FCF)
Federação Catarinense de Futebol
12/4/1924 • Balneário Camburiú
@fcf_futebol

SERGIPE (FSF)
Federação Sergipana de Futebol
10/11/1926 • Aracaju
@fsfsergipe

TOCANTINS (FTF)
Federação Tocantinense de Futebol
7/4/1990 • Palmas

ACRE

ADESG
Associação Desportiva Senador Guiomard
26/1/1982 • Senador Guiomard
@adesgacre

ALTO ACRE
Alto Acre Futebol Club
31/1/2009 • Epitaciolândia

AMAPÁ
Amapá Futebol Clube
1969 • Rio Branco

AMAX
AMAX Esporte Clube
21/9/2007 • Xapuri

ANDIRÁ
Andirá Esporte Clube
1/11/1964 • Rio Branco
@andiraec

ATLÉTICO ACREANO
25/4/1952 • Rio Branco
@atleticoacreano_

GALVEZ
Galvez Esporte Clube
3/7/2011 • Rio Branco
@galvezec

GRÊMIO ACREANO
Grêmio Esportivo Acreano
20/06/1965 • Sena Madureira

HUMAITÁ
Sport Clube Humaitá
30/4/2015 • Porto Acre
@sportclubehumaita

INDEPENDÊNCIA
Independência Futebol Clube
2/8/1946 • Rio Branco
@independenciafc.oficial

INTERNACIONAL
Internacional Sport Club
1968 • Rio Branco

JUVENTUS
Atlético Clube Juventus
1/3/1966 • Rio Branco

NÁUAS
Náuas Esporte Clube
19/10/1923 • Cruzeiro do Sul
@nauasesporteclube_oficial

PLÁCIDO DE CASTRO
Plácido de Castro Futebol Clube
3/11/1979 • Plácido de Castro
@placidodecastrofc

RIO BRANCO
Rio Branco Football Club
8/6/1919 • Rio Branco
@riobranco_fc

SANTA CRUZ
Santa Cruz Esporte Clube
12/12/2022 • Rio Branco
@santacruzacre

SÃO FRANCISCO
São Francisco Futebol Clube
10/4/1967 • Rio Branco
@saofranciscoacre

VASCO
Associação Desportiva Vasco da Gama
28/6/1952 • Rio Branco
@vasco_acre_oficial

ALAGOAS

AGRIMAQ
Sport Club Agrimaq
25/5/1989 • Maceió
@ctagrimaqmaceio

ASA
Agremiação Sportiva Arapiraquense
1/9/1977 • Arapiraca
@asaoficial

BATALHENSE
Centro Sportivo Batalhense
1/1/1984 • Batalha

BOM JESUS
Sport Club Bom Jesus
1/1/1928 • Matriz de Camaragibe

CAPELA
Capela Esporte Clube
3/11/1975 • Capela
@capela_esporte_clube

CAPELENSE
Clube Sportivo Capelense
4/4/1946 • Capela
@cscapelense

CEO
Centro Esportivo Olhodaguense
2/12/1953 • Maceió
@ceooficial

COMERCIAL
Comercial Futebol Clube
6/061965 • Viçosa

CORURIPE
Associação Atlética Coruripe
1/3/2003 • Coruripe
@aacoruripe

CRB
Clube de Regatas Brasil
20/9/1912 • Maceió
@crboficial

CRUZEIRO
Esporte Clube Cruzeiro Arapiraca
28/5/2019 • Arapiraca
@cruzeiroalagoano

CORINTHIANS ALAGOANO
Sport Club Corinthians Alagoano
4/4/1991 • Maceió

CSA
Centro Sportivo Alagoano
7/9/1913 • Maceió
@csaoficial

CSE
Clube Sociedade Esportiva
7/5/1997 • Palmeira dos Índios
@cse.oficial

DESPORTIVO ALIANÇA
Desportivo Aliança
10/3/2012 • Rio Largo
@desportivoalianca

DIMENSÃO SAÚDE
Associação Atlética Dimensão Saúde
10/2/2001 • Maceió
@aadimensaosaude

DÍNAMO
Dínamo Esporte Clube
7/9/1968 • Maceió
@dinamoec.oficial

FF SPORTS NOVA CRUZ
Francisco Ferro Sports Futebol Clube
1/1/2009 • Pilar
@ffsportclube.oficial

GUARANY
Esporte Clube Guarany Alagoano
29/7/2021 • Maceió
@guaranyalagoano

IGACI
Igaci Futebol Clube
10/2/2001 • Igaci
@igacifutebolclube

IGREJA NOVA
Igreja Nova Futebol Clube
2010 • Igreja Nova

IPANEMA
Ipanema Atlético Clube
5/5/1923 • Santana do Ipanema
@ipanemacoficial

JACIOBÁ
Jaciobá Atlético Clube
25/1/1964 • Pão de Açucar
@jaciobaac

MIGUELENSE
Miguelense Futebol Clube
22/6/1995 • São Miguel dos Campos
@miguelenseoficial

MURICI
Murici Futebol Clube
7/9/1974 • Murici
@muricifutebolclube

PENEDENSE
Sport Club Penedense
3/1/1909 • Penedo
@scpenedense

SANTA CRUZ
Santa Cruz Futebol Clube
16/9/1917 • Penedo

SANTA CRUZ
Santa Cruz Futebol Clube
3/2015 • Barra de São Miguel

SANTA RITA
Sport Club Santa Rita
12/11/2013 • Boca da Mata

SÃO DOMINGOS
Associação Sportiva São Domingos
1/9/1964 • Marechal Deodoro
@saodomingosal

SÃO SEBASTIÃO
Sport Club São Sebastião
5/4/1970 • Porto Calvo

SETE DE SETEMBRO
Sociedade Sportiva Sete de Setembro
7/9/1945 • Maceió

SPORT ATALAIA
Sport Clube Santo Antônio do Atalaia
13/6/2007 • Atalaia
@sport_atalaia

UNIÃO
União Futebol Clube
2007 • União dos Palmares

ZUMBI
Zumbi Esporte Clube
15/11/1954 • União dos Palmares
@zumbiecoficial

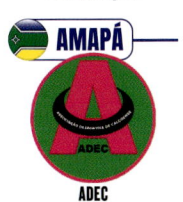

ADEC
Associação Desportiva Calçoene
29/10/2010 • Calçoene
@adec_ap_oficial

AMAPÁ
Amapá Clube
23/2/1944 • Macapá

BARE
Boleiros Araguarienses Recreações e Esportes
2010 • Ferreira Gomes

CANÁRIO
Canário Esporte Clube
18/2/1993 • Macapá
@canario.ec

CRISTAL
Clube Atlético Cristal
15/11/1969 • Macapá
@clubeatleticocristal

CRUZEIRO
Cruzeiro Esporte Clube
1967 • Macapá
@cruzeiroesporteclubeamapa

INDEPENDENTE
Independente Esporte Clube
19/1/1962 • Santana
@independenteap

LAGOA
Lagoa Esporte Clube
24/6/1971 • Macapá
@lagoaecapoficial_

LATITUDE ZERO
Clube Latitude Zero
11/11/2022 • Macapá
@clubelatitudezero

MACAPÁ
Esporte Clube Macapá
18/7/1944 • Macapá
@ecmacapaoficial

ORATÓRIO
Oratório Recreativo Clube
15/8/1969 • Macapá
@oratorioclube

PORTUGUESA
Portuguesa de Desporto do Amapá
19/4/1994 • Macapá
@portuguesa.amapa

RENOVAÇÃO
Renovação Esporte Clube
24/2/1996 • Macapá
@rec.amapa

SANTANA
Santana Esporte Clube
25/9/1955 • Santana

SANTOS
Santos Futebol Clube
11/5/1973 • Macapá
@santosamapafc

SÃO JOSÉ
Sociedade Esportiva e Recreativa São José
28/8/1946 • Macapá
@s.e.r.saojose

SÃO PAULO
São Paulo Futebol Clube
3/2/1988 • Macapá
@saopaulo.ap

TREM
Trem Desportivo Clube
1/1/1947 • Macapá
@tremdesportivoclube

YPIRANGA
Ypiranga Clube
15/5/1963 • Macapá
@ypirangaclube

AMAZONAS

AMAZONAS
Amazonas Futebol Clube
23/5/2019 • Manaus
@amazonasfcoficial

ATLÉTICO AMAZONENSE
Associação Sport Club Atlético Amazonense
8/1/2018 • Manaus
@atleticoamazonenseoficial

CDC AMAZÔNIA
Centro de Desenvolvimento Comunitário Esporte Clube
30/5/2007 • Manaus
@cdcdaamazonia

CLIPPER
Atlético Clipper Clube
1/6/1952 • Manaus
@atleticoclipperclubeof

FAST
Nacional Fast Clube
8/7/1930 • Manaus
@fastclubeoficial

HOLANDA
Holanda Esporte Clube
24/10/1984 • Rio Preto da Eva
@holanda.ecoficial

IRANDUBA
Esporte Clube Iranduba da Amazônia
18/1/2011 • Iranduba
@eciranduba

ITACOATIARA
Itacoatiara Futebol Clube
11/02/2019 • Itacoatiara

LIBRADE
Clube Desportivo Librade
14/3/2016 • Manaus
@librade.am

MANAUARA
Manauara Esporte Clube
30/11/2020 • Manaus
@manauaraec

MANAUS
Manaus Futebol Clube
5/5/2013 • Manaus
@manausfc

NACIONAL
Nacional Futebol Clube
13/1/1913 • Manaus
@nacionalfc1913

NACIONAL BORBENSE
Associação Recreativa e Cultural Nacional Borbense
13/4/1989 • Borba

OPERÁRIO
Operário Esporte Clube
10/6/1982 • Manacapuru
@operarioec.am

PENAROL
Penarol Atlético Clube
8/8/1947 • Itacoatiara
@penarolatleticoclube

PRINCESA DO SOLIMÕES
Princesa do Solimões Esporte Clube
18/8/1971 • Manacapuru
@princesaec-am

RB DO NORTE
RB do Norte Clube
5/11/2021 • Manaus
@rbdonorte

RIO NEGRO
Atlético Rio Negro Clube
13/11/1913 • Manaus

RPE PARINTINS
Associação Parintins Futebol Clube
8/7/2021 • Rio Preto da Eva
@parintinsfutebolclub

SÃO RAIMUNDO
São Raimundo Esporte Clube
18/11/1918 • Manaus
@saoraimundoam

SETE
Sete Futebol Clube
26/7/2022 • Manaus
@7futebolclube

SUL AMÉRICA
Sul América Esporte Clube
1/5/1932 • Manaus

TARUMÃ
Esporte Clube Tarumã
1/3/1974 • Manaus
@ectarumaoficial

UNIDOS DO ALVORADA
Unidos do Alvorada Esporte Clube
15/5/1995 • Manaus
@unidosdoalvoradaesporteclube

BAHIA

ABB
Associação Bancários da Bahia
1976 • Salvador

ATLANTA
Associação Desportiva Atlanta
1/2/1983 • Jequié

ATLÂNTICO
Atlântico Esporte Clube
15/3/2001 • Lauro de Freitas
@atlantico_esporteclube

ATLÉTICO DE ALAGOINHAS
Alagoinhas Atlético Clube
2/4/1970 • Alagoinhas
@atleticodealagoinhas

ATLÉTICO UNIVERSITÁRIO
Clube Atlético Universitário
30/5/2007 • Santo Antônio de Jesus

BAHIA DE FEIRA
Associação Desportiva Bahia de Feira
2/7/1937 • Feira de Santana
@bahiadefeira

BARCELONA
Barcelona de Ilhéus Futebol
e Entretenimento S.A.
17/9/2019 • Ilhéus
@barcelonailheus

BARREIRAS
Barreiras Esporte Clube
14/2/1995 • Barreiras

BOTAFOGO
Botafogo Sport Clube
1/11/1914 • Salvador

CAMAÇARI
Camaçari Futebol Clube
8/11/1968 • Camaçari
@camacarifcoficial

CAMAÇARIENSE
Sport Clube Camaçariense
28/4/1977 • Camaçari
@sportclubecamacariense

CATUENSE
Catuense Futebol S/A
7/11/2001 • Catu
@catuensefutebol

BAHIA
Esporte Clube Bahia
1/1/1931
Salvador
@ecbahia

1959 • 1979 • 1988 • 1990 • 2012 • 2017 • 2017

COLO-COLO
Colo-Colo de Futebol e Regatas
2/4/1948 • Ilhéus
@colocolofroficial

CONQUISTA
Conquista Futebol Clube
7/1/1978 • Vitória da Conquista
@conquistafutebolclube_oficial

CRUZEIRO
Cruzeiro Futebol Clube
26/9/1967 • Cruz das Almas

DOCE MEL
Doce Mel Esporte Clube
1/2/1984 • Ipiaú
@docemeleoficial

EUNÁPOLIS
Eunápolis Esporte Clube
7/7/1982 • Eunápolis
@eunapoliseoficial

FEIRENSE
Feirense Futebol Clube
30/5/2007 • Feira de Santana
@feirensefutebolclube

FLAMENGO
Clube Esportivo Flamengo
15/9/2009 • Guanambi
@flamengodeguanambi

FLUMINENSE
Fluminense de Feira Futebol Clube
1/1/1941 • Feira de Santana
@tourodosertaooficial

GALÍCIA
Galícia Esporte Clube
1/1/1933 • Salvador
@galiciaec

GRAPIÚNA
Grapiúna Atlético Clube
11/3/1996 • Itabuna
@grapiunaatleticoclube

GUANAMBI
Guanambi Atlético Clube
8/2/1983 • Guanambi

IPITANGA
Esporte Clube Ipitanga Bahia Ltda
20/9/2003 • Senhor do Bonfim

VITÓRIA
Esporte Clube Vitória
13/5/1899
Salvador
@ecvitoria

1994 • 1999

2000 • 2009

2019 • 2023

ITABUNA
Itabuna Esporte Clube
23/5/1967 • Itabuna
@itabunaecoficial

ITAPETINGA
Itapetinga Sport Club
2018 • Itapetinga
@itapetinguense

JACOBINA
Jacobina Esporte Clube
1/12/1993 • Jacobina
@jacobinaesporteclube

JACOBINENSE
Jacobinense Esporte Clube
4/11/2015 • Jacobina
@jacobinenseec

JACUIPENSE
Esporte Clube Jacuipense
21/4/1965 • Riachão do Jacuípe
@ecjacuipense

JEQUIÉ
Associação Desportiva Jequié
20/11/1969 • Jequié
@adjequieoficial

JUAZEIRENSE
Sociedade Desportiva Juazeirense
12/12/2006 • Juazeiro
@juazeirenseoficial

JUAZEIRO
Juazeiro Social Clube
16/8/1995 • Juazeiro
@juazeirosocialclub

LEÔNICO
Associação Desportiva Leônico
3/4/1940 • Salvador
@leonicooficial

MADRE DE DEUS
Madre de Deus Sport Clube
22/1/2002 • Madre de Deus

OLÍMPIA
Esporte Clube Olimpia
2016 • Vitória da Conquista
@ecolimpiaoficial

PFC CAJAZEIRAS
Pituaçu Futebol Clube
4/11/2015 • Salvador

POÇÕES
Esporte Clube Poções
22/7/1985 • Poções
@esporteclubepocoes

PORTELA TEIXEIRA DE FREITAS
Associação Atlética Portela Teixeira de Freitas
14/1/1995 • Teixeira de Freitas
@portelateixeiradefreitas

PORTO
Porto Sport Club
20/11/2023 • Porto Seguro
@portosportclub

REDENÇÃO
Redenção Futebol Clube
02/12/1945 • Salvador
@redencaoclubprofoficial

SÃO FRANCISCO
Associação Atlética São Francisco
10/8/1978 • São Francisco do Conde

SSA
SSA Futebol Clube
17/9/2021 • Salvador
@ssafutebol

UNIRB
Unirb Futebol Clube
1/10/2018 • Alagoinhas
@unirb_fc

VITÓRIA DA CONQUISTA
Esporte Clube Primeiro Passo
Vitória da Conquista
21/1/2005 • Vitória da Conquista
@ecppvc

YPIRANGA
Esporte Clube Ypiranga
7/9/1906 • Salvador
@ecypiranga

CEARÁ

ALIANÇA
Aliança Atlética Futebol Clube
28/3/2008 • Fortaleza
@aliancatleticafc

ALTO SANTO
Alto Santo Esporte Clube
12/6/2007 • Alto Santo

AMÉRICA
América Futebol Clube
11/11/1920 • Fortaleza

ANJOS DO CÉU
Associação Anjos do Céu
10/11/2016 • Fortaleza
@anjosdoceubr

ARACATI
Aracati Esporte Clube
17/2/2005 • Aracati

ARSENAL
Associação Desportiva Arsenal de Caridade
17/5/2007 • Caridade
@arsenaldocearaoficial

ATLÉTICO CEARENSE
Futebol Clube Atlético Cearense
7/3/1997 • Fortaleza
@fc.atleticocearense

BARBALHA
Barbalha Futebol Clube
1/1/2002 • Barbalha
@barbalhafutebolclube

BOA VIAGEM
Boa Viagem Esporte Clube
22/12/1999 • Boa Viagem

CALOUROS DO AR
Calouros do Ar Futebol Clube
1/1/1952 • Fortaleza
@calourosdoar

CAMPO GRANDE
Associação Esportiva
Campo Grande Futebol Clube
23/2/1985 • Juazeiro do Norte
@instcampogrande

CEARÁ
Ceará Sporting Club
2/6/1914
Fortaleza
@cearasc

1914 • 1915

1969 • 1970

1970 • 2003

CARIRI
Cariri Football Club
11/11/2019 • Juazeiro do Norte
@cariri.fc

CAUCAIA
Caucaia Esporte Clube
16/4/2004 • Caucaia
@caucaiaec

CRATEÚS
Crateús Esporte Clube
17/1/2001 • Crateús
@crateusesporteclube

CRATO
Crato Esporte Clube
19/11/1997 • Crato
@cratoesporteclube

ESPORTE LIMOEIRO
Esporte Clube Limoeiro
1/1/1942 • Limoeiro do Norte
@esportseclubelimoeiro

EUSÉBIO
Eusébio Esporte Clube
1/1/2005 • Eusébio

FERROVIÁRIO
Ferroviário Atlético Clube
9/5/1933 • Fortaleza
@ferroviarioac

FLORESTA
Floresta Esporte Clube
9/11/1954 • Fortaleza
@florestaec

GUARANI DE JUAZEIRO
Guarani Esporte Clube
10/4/1941 • Juazeiro do Norte
@guaranidejuazeiro

GUARANY DE SOBRAL
Guarany Sporting Club
2/7/1938 • Sobral
@guaranyscl938

13

FORTALEZA
Fortaleza Esporte Clube
18/10/1918
Fortaleza
@fortalezaec

FORTALEZA
1918 • 1927

1929 • 1940

1958 • 1960

1960 • 1963

FORTALEZA
1980 • 1982

HORIZONTE
Horizonte Futebol Clube
27/3/2004 • Horizonte
@horizontefcoficial

ICASA
Associação Desportiva Recreativa e Cultural Icasa
7/1/2002 • Juazeiro do Norte
@_icasaoficial

IGUATU
Associação Desportiva Iguatu
11/3/2010 • Iguatu
@adiguatuce

ITAPAJÉ
Itapajé Futebol Clube
1/1/1998 • Itapajé

ITAPIPOCA
Itapipoca Esporte Clube
20/12/1993 • Itapipoca
@itapipocaecoficial

ITAREMA
Itarema Esporte Club
12/12/2012 • Itarema
@itaremaec

JARDIM
Jardim Sport Clube
6/6/2006 • Jardim

JUAZEIRO
Juazeiro Empreendimentos Esportivos
12/10/1998 • Juazeiro do Norte
@juazeiroesporteclube

MARANGUAPE
Maranguape Futebol Clube
17/11/1997 • Maranguape
@maranguapemfc

MORADA NOVA
Centro Esportivo Morada Nova
26/3/2005 • Morada Nova

NOVA RUSSAS
Associação Nova Russas Esporte Clube
17/5/2008 • Nova Russas
@novarussasec

PACAJUS
Pacajus Esporte Clube
17/6/2017 • Pacajus
@pacajusec

PACATUBA
Associação dos Desportistas de Pacatuba
16/1/2010 • Pacatuba
@pacatubaesporteclube

PALMÁCIA
Palmácia Esporte Clube
5/5/2005 • Palmácia

PORTUGUESA
Portuguesa Futebol Clube
14/6/1962 • Crato

QUIXADÁ
Quixadá Futebol Clube
27/10/1965 • Quixadá
@quixadafc

SÃO BENEDITO
Associação Desportiva São Benedito
20/1/2005 • São Benedito

SÃO GONÇALO
Centro Esportivo São Gonçalo do Amarante
12/12/2012 • São Gonçalo do Amarante

TERRA E MAR
Sociedade Esportiva e Cultural Terra e Mar Clube
1/6/1938 • Fortaleza
@terraemarfutebolclube

TIANGUÁ
Tianguá Esporte Clube
5/3/2004 • Tianguá
@tianguaesporteclube

TIRADENTES
Associação Esportiva Tiradentes
15/9/1961 • Fortaleza
@aetiradentes_

TIROL CEFAT
Centro de Formação de Atletas do Tirol
6/12/2011 • Fortaleza
@tirolcefat

TRAIRIENSE
Associação Trairiense de Futebol
4/4/2004 • Trairi

URUBURETAMA
Uruburetama Futebol Clube
12/2/1994 • Uruburetama

VERDES MARES
Verdes Mares Esporte Clube
7/8/2007 • Fortaleza
@verdesmaresec

VILA REAL
Vila Real Futebol Clube
25/5/2025 • Sobral

DISTRITO FEDERAL

ARUC
Associação Recreativa Unidos do Cruzeiro
10/06/1999 • Cruzeiro
@arucfutebol

BOSQUE FORMOSA
Bosque Formosa Esporte Clube
21/9/1978 • Formosa (GO)

BOTAFOGO
Associação Botafogo Futebol Clube-DF
10/6/2004 • Cristalina (GO)

BRASÍLIA
Brasília Futebol Clube BFC Ltda
8/11/1999 • Brasília

BRASILIENSE
Brasiliense Futebol Clube
1/8/2000 • Taguatinga
@brasiliensefc

BRAZLÂNDIA
Brazlândia Futebol Clube SAF
5/6/1996 • Brazlândia
@brazlandiasaf

CANAÃ
Canaã Esporte Clube
6/11/2000 • Brasília
@canaasportclub

CANDANGO
Candango Esporte Clube
2025 • São Luís de Montes Belos (GO)
@candango_esporte_clube

CAPITAL
Capital Clube de Futebol
5/7/2005 • Paranoá
@capital.saf

CEILANDENSE
Sociedade Esportiva Ceilandense
8/10/1977 • Ceilândia
@seceilandense

CEILÂNDIA
Ceilândia Esporte Clube
23/8/1979 • Ceilândia
@ceilandia_ec

CRUZEIRO
Cruzeiro Futebol Clube
10/5/2000 • Cruzeiro Novo
@cruzeirodistritofederal

DESPORTIVO UNB
Clube Desportivo Futebol Universidade de Brasília
01/06/2011 • Brasília
@desportivounb

GAMA
Sociedade Esportiva do Gama
15/11/1975 • Gama
@segamaoficial

GREVAL
Grêmio Desportivo Valparaíso
31/1/1998 • Valparaíso (GO)
@_greval

GUARÁ
Clube de Regatas Guará
9/1/1957 • Guará

LEGIÃO
Legião Futebol Clube
11/5/2006 • Ceilândia
@legiaofutebol

LUZIÂNIA
Associação Atlética Luziânia
13/12/1926 • Luziânia (GO)
@oficialluziania

MINAS BRASÍLIA
Minas Brasília Tênis Clube
06/11/1960 • Brasília
@minasbrasiliaff

PARACATU
Paracatu Futebol Clube
2014 • Paracatu (MG)
@paracatufc

PARANOÁ
Paranoá Esporte Clube
30/4/2000 • Paranoá
@paranoaec

PLANALTINA
Planaltina Esporte Clube
30/5/1963 • Planaltina
@planaltinaesporteclubeoficial

REAL BRASÍLIA
Real Brasília Futebol Clube Ltda
16/4/1994 • Brasília
@realbrasiliaoficial

RIACHO CITY
Riacho City Futebol Clube
27/6/2003 • Riacho Fundo
@riachocityofc

SAMAMBAIA
Samambaia Futebol Clube
29/11/1993 • Samambaia
@samambaia.sfc

SANTA MARIA
Sociedade Esportiva Santa Maria
5/7/2000 • Santa Maria
@santamariafutebol

SESP BRASÍLIA
Sociedade Esportiva Planaltina Ltda
30/3/2000 • Santa Maria
@sespbrasilia

SOBRADINHO
Sobradinho Esporte Clube
1/1/1975 • Sobradinho
@sobradinhoecoficial

TAGUATINGA
Taguatinga Esporte Clube
15/10/1994 • Taguatinga
@taguatingaec

UNAÍ
Unaí Esporte Clube
5/6/1966 • Unaí (MG)
@unaiesporteclubeoficial

ESPÍRITO SANTO

ARACRUZ
Esporte Clube Aracruz
12/6/1954 • Aracruz

ASTER BRASIL
Aster Brasil Futebol Clube
5/4/2017 • Vitória
@asterbrasilfc

ATLÉTICO ITAPEMIRIM
Clube Atlético Itapemirim
5/12/1965 • Itapemirim

CACHOEIRO
Cachoeiro Futebol Clube
9/1/1916 • Cachoeiro de Itapemirim
@cachoeirofc.oficial

CAPIXABA
Capixaba Sport Club
2022 • Vila Velha
@capixabasportcluboficial

CASTELO
Castelo Futebol Clube
1/1/1930 • Castelo
@castelofclube

CAXIAS
Caxias Esporte Clube
6/9/1940 • Vitória
@caxiasec_oficial

CTE COLATINA
Espírito Santo Sociedade Esportiva
5/6/1998 • Colatina
@ctecolatina

DESPORTIVA FERROVIÁRIA
Associação Desportiva Ferroviária
Vale do Rio Doce
17/6/1963 • Cariacica
@desportivaoficial

DOZE
Doze Futebol Clube
12/12/2014 • Vila Velha
@dozefc

ESPÍRITO SANTO
Espírito Santo Futebol Clube
6/8/2006 • Vitória
@espiritosantofc

ESTRELA DO NORTE
Estrela do Norte Futebol Clube
16/1/1916 • Cachoeiro do Itapemirim
@enfcoficial

FORTE
Forte Futebol Clube
15/8/2006 • Mimoso do Sul
@fortefc_oficial

GEL
Grêmio Esportivo Laranjeiras
14/5/1980 • Serra
@gelaranjeiras

IBIRAÇU
Ibiraçu Esporte Clube
9/10/1959 • Ibiraçu
@ibiracuesporteclube

JAGUARÉ
Associação Jaguaré Esporte Clube
15/12/2001 • Jaguaré
@jaguareesporteclube

LINHARES
Linhares Futebol Clube
16/8/2001 • Linhares
@linharesfc_

NOVA VENÉCIA
Associação Atlética Nova Venécia
24/4/1983 • Nova Venécia

NOVA VENÉCIA FC
Nova Venécia Futebol Clube
22/3/2021 • Nova Venécia
@novaveneciafc

PINHEIROS
Pinheiros Futebol Clube
26/4/1993 • Pinheiros
@pinheirosfc

PORTO VITÓRIA
Porto Vitória Futebol Clube
16/10/2014 • Vitória
@portovitoriaec

REAL NOROESTE
Real Noroeste Capixaba Futebol Clube
9/4/2008 • Água Branca
@realnoroestefutebol

RIO BRANCO
Rio Branco Atlético Clube
21/6/1913 • Vitória
@riobrancoes

RIO BRANCO-VN
Rio Branco Futebol Clube
29/6/1945 • Venda Nova do Imigrante
@riobranco_vni

SÃO MATEUS
Centro Educacional e Recreativo
Associação Atlética São Mateus
13/12/1963 • São Mateus
@aasaomateuses

SERRA
Serra Futebol Clube
24/6/1930 • Serra
@serrafcoficial

SPORT CAPIXABA
Sport Clube Brasil Capixaba Ltda
2013 • Serra
@sportclubcapixabaofc

TUPY
Esporte Clube Tupy
16/10/1938 • Vila Velha
@ectupy

VILAVELHENSE
Vilavelhense Futebol Clube
26/8/2002 • Vila Velha
@vilavelhenseoficial

VITÓRIA
Vitória Futebol Clube
1/10/1912 • Vitória
@vitoriafutebolclube

GOIÁS

ABD
ABD Futebol Clube
20/11/1971 • Santo Antônio de Goiás
@abdfcoficia

ABECAT OUVIDORENSE
Associação Beneficente e
Esportiva Catalana
12/2/2007 • Ouvidor
@abecatoficial

AMÉRICA
América Futebol Clube
5/3/1937 • Morrinhos
@americademorrinhos

ANAPOLINA
Associação Atlética Anapolina
1/1/1948 • Anápolis
@anapolinaoficial

ANÁPOLIS
Anápolis Futebol Clube
1951 • Anápolis
@anapolisfutebolclube

ATLÉTICO GOIANIENSE
Atlético Clube Goianiense
2/4/1937 • Goiânia
@acgoficial

APARECIDA
Aparecida Esporte Clube
1/1/1995 • Aparecida de Goiânia
@aparecidaesporteclube

APARECIDENSE
Associação Atlética Aparecidense
22/10/1985 • Aparecida de Goiânia
@aparecidenseoficial

ASEEV
Associação Esportiva Evangélica
18/8/1981 • Guapó
@aseev.evangelica

ASSOCIAÇÃO GOIATUBA
Associação Atlética Goiatuba
7/7/2009 • Goiatuba
@associacao_atletica_goiatuba

ATLÉTICO RIOVERDENSE
Atlético Clube Rioverdense
13/6/1984 • Rio Verde

BOM JESUS
Bom Jesus Esporte Clube
20/3/1995 • Bom Jesus
@bomjesusesporteclube2021

CALDAS NOVAS
Caldas Novas Atlético Clube
18/4/1982 • Caldas Novas

CENTRO-OESTE
Centro-Oeste Futebol Clube SAF
6/4/2022 • Senador Canedo
@centrooestesaf

CERRADO
Cerrado Esporte Clube
15/11/1965 • Aparecida de Goiânia
@cerradoesporteclube

CRAC
Clube Recreativo e Atlético Catalano
13/7/1931 • Catalão
@craccatalao

CRISTIANÓPOLIS
Cristianópolis Futebol Clube
2014 • Cristianópolis
@cristianopolisfc

GOIANÉSIA
Goianésia Esporte Clube
28/3/1955 • Goianésia
@goianesiaoficial

GOIÂNIA
Goiânia Esporte Clube
5/7/1938 • Goiânia
@goianiaesporteoficial

GOIATUBA
Goiatuba Esporte Clube
5/5/1970 • Goiatuba
@goiatubaesporteclube

GRÊMIO ANÁPOLIS
Grêmio Esportivo Anápolis SAF
3/3/1999 • Anápolis
@gremioanapolis

GUANABARA CITY
Guanabara City Futebol Clube
15/11/1999 • Santo Antônio de Goiás
@guanabaracityfc

INDEPENDENTE
Independente Esportes de Rio Verde
1/10/2016 • Rio Verde

INHUMAS
Inhumas Esporte Clube
23/3/1939 • Inhumas
@inhumasec

IPORÁ
Iporá Esporte Clube
10/8/1982 • Iporá
@iporaesporteclubeoficial

ITABERAÍ
Itaberaí Esporte Clube
5/7/1955 • Itaberaí
@itaberaiesporteclube1955

ITUMBIARA
Itumbiara Esporte Clube
9/3/1970 • Itumbiara
@itumbiaraesporteclube

JARAGUÁ
Jaraguá Esporte Clube
2/2/1929 • Jaraguá
@jaraguaec

17

GOIÁS
Goiás Esporte Clube
6/4/1943
Goiânia
@goiasoficial

1943 • 1950

1950 • 1960

2019 • 2020

JATAIENSE
Associação Esportiva Jataiense
11/1/1952 • Jataí
@aejataienseoficial

MINEIROS
Mineiros Esporte Clube
20/1/1977 • Mineiros
@mec.mineiros

MONTE CRISTO
Monte Cristo Esporte Clube
26/1/1970 • Goiânia
@monte_cristof.c

MORRINHOS
Morrinhos Futebol Clube
20/4/1982 • Morrinhos
@morrinhosfutebolclube

NOVO HORIZONTE
Novo Horizonte Futebol Clube
27/2/1968 • Ipameri
@novo_horizonte_f_c

PIRES DO RIO
Pires do Rio Futebol Clube
7/9/1935 • Pires do Rio
@piresdoriofc-oficial

QUIRINÓPOLIS
Esporte Clube Quirinópolis
18/3/1986 • Quirinópolis

RAÇA
Raça Sport Brazil
15/11/1999 • Goiânia
@racasportcluboficial

RIO VERDE
Esporte Clube Rio Verde
22/8/1963 • Rio Verde
@ec_rioverde

RIOVERDENSE
Associação Atlética Rioverdense
12/4/1985 • Rio Verde
@rioverdense_oficial

ROYAL
Royal Futebol Clube
4/11/2021 • Luziânia

SANTA HELENA
Santa Helena Esporte Clube
17/11/1965 • Santa Helena de Goiás

TRINDADE
Trindade Atlético Clube
15/6/2005 • Trindade
@tacaooficial

TUPY
Associação Tupy de Esportes
20/11/1963 • Jussara
@tupyesporteclube

UNIÃO INHUMAS
União Esportiva Inhumas
12/2/1981 • Inhumas
@uniaoinhumas

URUAÇU
Uruaçu Futebol Clube
17/4/1959 • Uruaçu
@uruacufc

VILA NOVA
Vila Nova Futebol Clube
29/7/1943 • Goiânia
@vilanovafc

MARANHÃO

AMERICANO
Americano Futebol Clube
15/11/1978 • São Luís
@americano_fc_slz

ARAIÓSES
Araióses Futebol Club
1/2/2013 • Araióses
@araiosesfc

ATLÉTICO BACABAL
Clube Atlético Bacabal
1999 • Bacabal

BACABAL
Bacabal Esporte Clube
14/5/1974 • Bacabal
@bacabalec

BALSAS
Sociedade Esportiva Balsas Futebol Clube
25/5/1999 • Balsas
@balsas.fc

CHAPADINHA
Chapadinha Futebol Clube
29/3/199 • Chapadinha
@chapadinhafc.oficial

CORDINO
Cordino Esporte Clube
8/3/2010 • Barra do Corda
@cordino_oficial

EXPRESSINHO
Expressinho Futebol Clube
17/3/1975 • São Luís
@expressinhooficial2022

FALCÃO
Esporte Clube Falcão
20/10/2002 • São Luís

IAPE
IAPE Futebol Clube
10/8/2008 • São Luís
@iapefcoficial

IMPERATRIZ
Sociedade Imperatriz de Desportos
1/8/2001 • Imperatriz
@imperatriz-oficial

ITZ SPORT
ITZ Sport
2017 • Bacabal
@itz.sport

JUVENTUDE
Sociedade Esportiva Juventude
14/6/1979 • São Mateus do Maranhão
@juventudesamas

JV LIDERAL
JV Lideral Futebol Clube
30/4/1994 • Imperatriz
@jvlideral_fc

LAGO VERDE
Lago Verde Esporte Clube
1/6/1957 • Lago Verde
@lagoverdeesporteclube

LUMINENSE
Luminense Atlético Clube
16/4/2003 • Paço do Lumiar
@luminennse

MARANHÃO
Maranhão Atlético Clube
24/9/1932 • São Luís
@maranhaoac_oficial

MARÍLIA
Marília Futebol Clube
22/11/1984 • Imperatriz

MOTO CLUB
Moto Club de São Luís
13/9/1937 • São Luís
@motoclubofical

PINHEIRO
Pinheiro Atlético Clube
1/4/1989 • Pinheiro
@pinheiroatleticoclube

REAL CODÓ
Real Codó Esporte Clube
2024 • Bacabal
@realcodoec

SABIÁ
Sabiá Futebol Clube
23/4/2007 • Caxias
@sabiafc

SAMPAIO CORRÊA
Sampaio Corrêa Futebol Clube
25/3/1923 • São Luís
@sampaiocorrea

SÃO JOSÉ
São José de Ribamar Esporte Clube
14/6/2007 • São José de Ribamar
@saojose.oficial

SÃO LUÍS
São Luís Futebol Clube
3/8/2001 • São Luís
@saoluisfc

TIMON
Timon Esporte Clube
25/9/2005 • Timon
@timonesporteclube

TUNTUM
Tuntum Esporte Clube
2/9/1996 • Tuntum
@tuntumec

TUPAN
Sociedade Esportiva Tupan
23/12/1958 • São Luís
@sociedadeesportivatupan

MATO GROSSO

VIANA
Esporte Clube Viana
15/7/1995 • Viana
@ecviana.base

VITÓRIA DO MAR
Vitória do Mar Futebol Clube
7/9/1949 • São Luís

ACADEMIA
Academia Futebol Clube Ltda
2016 • Rondonópolis
@oficialacademiafc

AÇÃO
Sociedade Ação de Futebol
31/8/2007 • Várzea Grande
@acaosafoficial

ARAGUAIA AA
Associação Atlética Araguaia
17/6/2014 • Barra do Garças
@a.atletica.araguaia

ARAGUAIA AC
Araguaia Atlético Clube
17/12/1998 • Alto Araguaia

ATLÉTICO MATOGROSSENSE
Clube Atlético Matogrossense Ltda
20/2/2020 • Cuiabá
@atleticomatogrossense

CACERENSE
Cacerense Esporte Clube Ltda
5/7/2005 • Cáceres
@cacerense_ec

CÁCERES
Cáceres Esporte Clube Ltda
11/3/2021 • Cáceres
@caceresesporteclube

CAMPO NOVO
Associação Camponovense Celeiro de Futebol
25/4/2019 • Campo Novo do Parecis
@camponovocnpar

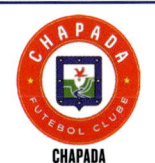

CHAPADA
Chapada Futebol Clube
5/3/2012 • Chapada dos Guimarães
@chapadafutebolclube_

CRAC
Clube Recreativo Atlético Campoverdense
17/10/2005 • Campo Verde

CUIABÁ
Cuiabá Esporte Clube SAF
10/12/2001 • Cuiabá
@cuiabaec

DOM BOSCO
Clube Esportivo Dom Bosco
4/1/1925 • Cuiabá
@clubedombosco

JUARA
Juara Atlético Clube
6/8/2014 • Juara
@juaraac

LUVERDENSE
Luverdense Esporte Clube
4/1/2004 • Lucas do Rio Verde
@luverdenseesporteclube

MATO GROSSO
Mato Grosso Esporte Clube
1/8/1948 • Cuiabá

MIXTO
Mixto Esporte Clube
20/5/1934 • Cuiabá
@novomixto

NOVA MUTUM
Nova Mutum Esporte Clube
10/9/1988 • Nova Mutum
@novamutum_ec

OPERÁRIO CEOV
Clube Esportivo Operário Varzeagrandense
1/5/1949 • Várzea Grande
@operarioceov

OPERÁRIO OPERÁRIO FC
Operário Futebol Clube Ltda
1/5/2002 • Várzea Grande
@operariomt

PAULISTANO
Paulistano Futebol Clube Ltda
13/11/2017 • Nortelândia
@paulistano_fc_ltda

POCONÉ
Poconé Esporte Clube
5/3/2012 • Poconé
@poconeesporteclube

PRIMAVERA AC
Primavera Atlético Clube
21/11/2019 • Primavera do Leste
@primaveraac

PRIMAVERA EC
Esporte Clube Primavera
13/5/2006 • Primavera do Leste

RONDONÓPOLIS
Rondonópolis Esporte Clube S/A
10/12/2006 • Rondonópolis
@rondonopolisesporteclube

SANTA CRUZ
Santa Cruz Esporte Clube
15/1/1982 • Barra do Bugres
@santacruzmt

SINOP
Sinop Futebol Clube
16/1/1977 • Sinop
@sinopfc_oficial

SORRISO
Sorriso Futebol Clube
2014 • Sorriso
@sorrisofutebol

SPORT SINOP
Sport Sinop Ltda
12/4/2021 • Sinop
@sportsinop

MATO GROSSO DO SUL

UIRAPURU
Associação Desportiva Uirapuru
28/03/1974 • Cuiabá
@uirapuru_cba

UNIÃO
União Esporte Clube
6/6/1973 • Rondonópolis
@uniaoec1973

7 DE SETEMBRO
Clube Desportivo 7 de Setembro
7/9/1994 • Dourados
@7dedourados.ms

ÁGUIA NEGRA
Esporte Clube Águia Negra
31/5/1971 • Rio Brilhante
@aguianegrams

AQUIDAUANENSE
Aquidauanense Futebol Clube
10/12/2001 • Aquidauana
@aquidauanensefc

CEART
CEART Dourados Futebol Clube
2015 • Dourados
@ceartfc

CENA
Clube Esportivo Nova Andradina
1/1/2008 • Nova Andradina

CHAPADÃO
Sociedade Esportiva e Recreativa Chapadão
23/8/1981 • Chapadão do Sul
@serchapadaodosul

COMERCIAL
Esporte Clube Comercial
15/3/1943 • Campo Grande
@comercialms

COMERCIAL DE TRÊS LAGOAS
Comercial Esporte Clube
3/2/1931 • Três Lagoas
@comercial.ec

CORUMBAENSE
Corumbaense Futebol Clube
1/1/1914 • Corumbá
@corumbaensefutebolclube

COSTA RICA
Costa Rica Esporte Clube
2/12/2004 • Costa Rica
@costaricaesporteclube

COXIM
Coxim Atlético Clube
10/1/2002 • Coxim
@coximatleticoclube.oficial

DOURADOS
Dourados Atlético Clube
20/12/2020 • Dourados
@dacdourados

ITAPORÃ
Itaporã Futebol Clube
27/9/2008 • Itaporã

IVINHEMA
Ivinhema Futebol Clube
1/1/2006 • Ivinhema
@ivinhemaoficialfc

MARACAJU
Maracaju Atlético Clube
12/10/1986 • Maracaju
@maracajuacoficial

MISTO
Misto Esporte Clube
1/1/1992 • Três Lagoas
@mistoesporteclube

MORENINHAS
Associação Atlética das Moreninhas I, II e III
5/2/1994 • Campo Grande
@aamoreninhasoficial

NÁUTICO
Náutico Futebol Clube
2014 • Campo Grande
@nauticooficialms

NAVIRAIENSE
Clube Esportivo Naviraiense
25/11/2005 • Naviraí
@naviraiense

NOVO
Novoperário Futebol Clube
11/10/2010 • Campo Grande
@novofcoficial

OPERÁRIO
Operário Futebol Clube
28/8/1938 • Campo Grande
@operariomsoficial

OPERÁRIO DE CAARAPÓ
Operário Atlético Clube
5/5/1991 • Caarapó
@operarioatleticocaarapoense

PANTANAL
Futebol Clube Pantanal S.A.F.
3/1/2004 • Campo Grande
@pantanalsaf

PONTA PORÃ
Ponta Porã Sociedade Esportiva
2/3/1998 • Ponta Porã

PONTAPORANENSE
Sociedade Esportiva Pontaporanense
8/10/1953 • Ponta Porã
@pontaporanense

SÃO GABRIEL
São Gabriel Esporte Clube
3/12/2015 • São Gabriel do Oeste
@sao_gabriel_esporteclube

TAVEIRÓPOLIS
Esporte Clube Taveirópolis
30/7/1938 • Campo Grande
@ectaveiropolis

TRÊS LAGOAS
Três Lagoas Sport Club
15/12/2019 • Três Lagoas
@treslagoassc_

MINAS GERAIS

UNIÃO ABC
Clube de Esportes União ABC
19/1/1998 • Campo Grande
@ceuabc

URSO
União Recreativo Social Olímpico
12/5/1997 • Mundo Novo
@ursotricolordoconesul

AMÉRICA TO
América Futebol Clube
12/5/1936 • Teófilo Otoni
@novoamericafcto

ARAGUARI
Araguari Atlético Clube
16/11/1944 • Araguari
@araguarioficial

ARAXÁ
Araxá Esporte Clube
18/11/1958 • Araxá
@araxaecoficial

ARSENAL
Arsenal Atividades Desportivas Sport Club Ltda
20/6/2006 • Santa Luzia

ATHLETIC
Athletic Club
27/6/1909 • São João del Rei
@athleticclubfutebol

ATLÉTICO TC
Atlético Clube Três Corações
13/9/1911 • Três Corações
@atleticoclubetc

AYMORÉS
Sport Club Aymorés
17/5/1923 • Ubá
@scaymores

BETIM FUTEBOL
Associação Mineira de Desenvolvimento Humano
9/8/2008 • Betim
@betimfutebol

BETIS
Betis Futebol Clube
30/12/2015 • Ouro Branco
@betisfc.brasil

BOA ESPORTE
Boa Esporte Clube
30/4/1947 • Ituiutaba
@boaesporteclube

BOSTON CITY
Boston City Futebol Clube Brasil Eireli
2/1/2018 • Manhuaçu
@bostoncityfcbrasil

CALDENSE
Associação Atlética Caldense
7/9/1925 • Poços de Caldas
@aacaldense

CAP UBERLÂNDIA
Clube Atlético Portal de Uberlândia Ltda
5/4/2010 • Uberlândia
@cap_uberlandia

CASSIMIRO DE ABREU
Associação Atlética Cassimiro de Abreu
28/5/1948 • Montes Claros

COIMBRA FC PORTO
Coimbra Futebol Clube do Porto
5/1/2006 • Contagem
@coimbraspts

AMÉRICA
América Futebol Clube
30/4/1912
Belo Horizonte
@america_mg

1912

1933 • 1943

2018

CONTAGEM
Contagem Esporte Clube
1/1/2006 • Contagem
@contagemec

DEMOCRATA GV
Esporte Clube Democrata
13/2/1932 • Governador Valadares
@democratagv

DEMOCRATA SL
Democrata Futebol Clube
14/6/1914 • Sete Lagoas
@democratajacare

ESPORTIVA GUAXUPÉ
Sociedade Esportiva Guaxupé
13/2/1952 • Guaxupé
@novaesportiva

ESSUBE
Esporte Social Uberlândia
2/9/2014 • Uberlândia
@essubeoficial

FABRIL
Fabril Esporte Clube
2/9/1932 • Lavras
@fabrilesporteclubeoficial

FIGUEIRENSE
Figueirense Esporte Clube
26/10/1975 • São João Del Rei
@figueirense_ec

FLUMINENSE
Fluminense Futebol Clube
10/1/1942 • Araguari

FORMIGA
Formiga Esporte Clube
17/3/1929 • Formiga
@formigaec.oficial

FUNORTE
Funorte Esporte Clube
4/5/2007 • Montes Claros
@funorteesporteclubeoficial

ATLÉTICO MINEIRO
Clube Atlético Mineiro
25/3/1908
Belo Horizonte
@atletico

1908 • 1915
1915 • 1927
1927 • 1937
1937 • 1940
1940 • 1950
1950 • 1960
1960 • 1970
1970 • 1972
1972 • 1980
1980 • 1982
1982 • 1983
1983
1983 • 1987
1987 • 1992
1992 • 1997
1997 • 1998
1998 • 2006
2006 • 2016
2008
2008
2008
2016

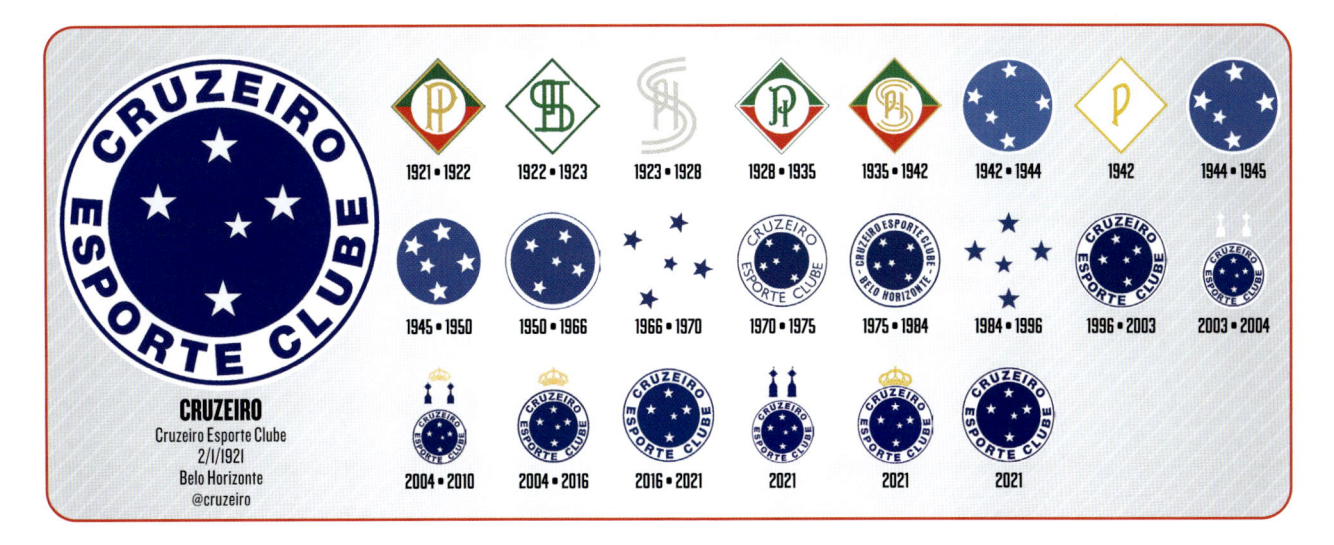

CRUZEIRO
Cruzeiro Esporte Clube
2/1/1921
Belo Horizonte
@cruzeiro

1921 • 1922 | 1922 • 1923 | 1923 • 1928 | 1928 • 1935 | 1935 • 1942 | 1942 • 1944 | 1942 | 1944 • 1945

1945 • 1950 | 1950 • 1966 | 1966 • 1970 | 1970 • 1975 | 1975 • 1984 | 1984 • 1996 | 1996 • 2003 | 2003 • 2004

2004 • 2010 | 2004 • 2016 | 2016 • 2021 | 2021 | 2021 | 2021

FUTGOL
Esporte Clube Futgol
31/12/2012 • Contagem
@futgolec

GUARANI
Guarani Esporte Clube
20/9/1930 • Divinópolis
@guaranidivi

IDEAL
Ideal Futebol Clube
31/5/1968 • Ipatinga
@idealfutebolclubeoficial

INTER DE MINAS
Associação Desportiva
Internacional de Minas
4/12/2014 • Itaúna
@internacionaldeminas

INTER DE SÃO GOTARDO
Inter de São Gotardo
4/10/2001 • São Gotardo
@intersg_

IPATINGA
Ipatinga Futebol Clube
21/5/1998 • Ipatinga
@ipatinga_oficial

ITABIRITO
Itabirito Futebol Clube
11/5/2022 • Itabirito
@itabiritofc

ITAÚNA
Esporte Clube Itaúna
29/6/1929 • Itaúna
@itauna

ITUIUTABANO
Atlético Clube Ituiutabano
1958 • Ituiutaba

JACUTINGA
Jacutinga Atlético Clube Ltda
27/4/2005 • Jacutinga
@jacutingaac

JUVENTUS
Juventus Futebol Clube
31/10/2004 • Minas Novas
@juventusfutebolclubeoficial

MAMORÉ
Esporte Clube Mamoré
13/6/1949 • Patos de Minas
@ec.mamore

MANCHESTER FUTEBOL
Manchester Mineira Esporte Clube
7/7/2021 • Juiz de Fora
@manchfutebol

MINAS BOCA
Minas Boca Futebol Ltda
12/10/2011 • Sete Lagoas
@minasbocafutebol

MONTES CLAROS
Montes Claros Futebol Clube Ltda
28/8/1992 • Montes Claros

NACIONAL DE MURIAÉ
Nacional Atlético Clube
25/12/1927 • Muriaé
@nacdemuriae

NACIONAL DE UBERABA
Nacional Futebol Clube
1/8/1944 • Uberaba
@nfc_uberaba

NORTH
North Esporte Clube Ltda ME
28/8/1990 • Montes Claros
@northesporteclube

NOVA LAVRAS
Esporte Clube Nova Lavras
3/10/2000 • Lavras
@e.c.novalavras

NOVO ESPORTE
Novo Esporte Clube Ipatinga Ltda
12/12/2012 • Itabirinha
@novoec_

PARACATU
Associação Esportiva Paracatu
26/11/2020 • Paracatu
@aeparacatu

PASSENSE
Clube Esportivo Passense de
Futebol e Cultura
23/1/2001 • Passos
@passensefc_oficial

PASSOS
Passos Futebol Clube
7/11/1992 • Passos

PATROCINENSE
Clube Atlético Patrocinense
1954 • Patrocínio
@capatrocinense

PATROCINENSE SE
Sociedade Esportiva Patrocinense Ltda
31/5/2010 • Patrocínio
@patrocinenseoficial

PIRAPORA
Pirapora Futebol Clube
1/6/2001 • Pirapora
@pirapora.pfc

POÇOS DE CALDAS
Poços de Caldas Futebol Clube
10/6/2007 • Poços de Caldas
@pocosdecaldasfc

PONTE NOVA
Ponte Nova Futebol Clube Ltda
31/10/2011 • Ponte Nova
@pontenova.futebol.clube

POUSO ALEGRE
Pouso Alegre Futebol Clube
15/11/1913 • Pouso Alegre
@pousoalegreoficial

SANTARRITENSE
Santarritense Futebol Clube
2/6/1996 • Santa Rita do Sapucaí
@santarritenseofc

SERRANENSE
Clube Atlético Serranense
10/12/2006 • Nova Serrana
@caserranense

SIDERÚRGICA
Esporte Clube Siderúrgica
31/5/1930 • Sabará
@ecsiderurgicaoficial

SOCIAL
Social Futebol Clube
1/10/1944 • Coronel Fabriciano
@socialfcoficiall

TOMBENSE
Tombense Futebol Clube
7/9/1914 • Tombos
@tombensefc

TRICORDIANO
Clube Atlético Tricordiano
18/5/2008 • Três Corações
@clubetricordiano

TRIO
Trio Futebol Clube
1/10/2012 • Coronel Fabriciano

TUPI
Tupi Foot-Ball Club
25/5/1912 • Juiz de Fora
@tupifootballclub

TUPYNAMBÁS
Tupynambás Futebol Clube
15/8/1911 • Juiz de Fora
@tupynambasfc

UBERABA
Uberaba Sport Club
15/7/1917 • Uberaba
@uberabasportclub

UBERLÂNDIA
Uberlândia Esporte Clube
1/11/1922 • Uberlândia
@uberlandiaesporteclube

UNIÃO LUZIENSE
União Luziense Esporte Clube
27/11/1973 • Santa Luzia
@uniaoluzienseoficial

URT
União Recreativa dos Trabalhadores
9/7/1939 • Patos de Minas
@urtoficial

VALADARES
Valadares Esporte Clube Ltda
31/10/2011 • Governador Valadares
@valadaresec

VALERIODOCE
Valeriodoce Esporte Clube
22/11/1942 • Itabira
@valeriodoceoficial

VARGINHA
Varginha Esporte Clube
12/2/1985 • Varginha
@varginhaesporteclube

VILLA NOVA
Villa Nova Atlético Clube
28/6/1908 • Nova Lima
@villanova.ac

VILLA REAL
Esporte Clube Villa Real
21/4/2021 • Juiz de Fora
@ec.villareal

XV UBER
XV de Novembro Esporte Clube
15/11/1956 • Uberlândia
@xvuberfcoficial

PARÁ

ABAETÉ
Abaeté Futebol Clube
5/8/1935 • Abaetetuba

ÁGUIA DE MARABÁ
Águia de Marabá Futebol Clube
22/1/1982 • Marabá
@aguiademaraba

ALTAMIRA
Altamira Esporte Club
1973 • Altamira
@altamiraesporteclube

AMAZÔNIA
Amazônia Independente Futebol Clube
7/12/2021 • Santarém
@amazoniaifc

ANANINDEUA
Clube Municipal Ananindeua
3/1/1978 • Ananindeua

ATLÉTICO PARAENSE
Clube Atlético Paraense
2/6/2014 • Parauapebas
@caparaense

BELENENSE
Belenense Futebol Clube
28/4/2021 • Belém
@belenensefutebolclubeoficial

BRAGANTINO
Bragantino Club do Pará
6/3/1975 • Bragança
@bragantinoclubedopara

CAETÉ
Sociedade Esportiva Caeté
27/2/2019 • Bragança
@seccaete

CAMETÁ
Cametá Sport Club
22/6/2007 • Cametá
@cametascoficial

CANAÃ
Canaã Futebol Clube Ltda
20/3/2020 • Canaã do Carajás
@canaafcpara

CAPITÃO POÇO
Capitão Poço Esporte Clube
7/9/2018 • Capitão Poço
@capitaopoco_ec

CARAJÁS
Carajás Esporte Clube
27/6/1997 • Belém
@carajasec

CASTANHAL
Castanhal Esporte Clube
7/9/1924 • Castanhal
@castanhalec

DESPORTIVA PARAENSE
Sociedade Desportiva Paraense Ltda
29/3/2010 • Marituba
@desportiva_paraense

ESMAC
Associação Atlética ESMAC
1996 • Ananindeua
@esmacecoficial

GAVIÃO KYIKATEJÊ
Gavião Kyikatejê Futebol Clube
15/4/2008 • Bom Jesus do Tocantins
@gaviaokfc

PAYSANDU
Paysandu Sport Club
2/2/1914
Belém
@paysandu

1914 • 1970

2003 • 2012

2016

INDEPENDENTE
Independente Atlético Clube
28/11/1972 • Tucuruí
@independenteact

ITUPIRANGA
Sport Club Itupiranga
8/3/2018 • Itupiranga
@sport_clube_itupiranga

IZABELENSE
Atlético Clube Izabelense
26/4/1924 • Santa Izabel do Pará
@a.c.izabelense_oficial

PARAENSE
Paraense Sport Club
25/11/2012 • Marituba
@paraensesportclub

PARAGOMINAS
Paragominas Futebol Clube
6/3/2012 • Paragominas
@paragominasoficial

PEDREIRA
Pedreira Esporte Clube
7/9/1925 • Belém
@pedreiraesportclub

PINHEIRENSE
Pinheirense Esporte Clube
8/12/1925 • Belém
@pinheirenseoficial

REDENÇÃO
Redenção Esporte Clube
8/6/2001 • Redenção do Pará

SANTA CRUZ
Associação Atlética Santa Cruz
1/2/2001 • Salinópolis

SANTA MARIA
Santa Maria Futebol Clube
2018 • Santa Maria do Pará
@santamariafc

25

REMO
Clube do Remo
5/2/1905
Belém
@clubedoremo

1905 • 1911
1911 • 1914
1990 • 2000

SANTA ROSA
Santa Rosa Esporte Clube
6/10/1924 • Belém
@santarosaec_

SANTOS
Santos Athletico Clube do Pará
23/4/2021 • Marituba
@santos_athletico

SÃO FRANCISCO
São Francisco Futebol Clube
30/10/1929 • Santarém
@saofrancisco_fc

SÃO RAIMUNDO
São Raimundo Esporte Clube
9/1/1944 • Santarém
@saoraimundo

SPORT BELÉM
Sport Club Belém
2/12/1965 • Belém
@sportbelem.oficial

SPORTING
Sporting Fonte Nova Ltda
24/7/2020 • Ananindeua
@sportingfnova

TAPAJÓS
Tapajós Futebol Clube
26/5/2014 • Santarém
@tapajosfc

TESLA
Tesla Futebol Clube Ltda
3/5/2022 • Belém
@teslafcclube

TIRADENTES
Associação Atlética Tiradentes
21/4/1973 • Belém
@a.a.tiradentes

TUNA LUSO
Tuna Luso Brasileira
1/1/1903 • Belém
@tunaluso.oficial

UNIÃO PARAENSE
União Paraense Futebol Clube
2018 • Benevides
@uniaoparaensefc

VÊNUS
Vênus Atlético Clube
20/5/1949 • Abaetetuba
@venusatleticoclube

VILA RICA
Clube Atlético Vila Rica
27/6/1987 • Belém
@clubeatleticovilarica

AMÉRICA VF4
América Futebol Clube
10/4/1944 • Caaporã
@vf4futebolclube

ATALAIA
Atalaia Esporte Clube
28/1/1981 • Bananeiras
@

ATLÉTICO DE CAJAZEIRAS
Atlético Cajazeirense de Desportos
21/7/1948 • Cajazeiras
@atleticooficialcz

AUTO ESPORTE
Auto Esporte Clube
7/9/1936 • João Pessoa
@autoesporteclubeoficial

BOTAFOGO
Botafogo Futebol Clube
28/9/1931 • João Pessoa
@botafogopb

CAMPINENSE
Campinense Clube
12/4/1915 • Campina Grande
@campinenseclube

CONFIANÇA
Confiança Esporte Clube
22/4/1953 • Sapé
@confiancaecsape

CRUZEIRO
Cruzeiro Esporte Clube
28/10/1969 • Itaporanga
@cruzeirodeitaporanga

CSP
Centro Sportivo Paraibano
8/4/1996 • João Pessoa
@csp.paraiba

DESPORTIVA GUARABIRA
Associação Desportiva Guarabira
2/5/2005 • Guarabira
@_desportivaguarabira

ESPORTE
Esporte Clube de Patos
7/7/1952 • Patos
@esportedepatosoficial

FEMAR
Femar Futebol Clube
3/6/2008 • João Pessoa
@femar.fc

INTERNACIONAL
Internacional Esporte Clube
1959 • João Pessoa
@internacionalpb_oficial

MIRAMAR
Miramar Esporte Clube
25/3/1928 • Cabedelo
@miramardecabedelo

NACIONAL DE CABEDELO
Nacional Atlético Clube
21/4/1973 • Cabedelo

NACIONAL DE PATOS
Nacional Atlético Clube
23/12/1961 • Patos
@nacionaldepatosoficial

PARAÍBA
Paraíba Sport Clube
7/7/2005 • Itaporanga

PERILIMA
Desportiva Perilima de Futebol Ltda
20/9/1989 • Campina Grande
@desportivaperilima

PICUIENSE
Associação Desportiva Picuinse
8/6/2008 • Picuí
@picuiense_

POMBAL
Pombal Esporte Clube
12/6/1988 • Pombal
@pombalesporteclube

QUEIMADENSE
Sociedade Esportiva Queimadense
15/11/2003 • Queimadas
@oficialqueimadense

SABUGY
Sabugy Futebol Clube
9/4/1923 • Santa Luzia
@sabugyfcoficial

SANTA CRUZ
Santa Cruz Recreativo Esporte Clube
15/4/1939 • Santa Rita

SANTA RITA
Atlético Clube Santa Rita
7/7/1952 • Santa Rita
@acsantarita

SANTOS
Santos Futebol Clube
9/9/1949 • João Pessoa
@santostererepb

SÃO PAULO CRYSTAL
São Paulo Crystal Futebol Clube
10/2/2008 • Alagoa Grande
@saopaulocrystalfc

SERRA BRANCA
Serra Branca Esporte Clube
11/7/2022 • Campina Grande
@serrabranca.ec

SERRANO
Grêmio Recreativo Serrano
20/9/1989 • Campina Grande
@gremio_serrano_oficial

SOUSA
Sousa Esporte Clube
9/7/1991 • Sousa
@sousa_ec

SPARTAX
Spartax João Pessoa Futebol Clube
11/11/2011 • João Pessoa
@spartaxfc

SPORT LUCENA
Sport Club Lucena
13/4/2007 • Lucena
@sportclubls

TREZE
Treze Futebol Clube
7/9/1925 • Campina Grande
@trezefcoficial

PARANÁ

9 DE JULHO
Esporte Clube 9 de Julho
10/12/1974 • Cornélio Procópio

ADAP GALO MARINGÁ
ADAP Galo Maringá Football Club Ltda
25/11/2006 • Maringá

ANDRAUS
Club Andraus do Brasil Ltda
20/8/2004 • Campo Largo
@clubeandraus

ARAPONGAS
Arapongas Esporte Clube
6/6/1974 • Arapongas
@arapongas.oficial_

ARAUCÁRIA
Araucária Esporte Clube e Regatas
6/8/2018 • Araucária
@araucariaec

ATHLÉTICO CORNÉLIO PROCÓPIO
Club Athlético Cornélio Procópio
10/12/1974 • Cornélio Procópio
@athleticocp

AZURIZ
Azuriz Futebol de Alta Performance Ltda
30/8/2017 • Pato Branco
@azuriz

BATEL
Associação Atlética Batel
17/3/1951 • Guarapuava
@bateloficial

CAMBARÁ
Cambará Atlético Clube
1/5/1963 • Cambará

CAMBÉ
Clube Atlético Cambé
13/3/1989 • Cambé
@clubeatleticocambepr

CASCAVEL
Futebol Clube Cascavel
23/1/2008 • Cascavel
@fccascavel

CASCAVEL CR
Cscavel Clube Recreativo
17/12/2001 • Cascavel

ATHLETICO
Club Athletico Paranaense
26/3/1924
Curitiba
@athleticoparanaense

Crest timeline:
- 1912 • 1924
- 1914 • 1920
- 1920 • 1924
- 1924 • 1936
- 1924 • 1936
- 1936 • 1937
- 1937 • 1938
- 1938 • 1945
- 1945 • 1948
- 1948 • 1950
- 1950 • 1970
- 1970 • 1980
- 1970 • 1989
- 1980 • 1995
- 1990 • 1997
- 1995 • 1997
- 1997 • 2002
- 2002 • 2012
- 2012 • 2018
- 2018

CIANORTE
Cianorte Futebol Clube
13/2/2002 • Cianorte
@cianortefc

CITY LONDON
City London Futebol Clube
25/5/2014 • Londrina
@citylondon__

COLORADO
Colorado Atlético Clube
20/4/1998 • Colorado

ENGENHEIRO BELTRÃO
Associação Esportiva Recreativa Engenheiro Beltrão
1/1/2003 • Engenheiro Beltrão

FOZ DO IGUAÇU
Associação Esportiva e Recreativa Auritânia Foz do Iguaçu Futebol Clube
9/2/1996 • Foz do Iguaçu
@fozdoiguacufc

FRANCISCO BELTRÃO
Francisco Beltrão Futebol Clube
4/1/1993 • Francisco Beltrão

GALO MARINGÁ
Aruko Esportes Brasil S.A.F.
18/12/2020 • Maringá
@galomaringa

GRECAL
Grêmio Recreativo Esportivo Campo largo
15/6/2007 • Campo Largo

GRÊMIO MARINGÁ
Grêmio de Esportes Maringá
29/1/1974 • Maringá
@gremio_maringa

HOPE INTERNACIONAL
Hope internacional
15/6/2007 • Campo Largo
@hopeinternacional

IGUAÇU
Associação Atlética Iguaçu
15/8/1971 • União da Vitória
@aaiguacu

IRATY
Iraty Sport Club
21/4/1914 • Irati
@iratyoficial

IVAIPORÃ
Ivaiporã Atlético Clube
20/2/1985 • Ivaiporã
@ivaiporaatleticoclube

J. MALUCELLI
J. Malucelli Futebol S/A
27/12/1994 • Curitiba

JUNIOR TEAM
Junior Team Futebol S/S Ltda
5/2/2001 • Londrina

LARANJA MECÂNICA
Esporte Clube Laranja Mecânica Ltda
2/7/2007 • Arapongas
@laranjamecanicaarapongas

LONDRINA
Londrina Esporte Clube
5/4/1956 • Londrina
@londrinaec

MARINGÁ
Maringá Futebol Clube
27/11/2010 • Maringá
@maringafc

CORITIBA
Coritiba Foot Ball Club
12/10/1909
Curitiba
@coritiba

1909 • 1916
1909
1916 • 1930
1930 • 1960
1960 • 1970
1970 • 1985
1985 • 2001
1985 • 2001
2001
2001

NACIONAL
Nacional Atlético Clube S/C Ltda
28/4/1947 • Rolândia
@nacionalacpr_

OESTE BRASIL
Oeste Brasil Futebol Clube
17/12/2001 • Toledo
@oestebrasilfc

OPERÁRIO
Operário Ferroviário Esporte Clube
1/5/1912 • Ponta Grossa
@operarioferroviario

PARANÁ
Paraná Clube
19/12/1989 • Curitiba
@paranaclube

PARANAVAÍ
Atlético Clube Paranavaí
14/3/1946 • Paranavaí
@acp_paranavai

PATO BRANCO
Pato Branco Esporte Clube
5/11/1959 • Pato Branco

PATRIOTAS
Patriotas Futebol Clube Ltda
22/7/2020 • Curitiba
@patriotasfutebol

PORTUGUESA
Associação Portuguesa Londrinense
14/5/1950 • Londrina
@portuguesalusinha

PRUDENTÓPOLIS
Prudentópolis Futebol Clube
1/9/2007 • Prudentópolis
@prudentopolis_fc

PSTC
Paraná Soccer Technical Center
15/8/1994 • Londrina
@pstcoficial

RIO BRANCO
Rio Branco Sport Club
13/10/1913 • Paranaguá
@rbscoficial

SAMAS
Samas Sporte Club
1973 • São Mateus do Sul
@samassportclub

SÃO JOSEENSE
Independente Futebol São Joseense
22/5/2015 • São José dos Pinhais
@saojoseense

SPORT CAMPO MOURÃO
Sport Club de Campo Mourão
22/2/1994 • Campo Mourão
@sccampomourao

TOLEDO EC
Toledo Esporte Clube Ltda
10/2/2004 • Toledo
@toledotec

UNIÃO
Clube de Esportes União
15/2/1956 • Francisco Beltrão
@uniaoceu

UNIÃO BANDEIRANTE
União Bandeirante Futebol Clube
15/11/1964 • Bandeirantes

VERÊ
Futebol Clube Verê Ltda
31/7/2015 • Verê
@verefutebolclube

PERNAMBUCO

1º DE MAIO
1º de Maio Esporte Clube
23/3/1985 • Petrolina
@primeiro_de_maio_ec

AFOGADENSE
Afogadense Futebol Clube
2005 • Afogados da Ingazeira

AFOGADOS DA INGAZEIRA
Afogados da Ingazeira Futebol Clube
18/12/2013 • Afogados da Ingazeira
@afogadosfcoficial

ÁGUIA
Águia Futebol Clube de Cumaru
30/12/2019 • Cumaru
@aguiafcc

ALTINHO
Altinho Futebol Clube
1/5/2013 • Altinho

AMÉRICA
América Futebol Clube
12/4/1914 • Recife
@americafutebolclube

ARARIPINA
Araripina Futebol Clube
11/9/2008 • Araripina

ATLÉTICO PERNAMBUCANO
Clube Atlético Pernambucano
2006 • Carpina
@clubeatleticope

BARREIROS
Barreiros Futebol Clube
16/12/2005 • Barreiros
@barreirosfc

BELO JARDIM
Belo Jardim Futebol Clube
18/1/2005 • Belo Jardim
@belojardim.fc

CABENSE
Associação Desportiva Cabense
26/11/1995 • Cabo de Santo Agostinho
@cabenseoficial

CARPINA
Carpina Sport Club
6/1/2006 • Carpina

NÁUTICO
Clube Náutico Capibaribe
7/4/1901
Recife
@nauticope

1931 • 1969

1969 • 1995

1995 • 2008

CARUARU CITY
Caruaru City Sport Club Ltda
19/7/2015 • Caruaru
@caruarucity.sc

CENTRAL
Central Sport Club
15/6/1919 • Caruaru
@centraldecaruaru

CENTRO LIMOEIRENSE
Centro Limoeirense de Futebol
15/9/1913 • Limoeiro
@centrolimoeirense_oficial

CHÃ GRANDE
Chã Grande Futebol Clube
14/3/2011 • Chã Grande
@chagrandefc

SANTA CRUZ
Santa Cruz Futebol Clube
3/2/1914
Recife
@santacruzfc

1914 • 1947

1980 • 1983

1914 • 2004
2004

DECISÃO
Sociedade Esportiva Decisão Futebol Clube
28/10/1996 • Sertânia
@decisaosertania

FERROVIÁRIO
Ferroviário Esporte Clube do Cabo
18/12/1961 • Cabo de Santo Agostinho
@ferroviariodocabooficial

FLAMENGO
Flamengo Sport Club de Arcoverde
1/1959 • Arcoverde
@flamengodearcoverde.oficial

ÍBIS
Íbis Sport Club
15/11/1938 • Paulista
@instaibis

IPOJUCA
Ipojuca Atlético Clube
30/5/2006 • Ipojuca
@ipojucaaoficial

ITACURUBA
Itacuruba Sport Club
2/8/1987 • Itacuruba

JAGUAR
Associação Desportiva Jaboatão dos Guararapes
19/4/2012 • Jaboatão dos Guararapes
@jaguarfcjaboatao_oficial

MAGUARY
Associação Atética Maguary
1/5/1975 • Bonito
@maguaryoficial

SPORT
Sport Club do Recife
13/5/1905
Recife
@sportrecife

1905 • 1930

1930 • 1940

1940 • 1950

OLINDA
Olinda Futebol Clube
15/11/2007 • Olinda
@olinda_futebolclube

PESQUEIRA
Pesqueira Futebol Clube
5/2/2006 • Pesqueira
@pesqueirafutebolclube

PETROLINA
Petrolina Social Futebol Clube
11/11/1998 • Petrolina
@petrolinasfc

PORTO
Clube Atlético do Porto
23/7/1983 • Caruaru
@portodecaruaru

RAMALAT
Ramalat Sport Club
20/1/1994 • Ouricuri
@ramalat_sport_clube_ouricuri

RETRÔ
Retrô Futebol Clube Brasil
15/2/2016 • Camaragibe
@retrofcbrasil

RS FUTEBOL
RS Futebol Club
2020 • Recife
@rsfuteboool

SALGUEIRO
Salgueiro Atlético Clube
23/3/1972 • Salgueiro
@salgueiroacpe

SANTA FÉ
Santa Fé Futebol Clube Ltda
15/9/2021 • Recife
@futebolsantafe

SERRA TALHADA
Serra Talhada Futebol Clube
25/2/2011 • Serra Talhada
@serratalhadafc_pe

SERRANO
Serrano Futebol Clube
1/10/1983 • Serra Talhada
@serranofclube

SETE DE SETEMBRO
Sete de Setembro Esporte Clube
7/9/1950 • Garanhuns
@seteecoficial

TIMBAÚBA
Timbaúba Futebol Clube
1997 • Timbaúba
@timbaubafcoficial

TORRES
Club Atlético Torres Brasil
24/3/2022 • Recife
@clubatleticotorresbrasil

VERA CRUZ
Vera Cruz Futebol Clube
3/2/1960 • Vitória de Santo Antão
@oficialveracruzfc

PIAUÍ

VITÓRIA DAS TABOCAS
Vitória de Santo Antão Associação
Acadêmica e Desportiva
6/5/2008 • Vitória de Santo Antão
@vitoriadastabocas

YPIRANGA
Sociedade Esportiva
Ypiranga Futebol Clube
3/7/1938 • Santa Cruz do Capibaribe
@ypirangape

4 DE JULHO
4 de Julho Esporte Clube
4/7/1987 • Piripiri
@4dejulhopi

ALTOS
Associação Atlética de Altos
19/7/2013 • Altos
@altosoficial

ATLÉTICO PIAUIENSE
Clube Atlético Piauiense
14/11/2019 • Teresina
@atleticopiauiense

BARRAS
Barras Futebol Club
15/11/2004 • Barras
@barrasfutebolclub

CAIÇARA
Caiçara Esporte Clube
27/2/1954 • Campo Maior
@caicaraec

COMERCIAL
Comercial Atlético Clube
21/4/1945 • Campo Maior
@comercialatlclube

CORISABBÁ
Associação Atlética Corisabbá
24/5/1973 • Floriano
@corisabba

FERROVIÁRIO
Ferroviário Atlético Clube
1946 • Parnaíba
@ferroviarioatleticoclubepi

FLAMENGO
Esporte Clube Flamengo
8/12/1937 • Teresina
@ecflamengo1937

FLUMINENSE
Fluminense Esporte Clube
5/1/1949 • Teresina
@fluminensepi

OEIRAS
Oeiras Atlético Clube
8/9/1997 • Oeiras
@oeirasatleticoclube

OEIRENSE
Associação Atlética Oeirense
5/11/2018 • Oeiras
@oeirense_oficial

PARNAHYBA
Parnahyba Sport Club
1/5/1913 • Parnaíba
@parnahybaoficial

PIAUÍ
Piauí Esporte Clube
15/8/1948 • Teresina
@piauiesporteclube

PICOS
Sociedade Esportiva de Picos
8/2/1976 • Picos
@sepicospi

RACING
Racing Futebol Clube
2013 • Teresina
@racingfc_oficial

RIVER
River Atlético Clube
1/3/1946 • Teresina
@riveracoficial

TERESINA
Teresina Esporte Clube
2021 • Teresina
@teresina.esporteclube

TIMON
Esporte Clube Timon
2015 • Teresina
@e_c_timon

TIRADENTES
Sociedade Esportiva Tiradentes
30/6/1959 • Teresina
@setiradentesoficial

RIO DE JANEIRO

7 DE ABRIL
Centro de Integração Geracional 7 de Abril
22/8/2006 • Rio de Janeiro
@7deabril.oficial

AMERICA
America Football Club
18/9/1904 • Rio de Janeiro
@americarjoficial

AMERICANO
Americano Futebol Clube
1/6/1914 • Campos dos Goytacazes
@americanofc

ANGRA DOS REIS
Angra dos Reis Esporte Clube
23/3/1999 • Angra dos Reis
@angraa_ec

ARARUAMA
Araruama Futebol Clube
6/2/2016 • Araruama
@araruama_fc

ATLÉTICO CARIOCA
Clube Atlético Carioca Ltda
21/12/2012 • São Gonçalo
@atleticocarioca

AUDAX RIO
GPA Audax Rio Esporte Clube
8/5/2005 • Rio de Janeiro

BANGU
Bangu Atlético Clube
17/4/1904 • Rio de Janeiro
@banguoficial

BOTAFOGO
Botafogo de Futebol e Regatas
1/7/1894 (como Club de Regatas Botafogo)
Rio de Janeiro
@botafogo

1904 • 1942
1942 • 1948
1948 • 1960
1960 • 1961
1962 • 1970
1970 • 1981
1981 • 1990
1990 • 1993
1993 • 1995
1995 • 2002
2002 • 2012
2012

BARCELONA
Barcelona Esporte Clube
5/12/1999 • Rio de Janeiro
@barcelonaesporteclube

BARRA DA TIJUCA
Clube Atlético da Barra da Tijuca
8/7/2010 • Rio de Janeiro
@atleticobarradatijuca

BARRA MANSA
Barra Mansa Futebol Clube
15/11/1908 • Barra Mansa
@barramansafcoficial

BELA VISTA
Bela Vista Futebol Clube
15/5/1977 • Niterói
@belavistafcoficial.rj

BELFORD ROXO
Sociedade Esportiva Belford Roxo
13/5/2000 • Belford Roxo
@sebelfordroxo

BOAVISTA
Boavista Sport Club
14/10/1961 • Saquarema
@boavistasc

BONSUCESSO
Bonsucesso Futebol Clube
12/10/1913 • Rio de Janeiro
@bonsucessoreal

BRASILEIRINHO
IQSL Brasileirinho Clube Social
12/7/2007 • Rio de Janeiro
@iqslbrasileirinho

BRESCIA
Brescia Barra Clube Ltda ME
14/5/1982 • Rio de Janeiro
@bresciaclubeoficial

BÚZIOS
Sociedade Esportiva Búzios
15/5/1971 • Armação dos Búzios
@sebbuziosfut

CAAC BRASIL
CAAC Brasil Futebol Clube
22/12/2009 • Rio de Janeiro
@oficial_caac_brasil

CABOFRIENSE
Associação Desportiva Cabofriense
1/1/1997 • Cabo Frio
@cabofriense

CAMPO GRANDE
Campo Grande Atlético Clube
13/6/1940 • Rio de Janeiro
@campuscaoficial

CAMPOS ATLÉTICO
Campos Atlético Associação
26/10/1912 • Campos dos Goytacazes
@camposatletico

CANTO DO RIO
Canto do Rio Football Club
14/11/1913 • Rio de Janeiro
@cantodoriofutebol

CARAPEBUS
Associação Atlética Carapebus
12/4/2006 • Carapebus
@aacarapebus_ofc

CARDOSO MOREIRA
Cardoso Moreira Futebol Clube
19/3/1935 • Cardoso Moreira
@oficialcmfc

CASIMIRO DE ABREU
Casimiro de Abreu Esporte Clube
30/5/1975 • Casimiro de Abreu
@casimirodeabreu.ec

FLAMENGO
Clube de Regatas do Flamengo
15/11/1895
Rio de Janeiro
@flamengo

1895 • 1912
1895
1912 • 1944
1912 • 1944
1944 • 1980
1980 • 1981
1981 • 1983
1983 • 1997
1983 • 1997
1997 • 2000
1997 • 2000
1997 • 2000
2000 • 2009
2000 • 2009
2009 • 2010
2010 • 2018
2010 • 2018
2010 • 2018
2010 • 2018
2010 • 2018
2018
2018
2018

CERES
Ceres Futebol Clube
10/7/1933 • Rio de Janeiro
@ceres.oficial

DUQUE CAXIENSE
Duque Caxiense Futebol Clube
2/1/1997 • Duque de Caxias
@duquecaxienseprofissional

DUQUE DE CAXIAS
Duque de Caxias Futebol Clube
22/2/1957 • Duque de Caxias
@duquedecaxias

FRIBURGUENSE
Friburguense Atlético Clube
14/3/1980 • Nova Friburgo
@friburguenseoficial1980

GOYTACAZ
Goytacaz Futebol Clube
20/8/1912 • Campos dos Goytacazes
@goytacaz.f.c

HELIÓPOLIS
Heliópolis Atlético Clube
1/5/1950 • Belford Roxo
@heliopolis_a.c_

IMPÉRIO SERRANO
Império Serrano Esporte Clube
1/8/2020 • Rio de Janeiro
@imperioserranoec

INDEPENDENTE
Associação Esportiva Independente
29/12/1992 • Macaé
@independente.macae

ITABORAÍ PROFUTE
Itaboraí Profute Futebol Clube
4/6/2004 • Itaboraí
@itaboraiprofutefc

JUVENTUS
Juventus Futebol Clube
11/8/2006 • Rio de Janeiro

MACAÉ
Macaé Esporte Futebol Clube
17/7/1990 • Macaé
@macaeesporte

MADUREIRA
Madureira Esporte Clube
8/8/1914 • Rio de Janeiro
@madureiraec

MAGEENSE
Mageense Futebol Clube
7/9/1917 • Magé
@mageensefutebol

MARICÁ
Maricá Futebol Clube Ltda
2/8/2001 • Maricá

MESQUITA
Mesquita Futebol Clube
9/5/1920 • Mesquita
@mesquitafcoficial

NITEROIENSE
Niteroiense Futebol Clube
11/5/1913 • Niterói
@niteroiensefc

NOVA CIDADE
Esporte Clube Nova Cidade
10/9/1939 • Nilópolis
@novacidadeoficial

NOVA FRIBURGO
Nova Friburgo Futebol Clube
16/9/1979 • Nova Friburgo
@novafriburgofc

FLUMINENSE
Fluminense Football Club
21/7/1902
Rio de Janeiro
@fluminensefc

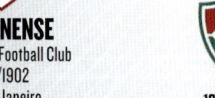

1902 • 1905 | 1902 • 1905 | 1905 • 1906 | 1911 • 1913 | 1913 • 1919 | 1919 • 1938 | 1938 • 1944
1944 • 1951 | 1951 • 1952 | 1952 • 1959 | 1976 • 1977 | 1977 • 1982 | 1982 • 1984 | 1984 • 1991
1991 • 1992 | 1992 • 1994 | 2002 • 2010 | 2002 | 2010 • 2011 | 2015

NOVA IGUAÇU
Nova Iguaçu Futebol Club
1/4/1990 • Nova Iguaçu
@oficialnifc

OLARIA
Olaria Atlético Clube
1/7/1915 • Rio de Janeiro
@olaria_ac

PADUANO
Paduano Esporte Clube
27/5/1927 • Santo Antônio de Pádua
@paduanoecbrasil

PARAÍBA DO SUL
Paraíba do Sul Futebol Clube Ltda
17/3/2005 • Paraíba do Sul
@fcparaibadosul

PARATY
Sociedade Esportiva Paraty
27/10/2013 • Paraty
@se_paraty.oficial

PÉROLAS NEGRAS
Academia de Futebol Pérolas Negras
2009 • Resende
@perolasnegras_oficial

PETRÓPOLIS
Petrópolis Gonçalense Futebol Clube
2021 • Petrópolis
@petropolis_oficial

PORTUGUESA
Associação Atlética Portuguesa
17/12/1924 • Rio de Janeiro
@portuguesarioofc

QUEIMADOS
Queimados Futebol Clube
26/3/1922 • Queimados
@queimadosfutebolclubeoficial

RESENDE EC
Esporte Clube Resende
2/7/2003 • Resende
@esporteclubresende

RESENDE FC
Resende Futebol Clube
6/6/1909 • Resende
@resendefc

RIO DE JANEIRO
Futebol Clube do Rio de Janeiro
26/8/2008 • Rio de Janeiro
@fc_riodejaneiro

RIO SÃO PAULO
Esporte Clube Rio São Paulo
8/10/1952 • Rio de Janeiro
@ec.riosaopaulooficial

RIOSTRENSE
Riostrense Esporte Clube Ltda
16/3/2006 • Rio das Ostras
@riostrense.ec

SAMPAIO CORRÊA
Sampaio Corrêa Futebol e Esporte Ltda
20/2/2006 • Saquarema
@samapiocorrearj

SANTA CRUZ
Santa Cruz Futebol Clube
1/10/2007 • Rio de Janeiro
@santacruzfcrj

SÃO CRISTÓVÃO
São Cristóvão de Futebol e Regatas
13/2/1943 • Rio de Janeiro
@saocristovaooficial

SÃO GONÇALO FC
São Gonçalo Futebol Clube
29/1/2009 • São Gonçalo
@saogoncalo.f.c

VASCO
Club de Regatas Vasco da Gama
21/8/1898
Rio de Janeiro
@vascodagama

1898 • 1920
1920 • 1980
1923 • 1934
1934 • 1940
1940 • 1950
1950 • 1974
1974 • 1987
1980 • 2012
1987 • 1997
1997 • 1998
1998 • 2000
2000 • 2012
2012 • 2021
2012 • 2021
2012 • 2021
2012 • 2021
2021

SÃO JOÃO DA BARRA
Esporte Clube São João da Barra
31/7/2009 • São João da Barra

SÃO JOSÉ
Clube de Futebol São José
4/2/2006 • Itaperuna
@cf.saojose

SERRA MACAENSE
Serra Macaense Futebol Clube
18/11/2009 • Macaé
@serramacaensefc

SERRANO
Serrano Foot Ball Club
29/6/1915 • Petrópolis
@serranofc_rj

TERESÓPOLIS
Teresópolis Futebol Clube
4/4/1915 • Teresópolis
@teresopolisfc

TIGRES DO BRASIL
Sport Club Tigres do Brasil
19/1/2004 • Duque de Caxias
@ectigres

UNIÃO CENTRAL
União Central Futebol Clube
14/4/1986 • Rio de Janeiro
@uniaocentral

UNISOUZA
Uni-Souza Futebol Clube
12/6/2015 • Rio de Janeiro
@unisouzafc

UNIVASSOURAS ARTSUL
Univassouras Artsul Futebol Clube
19/6/2001 • Vassouras
@univassourasartsul

VERA CRUZ
Associação Esporte Clube Vera Cruz
7/9/1928 • Petrópolis
@veracruzec

VOLTA REDONDA
Volta Redonda Futebol Clube
9/2/1976 • Volta Redonda
@voltacofc

ZINZA
Zinzane Futebol Clube SAF
15/7/2022 • Rio de Janeiro
@timezinzaneoficial

RIO GRANDE DO NORTE

ABC
ABC Futebol Clube
29/6/1915 • Natal
@abcfc

ALECRIM
Alecrim Futebol Clube
15/8/1915 • Natal
@alecrimfc

AMÉRICA
América Futebol Clube
14/7/1915 • Natal
@americadenatal

ASSU
Associação Sportiva Sociedade Unida
10/1/2002 • Assú

ATLÉTICO POTENGI
Clube Atlético Potengi
21/11/2000 • Natal
@caatleticopotengi

ATLÉTICO POTIGUAR
Clube Atlético Potiguar
4/7/1918 • Natal

BARAÚNAS
Associação Cultural Esporte Clube Baraúnas
14/1/1960 • Mossoró
@baraunas.oficial

CAICÓ
Caicó Esporte Clube
30/11/1933 • Caicó
@caicoec

CAP
Clube Atlético Piranhas
25/11/1984 • Jardim de Piranhas
@clubeatleticopiranhas

CENTENÁRIO
Centenário Esporte Clube
19/1/1956 • Parelhas
@centenarioecl956

CENTENÁRIO PAUFERRENSE
Clube Atlético Pauferrense
31/10/1956 • Pau dos Ferros

CORINTIANS
Atlético Clube Corintians
25/11/1968 • Caicó
@atleticoclubecorintians

CRUZEIRO
Cruzeiro Futebol Clube
8/10/1937 • Macaíba

CURRAIS NOVOS
Currais Novos Esporte Clube
9/1/1993 • Currais Novos

ESTRELA POTIGUAR
Sport Club Parnamirim Estrela Potiguar
14/7/1985 • Parnamirim
@scp_estrelapotiguar

FLUMINENSE
Fluminense Futebol Clube
4/11/1949 • Natal

FORÇA E LUZ
Centro Esportivo Força e Luz
20/7/1966 • Natal
@forcaeluzofc

GLOBO
Globo Futebol Clube
18/10/2012 • Ceará-Mirim
@oficialglobofc

GUAMARÉ
Guamaré Esporte Clube
7/5/2004 • Guamaré

LAGUNA
Clube Laguna SAF
2/4/2022 • Tibau do Sul
@clubelaguna

MACAU
Macau Esporte Clube
8/6/1978 • Macau

MOSSORÓ
Mossoró Esporte Clube
8/1/1995 • Mossoró
@mossorooficial

PALMEIRA
Palmeira Futebol Clube de Goianinha
23/6/1959 • Goianinha
@palmeirafcrn

PARNAMIRIM
Parnamirim Sport Club
14/7/1985 • Parnamirim
@parnamirimsc

POTIGUAR DE MOSSORÓ
Associação Cultural de Desportiva Potiguar
11/2/1945 • Mossoró
@potiguardemossoro

POTIGUAR DE PARNAMIRM
Potiguar Esporte Clube
15/2/1946 • Parnamirim
@potiguarec

POTYGUAR SERIDOENSE
Associação Cultural e Desportiva Potyguar Seridoense
15/1/1960 • Currais Novos
@potyguaroficial

QFC
Quinho Futebol Clube SAF
18/11/2023 • Natal
@qfcfutebol

REAL INDEPENDENTE
Real Sociedade Independente
8/5/1982 • Jardim de Piranhas

RIACHUELO
Riachuelo Atlético Clube
16/8/1948 • Natal
@riachueloac

RIO GRANDE
Rio Grande SAF
14/6/2024 • Extremoz
@riograndesaf

SANTA CRUZ FC
Santa Cruz Futebol Clube
25/12/1965 • Natal
@santacruzdenatal

SANTA CRUZ SC
Sport Club Santa Cruz
30/11/2003 • Santa Cruz
@scsantacruzrn

UNIVAP APODI
União Apodi Futebol Clube
23/3/2003 • Apodi
@univap_apodi

VÊNUS
Vênus Esporte Clube
25/6/1966 • Natal

VISÃO CELESTE
Visão Celeste Esporte Clube
5/8/1972 • Parnamirim
@visaoceleste

RIO GRANDE DO SUL

12 HORAS
Sport Clube 12 Horas
14/8/2001 • Porto Alegre
@scl2horas

14 DE JULHO
Esporte Clube 14 de Julho
14/7/1902 • Santana do Livramento
@ecl4dejulho

15 DE CAMPO BOM
Clube 15 de Novembro
15/11/1911 • Campo Bom
@15futeboloficial

AIMORÉ
Clube Esportivo Aimoré
26/3/1936 • São Leopoldo
@aimorefutebol

APAFUT
Associação de Pais e Amigos do Futebol
26/8/2011 • Caxias do Sul
@apafutoficial

ATLÉTICO CARAZINHO
Clube Atlético Carazinho
1/7/1970 • Carazinho
@atleticocarazinhors

AVENIDA
Esporte Clube Avenida
6/1/1944 • Santa Cruz do Sul
@esporteclubeavenida

BAGÉ
Grêmio Esportivo Bagé
5/8/1920 • Bagé
@gebageoficial

BRASIL DE FARROUPILHA
Sociedade Esportiva e Recreativa e Cultural Brasil
15/1/1939 • Farroupilha
@brasildefarroupilha

BRASIL DE PELOTAS
Grêmio Esportivo Brasil
7/9/1911 • Pelotas
@gebrasiloficial

CAXIAS
Sociedade Esportiva e Recreativa Caxias do Sul
10/4/1935 • Caxias do Sul
@sercaxias

CERÂMICA
Cerâmica Atlético Clube
19/4/1950 • Gravataí
@ceramicaatletico

GRÊMIO
Grêmio Foot-Ball Porto Alegrense
15/9/1903
Porto Alegre
@gremio

Escudos históricos:
- 1903 • 1904
- 1904 • 1918
- 1918 • 1945
- 1945 • 1949
- 1949 • 1968
- 1968 • 1970
- 1970 • 1981
- 1981 • 1983
- 1983 • 1986
- 1986 • 1995
- 1995 • 1996
- 1996 • 1997
- 1997 • 2001
- 2001 • 2012
- 2012 • 2017
- 2017

CRUZ ALTA
Sociedade Esportiva e Recreativa Cruz Alta
26/9/2007 • Cruz Alta
@sercruzalta

CRUZEIRO
Esporte Clube Cruzeiro
14/7/1913 • Cachoeirinha
@cruzeirorsreal

ELITE
Elite Clube Desportivo
30/9/1921 • Santo Ângelo
@elitecdoficial

ESPORTIVO
Clube Esportivo Bento Gonçalves
28/8/1919 • Bento Gonçalves
@clubeesportivobg

FARROUPILHA
Grêmio Atlético Farroupilha
26/4/1926 • Pelotas
@ga_farroupilha

FUTVIDA
Clube Futebol com Vida S.A.F.
2022 • Viamão
@futebolcomvidasaf

GARIBALDI
Associação Garibaldi de Esportes
18/8/1998 • Garibaldi
@garibaldi.age

GAÚCHO
Sport Clube Gaúcho
12/5/1918 • Passo Fundo
@sportclubegaucho

GLÓRIA
Grêmio Esportivo Glória
15/11/1956 • Vacaria
@gloriadevacariaoficial

GRAMADENSE
Centro Esportivo Gramadense
22/12/1929 • Gramado
@cegramadense

GUARANI
Esporte Clube Guarani
3/9/1929 • Venâncio Aires
@ecguaranirs

GUARANY DE BAGÉ
Guarany Futebol Clube
19/4/1907 • Bagé
@guaranyrs

GUARANY DE CAMAQUÃ
Guarany Futebol Clube
1946 • Camaquã
@guaranydecamaqua

IGREJINHA
Esporte Clube Igrejinha
26/4/1930 • Igrejinha
@ecigrejinha

INTER DE SANTA MARIA
Esporte Clube Internacional
16/5/1928 • Santa Maria
@intersmoficial

JUVENTUDE
Esporte Clube Juventude
29/6/1913
Caxias do Sul
@ecjuventude

- 1913
- 1922
- 1931

INTERNACIONAL
Sport Club Internacional
4/4/1909
Porto Alegre
@scinternacional

Period							
1909 • 1957	1957 • 1978	1978 • 1979	1979 • 1980	1980 • 1982	1982 • 1983	1983 • 1992	1992 • 1993
1993 • 2006	2006 • 2007	2006	2006	2006	2007 • 2009	2008	2009

LAJEADENSE
Clube Esportivo Lajeadense
23/4/1911 • Lajeado
@celajeadenseoficial

MARAU
Futebol Clube Marau
21/4/2013 • Marau
@oficialmarau

MONSOON
Monsoon Futebol Clube
22/11/2021 • Porto Alegre
@monsoon_fc_

NOVA PRATA
Associação Nova Prata de Esportes Cultura e Lazer
10/4/2003 • Nova Prata
@associacao_npoficial

NOVO HAMBURGO
Esporte Clube Novo Hamburgo
1/5/1911 • Novo Hamburgo
@ecnovohamburgo

NOVO HORIZONTE
Esporte Clube Novo Horizonte Esteio
28/12/2008 • Esteio
@ecnovo_horizonte

PALMEIRENSE
Esporte Clube Palmeirense
27/5/1919 • Palmeira das Missões

PANAMBI
Sociedade Esportiva e Recreativa Panambi
1/1/2004 • Panambi
@serpanambioficial

PASSO FUNDO
Esporte Clube Passo Fundo
10/1/1986 • Passo Fundo
@ecpassofundo

PELOTAS
Esporte Clube Pelotas
11/10/1908 • Pelotas
@ecpelotas

PRS
Players RS Futebol Clube
15/12/2015 • Caxias do Sul
@prs.fc

REAL S.C.
Real Sport Club
2005 • Capão da Canoa
@realsportclub_

RIO GRANDE
Sport Club Rio Grande
19/7/1900 • Rio Grande
@scriograndeoficial

RIOGRANDENSE
Football Club Riograndense
11/7/1909 • Rio Grande
@fcriograndensers

RIOGRANDENSE SANTA MARIA
Riograndense Futebol Clube
7/5/1912 • Santa Maria
@riograndensefc

RIOPARDENSE
Associação Esportiva Social e Recreativa Riopardense
17/7/2009 • Rio Pardo
@a.e.s.r.r

SANTA CRUZ
Futebol Clube Santa Cruz
26/3/1913 • Santa Cruz do Sul
@fcsantacruz1913

SANTO ÂNGELO
Sociedade Esportiva e Recreativa Santo Ângelo
26/9/1989 • Santo Ângelo
@sersantoangelo

SÃO BORJA
Esporte Clube São Borja
19/2/2009 • São Borja
@esporteclubesaoborja

SÃO GABRIEL
Esporte Clube São Gabriel
23/9/2013 • São Gabriel
@ecsaogabriel

SÃO JOSÉ
Esporte Clube São José
24/5/1913 • Porto Alegre
@saojosefutebol

SÃO LUIZ
Esporte Clube São Luiz
20/2/1938 • Ijuí
@saoluizdeijui

SÃO PAULO
Sport Club São Paulo
4/10/1908 • Rio Grande
@scsaopaulors

SAPUCAIENSE
Grêmio Esportivo Sapucaiense
28/7/1941 • Sapucaia do Sul
@sapucaiense1941

TRÊS PASSOS
Três Passos Atlético Clube
9/2/1966 • Três Passos
@trespassosoficial

TUPI
Tupi Futebol Clube
1/5/1949 • Crissiumal
@tupicrissiumal

UNIÃO FREDERIQUENSE
União Frederiquense de Futebol
3/9/2010 • Frederico Westphalen
@uniaofrederiquense

UNIÃO HARMONIA
União Harmonia Futebol Clube
23/5/1954 • Canoas
@uniaoharmoniafc

VERANÓPOLIS
Veranópolis Esporte Clube
Recreativo e Cultural
15/1/1992 • Veranópolis
@veranopolisecrc

YPIRANGA
Ypiranga Futebol Clube
18/8/1924 • Erechim
@ypirangafutebolclube

RONDÔNIA

ARIQUEMES
Ariquemes Futebol Clube
23/10/1996 • Ariquemes
@ariquemes_fc

BARCELONA
Barcelona Futebol Clube
7/10/2016 • Porto Velho
@barcelonafc

CRUZEIRO
Cruzeiro Esporte Clube
1/5/1963 • Porto Velho

ESPIGÃO
Esporte Clube Espigão
7/5/2008 • Espigão do Oeste
@ecespigao

GAZIN PORTO VELHO
Porto Velho Esporte Clube
23/4/2018 • Porto Velho
@portovelhoe.c

GENUS
Sport Club Genus de Porto Velho
15/11/1981 • Porto Velho
@sportclubgenus.oficial

GUAJARÁ
Guajará Esporte Clube
31/10/1952 • Guajará-Mirim
@guajaraesporteclube

GUAPORÉ
Guaporé Futebol Clube
04/01/2014 • Rolim de Moura
@guaporefc

JI-PARANÁ
Ji-Paraná Futebol Clube
22/4/1991 • Ji-Paraná
@jiparanafcoficial

MORUMBI
Sporting Club Morumbi Rondoniense
16/3/1999 • Guajará-Mirim

MOTO CLUBE
Moto Esporte Clube
12/5/1952 • Porto Velho

PIMENTENSE
Clube Atlético Pimentense
8/3/1987 • Pimenta Bueno
@atleticopimentensecap

REAL ARIQUEMES
Real Ariquemes Esporte Clube
25/4/2011 • Ariquemes
@oficial.realariquemes

ROLIM DE MOURA
Rolim de Moura Esporte Clube
4/11/2002 • Rolim de Moura
@rolimdemouraec

RONDONIENSE
Rondoniense Social Clube
1/1/2007 • Porto Velho
@rondoniensesc.oficial

UNIÃO CACOALENSE
Sociedade Esportiva União Cacoalense
1/1/1982 • Cacoal
@s.e.uniaocacoalense

VEC
Vilhena Esporte Club
3/6/1991 • Vilhena
@vilhenaesporteclubeoficial

VILHENENSE
Vilhenense Esportivo Clube
10/10/2017 • Vilhena
@vilhenenseec

RORAIMA

BARÉ
Baré Esporte Clube
26/10/1946 • Boa Vista
@bareesporteclube

GAS
Grêmio Atlético Sampaio
11/6/1965 • Caracaraí
@gremioatleticosampaio

MONTE RORAIMA
Monte Roraima Futebol Clube S.A.F.
22/3/2023 • Boa Vista
@monteroraimafutebolclube

NÁUTICO
Náutico Futebol Clube
22/12/1962 • Boa Vista
@nauticorr

PROGRESSO
Atlético Progresso Clube
21/7/1959 • Mucajaí
@atleticoprogressorr

REAL
Associação Esportiva Real
11/5/2006 • São Luiz do Anauá
@associacaoesportivareal

RIO NEGRO
Atlético Rio Negro Clube
26/4/1971 • Boa Vista
@atleticorionegrorr

RIVER
River Esporte Clube
29/7/1973 • Boa Vista
@riveresporteclubeoficial

RORAIMA
Atlético Roraima Clube
1/9/1944 • Boa Vista
@atleticororaimaclube

SÃO FRANCISCO
São Francisco Futebol Clube
1960 • Boa Vista

SÃO PAULO
São Paulo Futebol Clube
2/6/1954 • Boa Vista

SÃO RAIMUNDO
São Raimundo Esporte Clube
2/1/1963 • Boa Vista
@saoraimundorr

SANTA CATARINA

ALMIRANTE BARROSO
Clube Náutico Almirante Barroso
11/5/1919 • Itajaí
@clubebarroso

ATLÉTICO BATISTENSE
Esporte Clube Atlético Batistense
1/9/2009 • São João Batista
@atleticobatistense

ATLÉTICO CATARINENSE
Clube Atlético Catarinense
20/3/2020 • Criciúma
@atleticocatarinenseoficial

ATLÉTICO IBIRAMA
Clube Atlético Hermann Aichinger
20/9/1951 • Ibirama
@clubeatleticodeibiramaoficial

AVAÍ
Avaí Futebol Clube
1/9/1923 • Florianópolis
@avaifc

BARRA
Barra Futebol Clube
18/1/2013 • Balneário Camboriú
@barrafc_oficial

BLUMENAU
Blumenau Esporte Clube
1/3/2023 • Blumenau
@blumenauesporteclube

BLUMENAUENSE
Associação Blumenauense de Futebol
23/3/1999 • Blumenau

BRUSQUE
Brusque Futebol Clube
12/10/1987 • Brusque
@brusqueoficial

CAÇADORENSE
Associação Caçador Atlético Clube
25/6/2003 • Caçador
@cac_cacadorense

CAMBORIÚ
Camboriú Futebol Clube
11/4/2003 • Camboriú
@camboriufc

CANOINHAS
Canoinhas Atlético Clube Ltda
30/3/2006 • Canoinhas
@canoinhas_at

CARAVAGGIO
Caravaggio Futebol Clube
22/10/1970 • Nova Veneza
@caravaggiofc

CARLOS RENAUX
Clube Atlético Carlos Renaux
14/9/1913 • Brusque
@carlosrenaux

CAXIAS
Caxias Futebol Clube
12/10/1920 • Joinville
@caxiasfc_oficial

CHAPECOENSE
Associação Chapecoense de Futebol
10/5/1973 • Chapecó
@chapecoensereal

CONCÓRDIA
Concórdia Atlético Clube
2/3/2005 • Concórdia
@galodooesteoficial

CRICIÚMA
Criciúma Esporte Clube
13/5/1947 • Criciúma
@criciumaoficial

41

CURITIBANOS
Curitibanos Esporte Clube
27/9/1999 • Curitibanos

FIGUEIRENSE
Figueirense Futebol Clube
12/6/1921 • Florianópolis
@figueirense

FLUMINENSE
Fluminense Futebol Clube
24/10/1948 • Joinville
@fluminensejoinville

GUARANI
Guarani de Palhoça Futebol Ltda
15/2/1928 • Palhoça
@guaranisc

HERCÍLIO LUZ
Hercílio Luz Futebol Clube
22/12/1918 • Tubarão
@hercilioluzfc

IMBITUBA
Baruch Imbituba Futebol Clube
28/1/2021 • Imbituba
@baruch_sports_club

INTER DE LAGES
Esporte Clube Internacional
13/6/1949 • Lages
@interlages

ITAJAÍ
Clube Atlético Itajaí-Eireli
20/4/2016 • Itajaí

JARAGUÁ
Sport Club Jaraguá
19/4/2008 • Jaraguá do Sul
@scjaragua_oficial

JOAÇABA
Joaçaba Atlético Clube
27/2/1997 • Joaçaba

JOINVILLE
Joinville Esporte Clube
29/1/1976 • Joinville
@jec_oficial

JUVENTUS DE JARAGUÁ
Grêmio Esportivo Juventus
1/5/1966 • Jaraguá do Sul
@gejuventus_oficial

JUVENTUS DE SEARA
Clube Atlético Juventus
20/10/1962 • Seara
@juventus.seara

LAGES
Clube Atlético Lages
2002 • Lages

MAGA
Associação Maga Esporte Clube
2008 • Indaial

MARCÍLIO DIAS
Clube Náutico Marcílio Dias
17/3/1919 • Itajaí
@marciliodiasoficial

METROPOL
Esporte Clube Metropol
15/11/1945 • Criciúma

METROPOLITANO
Clube Atlético Metropolitano
22/1/2002 • Blumenau
@ca_metropolitano

NAÇÃO
Nação Esportes Futebol Clube
10/4/2007 • Araquari
@nacaoaraquari

OESTE
Oeste Futebol Clube
4/3/2007 • Chapecó

OPERÁRIO DE MAFRA
Clube Atlético Operário de Mafra
2022 • Mafra
@caoperariomafra

ORLEANS
Associação Atlética Orleans
28/7/1978 • Orleans
@associação_atletica_orleans

PEDRA BRANCA
Pedra Branca Esporte Clube
28/7/1978 • Palhoça
@pbecbrasil

PORTO
Futebol Clube do Porto
9/6/1999 • Porto União

PRÓSPERA
Esporte Clube Próspera
29/3/1946 • Criciúma
@e.c.prospera

SANTA CATARINA
Santa Catarina Club
11/12/1998 • Rio do Sul
@santacatarinafc_

SÃO BENTO
São Bento Futebol Clube
8/4/2003 • São Bento do Sul

TIRADENTES
Tiradentes Esporte Clube
21/4/1947 • Tijucas
@tiradentes.ec

TUBARÃO
Clube Atlético Tubarão
14/4/2005 • Tubarão
@catubarao

UNIÃO TIMBÓ
Sociedade Desportiva e Recreativa União
14/3/1942 • Timbó

SÃO PAULO

ÁGUA SANTA
Esporte Clube Água Santa
27/10/1981 • Diadema
@ecaguasanta

ÁGUAS DE LINDÓIA
Águas de Lindóia Esporte Clube
1/3/1970 • Águas de Lindóia

AMÉRICA
América Futebol Clube
28/1/1946 • São José do Rio Preto
@america.sjrp

AMÉRICO
Américo Esporte Ltda
25/9/2007 • Américo Brasiliense

AMPARO
Amparo Athlético Club
28/4/1919 • Amparo
@amparoac_oficial

ANDRADINA
Andradina Esporte Clube
2022 • Andradina
@andradina_a.e.c

APARECIDA
Aparecida Esporte Clube
31/1/1965 • Aparecida do Norte

ARAÇATUBA
Associação Esportiva Araçatuba
15/12/1972 • Araçatuba
@aearacatuba

ASSISENSE
Clube Atlético Assisense
27/3/1995 • Assis
@clubeatleticoassisenseoficial

ATIBAIA
Sport Club Atibaia
12/12/2005 • Atibaia
@atibaiasc

ATLÉTICO ARAÇATUBA
Atlético Esportivo Araçatuba
5/10/2002 • Araçatuba

ATLÉTICO MOGI
Clube Atlético Mogi das Cruzes de Futebol
9/2/2005 • Mogi das Cruzes
@atleticomogioficial

ATLÉTICO SOROCABA
Clube Atlético Sorocaba
21/2/1991 • Sorocaba
@atletico.sorocaba_1991

BANDEIRANTE
Bandeirante Esporte Clube
11/3/1923 • Birigui
@bandeirantebec

BARCELONA
Barcelona Esportivo Capela Ltda
20/1/2004 • São Paulo
@barcelonaecsp

BARRETOS
Barretos Esporte Clube
28/10/1960 • Barretos
@barretosec

BATATAIS
Batatais Futebol Clube
18/9/1919 • Batatais
@batataisfutebolclube

BOA VISTA
Clube de Futebol Boa Vista Ltda
20/1/2004 • São João da Boa Vista

CORINTHIANS
Sport Club Corinthians Paulista
1/9/1910
São Paulo
@corinthians

1910 • 1914
1914 • 1915
1915 • 1916
1915
1916 • 1919
1919 • 1939
1939 • 1980
1980 • 1990
1990 • 1998
1998 • 1999
1999 • 2000
2000 • 2005
2005 • 2009
2009 • 2010
2010 • 2012
2010
2012

43

BOTAFOGO
Botafogo Futebol S/A
12/10/1918 • Ribeirão Preto
@botafogosp

BRASIL
Sport Club Brasil
2/12/2019 • Embu das Artes

BRASILIS
Brasilis Futebol Clube Ltda
1/1/2007 • Águas de Lindóia
@brasilisfutebolclube

CAD RIBEIRÃO PIRES
Clube Atlético Desportivo Ribeirão Pires
9/10/2009 • Ribeirão Pires
@cadribeiraopires

CAMPINAS FC
Campinas Futebol Clube
1/1/1998 • Campinas

CAPIVARIANO
Capivariano Futebol Clube
12/10/1918 • Capivari
@capivariano

CATANDUVA
Catanduva Futebol Clube
16/11/2017 • Catanduva
@catanduvafcoficial

CATANDUVENSE
Grêmio Esportivo Catanduvense
5/2/1970 • Catanduva

COLORADO CAIEIRAS
Colorado Caieiras Futebol Clube Ltda
18/9/2019 • Caieiras
@coloradocaieirasfcoficial

COMERCIAL
Comercial Futebol Clube
10/10/1911 • Ribeirão Preto
@comercialfcoficial

COMERCIAL DE TIETÊ
Comercial Futebol Clube
2/6/1920 • Tietê

CORINTHIANS DE PRESIDENTE PRUDENTE
Esporte Clube Corinthians
de Presidente Prudente Ltda
18/5/2012 • Presidente Prudente

GUARANI
Guarani Futebol Clube
2/4/1911
Campinas
@guaranifc_oficial

1911 • 1916

1944 • 1978

2011

COTIA
Cotia Futebol Clube
13/4/2000 • Cotia

DESCALVADENSE
Clube Esportivo e Recreativo
Descalvadense
1941 • Descalvado

DESPORTIVO BRASIL
Desportivo Brasil Participações Ltda
19/11/2005 • Porto Feliz
@desportivobrasil

ECO
Esporte Clube Osasco
21/2/1984 • Osasco
@ecoosascooficial

ECUS
Esporte Clube União Suzano
25/10/1993 • Suzano
@ecuniaosuzano

ELOSPORT
Elosport de Capão Bonito
10/5/1993 • Capão Bonito
@elosportsaopaulo

ESTRELA
Estrela Esporte Clube
10/1/1976 • Porto Feliz

FERNANDÓPOLIS
Fernandópolis Futebol Clube
15/11/1961 • Fernandópolis
@fefece1961

FERROVIÁRIA
Ferroviária Futebol S/A
12/4/1950 • Araraquara
@afeoficial

FLAMENGO
Associação Atlética Flamengo
1/6/1954 • Guarulhos
@flamengoguarulhos

FORÇA
Força Esporte Clube
16/5/2001 • Caieiras

FRANCANA
Associação Atlética Francana
12/10/1912 • Franca
@aafrancana

GAZETA
Esporte Clube Gazeta
7/9/1948 • Ourinhos
@esporteclub_gazeta

GINÁSIO PINHALENSE
Ginásio Pinhalense de Esportes Atléticos
17/7/1937 • Espírito Santo do Pinhal

GRÊMIO BARUERI
Grêmio Recreativo Barueri
26/3/1989 • Barueri
@gremiobaruerioficial_

GRÊMIO CATANDUVENSE
Grêmio Catanduvense de Futebol
3/12/2003 • Catanduva
@gremiocatanduvense1970

GRÊMIO OSASCO
Grêmio Esportivo Osasco
17/12/2007 • Osasco
@gremioosasco

GRÊMIO PRUDENTE
Grêmio Desportivo Prudente
13/12/2005 • Presidente Prudente
@gremioprudenteoficial

GUAÇUANO
Clube Atlético Guaçuano
26/2/1929 • Mogi Guaçu
@guacuano1929

GUAPIRA
Clube de Campo Associação Atlética Guapira
20/10/1918 • São Paulo
@guapira_futebolprincipal

GUARANI SUMAREENSE
Clube Atlético Guarani Sumareense
20/1/2004 • Sumaré

GUARARAPES
Guararapes Esporte Clube
2/12/1964 • Guararapes
@gec_guararapes_e_c

GUARATINGUETÁ
Guaratinguetá Futebol Ltda
1/10/1998 • Guaratinguetá
@acervoguaratingueta

GUARIBA
Guariba Esporte Clube
1/1/1980 • Guariba
@guaribaectime

GUARUJÁ
Associação Desportiva Guarujá
12/12/1992 • Guarujá
@adguaruja_oficial

GUARULHOS
Associação Desportiva Guarulhos
1/12/1972 • Guarulhos
@guarulhosgru

IBRACHINA
Ibrachina Futebol Clube Ltda
16/9/2020 • São Paulo
@ibrachinafc

ILHA SOLTEIRA
Associação Esportiva Ilha Solteira
1/12/1993 • Ilha Solteira

INDEPENDENTE
Independente Futebol Clube
19/1/1944 • Limeira
@independentedelimeiraoficial

INTER DE BEBEDOURO
Associação Atlética Internacional
11/6/1906 • Bebedouro
@interbebedourooficial

INTER DE LIMEIRA
Associação Atlética Internacional
5/10/1913 • Limeira
@interdelimeiraoficial

IRACEMAPOLENSE
Clube Atlético União Iracemapolense
1/5/1946 • Iracemápolis

ITAPETININGA
Esporte Clube Itapetininga
25/4/1995 • Itapetininga
@ecitape_oficial

ITAPIRENSE
Sociedade Esportiva Itapirense
23/4/1947 • Itapira
@esportivaitapirense

ITAQUAQUECETUBA
Itaquaquecetuba Atlético Clube
25/11/1980 • Itaquaquecetuba

ITARARÉ
Associação Atlética Itararé
20/10/1950 • Itararé
@aai_itarare

ITUANO
Ituano Futebol Clube
24/5/1947 • Itu
@ituanofc

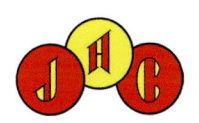

JABAQUARA
Jabaquara Atlético Clube
15/11/1914 • Santos
@jabaquaraac_oficial

JABOTICABAL
Jaboticabal Atlético
30/4/1911 • Jaboticabal
@eusoujotao

JACAREÍ
Jacareí Atlético Clube
27/10/1980 • Jacareí
@jacareiac

JAGUARIÚNA
Jaguariúna Futebol Clube
2005 • Jaguariúna
@jaguariuna_fc

JOSÉ BONIFÁCIO
José Bonifácio Esporte Clube
1/2/1961 • José Bonifácio
@josebonifacioec

JOSEENSE
Clube Atlético Joseense
1/10/1998 • São José dos Campos
@clubeatleticojoseense

JUVENTUS
Clube Atlético Juventus
20/4/1924 • São Paulo
@oficialjuventus

LEMENSE
Lemense Futebol Clube
12/12/2005 • Leme
@ec.lemense

LENÇOENSE
Clube Atlético Lençoense
16/12/1943 • Lençóis Paulista
@lencoense_oficial

LINENSE
Clube Atlético Linense
12/6/1927 • Lins
@calinenseoficial

MANTHIQUEIRA
Academia Desportiva
Manthiqueira Futebol Ltda
4/8/2005 • Guaratinguetá
@ad.manthiqueira

MARÍLIA
Marília Atlético Clube
12/4/1942 • Marília
@mariliaac1942

MATONENSE
Sociedade Esportiva Matonense
24/5/1976 • Matão
@matonense.oficial

MAUÁ
Mauá Futebol Treinamentos
e Esportes Ltda
23/10/2017 • Mauá
@mauafcoficial

MAUAENSE
Grêmio Esportivo Mauaense
15/12/1981 • Mauá
@gremiomauaense.oficial

MIRASSOL
Mirassol Futebol Clube
9/11/1925 • Mirassol
@mirassolfc

MOGI MIRIM
Mogi Mirim Esporte Clube
1/2/1932 • Mogi Mirim
@mogimirimoficial

MONTE AZUL
Atlético Monte Azul
28/4/1920 • Monte Azul Paulista
@atleticomonteazul

MONTENEGRO
Clube Atlético Montenegro
13/12/1999 • Avaré

NACIONAL
Nacional Atlético Clube
16/2/1919 • São Paulo
@nacionalacsp

NOROESTE
Esporte Clube Noroeste
1/9/1910 • Bauru
@ecnoroeste

NOVORIZONTINO
Grêmio Novorizontino
1/3/2010 • Novo Horizonte
@oficialnovorizontino

OESTE
Oeste Futebol Clube
25/1/1921 • Barueri
@oestefc_barueri

OLÉ BRASIL
Olé Brasil Futebol Clube S/A
21/9/2006 • Ribeirão Preto
@olebrasilfc

OLÍMPIA
Olímpia Futebol Clube
5/12/1946 • Olímpia
@olimpiafc.oficial

OSAN
Grêmio Recreativo Osan
20/12/1990 • Indaiatuba

PALMEIRAS
Sociedade Esportiva Palmeiras
26/8/1914
São Paulo
@palmeiras

1914 • 1916
1914
1916 • 1917
1917 • 1918
1918 • 1938
1938 • 1940
1940 • 1942
1942 • 1951
1942
1951 • 1959
1959 • 1969
1969 • 1973
1973 • 1989
1989 • 1993
1993 • 1999
1999 • 2012
1999 • 2012
2012 • 2018
2018
2018

OSASCO
Osasco Futebol Clube
8/12/1992 • Osasco
@osascofc

OSASCO AUDAX
Grêmio Osasco Audax Esporte Clube
8/12/1985 • Osasco
@osascoaudax

OSVALDO CRUZ
Osvaldo Cruz Futebol Clube
17/2/2004 • Osvaldo Cruz
@oficialosvaldocruzfc

PALESTRA
Palestra São Bernardo FE
1/9/1935 • São Bernardo do Campo
@palestrasboficial

PALMEIRINHA
Sociedade Esportiva Palmeirinha
3/4/1955 • Porto Ferreira

PONTE PRETA
Associação Atlética Ponte Preta
11/8/1900
Campinas
@pontepretaoficial

1900 • 1977
1977 • 2000
2000

PARAGUAÇUENSE
Esporte Clube Paraguaçuense
28/11/1965 • Paraguaçu Paulista
@paraguacuense

PAULÍNIA
Paulínia Futebol Clube
10/6/2004 • Paulínia

PAULISTA
Paulista Futebol Clube Ltda
17/5/1909 • Jundiaí
@paulistafc

PAULISTINHA
Clube Atlético Paulistinha
14/2/1960 • São Carlos

PENAPOLENSE
Clube Atlético Penapolense
16/11/1944 • Penápolis
@penapolenseoficial

PORTUGUESA
Associação Portuguesa de Desportos
14/8/1920 • São Paulo
@portuguesaoficial

1898 • 1922
1922 • 1923
1937 • 1938

PIRASSUNUNGUENSE
Clube Atlético Pirassununguense
1/9/1907 • Pirassununga
@capirassununguense

PONTE PRETA SUMARÉ
Ponte Preta Sumaré Futebol Clube
26/4/2001 • Sumaré

PORTUGUESA SANTISTA
Associação Atlética Portuguesa
20/11/1917 • Santos
@briosaoficial

PRESIDENTE PRUDENTE
Presidente Prudente Futebol Clube
9/4/1989 • Presidente Prudente

PRIMAVERA
Esporte Clube Primavera
27/1/1927 • Indaiatuba
@ecprimaveraoficial

PRIMEIRA CAMISA
Futebol Clube Primeira Camisa Ltda
2/3/2007 • São José dos Campos

PRUDENTINO
Prudentino Futebol Clube
29/1/2001 • Presidente Prudente

RADIUM
Radium Futebol Clube
1/5/1919 • Mococa
@radiumdemococa

RANCHARIENSE
Associação Atlética Ranchariense
20/1/1943 • Rancharia

REAL CUBATENSE
Atlético Real Cubatense
10/7/2016 • Cubatão
@atleticorealcubatenseoficial

RED BULL BRAGANTINO
Red Bull Bragantino Futebol Ltda
8/1/1928 • Bragança Paulista
@redbullbragantino

RIO BRANCO
Rio Branco Esporte Clube
4/8/1913 • Americana
@riobrancoecamericana

RIO CLARO
Rio Claro Futebol Clube
9/5/1909 • Rio Claro
@rioclarofco

RIO PRETO
Rio Preto Esporte Clube
21/4/1919 • São José do Rio Preto
@riopreto.ec

SANTA RITENSE
Associação Atlética Santa Ritense
25/1/1927 • Santa Rita do Passa Quatro
@associacao_santa_ritense

SANTACRUZENSE
Associação Esportiva Santacruzense
25/1/1931 • Santa Cruz do Rio Pardo
@aesantacruzense

SANTO ANDRÉ
Esporte Clube Santo André
18/9/1967 • Santo André
@ecsantoandre

SÃO BENTO
Esporte Clube São Bento
14/9/1913 • Sorocaba
@ecsaobento1913

SÃO BERNARDO EC
Esporte Clube São Bernardo
3/2/1928 • São Bernardo do Campo
@ecsaobernardo

SÃO BERNARDO FC
São Bernardo Futebol Clube Ltda
20/12/2004 • São Bernardo do Campo
@saobernardo_fc

SÃO CAETANO
Associação Desportiva São Caetano
4/12/1989 • São Caetano do Sul
@adscoficial

SÃO CARLOS
São Carlos Futebol Clube Ltda
25/11/2004 • São Carlos
@saocarlosfc.oficial

SÃO JOSÉ
São José Esporte Clube
24/12/1976 • São José dos Campos
@saojoseecoficial

SÃO VICENTE
São Vicente Atlético Clube
21/4/1928 • São Vicente
@saovicente.a.c

SÃO-CARLENSE
Grêmio Desportivo São-Carlense Ltda
20/7/2016 • São Carlos
@gremiodesportivosaocarlense

SERRA NEGRA
Serra Negra Futebol Clube
10/9/1989 • Serra Negra

SERTÃOZINHO
Sertãozinho Futebol Clube
6/8/1944 • Sertãozinho
@fcsertaozinho

SEV HORTOLÂNDIA
Social Esportiva Vitória
10/5/2001 • Hortolândia
@socialesportivavitoria

SFERA
Sfera Futebol Clube
1/4/2021 • Salto

SKA BRASIL
Futebol Clube SKA Brasil
13/6/2019 • Santana de Parnaíba
@fcskabrasil

SPORT BARUERI
Sport Club Barueri
2010 • Barueri

SUMARÉ
Sumaré Atlético Clube
9/12/2005 • Sumaré
@sumareatleticoclube

SANTOS
Santos Futebol Clube
14/4/1912 • Santos
@santosfc

1912 • 1913 | 1912 • 1913 | 1912 | 1912 | 1913 • 1915 | 1915 • 1940 | 1940 • 1948
1948 • 1965 | 1965 • 1968 | 1968 • 1984 | 1984 • 1991 | 1991 • 2002 BI-MUNDIAL | 2002 • 2010 | 2002 BIMUNDIAL
2009 | 2010 • 2012 | 2011 | 2012 • 2023 | 1912 • 2012

48

SÃO PAULO
São Paulo Futebol Clube
25/1/1930
São Paulo
@saopaulofc

1930 • 1949
1949 • 1977
1977 • 1986
1986 • 1991
1991 • 1993
1993 • 1995
1995 • 2000
2000 • 2005
2006
2010

TABOÃO DA SERRA
Clube Atlético Taboão da Serra
12/12/1985 • Taboão da Serra
@clubeatleticotaboao

TALENTOS 10
Talentos 10 Futebol Clube
1997 • Bauru
@talentos10_oficial

TANABI
Tanabi Esporte Clube
18/12/1942 • Tanabi
@tanabiesporte

TAQUARITINGA
Clube Atlético Taquaritinga
17/3/1942 • Taquaritinga
@cataquaritinga

TAUBATÉ
Esporte Clube Taubaté
1/11/1914 • Taubaté
@ec.taubate

TUPÃ
Tupã Futebol Clube
8/2/1936 • Tupã
@tupafcoficial

UNIÃO BARBARENSE
União Agrícola Barbarense Futebol Clube
22/11/1914 • Santa Barbara d'Oeste
@uniaobarbarense-oficial

UNIÃO MOGI
União Futebol Clube
7/9/1913 • Mogi das Cruzes
@uniaomogi

UNIÃO SÃO JOÃO
União São João Esporte Clube
14/1/1981 • Araras
@uniaosaojoaodeararas

UNIÃO SUZANO
União Suzano Atlético Clube
25/1/1969 • Suzano
@uniaosuzano

VALINHOS
Valinhos Esporte Clube
2017 • Valinhos
@valinhosec_oficial

VELO CLUBE
Associação Esportiva Velo Clube Rioclarense
28/8/1910 • Rio Claro
@veloclube1910

VOCEM
Vila Operária Clube Esportivo Mariano
21/7/1954 • Assis
@vocemassis

VOTORATY
Votoraty Futebol Clube Ltda
12/5/2005 • Votorantim
@votoratyfc

VOTUPORANGUENSE
Clube Atlético Votuporanguense
11/12/2009 • Votuporanga
@votuporanguenseoficial

XV DE CARAGUÁ
Esporte Clube XV de Novembro
18/2/1934 • Caraguatatuba
@xvdecaraguatatuba

XV DE JAÚ
Esporte Clube XV de Novembro
15/11/1924 • Jaú
@xvdejau_oficial

XV DE PIRACICABA
Esporte Clube XV de Novembro
15/11/1913 • Piracicaba
@xvpiracicaba

SERGIPE

AMADENSE
Amadense Esporte Clube
23/8/1981 • Tobias Barreto
@amadenseesporteclube

AMÉRICA DE PEDRINHAS
América Futebol Clube
1953 • Pedrinhas
@americapedrinhasfc

AMÉRICA DE PROPRIÁ
América Futebol Clube
8/8/1942 • Propriá
@americafc_se

ARACAJU
Aracaju Futebol Clube
1/12/2004 • Aracaju
@aracajufc_

ATLÉTICO GLORIENSE
Associação Desportiva Atlético Gloriense
14/1/2008 • Nossa Senhora da Glória
@atleticoglorienseoficial

ATLÉTICO ROSÁRIO
Clube Atlético Rosário
3/4/2016 • Barra dos Coqueiros
@atleticocentral_oficial

BARRA
Barra Futebol Clube
21/3/2014 • Barra dos Coqueiros
@barrafc_se

BOCA JÚNIOR
Sociedade Boca Júnior Futebol Clube
31/5/2004 • Cristinápolis
@bocajuniorfclube

BOQUINHENSE
Associação Boquinhense de Desportos
11/10/1965 • Boquim
@boquinhenseoficial

BOTAFOGO
Botafogo Associação Sergipana de Futebol
29/6/2015 • Cristinápolis
@botafogo.asf

CANINDÉ
Clube Desportivo Caninimé do São Francisco Ltda
22/2/2000 • Canindé do São Francisco
@cd_caninde_oficial

CARMÓPOLIS
Associação Desportiva Carmópolis
5/5/2022 • Carmópolis
@adcarmopolisoficial

CONFIANÇA
Associação Desportiva Confiança
1/5/1936 • Aracaju
@confiancaoficial

CORITIBA
Coritiba Foot-Ball Club
14/9/1972 • Itabaiana
@coritibadesergipe

COTINGUIBA
Cotinguiba Esporte Clube
10/10/1909 • Aracaju
@cotinguibaoficial

DESPORTIVA ARACAJU
Associação Desportiva Aracaju
5/12/2023 • Aracaju
@desportiva.aracaju

DORENSE
Dorense Futebol Clube
30/5/1948 • Nossa Senhora das Dores
@dorenseoficial

ESTANCIANO
Estanciano Esporte Clube
14/6/1956 • Estância
@estancianooficial

FALCON
Falcon Futebol Clube Ltda
23/11/2020 • Barra dos Coqueiros
@falconfcoficial

FLAMENGO
Sociedade Esportiva Flamengo
18/9/2018 • Japaratuba
@se_flamengo

FORÇA JOVEM
Associação Esportiva Força Jovem Aquidabã
26/5/2006 • Aquidabã
@fjaquidabaoficial

FREIPAULISTANO
Associação Desportiva Freipaulistano
29/8/2016 • Frei Paulo
@freipaulistanooficial

GUARANY
Associação Atlética Guarany
1/1/1940 • Porto da Folha
@guarany.oficialmente

INDEPENDENTE
Associação Desportiva Independente Futebol Clube
25/5/2007 • Simão Dias

ITABAIANA
Associação Olímpica de Itabaiana
10/7/1938 • Itabaiana
@itabaianaoficial

LAGARTO
Lagarto Futebol Clube
20/4/2009 • Lagarto
@lagarto.fc

MARUINENSE
Centro Sportivo Maruinense
3/4/1917 • Maruim
@csmaruinense

OLÍMPICO
Olímpico Esporte Clube
18/8/1958 • Itabaianinha
@olimpicoecoficial

PROPRIÁ
Esporte Clube Propriá
12/10/1913 • Propriá
@ecpropria

RIACHÃO
Riachão Esporte Clube
22/5/2006 • Itabaiana
@riachaoesporteclube

TOCANTINS

SANTA CRUZ
Santa Cruz Futebol Clube
1/5/1998 • Riachuelo
@santacruzsefc

SERGIPE
Club Sportivo Sergipe
17/10/1909 • Aracaju
@cssergipe

SETE DE JUNHO
Sete de Junho Esporte Clube
23/6/1983 • Tobias Barreto
@setedejunhofc

SOCORRENSE
Associação Desportiva Socorrense
31/8/2005 • Nosssa Senhora do Socorro
@socorrenseoficial

SPORT
Socorro Sport Club
29/12/2018 • Nossa Senhora do Socorro
@socorrosportclubofical

ARAGUAIA
Associação Desportiva Araguaia
20/7/1992 • Palmas
@desp.araguaia

ALVORADA
Associação Atlética Alvorada
5/4/1985 • Alvorada

ARAGUACEMA
Araguacema Futebol Clube
1990 • Araguacema
@araguacemafc

ARAGUAÍNA
Araguaína Futebol e Regatas
28/2/1997 • Araguaína
@araguaina.fr

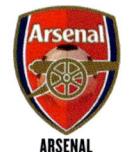

ARSENAL
Arsenal Esporte Clube
21/1/2017 • Tocantinópolis

ATLÉTICO CERRADO
Clube Atlético Cerrado
30/9/2006 • Paraíso do Tocantins
@atleticocerrado

BATALHÃO
Batalhão Futebol Clube
28/2/2005 • Palmas
@batalhaofutebolclube

BELA VISTA
Instituto Bela Vista Futebol Cachoeirense
7/2/1992 • Cachoeirinha
@belavista_cachoeirinha

CAPITAL
Capital Futebol Clube
21/5/2012 • Palmas
@capitalfc

CENTRAL PARAÍSO
Central Atlético Paraíso
19/11/1990 • Paraíso do Tocantins
@centralatleticoparaiso

COLINAS
Colinas Esporte Clube
8/3/2001 • Colinas do Tocantins
@colinasespclube

GUARAÍ
Sport Club Guaraí
7/9/1983 • Guaraí
@sportclubguarai

GURUPI
Gurupi Esporte Clube
15/9/1988 • Gurupi
@oficialgurupiec

INTERPORTO
Interporto Futebol Clube
13/7/1990 • Porto Nacional
@interportotigre

KABURÉ
Kaburé Esporte Clube
5/1/1985 • Colinas do Tocantins

NC PARAÍSO
Nova Conquista Paraíso Futebol Clube
2005 • Paraíso do Tocantins
@nc.paraiso

PALMAS
Palmas Futebol e Regatas
8/8/1991 • Palmas
@palmasfr

PARAÍSO
Paraíso Esporte Clube
13/7/1992 • Paraíso do Tocantins
@esporteparaisoclube

SÃO JOSÉ
Associação Desportiva e Recreativa São José
14/2/1997 • Palmas
@adrsaojose

SPARTA
Sociedade Desportiva Sparta
25/2/2006 • Araguaína
@sdsparta

TAQUARUSSÚ
Associação Taquarussú Esporte Clube
8/2/1991 • Palmas
@oficial_taquarussu_e.c

TOCANTINÓPOLIS
Tocantinópolis Esporte Clube
1/1/1989 • Tocantinópolis
@tocantinopolis.ec

TOCANTINS
Tocantins Esporte Clube
10/3/1993 • Miracema do Tocantins
@tocantinsesporteclube

UNIÃO
União Atlético Clube
27/5/1992 • Araguaína
@uniao.ac

UNIÃO DE PALMAS
Associação Recreativa União Esporte Clube de Palmas
12/1/1993 • Palmas

CONMEBOL

CONMEBOL
Confederación Sudamericana de Fútbol
9/7/1916 • Assunção, Paraguai
@conmebol

PRINCIPAIS MUDANÇAS DA CONMEBOL

1916 • 1989 | 1989 • 2016 | 2016 • 2017 | 2017

ARGENTINA
Asociación del Fútbol Argentino
21/2/1893 • Buenos Aires
@afaseleccion

BOLÍVIA
Federación Boliviana de Fútbol
12/9/1925 • Cochabamba
@fbf_oficial

BRASIL
Confederação Brasileira de Futebol
1916 • Rio de Janeiro
@cbf_futebol

CHILE
Federación de Fútbol de Chile
19/6/1895 • Santiago
@anfp_chile

COLÔMBIA
Federación Colombiana de Fútbol
12/10/1924 • Bogotá
@fcfseleccioncol

EQUADOR
Federación Ecuatoriana de Fútbol
30/5/1925 • Guayaquil
@fefecuador

PARAGUAI
Asociación Paraguaya de Fútbol
18/6/1906 • Assunção
@apfoficial

PERU
Federación Peruana de Fútbol
23/8/1922 • Lima
@fpfutbol

URUGUAI
Asociación Uruguaya de Fútbol
30/3/1900 • Montevidéu
@aufoficial

VENEZUELA
Federación Venezolana de Fútbol
19/1/1926 • Caracas
@fvf_oficial

ARGENTINA

PRINCIPAIS MUDANÇAS DA SELEÇÃO ARGENTINA NA CAMISA

| 1930 = 1934 | 1934 | 1958 = 1962 | 1965 = 1966 | 1966 = 1974 | 1974 = 1982 | 1986 = 2022 | 2022 = 2024 |

AGROPECUARIO
Club Agropecuario Argentino
21/8/2011
Carlos Casares
@clubagropecuario

ALDOSIVI
Club Atlético Aldosivi
29/3/1913
Mar del Plata
@aldosivi_oficial

ALL BOYS
Club Atlético All Boys
15/3/1913
Buenos Aires
@caallboysoficial

ALMAGRO
Club Almagro
6/1/1911
José Ingenieros
@clubalmagro1911

ALMIRANTE BROWN
Club Almirante Brown
1/7/1912
Isidro Casanova
@clubalmirantebrown

ESTUDIANTES DE LA PLATA
Club Estudiantes de La Plata
4/8/1905 • La Plata
@edelpoficial

1905

2000

2012

ALVARADO
Club Atlético Alvarado
21/6/1928
Mar del Plata
@clubalvaoficial

ARGENTINO DE MERLO
Club Atlético Argentino de Merlo
30/8/1906
Merlo
@clubatleticoargentinodemerlo

ARGENTINO DE QUILMES
Club Atlético Argentino de Quilmes
1/1/1899
Quilmes
@argdequilmesoficial

ARGENTINOS JUNIORS
Asociación Atlética Argentinos Juniors
15/8/1904
Buenos Aires
@aaajoficial

ARSENAL
Arsenal Fútbol Club
11/1/1957
Sarandí
@arsenalfutbolclub

ATLANTA
Club Atlético Atlanta
12/10/1904
Buenos Aires
@clubatlantaoficial

ATLÉTICO DE RAFAELA
Asociación Mutual Social y Deportiva Atlético de Rafaela
13/1/1907 • Rafaela
@atleticoderafaela

ATLÉTICO TUCUMÁN
Club Atlético Tucumán
27/9/1902
San Miguel de Tucumán
@atleticotucuman

BANFIELD
Club Atlético Banfield
21/1/1896
Banfield
@cab_oficial

BARRACAS CENTRAL
Club Atlético Barracas Central
5/4/1904
Buenos Aires
@barracascentral_oficial

53

BELGRANO
Club Atlético Belgrano
19/3/1905
Córdoba
@clubatleticobelgrano

BROWN
Club Atlético Brown
3/3/1945
Adrogué
@cabrown_adrogue

CENTRAL CÓRDOBA
Club Atlético Central Córdoba
3/6/1919
Santiago del Estero
@cacc.sde

CHACARITA JUNIORS
Club Atlético Chacarita Juniors
1/5/1906
Villa Maipú
@chacaoficial

CHACO FOR EVER
Club Atlético Chaco for Ever
27/7/1913
Resistencia
@clubchacoforever

COLEGIALES
Club Atlético Colegiales
1/4/1908
Buenos Aires
@cacolegiales

COLÓN
Club Atlético Colón de Santa Fe
5/5/1905
Santa Fé
@colonoficial

COMUNICACIONES
Club Comunicaciones
15/3/1931
Buenos Aires
@clubcomunicacionesoficial

DEFENSA Y JUSTICIA
Club Social y Deportiva
Defensa y Justicia
20/3/1935 • Florencio Varela
@defensayjusticiaoficial

DEFENSORES DE BELGRANO
Club Atlético Defensores de Belgrano
25/5/1906
Buenos Aires
@defeweb

DEFENSORES UNIDOS
Club Atlético Defensores Unidos
14/7/1914
Zárate
@caduoficialok

DEPORTIVO ARMENIO
Club Deportivo Armenio
2/11/1962
Buenos Aires
@deparmenio

DEPORTIVO LAFERRERE
Club Social y Cultural
Deportivo Laferrere
9/7/1956 • Gregorio Laferrere
@lafeoficial

DEPORTIVO MADRYN
Club Social y Deportivo Madryn
7/5/1924
Puerto Madryn
@clubmadryn

DEPORTIVO MAIPÚ
Club Deportivo Maipú
16/12/1927
Maipú
@club_deportivo_maipu

DEPORTIVO MERLO
Club Social y Deportivo Merlo
8/10/1954
Merlo
@csdeportivomerlo

DEPORTIVO MORÓN
Club Deportivo Morón
20/6/1947
Morón
@depmoronoficial

DEPORTIVO RIESTRA
Deportivo Riestra Asociación
de Fomento Barrio Riestra
22/2/1931 • Buenos Aires
@deportivoriestra.oficial

BOCA JUNIORS
Club Atlético Boca Juniors
3/4/1905
Buenos Aires
@bocajrs

1911 • 1914
1915 • 1922
1922 • 1932
1932 • 1955
1955 • 1960
1960 • 1970
1970 • 1996
1997 • 2007
2007 • 2009
2009 • 2011
2011 • 2012
2012

DOCK SUD
Club Sportivo Dock Sud
1/9/1916
Dock Sud
@eldockeoficial

ESTUDIANTES DE CASEROS
Club Atlético Estudiantes
15/8/1898
Caseros
@caestudiantes

ESTUDIANTES DE RIO CUARTO
Asociación Atlética Estudiantes
21/9/1912
Rio Cuarto
@estudiantesrio4

EXCURSIONISTAS
Club Atlético Excursionistas
1/2/1910
Buenos Aires
@excursiooficial

FÉNIX
Club Atlético Fénix
25/4/1948
Pilar
@club_atletico_fenix_oficial

RACING
Racing Club
25/3/1903
Avellaneda
@racingclub

1903 • 1912
1929 • 1934
1950 • 1967
2004 • 2006
RACING CLUB 110 AÑOS
2013

FERRO CARRIL OESTE
Club Ferro Carril Oeste
28/7/1904
Buenos Aires
@ferrooficial

FERROCARRIL MIDLAND
Club Atlético Ferrocarril Midland
26/4/1914
Libertad
@midlandoficial

FLANDRIA
Club Social y Deportivo Flandria
9/2/1941
Jáuregui
@csydflandria

GIMNASIA Y ESGRIMA JUJUY
Club Atlético Gimnasia y Esgrima de Jujuy
18/3/1931 • San Salvador de Jujuy
@oficialgyejujuy

GIMNASIA Y ESGRIMA LA PLATA
Club de Gimnasia y Esgrima La Plata
3/6/1887
La Plata
@gimnasia_oficial

GIMNASIA Y ESGRIMA MENDOZA
Club Atlético Gimnasia y Esgrima
30/8/1908
Mendoza
@gimnasiamzaoficial

GIMNASIA Y TIRO
Club de Gimnasia y Tiro
29/11/1902
Salta
@gytoficial

GODOY CRUZ
Club Deportivo Godoy Cruz Antonio Tomba
1/6/1921
Mendoza
@clubgodoycruzoficial

GÜEMES
Club Atlético Güemes
12/10/1932
Santiago del Estero
@clubguemes

GUILLERMO BROWN
Club Social y Atlético Guillermo Brown
14/1/1945
Puerto Madryn
@browndemadrynoficial

HURACÁN
Club Atlético Huracán
1/11/1908
Buenos Aires
@cahuracan

INDEPENDIENTE
Club Atlético Independiente
1/1/1905
Avellaneda
@caindependiente

INDEPENDIENTE RIVADAVIA
Club Sportivo Independiente Rivadavia
24/1/1913
Mendoza
@independiente_rivadavia_de_mza

INSTITUTO
Instituto Atlético Central Córdoba
8/8/1918
Córdoba
@institutoacc

LANÚS
Club Atlético Lanús
3/1/1915
Lanús
@clublanusoficial

LOS ANDES
Club Atlético Los Andes
1/1/1917
Lomas de Zamora
@clublosandes

MITRE
Club Atlético Mitre
2/4/1907
Santiago del Estero
@clubamitre

NEWELL'S OLD BOYS
Club Atlético Newell's Old Boys
3/11/1903
Rosário
@newells

NUEVA CHICAGO
Club Atlético Nueva Chicago
1/7/1911
Buenos Aires
@nuevachicago

PATRONATO
Club Atlético Patronato de la Juventud Católica
1/2/1914 • Paraná
@clubpatronatooficial

PLATENSE
Club Atlético Platense
25/5/1905
Florida
@caplatense

QUILMES
Quilmes Atlético Club
27/11/1887
Quilmes
@quilmesaclub

RACING DE CÓRDOBA
Club Atlético Racing
14/12/1924
Córdoba
@clubracing

ROSARIO CENTRAL
Club Atlético Rosario Central
24/12/1889
Rosário
@rosariocentral

SAN LORENZO
Club Atlético San Lorenzo de Almagro
1/4/1908
Buenos Aires
@sanlorenzo

SAN MARTIN DE SAN JUAN
Club Atlético San Martin
27/9/1907
San Juan
@casanmartinsj

VÉLEZ SARSFIELD
Club Atlético Vélez Sársfield
1/1/1910
Buenos Aires
@velez

1914

1941

1910-2010
100
2010

SAN MARTIN DE TUCUMÁN
Club Atlético San Martin
2/11/1909
San Miguel de Tucumán
@casmoficialok

SAN MIGUEL
Club Atlético San Miguel
7/8/1922
San Miguel
@oficial.casm

SAN TELMO
Club Atlético San Telmo
5/3/1904
Buenos Aires
@clubsantelmo

SARMIENTO
Club Atlético Sarmiento
1/4/1911
Junin
@casarmientoof

TALLERES
Club Atlético Talleres
12/10/1913
Córdoba
@tallerescbaoficial

TALLERES DE REMEDIOS DE ESCALADA
Club Atlético Talleres
1/6/1906
Remedios de Escalada
@clubtalleres

TEMPERLEY
Club Atlético Temperley
1/11/1912
Temperley
@temperleyok

TIGRE
Club Atlético Tigre
3/8/1902
Victoria
@catigreoficial

TRISTÁN SUÁREZ
Club Social y Deportivo Tristán Suárez
8/8/1929
Tristán Suárez
@tsuarezoficial

UNIÓN
Club Atlético Unión
15/4/1907
Santa Fé
@clubaunion

RIVER PLATE
Club Atlético River Plate
25/5/1901
Buenos Aires
@riverplate

1918 • 1928
1928 • 1930
1930 • 1931
1931 • 1933
1931
1932 • 1933
1932
1933 • 1935
1933
1935 • 1936
1936 • 1938
1938
1939 • 1941
1941 • 1949
1950 • 1970
1970 • 1985
1985 • 1986
1986 • 1993
1993 • 1998
1993
1998 • 2006
2006 • 2014
2014 • 2022
2022

BOLÍVIA

ALIANZA BENI GRAN MAMORÉ
Alianza Beni Fútbol
12/4/1995 • Trinidad

ALWAYS READY
Club Deportivo Always Ready
13/4/1933 • El Alto
@club_always_ready_oficial

ATLÉTICO BERMEJO
Club Deportivo Atlético Bermejo
7/12/1984 • Bermejo
@atleticobermejo_7

AURORA
Club Deportivo Aurora
27/5/1935 • Cochabamba
@clubauroraoficial

BLOOMING
Club Social, Cultural
y Deportivo Blooming
1/5/1946 • Santa Cruz de la Sierra
@clubblooming

BOLÍVAR
Club Bolívar
12/4/1925 • La Paz
@clubbolivaroficial

CICLÓN
Club Atlético Ciclón
21/9/1951 • Tarija
@club_atletico_ciclon_oficial

DEPORTIVO FATIC
Club Deportivo Fatic
19/10/1928 • El Alto
@deportivofatic

DESTROYERS
Club Deportivo y Cultural Destroyers
14/9/1948 • Santa Cruz de la Sierra
@clubdestroyers

GUABIRÁ
Club Deportivo Socio Cultural Guabirá
14/4/1962 • Montero
@clubguabira

GV SAN JOSÉ
Club Gualberto Villarroel
Club Deportivo San José
16/7/1968 • Oruro
@gvsanjose

INDEPENDIENTE PETROLERO
Club Independiente Petrolero
4/4/1932 • Sucre
@clubindependientesucre

JORGE WILSTERMANN
Club Cultural y Deportivo
Jorge Wilstermann
24/11/1949 • Cochabamba
@clubjorgewilstermannoficial

NACIONAL POTOSÍ
Club Atlético Nacional Potosí
8/4/1942 • Potosí
@ca_nacional_potosi

ORIENTE PETROLERO
Club Deportivo y Cultural Oriente Petrolero
5/11/1955 • Santa Cruz de la Sierra
@cdopetrolero

ORURO ROYAL
Oruro Royal Club
26/5/1896 • Oruro
@ororoyalclub

PETROLERO DEL CHACO
Club Deportivo Petrolero
Olimpia del Chaco
4/9/2000 • Yacuba
@club_petrolero

REAL SANTA CRUZ
Club DeportivoReal Santa Cruz
3/5/1962 • Santa Cruz de la Sierra
@club_realsantacruz

REAL TOMAYAPO
Club Deportivo y Cultural
Real Tomayapo
2/2/1999 • Tarija
@realtomayapo_oficial

ROSARIO CENTRAL
Club Atlético Nacional Rosario Central
14/3/2016 • Catavi
@nacional.rosariocentral

ROYAL PARI
Club Deportivo Royal Pari
14/9/2013 • Santa Cruz de la Sierra
@clubroyalpari

SAN ANTONIO BULO BULO
Club Deportivo Cultural
San Antonio Bulo Bulo
31/10/1962 • Entre Rios
@club_deportivosanantonio

SAN JOSÉ
Club Deportivo San José
19/3/1942 • Oruro

SPORT BOYS
Club Deportivo y Cultural Sport Boys
17/8/1954 • Warnes

THE STRONGEST
Club The Strongest
8/4/1908 • La Paz
@clubstrongest

TORRE FUERTE
Club Torre Fuerte
7/8/2009 • Santa Cruz de la Sierra
@clubtorrefuertedetapasoficial

UNIVERSITARIO DE PANDO
Club Universitario de Pando
9/3/1995 • Cobija
@-

UNIVERSITARIO DE SUCRE
Club Deportivo Universitario
Francisco Xavier
5/4/1961 • Sucre
@clubuniversitariodesucre

UNIVERSITARIO DE VINTO
Fútbol Club Universitario
23/3/2005 • Vinto
@-

VACA DÍEZ
Club Deportivo Vaca Díez
19/3/1952 • Cobija
@c.d.vacadiez

CHILE

AUDAX ITALIANO
Audax Italiano La Florida S.A.D.P
30/11/1910 • Santiago
@audaxoficial

BARNECHEA
Athletic Club Barnechea
23/12/1929 • Santiago
@a.c.barnechea

BRUJAS DE SALAMANCA
Club Deportivo Municipal Salamanca
15/5/2015 • Salamanca
@brujassalamanca.oficial

COBRELOA
Club de Deportes Cobreloa
7/1/1977 • Calama
@cobreloasadoficial

COBRESAL
Club de Deportes Cobresal
5/5/1979 • El Salvador
@cobresaloficial

COLO-COLO
Club Social y Deportivo Colo-Colo
19/4/1925 • Santiago
@colocolooficial

1925
1947
1973

COLCHAGUA
Colchagua Club de Deportes
23/1/1957 • San Fernando
@colchaguacdoficial

CONCÓN NATIONAL
Club Deportivo Concón Nacional
8/5/1914 • Concón
@conconnational.c.d

COQUIMBO UNIDO
Coquimbo Unido S.A.D.P
30/8/1958 • Coquimbo
@coquimbounidooficial

CURICÓ UNIDO
Club de Deportes Provincial Curicó Unido
26/2/1973 • Curicó
@cdpcuricounido

DEPORTES ANTOFAGASTA
Club de Deportes Antofagasta S.A.D.P
14/5/1966 • Antofagasta
@clubdeportesantofagasta

DEPORTES COLINA
Deportes Colina S.A.D.P
27/11/2014 • Colina
@deportescolina

DEPORTES CONCEPCIÓN
Club Social y de Deportes Concepción S.A.D.P
15/4/1966 • Concepción
@deportesconcepcionsadp

DEPORTES COPIAPÓ
Club de Deportes Copiapó S.A.D.P
9/3/1999 • Copiapó
@deportescopiapo

DEPORTES IBERIA
Deportes Iberia S.A.D.P
15/6/1933 • Los Ángeles
@iberiasadp

DEPORTES IQUIQUE
Club de Deportes Iquique
21/5/1978 • Iquique
@cdiquique

DEPORTES LA SERENA
Club de Deportes La Serena S.A.D.P
9/12/1955 • La Serena
@cdlsoficial

DEPORTES LIMACHE
Club de Deportes Limache
1/11/2012 • Limache
@cdlimache

DEPORTES LINARES
Club Social y Deportes Linares Unido
15/11/1955 • Linares
@corporaciondeporteslinares

DEPORTES MELIPILLA
Club de Deportes Melipilla S.A.D.P
24/1/1992 • Melipilla
@deportesmelipilla

DEPORTES PUERTO MONTT
Club de Deportes Puerto Montt
6/5/1983 • Puerto Montt
@dpmchile

DEPORTES QUILLÓN
Club Deportes Quillón
30/10/2009 • Quillón
@clubdeportesquillon

DEPORTES RECOLETA
Club de Deportes Recoleta S.A.D.P
23/1/2014 • Recoleta
@deportes.recoletasadp

DEPORTES RENGO
Club Deportes Rengo
18/3/1984 • Rengo
@deportesrengo

DEPORTES SANTA CRUZ
Club de Deportes Santa Cruz S.A.D.P
25/5/1913 • Santa Cruz
@deportessantacruz

DEPORTES TEMUCO
Club de Deportes Temuco S.A.D.P
27/6/1916 • Temuco
@deportes_temuco_oficial

DEPORTES VALDÍVIA
Club de Deportes Valdívia
5/6/1983 • Valdivia
@depvaldivia_oficial

EVERTON
Everton de Viña del Mar S.A.D.P
24/6/1909 • Viña del Mar
@evertonvina

FERNÁNDEZ VIAL
Corporación Club Deportivo Arturo Fernández Vidal
15/6/1903 • Concepción
@fernandezvial

GENERAL VELÁSQUEZ
Club Deportivo General Velásquez S.A.D.P
8/1/1908 • San Vicente de Tagua Tagua
@gralvelasquez

HUACHIPATO
Club Deportivo Huachipato
7/6/1947 • Talcahuano
@huachipato_fc

LAUTARO DE BUIN
Club Deportivo Lautaro de Buin S.A.D.P
1/2/1923 • Buin
@lautarodebuin_csd

LOTA SCHWAGER
Club de Deportes Lota Schwager
10/5/1966 • Coronel
@lotaschwager_oficial

UNIVERSIDAD CATÓLICA
Club Deportivo Universidad Católica
21/4/1937 • Santiago
@cruzados_oficial

1923
1925
1930

MAGALLANES
Club Deportivo Magallanes
27/10/1897 • Santiago
@cdmagallanes

NAVAL
Club Social y Deportivo Naval de Talcahuano
24/8/1972 • Talcahuano
@navaldetalcahuano

ÑUBLENSE
Club Deportivo Ñublense S.A.D.P
20/8/1916 • Chillán
@nublensesadp

O'HIGGINS
O'Higgins Fútbol Club S.A.D.P
7/4/1955 • Rancagua
@ohiggins_oficial

PALESTINO
Club Deportivo Palestino S.A.D.P
8/8/1920 • Santiago
@palestino

UNIVERSIDAD DE CHILE
Club Universidad de Chile
24/5/1927
Santiago
@udechileoficial

1926 • 1930
1935 • 1941
1985 • 1995

PROVINCIAL OSORNO
Club Deportivo Deportes Provincial Osorno
3/12/2012 • Osorno
@cddposorno

RANGERS
Club Social de Deportes Rangers
2/11/1902 • Talca
@rangersdetalca.cl

REAL SAN JOAQUIN
Club Deportivo Real Juventud San Joaquin
15/12/1998 • Santiago
@realsanjoaquin_oficial

SAN ANTONIO UNIDO
Club Social y Deportivo San Antonio Unido
21/7/1961 • San Antonio
@sanantoniounido

SAN LUIS
San Luis de Quillota S.A.D.P
8/12/1919 • Quillota
@sanluisdequillota

SAN MARCOS DE ARICA
Club Unión San Marcos de Arica S.A.D.P
14/2/1978 • Arica
@smdearica_oficial

SANTIAGO CITY
Santiago City Footballl Club
25/5/2020 • Santiago
@sancityfc

SANTIAGO MORNING
Club de Deportes Santiago Morning S.A.D.P
16/10/1903 • Santiago
@stgomorning

SANTIAGO WANDERERS
Club de Deportes Santiago Wanderers
15/8/1892 • Valparaíso
@wanderersoficial

TRASANDINO
Club Deportivo Trasandino de Los Andes
1/4/1906 • Los Andes
@cdtrasandino

UNIÓN ESPAÑOLA
Club Unión Española S.A.D.P
18/5/1897 • Santiago
@ueoficial

UNIÓN LA CALERA
Club de Deportes Unión La Calera S.A.D.P
28/1/1954 • La Calera
@ulc_oficial

UNIÓN SAN FELIPE
Club Deportivo Unión San Felipe S.A.D.P
16/10/1956 • San Felipe
@usanfelipe

UNIVERSIDAD DE CONCEPCIÓN
Club Deportivo Universidad de Concepción
8/8/1994 • Concepción
@futboludec

COLÔMBIA

ÁGUILAS DORADAS
Águilas Doradas Rionegro
16/7/2008 • Sincelejo
@aguilasdoradasr

ALIANZA
Alianza Fútbol Club
16/1/2024 • Valledupar
@alianzafc.official

ATLÉTICO BUCARAMANGA
Club Atlético Bucaramanga
11/5/1949 • Bucaramanga
@bucaramangaoficial

ATLÉTICO FC
Atlético Fútbol Club
5/12/2005 • Cali
@atleticofcsa

ATLÉTICO HUILA
Club Deportivo Atlético Huila
29/11/1990 • Neiva
@clubatleticohuila

BARRANQUILLA FC
Barranquilla Fútbol Club
8/4/2005 • Barranquilla
@barranquillafc

AMÉRICA DE CALI
América de Cali S.A.
13/2/1927 • Cali
@americadecali

AMERICA F.C. 1927 • 1940
AMERICA 1980
AMÉRICA 2008

BOCA JUNIORS DE CALI
Club Boca Juniors de Cali
15/6/2019 • Cali
@bocajuniors_cali

BOGOTÁ FC
Bogotá Fútbol Club S.A.
18/3/2003 • Bogotá
@bogota_fc

BOYACÁ CHICÓ
Boyacá Chicó Fútbol Club
26/3/2002 • Tunja
@boyacachico_oficial

CORTULUÁ
Cortuluá Fútbol Club S.A.
12/11/1967 • Tuluá

CÚCUTA DEPORTIVO
Club Deportivo Fútbol Club S.A.
10/9/1924 • Cúcuta
@cucutaoficial

DEPORTES QUINDÍO
Corporación Deportes Quindío
8/1/1951 • Armenia
@deportesquindiooficial

DEPORTES TOLIMA
Club Deportes Tolima
18/12/1954 • Tolima
@cdtolima

DEPORTIVO CALI
Asociación Deportivo Cali
23/11/1912 • Cali
@deportivocalioficial

DEPORTIVO PASTO
Asociación Deportivo Pasto
12/10/1949 • San Juan de Pasto
@deportivopastooficial

ATLÉTICO NACIONAL
Atlético Nacional S.A.
30/4/1947 • Medellín
@nacionaloficial

1935 • 1946
1946 • 1950
1953 • 1993

DEPORTIVO PEREIRA
Deportivo Pereira Fútbol Club S.A.
12/2/1944 • Pereira
@corpereira

ENVIGADO
Envigado Fútbol Club S.A.
14/10/1989 • Envigado
@envigadofc

FORTALEZA CEIF
Fortaleza C.E.I.F
15/11/2010 • Bogotá
@fortaleza_ceif

INDEPENDIENTE MEDELLÍN
Deportivo Independiente Medellín
14/11/1913 • Medellín
@dimoficialcom

INDEPENDIENTE SANTA FE
Club Independiente Santa Fe
28/2/1941 • Bogotá
@santafe_oficial

INTERNACIONAL
Internacional Fútbol Club de Palmira
10/1/2024 • Palmira
@interdepalmira

ITAGÜÍ LEONES FC
Itagüí Leones Fútbol Club
15/2/1944 • Itagüí
@itaguileonesfcoficial

JAGUARES DE CÓRDOBA
Jaguares Fútbol Club S.A.
12/1/1990 • Montería
@jaguaresfc

JUNIOR
Club Deportivo Popular Junior Fútbol Club S.A.
7/8/1924 • Barranquilla
@juniorclubsa

LA EQUIDAD
Club Deportivo La Equidad
1/12/1982 • Bogotá
@clubdeportivolaequidad

LLANEROS
Llaneros Fútbol Club
20/4/2012 • Villavicencio
@clubllanerosfc

MILLONARIOS
Azul y Blanco Millonarios Fútbol Club S.A.
18/6/1946 • Bogotá
@millosfcoficial

ONCE CALDAS
Once Caldas S.A.
16/4/1961 • Manizales
@oncecaldasoficial

ORSOMARSO
Orsomarso Sportivo Clube
25/7/2012 • Palmira
@orsomarsosc

PATRIOTAS BOYACÁ
Patriotas Fútbol Clube Boyacá S.A.
18/2/2003 • Tunja
@patriotasboyfc

REAL CARTAGENA
Real Cartagena Fútbol Club S.A.
21/3/1971 • Cartagena das Índias
@realcartagena

REAL CUNDINAMARCA
Real Cundinamarca
10/7/2023 • Bogotá
@realcundinamarca

REAL SANTANDER
Club Deportivo Real Santander S.A.
18/1/2006 • Piedecuesta
@realsantandersa

TIGRES FC
Tigres Fútbol Club S.A.
20/1/2003 • Bogotá
@tigrescolombia

UNIÓN MAGDALENA
Unión Magdalena S.A.
19/4/1953 • Magdalena
@unionmagdalenasa

VALLEDUPAR
Valledupar Fútbol Club S.A.
15/11/2003 • Valledupar

EQUADOR

9 DE OCTUBRE
Asociación Deportiva Nueve de Octubre
25/8/1912 • La Troncal
@9deoctubrefc

AMÉRICA DE QUITO
Club Deportivo América
25/11/1939 • Quito
@clubamericadequito

ASTILLERO
Club Profesional Astillero Fútbol Club
07/03/2022 • Guayaquil
@astillerofutbolclub

ATLÉTICO MINEIRO
Club Atlético Mineiro
12/7/2008 • Huaquillas

ATLÉTICO PORTEÑO
Club Atlético Porteño
1/11/2007 • Salinas
@clubatlporteno

BARCELONA
Barcelona Sporting Club
1/5/1925 • Guayaquil
@barcelonasc

AUCAS
Club Sociedad Deportiva Aucas
6/2/1945 • Quito
@aucas45

BONITA BANANA
Club Deportivo Bonita Banana Sporting Club
1971 • Pasaje
@bonitabanana_oficial

BÚHOS ULVR
Club Deportivo Búhos de la Universidad Laica Vicente Rocafuerte Fútbol Club
1/8/1970 • Guayaquil
@buhosulvr.ec

CHACARITAS
Club Profesional Chacaritas
22/7/1960 • Pelileo
@chacaritas

CUMBAYÁ
Cumbayá Fútbol Club
31/5/1970 • Quito
@cumbaya.futbolclub

1925

1930

DELFIN
Club Deportivo Delfin Sporting Club
1/3/1989 • Manta
@delfinsportingclub

DEPORTIVO CUENCA
Club Deportivo Cuenca
4/3/1971 • Cuenca
@dcuenca_oficial

DEPORTIVO QUEVEDO
Club Deportivo Quevedo
15/6/1952 • Quevedo
@deportivoquevedo

DEPORTIVO QUITO
Club Sociedad Deportivo Quito
9/7/1940 • Quito
@sdquito

EL NACIONAL
Club Deportivo El Nacional
7/3/1960 • Quito
@elnacionalec

EMELEC
Club Sport Emelec
28/4/1929 • Guayaquil
@csemelec

ESPOLI
Club Social Cultural y Deportivo Espoli
5/2/1986 • Quito
@club_deportivoespoli

EVEREST
Club Deportivo Everest
2/2/1931 • Guayaquil
@cdeverest

FUERZA AMARILLA
Club Deportivo Fuerza Amarilla Sporting Club
23/12/1999 • Machala
@fuerzamarillasportingclub

GUALACEO
Gualaceo Sporting Club
2/4/2000 • Azogues
@gualaceosportingclub

INDEPENDIENTE DEL VALLE
Club Deportivo Profesional Independiente del Valle
1/3/1958 • Sangolquí
@independientedelvalle

1977
2008
2021

GUAYAQUIL CITY
Guayaquil City Fútbol Club
7/9/2007 • Guayaquil
@Guayaquilcityfc

IMBABURA
Club Deportivo Imbabura Sporting Club
3/1/1993 • Ibarra
@imbaburascec

INDEPENDIENTE JUNIORS
Club Deportivo Independiente Juniors
13/7/2017 • Sangolquí
@independientejuniors

LEONES DEL NORTE
Club Deportivo Leones del Norte
4/11/2017 • Atuntaqui
@leonesfc_ec

LIBERTAD
Libertad Fútbol Club
1/1/1926 • Loja
@libertadfutbolclub

LDU QUITO
Liga Deportiva Universitaria
23/10/1918 • Quito
@ldu_oficial

1930
1961
2010

LIGA DE LOJA
Liga Deportiva Universitaria de Loja
26/11/1979 • Loja
@laduloja

LIGA DE PORTOVIEJO
Liga Deportiva Universitaria de Portoviejo
15/11/1969 • Portoviejo
@ldupoficial

MACARÁ
Club Deportivo Macará de Amabato
25/8/1939 • Ambato
@cd_macara_oficial

MANTA
Manta Fútbol Club
27/7/1998 • Manta
@manta.fc

MUSHUC RUNA
Club Deportivo Mushuc Runa Sporting Club
2/1/2003 • Ambato
@mushucrunasc_

OLMEDO
Centro Deportivo Olmedo
11/11/1919 • Riobamba
@cdolmedoficial

ORENSE
Orense Sporting Club
15/12/2009 • Machala
@orense_sc

SAN ANTONIO
San Antonio Fútbol Club
25/5/2012 • Imbabura
@santoniofc

SANTA RITA
Club Deportivo Santa Rita
19/10/1963 • Vinces
@clubsantaritaoficial

TÉCNICO UNIVERSITARIO
Club Deportivo Técnico Universitario
26/3/1971 • Ambato
@tecnicouoficial

UNIVERSIDAD CATÓLICA
Club Deportivo Universidad Católica del Ecuador
15/5/1963 • Quito
@ucatolicaec

UNIVERSIDAD TÉCNICA COTOPAXI
Club Deportivo Universidad Técnica de Cotopaxi
8/8/2007 • Latacunga
@clubutc

VARGAS TORRES
Club Deportivo Vargas Torres
15/3/1983 • Esmeraldas
@vargastorres.ec

VINOTINTO
Vinotinto del Ecuador Fútbol Club
24/10/2024 • Quito
@vinotintoecuador

PARAGUAI

12 DE OCTUBRE ITAUGUÁ
12 de Octubre Football Club
14/8/1914 • Itauguá
@club12deoctubre

ATLÉTICO 3 DE FEBRERO
Club Atlético 3 de Febrero
20/11/1970 • Ciudad del Este
@ca3f1970

ATLÉTICO COLEGIALES
Club Atlético Colegiales
7/1/1977 • Lambaré
@colegialespy

ATLÉTICO TEMBETARY
Club Atlético Tembetary
3/8/1912 • Villa Elisa
@clubatleticotembetary

DEPORTIVO SANTANÍ
Club Deportivo Santaní
27/2/2009 • San Estanislao
@clubsantani

CERRO PORTEÑO
Club Cerro Porteño
1/10/1912 • Assunção
@ccp1912oficial

1914
1990
2000

ENCARNACIÓN
Encarnación Fútbol Club
28/2/2023 • Encarnación
@encarnacionfcoficial

FERNANDO DE LA MORA
Club Fernando de la Mora
25/12/1925 • Assunção
@clubfernandodelamoraoficial

GENERAL CABALLERO
Club General Caballero
21/6/1962 • Dr. Juan León Mallorquín
@gralcaballerojlm

GUAIREÑA
Guaireña Fútbol Club
28/3/2016 • Villarrica
@guairenaclub

GUARANÍ
Club Guaraní
12/10/1903 • Assunção
@clubguarani

OLIMPIA
Club Olimpia
25/7/1902 • Assunção
@elclubolimpia

2002
2012
2014

INDEPENDIENTE FBC
Independiente Foot-Ball Club
20/9/1925 • Assunção
@clubindependientefbc

LIBERTAD
Club Libertad
30/7/1905 • Assunção
@clublibertadpy

MARTÍN LEDESMA
Club General Martín Ledesma
22/9/1914 • Capiatá
@cgml1914

NACIONAL
Club Nacional
5/6/1904 • Assunção
@clubnacionalpy

RECOLETA FC
Recoleta Football Club
12/2/1931 • Assunção
@recoletafootball

RUBIO ÑU
Club Rubio Ñu
24/8/1913 • Assunção
@rubionu.1913

SOL DE AMÉRICA
Club Sol de América
22/3/1909 • Assunção
@clubsoldeamericapy

SPORTIVO SAN LORENZO
Club Sportivo San Lorenzo
17/4/1930 • San Lorenzo
@sanlorenzo1930

SPORTIVO 2 DE MAYO
Club Sportivo 2 de Mayo
6/12/1935 • Pedro Juan Caballero
@club2demayo

SPORTIVO AMELIANO
Club Sportivo Ameliano
6/1/1936 • Assunção
@sportivoameliano

SPORTIVO CARAPEGUÁ
Club Sportivo Carapeguá
3/9/2010 • Carapeguá
@sportivocarapegua

SPORTIVO LUQUEÑO
Club Sportivo Luqueño
1/5/1921 • Luque
@spluquenoficial

SPORTIVO TRINIDENSE
Club Sportivo Trinidense
11/8/1935 • Assunção
@sportivotrinidense

TACUARY
Tacuary Football Club
10/12/1923 • Assunção
@clubtacuary

PERU

ACADEMIA CANTOLAO
Academia Deportiva Cantolao
14/4/1981 • Callao
@adcantolao

ADA JAÉN
Asociación Deportiva Agropecuaria
12/5/1953 • Jaén
@clubadajaen

ADT
Asociación Deportiva Tarma
18/6/1929 • Tarma
@adtdetarmaoficial

ALFONSO UGARTE
Club Deportivo Alfonso Ugarte
7/6/1928 • Puno
@alfonsougartepunoof

ALIANZA ATLÉTICO
Club Alianza Atlético Sullana
18/1/1920 • Sullana
@alianzasullana

ALIANZA LIMA
Club Alianza Lima
15/2/1901 • Lima
@alianzalima

ALIANZA UNIVERSIDAD
Club Social Deportivo y Cultural Alianza Universidad
1/1/1939 • Huánuco
@alianzaudh_oficial

ATLÉTICO GRAU
Club Social Deportivo Atlético Grau
5/6/1919 • Piura
@club_atleticograu

AYACUCHO
Ayacucho Fútbol Club
9/8/2008 • Ayacucho
@ayacucho_fc_oficial

CARLOS A. MANNUCCI
Club Social y Deportivo Carlos Alberto Mannucci
16/11/1959 • Trujillo
@camannucci

CARLOS STEIN
Asociación Fútbol Club Carlos Stein
6/3/2012 • José Leonardo Ortiz
@fccarlossteinoficial

CD MOQUEGUA
Club Deportivo Moquegua
2021 • Moquegua
@clubdeportivomoquegua

CIENCIANO
Club Cienciano
8/7/1901 • Cusco
@clubcienciano

COMERCIANTES FC
Asociación Deportiva Comerciantes Fútbol Club
20/8/2017 • Iquitos
@comerciantesfc_oficial

COMERCIANTES UNIDOS
Asociación Social Deportiva y Cultural Comerciantes Unidos
19/9/2002 • Cutervo
@comerciantes_unidoscutervo

CUSCO
Cusco Fútbol Club
16/7/2009 • Cusco
@cuscofc

DEPORTIVO BINACIONAL
Deportivo Binacional Fútbol Club
18/12/2010 • Juliaca
@depbinacionalfc

DEPORTIVO COOPSOL
Club Deportivo Coopsol
10/1/2004 • Lima
@deportivocoopsol

DEPORTIVO GARCILASO
Club Deportivo Garcilaso
13/4/1957 • Cusco
@deportivogarcilasooficial

DEPORTIVO LLACUABAMBA
Club Social Cultural Deportivo Llacuabamba
15/2/2011 • Llacuabamba
@deportivollacuabamba

DEPORTIVO MUNICIPAL
Club Centro Deportivo Municipal
27/7/1935 • Lima
@clubdeportivomunicipal

JOSÉ GÁLVEZ
José Gálvez Foot Ball Club
27/10/1951 • Chimbote
@josegalvezfbc

JUAN AURICH
Club Juan Aurich S.A.
3/9/1922 • Chiclayo
@clubjuanaurichoficial

JUAN PABLO II COLLEGE
Asociación Club Deportivo Juan Pablo II College Chongoyape
2015 • Chongoyape
@juanpablochongoyape

LOS CAIMANES
Centro Cultural Deportivo Los Caimanes de Puerto Eten
22/5/1957 • Puerto Eten
@clubloscaimanesoficial

LOS CHANKAS
Club Deportivo Los Chankas
30/8/1989 • Andahuaylas
@clubchankascyc

MELGAR
Foot Ball Club Melgar
25/3/1915 • Arequipa
@fbcmelgar

PACIFICO
Club Pacifico Fútbol Club
1/1/1960 • San Martín de Porres
@pacificofc_

PIRATA FC
Pirata Fútbol Club
15/11/2015 • José Leonardo Ortiz
@pirataoficialclub

SAN MARCOS
Fútbol Club San Marcos
10/2/2022 • Huaraz
@fcsanmarcos2022

64

SANTOS
Club Social Santos Fútbol Club
30/5/1976 • Nazca
@santosfutbolclub1976

SPORT ÁNCASH
Club Sport Áncash
1935 • Huaraz

SPORT BOYS
Club Sport Boys Association
28/7/1927 • Callao
@clubsportboys

SPORT CHAVELINES
Sport Chavelines Juniors
13/2/1984 • Pacasmayo
@sportchavelines

SPORT HUANCAYO
Club Sport Huancayo
7/2/2007 • Huancayo
@clubsporthuancayooficial

SPORTING CRISTAL
Club Sporting Cristal S.A.
13/12/1955 • Lima
@clubsportingcristal

UNIÓN COMERCIO
Club Deportivo Unión Comercio
31/1/2002 • Nueva Cajamarca
@ucomercio

UNIÓN HUARAL
Club Sport Unión Huaral
20/9/1947 • Huaral
@csunionhuaralof

UNIVERSIDAD CÉSAR VALLEJO
Club Cultural Social y Deportivo
Universidad César Vallejo
5/1/1996 • Trujillo
@ucvclubdefutbol

UNIVERSIDAD SAN MARTÍN
Club Deportivo Universidad de
San Martín de Porres S.A.
21/1/2004 • Lima
@clubusmp_oficial

UNIVERSITARIO
Club Universitario de Deportes
7/8/1924 • Lima
@universitario1924

UTC
Club Cultural y Deportivo
Universidad Técnica de Cajamarca
14/7/1964 • Cajamarca
@utccajamarca

URUGUAI

ALBION
Albion Football Club S.A.D
1/6/1891 • Montevidéu
@albionfootballclub

ATENAS
Club Atlético Atenas
1/5/1928 • Maldonado
@clubatenasuy

BELLA ITALIA
Sportivo Bella Italia
2/6/2023 • Montevidéu
@sp.bellaitalia

BELLA VISTA
Club Atlético Bella Vista
4/10/1920 • Montevidéu
@cabellavista

BOSTON RIVER
Club Atlético Boston River
20/2/1939 • Montevidéu
@bostonriver_oficial

CENTRAL ESPAÑOL
Central Español Fútbol Club
5/1/1905 • Montevidéu
@centralespfc

CERRITO
Club Sportivo Cerrito
20/10/1929 • Montevidéu
@clubsportivocerritooficial

CERRO
Club Atlético Cerro
1/12/1922 • Montevidéu
@cacerro_oficial

CERRO LARGO
Asociación Civil, Social y Cultural
Cerro Largo Fútbol Club
19/11/2002 • Melo
@cerrolargofc

COLÓN
Colón Fútbol Club
12/3/1907 • Montevidéu
@colonfutbolclub

COOPER
Club Social y Deportivo Cooper
25/8/1937 • Montevidéu
@cooper.csyd

DANUBIO
Danubio Fútbol Club
1/3/1932 • Montevidéu
@danubiofc

DEFENSOR
Defensor Sporting Club
15/3/1913 • Montevidéu
@defensorsp

DEPORTIVO LSM
Deportivo LSM SAD
21/2/2021 • Ciudad de la Costa
@deportivo.lsm

DEPORTIVO MALDONADO
Club Deportivo Maldonado
25/8/1928 • Maldonado
@maldosad

EL TANQUE SISLEY
Centro Cultural y Deportivo El
Tanque Sisley
15/12/1981 • Montevidéu

FÉNIX
Club Atlético Fénix
7/7/1916 • Montevidéu
@cafenix

HURACÁN BUCEO
Huracán Buceo
15/3/1937 • Montevidéu
@huracan.buceo

JUVENTUD
Club Atlético Juventud
24/12/1935 • Las Piedras
@juventuduy

LA LUZ
La Luz Football Club
19/4/1929 • Montevidéu
@laluzfcoficial

LIVERPOOL
Liverpool Fútbol Club
15/2/1915 • Montevidéu
@liverpoolfcl915

MAR DE FONDO
Mar de Fondo Fútbol Club
25/8/1934 • Montevidéu
@mardefondofc

MIRAMAR MISIONES
Club Sportivo Miramar Misiones
25/6/1980 • Montevidéu
@miramaroficial

PEÑAROL
Club Atlético Peñarol
28/9/1891 • Montevidéu
@oficialcap

1924

1929

1962

1987

2004

NACIONAL
Club Nacional de Football
14/5/1899 • Montevidéu
@nacional

1899

1943

2012

MONTEVIDEO WANDERERS
Montevideo Wanderers Fútbol Club
15/8/1902 • Montevidéu
@mwfc_oficial

ORIENTAL
Club Oriental de Football
24/6/1924 • La Paz
@orientallapaz

PAYSANDÚ
Paysandu Fútbol Club
7/3/2003 • Paysandú
@paysandufc_of

PLAZA COLONIA
Club Plaza de Deportes Colonia
22/4/1917 • Colonia del Sacramento
@plazacolonial917

POTENCIA
Institución Atlética Potencia
13/2/2001 • Montevidéu
@iapotencia

PROGRESO
Club Atlético Progreso
30/4/1917 • Montevidéu
@progresooficial

RACING
Racing Club de Montevideo
6/4/1919 • Montevidéu
@racingcluburu

RAMPLA JUNIORS
Rampla Juniors Football Club
7/1/1914 • Montevidéu
@ramplajuniorsoficial

RENTISTAS
Club Atlético Rentistas
26/3/1933 • Montevidéu
@club_atletico_rentistas

RIVER PLATE
Club Atlético River Plate
11/5/1932 • Montevidéu
@cariverplateuru

ROCHA
Rocha Fútbol Club
1/8/1999 • Rocha
@rochafutbolclub

SALTO
Salto Fútbol Club
19/11/2002 • Salto
@saltofcoficial

SALUS
Salus Football Club
10/4/1928 • Montevidéu
@salusfc

SUD AMÉRICA
Institución Atlética Sud América
15/2/1914 • Montevidéu
@iasal914

TACUAREMBÓ
Tacuarembó Fútbol Club
11/11/1998 • Tacuarembó
@tacuarembofc

URUGUAY MONTEVIDEO
Uruguay Montevideo Football Club
5/1/1921 • Montevidéu
@uruguaymontevideofc

VILLA ESPAÑOLA
Club Social y Deportivo Villa Española
18/8/1940 • Montevidéu
@villaespoficial

VILLA TERESA
Club Atlético Villa Teresa
1/6/1941 • Montevidéu
@villateresal941

🇻🇪 VENEZUELA

ACADEMIA PUERTO CABELLO
Academia Puerto Cabello Club de Fútbol
13/6/2014 • Puerto Cabello
@la_academiapc

AIFI
Academia Internacional de Fútbol Infantil de Guayana
5/9/2013 • Ciudad Guayana
@aifideguayana

ANGOSTURA
Angostura Fútbol Club
1/12/2007 • Ciudad Bolívar
@tuangosturafc

ANZOÁTEGUI
Anzoátegui Fútbol Club
12/12/2021 • Puerto la Cruz
@anzoategui-fc

ARAGUA
Sociedad Civil Aragua Fútbol Club
20/8/2002 • Maracay
@araguafc

ATLÉTICO LA CRUZ
Fundación Atlético La Cruz
20/10/2020 • Maturín
@atleticolacruz

BARQUISIMETO
Barquisimeto Sport Club
2015 • Barquisimeto
@bqto.sc

BOLÍVAR
Bolívar Sports Club
26/9/2021 • Ciudad Bolívar
@bolivar_sc

CARABOBO
Carabobo Fútbol Club
26/2/1997 • Valencia
@carabobo_fc

CARACAS
Caracas Fútbol Club
12/12/1967 • Caracas
@caracas_fc

DEPORTIVO LA GUAIRA
Deportivo La Guaira Fútbol Club
21/7/2008 • La Guaira
@dvolaguaira

DEPORTIVO MIRANDA
Deportivo Miranda Fútbol Club
18/8/1948 • Caracas
@dvomirandafc

DEPORTIVO TÁCHIRA
Deportivo Táchira Fútbol Club
11/1/1974 • San Cristóbal
@dvotachira

DYNAMO PUERTO
Dynamo Puerto Fútbol Club
20/10/2017 • Puerto La Cruz
@dynamopuertofc

EL VIGÍA
Fundación Atlético El Vigía Fútbol Club
13/8/1987 • El Vigía
@elvigiafc

ESTUDIANTES DE MÉRIDA
Estudiantes de Mérida Fútbol Club
4/4/1971 • Mérida
@estudiantesdemeridafc

HÉROES DE FALCÓN
Héroes de Falcón Fútbol Club
2022 • Punto Fijo
@falconheroesfc

INTER DE BARINAS
Internacional de Barinas
2024 • Barinas
@inter_barinas

MARÍTIMO DE LA GUAIRA
Club Sport Marítimo de La Guaira
1/5/1959 • La Guaira
@clubsportmaritimolaguaira

METROPOLITANOS
Metropolitanos Fútbol Club
3/8/2012 • Caracas
@metropolitanosfc

MINEROS DE GUAYANA
Asociación Civil Club Deportivo Mineros de Guayana
20/11/1981 • Guayana
@minerosguayana

MONAGAS
Monagas Sport Club
23/9/1987 • Maturín
@monagassc

PORTUGUESA
Portuguesa Fútbol Club
2/3/1972 • Araure
@portuguesa_fc

RAYO ZULIANO
Deportivo Rayo Zuliano
2021 • Maracaibo
@dvorayozuliano

REAL FRONTERA
Real Frontera Sport Club
14/1/2011 • San Cristóbal
@realfrontera

TRUJILLANOS
Trujillanos Fútbol Club
25/8/1981 • Valera
@trufcoficial

UNIVERSIDAD CENTRAL
Universidad Central de Venezuela Fútbol Club
1950 • Caracas
@ucvfcoficial

UREÑA
Ureña Sport Club
03/09/2008 • Ureña
@urenasportclub

YARACUYANOS
Yaracuyanos Fútbol Club
20/2/2006 • San Felipe
@fcyaracuyanos

ZAMORA
Zamora Fútbol Club
21/8/2002 • Barinas
@zamorafutbolc

CONCACAF
Confederation of North, Central America and Caribbean Association Football
18/9/1961 • Cidade do México
@concacaf

CONCACAF

PRINCIPAIS MUDANÇAS DA CONCACAF

1961 • 1994 | 1994 • 1999 | 1999 • 2004 | 2004 • 2018 | 2018

ANGUILLA
Anguilla Football Association
1990 • The Valley
@axa_football_official

ANTIGUA E BARBUDA
Antigua and Barbuda Football Association
1928 • Saint John's
@antiguaandbarbudafa

ARUBA
Arubaanse Voetbal Bond
29/1/1932 • Noord
@arubaansevoetbalbondaruba

BAHAMAS
Bahamas Football Association
1967 • Nassau
@bahamasfootball

BARBADOS
Barbados Football Association
1910 • Bridgetown
@barbadosfa

BELIZE
Football Federation of Belize
1980 • Belmopan
@footballfederationofbelize

BERMUDAS
Bermuda Football Associacion
1928 • Hamilton
@bermudabfa

CANADÁ
Canadian Soccer Association
1912 • Ottawa
@canadasoccer

COSTA RICA
Federación Costarricense de Fútbol
13/6/1921 • San Rafael
@fedefutbolcrc

CUBA
Asociación de Fútbol de Cuba
1924 • Havana
@team_cuba_futbol

CURAÇAO
Federashon Futbòl Kòrsou
1921 • Willemstad
@curacao_football

DOMINICA
Dominica Football Association
1970 • Roseau
@dominica_football_association

EL SALVADOR
Federación Salvadoreña de Fútbol
1935 • San Salvador
@laselecta_slv

ESTADOS UNIDOS
United States Soccer Federation
5/4/1913 • Chicago
@ussoccer

GRANADA
Grenada Football Association
1924 • St. George's
@grenadafa

GUATEMALA
Federación de Fútbol
de Guatemala
1919 • Cidade da Guatemala
@fedefutguate

GUIANA
Guyana Football Federation
1902 • Georgetown
@guyanafootball

HAITI
Fédération Haïtienne de Football
1904 • Porto Príncipe
@fhfhaiti

HONDURAS
Federación Nacional Autónoma
de Fútbol de Honduras
1935 • Tegucigalpa
@ffh.honduras

ILHAS CAYMAN
Cayman Islands Football Association
1966 • Grand Cayman
@theofficialcifa

ILHAS TURCAS E CAICÓS
Turks and Caicos Islands
Football Association
1996 • Grand Turk
@tcifa_

ILHAS VIRGENS AMERICANAS
U.S. Virgin Islands Soccer Federation
1987 • Saint Croix
@usvisf

ILHAS VIRGENS BRITÂNICAS
British Virgin Islands Football Association
1974 • Tortola
@bvi_fa

JAMAICA
Jamaica Football Federation
1919 • Kingston
@jff_football

MÉXICO
Federación Mexicana de
Fútbol Asociación
23/8/1927 • Cidade do México
@FMF

MONTSERRAT
Montserrat Football Association
1994 • Plymouth
@montserratfootballassociation

NICARÁGUA
Federación Nicaragüense de Fútbol
3/11/1931 • Managua
@fenifutnicaragua

PANAMÁ
Federación Panameña de Fútbol
1937 • Cidade do Panamá
@fepafut

PORTO RICO
Federación Puertorriqueña de Fútbol
1940 • San Juan
@fpfpuertorico

REPÚBLICA DOMINICANA
Federación Dominicana de Fútbol
1953 • Santo Domingo
@oficialfedofutbol

SANTA LÚCIA
Saint Lucia Football Association
1979 • Castries
@saintluciafa

SÃO CRISTÓVÃO E NÉVIS
St. Kitts and Nevis Football Association
1932 • Basseterre
@sknfa

SÃO VICENTE E GRANADINAS
Saint Vincent and the Grenadines
Football Federation
1979 • Kingstown
@svgff_football

SURINAME
Surinaamse Voetbal Bond
1/10/1920 • Paramaribo
@officialsvb

TRINIDAD E TOBAGO
Trinidad and Tobago Football Association
23/7/1908 • Couva
@ttfafootball

ESTADOS UNIDOS

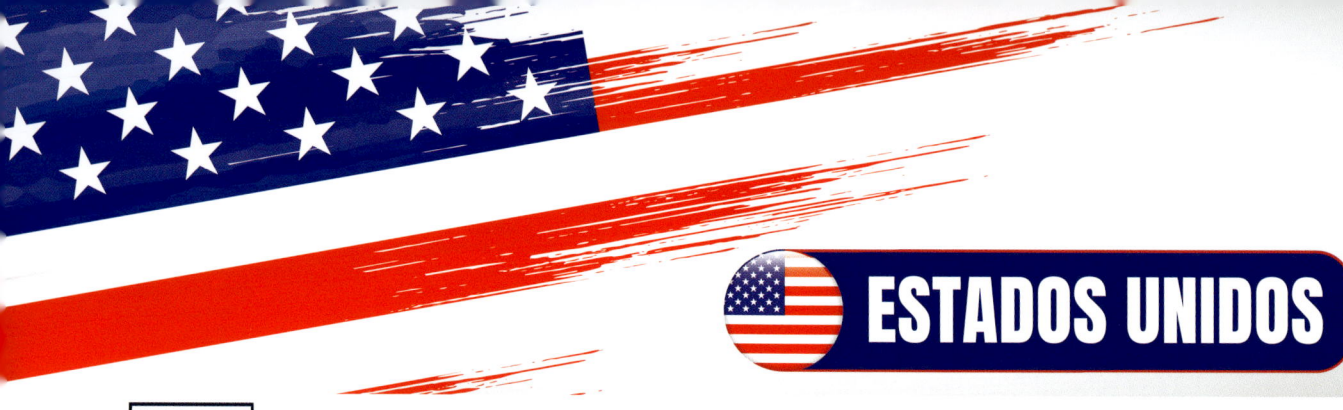

PRINCIPAIS MUDANÇAS DA SELEÇÃO AMERICANA NA CAMISA

| 1913 | 1913 • 1924 | 1924 • 1956 | 1950 • 1984 | 1984 • 1993 | 1993 • 1995 | 1995 • 2006 | 2006 • 2014 | 2015 • 2016 |

ATLANTA UNITED
Atlanta United Football Club
16/4/2014
Atlanta
@atlutd

AUSTIN FC
Austin Football Club
12/10/2018
Austin
@austinfc

CF MONTRÉAL
Club de Foot Montréal
1993
Montreal, Canadá
@cfmontreal

CHARLESTON BATTERY
Charleston Battery
1993
Charleston
@charlestonbattery

CHARLOTTE FC
Charlotte Football Club
17/12/2019
Charlotte
@charlottefc

CHICAGO FIRE
Chicago Fire Football Club
8/10/1997
Chicago
@chicagofire

COLORADO RAPIDS
Colorado Rapids
6/6/1995
Commerce City
@coloradorapids

COLUMBUS CREW
Columbus Crew
15/6/1994
Columbus
@columbuscrew

DETROIT CITY
Detroit City Football Club
2012
Detroit
@detroitcityfootballclub

FC CINCINNATI
Football Club Cincinnati
12/8/2015
Cincinnati
@fccincinnati

FC DALLAS
FC Dallas
6/6/1995
Frisco
@fcdallas

HOUSTON DYNAMO
Houston Dynamo Football Club
15/12/2005
Houston
@houstondynamo

INDY ELEVEN
Indy Eleven
25/4/2013
Indianapolis
@indyeleven

INTER MIAMI
Club Internacional de Fútbol Miami
29/1/2018
Fort Lauderdale
@intermiamicf

LAS VEGAS LIGHTS
Las Vegas Lights Football Club
11/8/2017
Las Vegas
@lvlightsfc

LOS ANGELES FC
Los Angeles Football Club
30/10/2014
Los Angeles
@lafc

LOUISVILLE CITY
Louisville City Football Club
4/6/2014
Louisville
@louisvillecityfc

MIAMI FC
The Miami Football Club
20/5/2015
Miami
@themaimifc

MINNESOTA UNITED
Minnesota United Football Club
2015
Saint Paul
@mnufc

NASHVILLE SC
Nashville Soccer Club
19/5/2016
Nashville
@nashvillesc

NEW ENGLAND REVOLUTION
New Engalnd Revolution
15/6/1994
Foxborough
@nerevolution

NEW YORK CITY
New York City Football Club
21/5/2013
Nova Iorque
@newyorkcityfc

NEW YORK RED BULLS
Red Bull New York
1994
Harrison
@newyorkredbulls

LA GALAXY
Los Angeles Galaxy
15/6/1994
Carson
@lagalaxy

1996 • 2002

2009

2015

OAKLAND ROOTS
Oakland Roots Sports Club
2018
Oakland
@oaklandroots

ORANGE COUNTY
Orange County Sports Club
1998
Irvine
@orangecountysoccer

ORLANDO CITY
Orlando City Soccer Club
19/11/2013
Orlando
@orlandocitysc

PHILADELPHIA UNION
Philadelphia Union
28/2/2008
Filadélfia
@philaunion

PHOENIX RISING
Phoenix Rising Football Club
13/3/2014
Phoenix
@phxrisingfc

DC UNITED
DC United
15/6/1994
Washington
@dcunited

1996 • 1997

1998 • 2015

2015

PITTSBURGH RIVERHOUNDS
Pittsburgh Riverhounds Soccer Club
11/3/1998
Pittsburgh
@riverhoundssc

PORTLAND TIMBERS
Portland Timbers
20/3/2009
Portland
@timbersfc

REAL SALT LAKE
Real Salt Lake
14/7/2004
Salt Lake City
@realsaltlake

RHODE ISLAND FC
Rhode Island Football Club
2/12/2019
Pawtucket
@rhodeislandfc

SACRAMENTO REPUBLIC
Sacramento Republic Football Club
2012
Sacramento
@sacrepublicfc

SAN ANTONIO FC
San Antonio Football Club
7/1/2016
San Antonio
@sanantoniofc

SAN DIEGO FC
San Diego Football Club
18/5/2023
San Diego
@sandiegofc

SAN JOSE EARTHQUAKES
San Jose Earthquakes
1994
San Jose
@sjearthquakes

SEATTLE SOUNDERS
Seattle Sounders Football Club
13/11/2007
Seattle
@soundersfc

SPORTING KANSAS CITY
Sporting Kansas City
6/6/1995
Kansas City
@sportingkc

ST. LOUIS CITY SC
St. Louis City Soccer Club
20/8/2019
St. Louis
@stlcitysc

TAMPA BAY ROWDIES
Tampa Bay Rowdies
18/6/2008
St. Petersburg
@tampabayrowdies

TORONTO FC
Toronto Football Club
27/10/2005
Toronto, Canadá
@torontofc

VANCOUVER WHITECAPS
Vancouver Whitecaps Football Club
18/3/2009
Vancouver, Canadá
@whitecapsfc

MÉXICO

FMF — FEDERACIÓN MEXICANA DE FUTBOL

PRINCIPAIS MUDANÇAS DA SELEÇÃO MEXICANA NA CAMISA

1923 • 1927 | 1927 • 1928 | 1930 • 1935 | 1936 • 1938 | 1950 • 1954 | 1967 • 1983 | 1995 • 2005 | 2008 • 2015 | 2020 • 2021

AGUACATEROS CDU
Aguacateros Club Deportivo Uruapan
17/7/2018
Uruapan
@aguacateroscdu

ALACRANES DE DURANGO
Club de Fútbol Alacranes de Durango
23/8/1997
Durango
@clubalacranesdedurango

ALEBRIJES DE OAXACA
Alebrijes de Oaxaca Fútbol Club
21/12/2012
Oaxaca de Juárez
@alebrijesoaxacaoficial

ATLANTE
Atlante Fútbol Club
8/12/1918
Cidade do México
@atlantefc

ATLAS
Atlas Fútbol Club
15/8/1916
Guadalajara
@atlasfc

ATLÉTICO DE SAN LUIS
Atlético de San Luis
28/5/2013
San Luis Potosí
@atletidesanluis

ATLÉTICO LA PAZ
Club Atlético La Paz
22/4/2022
La Paz
@clubatleticolapaz

ATLÉTICO MORELIA
Club Atlético Morelia
4/6/1950
Morelia
@ca_morelia

CANCÚN
Cancún Fútbol Club
26/6/2020
Cancún
@fc_cancun

CELAYA
Celaya Fútbol Club
7/2/1954
Celaya
@toroscelayacd

CIMARRONES DE SONORA
Cimarrones de Sonora Fútbol Club
13/7/2013
Hermosillo
@cimarronesfc

COLIMA
Colima Fútbol Club
12/3/2020
Colima
@colimafcoficial

CORRECAMINOS DE LA UAT
Club de Fútbol Correcaminos de la Universidad Autónoma de Tamaulipas
24/8/1980 • Ciudad Victoria
@cfcorrecaminosuat

CRUZ AZUL
Club de Fútbol Cruz Azul
22/3/1927
Cidade do México
@cruzazul

DEPORTIVA VENADOS
Club Deportiva Venados
2014
Tamanché
@deportiva.venados

DORADOS DE SINALOA
Club Deportivo Dorados de Sinaloa
8/8/2003
Culiacán
@dorados

FARAONES DE TEXCOCO
Club Faraones Texcoco
2017
Texcoco
@faraonestexcoco

IRAPUATO
Club Deportivo Irapuato
15/2/1911
Irapuato
@clubirapuato_

JAGUARES DE CHIAPAS
Jaguares de Chiapas Fútbol Club
27/6/2002
Tuxtla Gutiérrez
@chiapasjaguar

JAIBA BRAVA TAMPICO MADERO
Club Jaiba Brava
5/9/1982
Tampico
@jaibabrava_tm

JUÁREZ
Fútbol Club Juárez
29/5/2015
Ciudad Juárez
@fc_juarez

LEÓN
Club León
31/8/1943
León
@clubleon_oficial

LEONES NEGROS
Club Deportivo Leones Negros de la Universidad de Guadalajara
1/1/1970 • Guadalajara
@leonesnegrosoficial

AMÉRICA
Club de Fútbol América
S.A de C.V
12/10/1916 • Cidade do México
@clubamerica

1916

1917 • 1918

1949 • 1951

MAZATLÁN
Mazatlán Fútbol Club
2/6/2020
Mazatlán
@mazatlanfc

MINEROS DE ZACATECAS
Mineros de Zacatecas Fútbol Club
28/5/2014
Zacatecas
@minerosfc

MONTERREY
Club de Fútbol Monterrey
28/6/1945
Monterrey
@rayados

NECAXA
Impulsora del Deportivo Necaxa S.A de C.V
21/8/1923 • Cidade do México
@clubnecaxa

PACHUCA
Club del Fútbol Pachuca
1/11/1892
Pachuca
@tuzosoficial

CHIVAS GUADALAJARA
Club Deportivo Guadalajara
S.A de C.V
8/5/1906 • Guadalajara
@chivas

1908 • 1911

1923 • 1984

2019 • 2020

PUEBLA
Club Puebla
07/05/1944
Puebla
@clubpuebla

PUMAS UNAM
Club Universidad Nacional A.C
2/8/1954
Cidade do México
@pumasmx

QUERÉTARO
Querétaro Fútbol Club
8/7/1950
Santiago de Querétaro
@clubqueretaro

REAL APODACA
Real Apodaca Fútbol Club
13/6/2023
Apodaca
@realapodacafutbolclub

SANTOS LAGUNA
Club Santos Laguna S.A de C.V
4/9/1983
Torreón
@clubsantos

TAPATÍO
Club Deportivo Tapatío
2/8/1973
Guadalajara
@tapatiocd

TECOS
Tecos Fútbol Club
5/7/1971
Zapopan
@fctecos

TEPATITLÁN
Tepatitlán Fútbol Club
1944
Tepatitlán
@tepatitlanfc

TIGRES
Club Tigres de la UANL
7/3/1960
San Nicolás de los Garza
@clubtigres

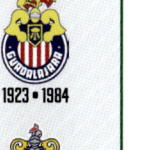

TIJUANA
Club Tijuana Xoloitzcuintles de Caliente
14/1/2007
Tijuana
@xolos

TLAXCALA
Tlaxcala Fútbol Club
5/9/2014
Tlahuicole
@coyotestlaxcala_fc

TOLUCA
Deportivo Toluca Fútbol Club
12/2/1917
Toluca
@tolucafc

VENADOS DE YUCATÁN
Venados Fútbol Club Yucatán
2/9/1988
Mérida
@venadosfc

ZACATEPEC
Zacatepec Fútbol Club
1948
Zacatepec
@somoszacatepec

73

🍁 CANADÁ

ATLÉTICO OTTAWA
Atlético Ottawa
29/1/2020 • Ottawa
@atletiottawa

CAVALRY
Cavalry Football Club
5/5/2018 • Calgary
@cplcavalryfc

FORGE
Forge Football Club
6/5/2017 • Hamilton
@forgefc

HFX WANDERERS
Halifax Wanderers Football Club
5/5/2018 • Halifax
@hfxwanderersfc

PACIFIC
Pacific Football Club
1/6/2018 • Victoria
@pacificfootballclub

VALOUR
Valour Football Club
6/5/2017 • Winnipeg
@valourfootball

VANCOUVER FC
Vancouver Football Club
2/11/2022 • Vancouver
@vanfootballclub

YORK UNITED
York United Football Club
5/5/2018 • Toronto
@yorkutdfc

COSTA RICA

ALAJUELENSE
Liga Deportiva Alajuelense
18/6/1919 • Alajuela
@alajuelense_oficial

CARMELITA
Asociación Deportiva Carmelita
20/10/1948 • Alajuela
@ad.carmelitaoficial

CARTAGINÉS
Club Sport Cartaginés
1/7/1906 • Cartago
@cartaginescr

GUADALUPE
Guadalupe Fútbol Club
24/4/2017 • San José
@guada_lupefc

GUANACASTECA
Asociación Deportiva Guanacasteca
3/1/1973 • Guanacaste
@adguanacasteca

HEREDIANO
Club Sport Herediano
12/6/1921 • Heredia
@csherediano1921

JICARAL SERCOBA
Asociación Deportiva y Recreativa Jicaral
12/5/2007 • Lepanto
@jicaralsercoba

MUNICIPAL GRECIA
Municipal Grecia
16/8/1998 • Grecia
@municipalgrecia

MUNICIPAL LIBERIA
Asociación Deportiva Municipal Liberia
7/6/1977 • Liberia
@admliberia

MUNICIPAL TURRIALBA
Asociación Deportiva Municipal Turrialba Club de Fútbol
20/9/1940 • Turrialba
@municipalturrialbacf

PÉREZ ZELEDÓN
Asociación Deportiva Municipal Pérez Zeledón
28/9/1991 • Pérez Zeledón
@municipal_pz

PUNTARENAS
Puntarenas Fútbol Club
30/6/2004 • Puntarenas
@puntarenasfcoficial

SAN CARLOS
Asociación Deportiva San Carlos
9/5/1965 • San Carlos
@ad.sancarlos

SANTA ANA
Santa Ana Fútbol Club
1993 • Santa Ana
@santaana_futbolclub

SANTOS
Asociación Deportiva Santos
10/11/1961 • Guápiles
@adsantosoficial

SAPRISSA
Deportivo Saprissa
16/7/1935 • San José
@deportivo_saprissa

GUATEMALA

SPORTING
Sporting Football Club
24/6/2016 • San José
@sportingcr

URUGUAY DE CORONADO
Club Sport Uruguay de Coronado
3/1/1936 • Vázquez de Coronado
@uruguaydecoronado

ACHUAPA
Club Deportivo Achuapa
1932 • El Progreso
@deportivoachuapa_oficial

ANTIGUA
Club Deportivo Antigua, G.F.C
1958 • Antigua Guatemala
@soyantiguagfc

COATEPEQUE FC
Coatepeque Fútbol Club
15/5/1967 • Coatepeque
@deportivocoatepequefc

COBÁN IMPERIAL
Club Deportivo Cobán Imperial
1/8/1936 • Cobán
@cobanimperial

COMUNICACIONES
Comunicaciones Fútbol Club
16/8/1949 • Cidade da Guatemala
@cremasoficial

GUASTATOYA
Club Deportivo Guastatoya
1990 • Guastatoya
@clubdeportivoguastatoya

IZTAPA
Club Deportivo Iztapa
1960 • Iztapa
@deportivoiztapa

MALACATECO
Club Deportivo Malacateco
8/9/1962 • Malacatán
@deportivomalacateco_oficial

MARQUENSE
Club Deportivo Marquense
1/4/1958 • San Marcos
@cdmarquense

MIXCO
Club Social y Deportivo Mixco
1964 • Mixco
@deportivomixcooficial

MUNICIPAL
Club Social y Deportivo Municipal
17/5/1936 • Cidade da Guatemala
@rojos_municipal

NUEVA CONCEPCIÓN
Club Social y Deportivo Nueva Concepción
1/7/1994 • Nueva Concepción
@nueva_concepcion_cd

SUCHITEPÉQUEZ
Club Social y Deportivo Suchitepéquez
24/11/1960 • Mazatenango
@csd.suchi

XELAJÚ
Club Social y Deportivo Xelajú, M.C
24/2/1942 • Quetzaltenango
@clubxelajumc

XINABAJUL HUEHUE
Deportivo Xinabajul Huehue
1980 • Huehuetenango
@xinabajul_huehue.oficial

ZACAPA
Club Deportivo Zacapa
14/11/1951 • Zacapa
@deportivozacapaoficial

HONDURAS

DEPORTES SAVIO
Deportes Savio Fútbol Club
1974 • Santa Rosa de Copán
@deportessaviofc

GÉNESIS
Génesis/Polícia Nacional
25/7/2018 • Comayagua
@genesis_de_comayaguafc

HONDURAS PROGRESO
Club Deportivo Honduras Progreso
7/11/1965 • El Progreso
@cdhondurasprogreso

JUTICALPA FC
Juticalpa Fútbol Club S.A.D
14/8/2004 • Juticalpa
@juticalpafc_oficial

LOBOS UPNFM
Club Deportivo Lobos de la Universidad Pedagógica Nacional Francisco Morazán
10/8/2010 • Tegucigalpa
@lobosupnfm

MARATHÓN
Club Deportivo Marathón
25/11/1925 • San Pedro Sula
@cdmarathonhn_oficial

MOTAGUA
Fútbol Club Motagua
29/8/1928 • Tegucigalpa
@motagua

OLANCHO
Olancho Fútbol Club
10/1/2016 • Juticalpa
@olanchofc

OLIMPIA
Club Olimpia Deportivo
12/6/1912 • Tegucigalpa
@cdolimpia

PLATENSE
Platense Fútbol Club
4/7/1960 • Puerto Cortés
@platensefootballclub

REAL ESPAÑA
Real Club Deportivo España
14/7/1929 • San Pedro Sula
@rcdeespana

REAL SOCIEDAD
Club Deportivo Real Sociedad
16/8/1988 • Tocoa
@cdrealsociedad

SOCIAL SOL
Club Deportivo Social Sol
13/04/1968 • Olanchito
@socialsoloficial

VICTORIA
Academia de Fútbol y Promociones Club Deportivo Victoria S.A de C.V
15/11/1935 • La Ceiba
@cdvictoriaoficial

VIDA
Club Deportivo y Social Vida S.A.D
14/10/1940 • La Ceiba

JAMAICA

ARNETT GARDENS
Arnet Gardens Football Club
1977 • Kingston
@officialagfc

CAVALIER
Cavalier Football Club
1/8/1962 • Kingston
@cavalierfc

DUNBEHOLDEN
Dunbeholden Football Club
1992 • Portmore
@dunbeholdenfc

HARBOUR VIEW
Harbour View Football Club
1974 • Kingston
@harbourviewfc

HUMBLE LIONS
Humble Lions Football Club
1974 • May Pen
@humblelionsfootballclub

MOLYNES UNITED
Molynes United Football Club
1991 • Kingston
@molynesunited

MONTEGO BAY UNITED
Montego Bay United Football Club
1972 • Montego Bay
@mobayunitedfc

MOUNT PLEASANT
Mount Pleasant Football Academy
2016 • Saint Ann's Bay
@mountpleasantfa

PORTMORE UNITED
Portmore United Football Club
1985 • Portmore
@portmoreunitedfc

RACING UNITED
Racing United Football Club
2021 • Portmore
@official_r.u.f.c

SPORTING CENTRAL ACADEMY
Sporting Central Academy Football Club
2000 • Clarendon
@-

TIVOLI GARDENS
Tivoli Gardens Football Club
1970 • Kingston
@tivoligardensfc

WATERHOUSE
Waterhouse Football Club
1968 • Kingston
@waterhousefootballclub

PANAMÁ

ALIANZA
Asociación Cívica, Social y Deportiva Alianza – Alianza Fútbol Club
2/3/1963 • Cidade do Panamá
@alianzafcpanama

ÁRABE UNIDO
Club Deportivo Árabe Unido
28/4/1994 • Colón
@arabeunido

ATLÉTICO NACIONAL
Sociedad Deportiva Atlético Nacional
1995 • Cidade do Panamá
@sdatleticonal

HERRERA
Herrera Fútbol Club
5/7/2016 • Chitre
@herrerafc

INDEPENDIENTE LA CHORRERA
Club Atlético Independiente de La Chorrera S.A
12/2/1982 • La Chorrera
@caipanama

PANAMA CITY
Panama City Fútbol Club
24/3/2015 • Cidade do Panamá
@panamacityfc_

PLAZA AMADOR
Asociación Deportiva Plaza Amador – Club Deportivo Plaza Amador
7/4/1955 • Cidade do Panamá
@cdplazaamador

POTROS DEL ESTE
Club Deportivo del Este – Potros del Este
1/2/2022 • Cidade do Panamá
@clubdeportivodeleste

SAN FRANCISCO
Asociación Deportiva San Francisco Fútbol Club
29/9/1971 • La Chorrera
@sanfrafc_pa

SPORTING SAN MIGUELITO
Academia de Fútbol Sporting 1989 de Panamá
14/2/1989 • San Miguelito
@sportingsmfc

TAURO
Asociación Deportiva Tauro Fútbol Club
22/9/1984 • Cidade do Panamá
@taurofc

UMECIT
UMECIT Fútbol Club Panamá
2015 • Ernesto Córdoba Campos
@fcumecit

UNIVERSITARIO
Club Deportivo Universitario
14/2/1974 • Penonomé
@cduniversitario

VERAGUAS UNITED
Veraguas United Fútbol Club
3/2/2022 • Santiago
@veraguasunitedfc

ANGUILA

ATTACKERS FC
Sunset Hornes Attackers FC
1978 • The Valley

DOC'S UNITED
Doc's United Football Club
2007 • George Hill

KICKS UNITED
Kicks United Football Club
7/9/2005 • The Valley

LYMERS FC
Lymers Football Club
2018 • The Valley

ROARING LIONS
Roaring Lions Football Club
1981 • Stoney Ground

SPARTANS FC
Spartans Football Club
1992 • The Valley

ANTIGUA E BARBUDA

ALL SAINTS
All Saints United Football Club
1996 • All Saints

EMPIRE
Empire Football Club
1962 • Gray's Farm

GREENBAY HOPPERS
Greenbay Hoppers Football Club
1969 • Saint John's

GRENADES
Grenades Football Club
1990 • Saint John's
@grenades_fc

PARHAM
Parham Football Club
1974 • Parham
@parham_football_club

SAP
Spirited, Attitude and Performance Football Club
1979 • Bolans
@sapfc.official

ARUBA

BRITANNIA
Sport Vereniging Brittania
12/10/1958 • Piedra Plat
@sv_britannia

DAKOTA
Sport Vereniging Dakota
15/7/1947 • Oranjestad
@sportverenigingdakota

ESTRELLA
Sport Vereniging Estrella
1/9/1948 • Santa Cruz
@svestrellafutbol

NACIONAL
Sport Vereniging Deportivo Nacional
15/3/1970 • Palm Beach
@nacionalaruba

RCA
Racing Club Aruba
18/2/1934 • Solito
@-

RIVER PLATE
Sport Vereniging River Plate
1/2/1953 • Madiki
@-

BAHAMAS

BAHA JUNIORS
Baha Juniors Football Club
2016 • Nassau
@bahajuniorsfc

CAVALIER
Cavalier Football Club
1981 • Nassau
@cavalierfc242

DYNAMOS
Dynamos Football Club
1957 • Nassau
@dynamosfootball_242

IM BEARS FC
Insurance Management Bears Football Club
1960 • Freeport

RENEGADES FC
WSC Renegades Football Club
1989 • Lyford Cay
@renegadesfcbahamas

WESTERN WARRIORS
Western Warriors Football Club
2007 • Nassau
@western_warriors_bahamas

BARBADOS

BRITTONS HILL
Brittons Hill Football Club
1979 • Bridgetown
@brittonshillutd

NOTRE DAME
Sporting Club Notre Dame
1965 • Bridgetown

PARADISE FC
Paradise Football Club
1978 • Dover
@paradise_football_club

UWI BLACKBIRDS
UWI Blackbirds Football Club
2004 • Cave Hill
@uwiblackbirds

WEYMOUTH WALES
Weymouth Wales Football Club
1958 • Carrington Village
@weymouthwalesfc

WOTTON
Wotton Football Club
1979 • Oistins

BELIZE

BELMOPAN FC
Belmopan Football Club
Belmopan • 1986
@belmopanFC

PORT LAYOLA
Port Layola Football Club
1983 • Cidade de Belize
@port_layolafc

PROGRESSO
Progresso Football Club
2007 • Orange Walk

SAN PEDRO PIRATES
San Pedro Pirates Football Club
2017 • San Pedro
@sanpedropirates

VERDES
Verdes Football Club
1976 • San Ignacio
@verdesbz

WAGIYA
Wagiya Sporting Club
1983 • Dangriga
@wangiyasc

🇧🇲 BERMUDAS

DANDY TOWN HORNETS
Dandy Town Hornets
1973 • Pembroke
@westernstarssportsclub

DEVONSHIRE COUGARS
Devonshire Recration Club, Inc
1971 • Devonshire
@devonshirerecreationclub

NORTH VILLAGE RAMS
North Village Community Club
1957 • Pembroke
@nvcc_rams

PHC ZEBRAS
Pembroke Hamilton Club Zebras
1960 • Warwick
@phc_zebras

ROBIN HOOD
The Robin Hood Football Club
1977 • Pembroke
@robinhoodfc

SOMERSET TROJANS
Somerset Cricket Club Trojans
1964 • Sandys
@somersettrojansfootball

🇨🇺 CUBA

ARTEMISA
Fútbol Club Artemisa
2011 • Guanajay

CAMAGÜEY
Club de Fútbol Camagüey
1912 • Minas

CIENFUEGOS
Fútbol Club Cienfuegos
1978 • Cienfuegos

SANTIAGO DE CUBA
Fútbol Club Santiago de Cuba
1983 • Santiago de Cuba

CIEGO DE ÁVILA
Fútbol Club Ciego de Ávila
1978 • Morón

VILLA CLARA
Fútbol Club Villa Clara
1978 • Zulueta

🇨🇼 CURAÇAO

CENTRO DOMINGUITO
Rooms Katholieke Sport Vereniging Centro Dominguito
1952 • Willemstad

CSD BARBER
Centro Social Deportivo Barber
1951 • Barber

JONG COLOMBIA
Christelijk Rooms Katholiek Sport Vereniging Jong Colombia
23/7/1951 • Willemstad
@crksvjongcolombia

JONG HOLLAND
Curaçaose Rooms Katholieke Sport Vereniging Jong Holland
15/7/1919 • Willemstad
@crksvkjongholland

SCHERPENHEUVEL
Rooms Katholieke Sport Vereiging Scherpenheuvel
18/7/1960 • Willemstad

VESTA
Sport Voetbal Vriendschap Eendracht Sterken Tegen Alles
30/6/1948 • Willemstad
@fcsvvesta

🇩🇲 DOMINICA

BATH ESTATE
Bath Estate Football Club
1982 • Roseau

DUBLANC
Dublanc Football Club
2000 • Dublanc

HARLEM UNITED
Harlem United Football Club
1970 • Newtown

PORTSMOUTH BOMBERS
Portsmouth Bombers Football Club
10/7/1993 • Portsmouth

SOUTH EAST
South East Football Club
2002 • La Plaine

WE UNITED
WE United Football Club
2017 • Castle Bruce

🇸🇻 EL SALVADOR

ÁGUILA
Club Deportivo Águila
15/2/1926 • San Miguel
@clubdeportivoaguila

ALIANZA
Alianza Fútbol Club
12/10/1958 • San Salvador
@alianzafc_sv

ATLÉTICO MARTE
Club Deportivo Atlético Marte
22/4/1950 • San Salvador
@clubdeportivoatleticomarte

FAS
Club Deportivo FAS
16/2/1947 • Santa Ana
@clubdeportivofas

FIRPO
Club Deportivo Luis Ángel Firpo
21/9/1923 • Usulután
@firpo_oficial

ISIDRO METAPÁN
Asociación Deportiva Isidro Metapán
29/9/1950 • Metapán
@adimetpansv

GUIANA

FRUTA CONQUERORS
Fruta Conquerors Football Club
14/2/1982 • Georgetown
@frutaconquerors.fc

GUYANA DEFENCE FORCE
Guyana Defence Force Football Club
1965 • Georgetown

POLICE
Police Football Club
1/7/1939 • Georgetown

SANTOS
Santos Football Club
1964 • Georgetown

SLINGERZ FC
Slingerz Football Club
2013 • Vergenoegen

WESTERN TIGERS
Western Tigers Football Club
1976 • Georgetown

HAITI

AS CAPOISE
Association Sportive Capoise
30/11/1930 • Cabo Haitiano
@ascapoise

OUANAMINTHE
Ouanaminthe Football Club
19/6/2011 • Ouanaminthe
@ouananinthefc2011

RACING HAITIEN
Racing Club Haitien
23/3/1923 • Porto Príncipe

REAL HOPE
Real Hope Football Club
14/3/2018 • Cabo Haitiano
@realhopefa

TEMPETE
Tempete Football Club
5/7/1970 • Saint-Marc
@tempetefc

VIOLETTE
Violette Athletic Club
15/5/1918 • Porto Príncipe
@vachaiti

ILHAS CAYMAN

345 FC
345 Football Club
2018 • George Town
@345fc_cayman

BODDEN TOWN
Bodden Town Football Club
1970 • Bodden Town
@btfc_1970

ELITE
Elite Sports Club
2006 • West Bay
@elitesportsclub345

FUTURE
Future Sports Club
1998 • West Bay
@futuresportsclub_

ROMA UNITED
Roma United Sports Club
2002 • George Town
@romaunitedsc

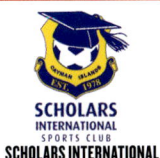

SCHOLARS INTERNATIONAL
Scholars International Sports Club
1977 • West Bay
@scholarsisc

ILHAS TURCAS E CAICÓS

AFC ACADEMY
AFC Academy
2007 • Providenciales

BEACHES
Beaches Football Club
2000 • Providenciales

CHESHIRE HALL
Cheshire Hall Football Club
2012 • Providenciales

FULL PHYSIC
Full Physic Football Club
2015 • Providenciales

SWA SHARKS
SWA Sharks Football Club
1999 • Providenciales
@swasharks

TEACHERS FC
Teachers Football Club
2012 • Providenciales

ILHAS VIRGENS AMERICANAS

HELENITES
Helenites Sports Club
1991 • Grove Place
@helenites.sc

NEW VIBES
New Vibes Soccer Club
2001 • Charlotte Amalie
@newvibessc

PRANKTON
Prankton Soccer Club
1972 • Frederiksted
@pranktonsc

ROVERS
Rovers Soccer Club
1990 • Christiansted
@roverssoccerclub

UNIQUE
Unique Tropical Sports Club
1974 • Christiansted

UWS SC
United We Stand Soccer Club
1976 • Charlotte Amalie

ILHAS VIRGENS BRITÂNICAS

ISLANDERS FC
Islanders Football Club
2008 • Tortola

OLD MADRID
Old Madrid Football Club
2002 • Spanish Town

ONE LOVE UNITED
One Love United Football Club
2010 • Spanish Town

SUGAR BOYS
Sugar Boys Football Club
2003 • Tortola
@sugarboyzfc

VG UNITED
VG United Football Club
2001 • Spanish Town
@vgunitedfc

WOLUES
Wolues Football Club
2002 • Tortola

MONTSERRAT

BATA FALCONS
Bata Football Club
1974 • Montserrat

ELBERTON
Elberton Football Club
Elberton

IDEAL SC
Ideal Football Club
15/1/1975 • Brades

JOLLY ROGER
Jolly Roger Football Club
Brades

MONTSERRAT POLICE
Royal Montserrat Police Force
13/7/1975 • Brades

VOLCANO OBSERVATORY
Montserrat Volcano Observatory Football Club
1974 • Brades

NICARÁGUA

ART JALAPA
ART Municipal Jalapa
2011 • Jalapa
@municipalartjalapa

DIRIANGÉN
Cacique Diriangén Fútbol Club
17/5/1917 • Diriamba
@diriangenfc

JUVENTUS
Juventus Fútbol Club
1977 • Managua
@juventusfc_nic

MANAGUA FC
Managua Fútbol Club
2006 • Managua
@managuafcoficial

REAL ESTELÍ
Real Estelí Fútbol Club
1961 • Estelí
@realestelifc

WALTER FERRETTI
Club Deportivo Walter Ferretti
1984 • Managua
@somosferretti

PORTO RICO

ACADEMIA QUINTANA
Academia Quintana Fútbol Club
1969 • San Juan

BAYAMÓN
Bayamón Fútbol Club
1999 • Bayamón
@bayamonfcdv7

GUAYAMA
Guayama Fútbol Club
1959 • Guayama
@guayamafutbol

METROPOLITAN
Metropolitan Football Academy
2012 • San Juan
@metropolitanfootball

PUERTO RICO SOL
Puerto Rico Sol Fútbol Club
2017 • Mayagüez
@puertoricosol

PUERTO RICO SURF
Puerto Rico Surf Soccer Club
2020 • Guaynabo
@puertoricosurfsoccer

REPÚBLICA DOMINICANA

ATLÁNTICO
Atlántico Fútbol Club
2015 • Puerto Plata
@atlantico.fc

ATLÉTICO PANTOJA
Club Atlético Pantoja
1/2/1999 • Santo Domingo
@atleticopantoja

CIBAO
Cibao Fútbol Club
2015 • Santiago
@cibaofc

MOCA
Moca Fútbol Club
1971 • Moca
@mocafcc

SAN CRISTÓBAL
Atlético San Cristóbal
1/1/2015 • San Cristóbal
@clubatleticosc

UNIVERSIDAD O&M
O&M Fútbol Club
1974 • Santo Domingo
@oymfc

SANTA LÚCIA

BI FC
BI Football Club
2015 • Charlotte

BAYS
Bexon Active Youth Squad Football Club
2002 • Bexon
@bays.fc

GMC UNITED
GMC United Football Club
2010 • Gros Ilet
@gmcfootball

NORTHERN UNITED ALL STARS
Northern United All Stars
1985 • Gros Islet
@northernunitedallstars

PLATINUM
Platinum Football Club
2005 • Vieux Fort
@platinumfootball_club

VSADC
Vempers Sports Athletic Dramatic Club
1951 • Castries
@vsadc_758

SÃO CRISTÓVÃO E NÉVIS

CAYON FC
Cayon Football Club
1973 • Basseterre
@cayonfootballclub

CONAREE
Conaree Football Club
1975 • Basseterre

GARDEN HOTSPUR
Garden Hotspur Football Club
1962 • Brumaire
@gardenhotspursfc

NEWTOWN UNITED
Newtown United Football Club
1962 • Basseterre
@nufcskn

ST. PAULS UNITED
S.L. Horsford St. Pauls United Football Club
1971 • St. Pauls
@slhst.paulsunitedfc

VILLAGE SUPERSTARS
Rams Village Superstars Football Club
1971 • Basseterre
@villagesuperstars

SÃO VICENTE E GRANADINAS

AVENUES UNITED
Avenues United Football Club
1974 • Kingstown
@avenuesunitedfc

HOPE INTERNATIONAL
Hope International Football Club
1995 • Kingstown
@hopeintlfc

JE BELLE
Je Belle Football Club
2001 • Kingstown
@jebellefc

NORTH LEEWARD PREDATORS
North Leeward Predators Football Club
2007 • Chateaubelair
@nlpredators

PASTURES UNITED
Pastures Football Club
1972 • Kingstown

SYSTEM 3
System 3 Football Club
1997 • Kingstown
@system3_academy

SURINAME

INTER MOENGOTAPOE
Stichting Inter Moengotapoe
1/1/1992 • Moengo
@intermoengotapoe

LEO VICTOR
Sport Vereniging Leo Victor
9/1/1934 • Paramaribo
@sv_leovictor

PVV
Politie Voetbal Vrienden
1/9/1924 • Paramaribo

ROBINHOOD
Sport Vereniging Robinhood
6/2/1945 • Paramaribo
@svrobinhoodsuriname

TRANSVAAL
Sport Vereniging Transvaal
15/1/1921 • Paramaribo
@sv_transvaal

VOORWAARTS
Sport Vereniging Voorwaarts
1/8/1919 • Paramaribo
@svvoorwaartssuriname

TRINIDAD E TOBAGO

CENTRAL
Central Football Club
2012 • California
@centralfc_tt

DEFENCE FORCE
Defence Force Football Club
1974 • Chaguaramas
@defence_forcefc

POLICE FC
Police Football Club
1975 • Saint James
@policefctt

PORT OF SPAIN
Athletic Club of Port of Spain
1968 • Porto da Espanha
@acportofspain

SAN JUAN JABLOTEH
San Juan Jabloteh Football Club
1974 • San Juan
@jablotehtt

W CONNECTION
W Connection Football Club
1999 • Point Lisas
@wconnectionfc

UEFA

UEFA
Union of European Football Associations
15/6/1954 • Basel, Suíça
@uefa_official

PRINCIPAIS MUDANÇAS DA UEFA

| 1954 • 1995 | 1995 • 2012 | 2012 |

ALBÂNIA
Federata Shqiptare e Futbollit
6/6/1930 • Tirana
@FSHForg

ALEMANHA
Deutscher Fussball-Bund
28/1/1900 • Frankfurt
@dfb_team

ANDORRA
Federació Andorrana de Futbol
21/4/1994 • Escaldes-Engordany
@fedandfut

ARMÊNIA
Football Federation of Armenia
18/1/1992 • Yerevan
@armenian_ff

ÁUSTRIA
Österreichischer Fußball-Bund
18/3/1904 • Viena
@oefb_1904

AZERBAIJÃO
Association of Football Federations of Azerbaijan
1992 • Baku
@affa_official

BÉLGICA
Royal Belgian Football Association
1/9/1895 • Bruxelas
@RoyalBelgianFA

BIELORRÚSSIA
Football Federation of Belarus
1989 • Minsk
@belarus_football_team

BÓSNIA E HERZEGOVINA
Nogometni/Fudbalski Savez Bosne i Hercegovine
1920 • Sarajevo
@nfsbih_official

BULGÁRIA
Bulgarian Football Union
1923 • Sófia
@team.bulgaria

CAZAQUISTÃO
Kazakhstan Football Federation
1914 • Astana
@kff_team

CHIPRE
Cyprus Football Association
23/9/1934 • Nicósia
@cyprusfa_official

CROÁCIA
Hrvatski Nogometni Savez
14/6/1912 • Zagreb
@hns_cff

DINAMARCA
Dansk Boldspil-Union
18/5/1889 • Brondbyvester
@herrelandsholdet

ESCÓCIA
Scottish Football Association
13/3/1873 • Glasgow
@scotlandnationalteam

ESLOVÁQUIA
Slovenský Futbalový Zväz
4/11/1938 • Bratislava
@sfzofficial

ESLOVÊNIA
Nogometna zveza Slovenije
24/4/1920 • Predoslje
@nzs_si

ESPANHA
Real Federación Española de Fútbol
29/9/1913 • Madri
@rfef

ESTÔNIA
Eesti Jalgpalli Liit
14/12/1921 • Tallinn
@eestijalgpall

FINLÂNDIA
Suomen Palloliitto
19/5/1907 • Helsinque
@suomen_palloliitto

FRANÇA
Fédération Française de Football
7/4/1919 • Paris
@fff

GEÓRGIA
Georgian Football Federation
1936 • Tbilisi
@georgiagff

GIBRALTAR
Gibraltar Football Association
1895 • Gibraltar
@gibraltar_fa

GRÉCIA
Hellenic Football Federation
14/11/1926 • Atenas
@ethnikiomada

HOLANDA
Koninklijke Nederlandse Voetbalbond
8/12/1889 • Zeist
@officialknvb

HUNGRIA
Magyar Labdarúgó Szövetség
19/1/1901 • Budapeste
@mlsztv

ILHAS FAROE
Fótbóltssamband Foroya
13/1/1979 • Tórshavn
@fsf1979

INGLATERRA
The Football Association
26/10/1863 • Londres
@england

IRLANDA
Football Association of Ireland
2/9/1921 • Dublin
@faireland

IRLANDA DO NORTE
Irish Football Association
18/11/1880 • Belfast
@northernireland

ISLÂNDIA
Knattspyrnusamband Íslands
26/3/1947 • Reykjavik
@footballiceland

ISRAEL
Israel Football Association
14/8/1928 • Tel Aviv
@isr.fa

ITÁLIA
Federazione Italiana Giuoco Calcio
26/3/1898 • Roma
@azzurri

KOSOVO
Federata e Futbollit e Kosovës
20/8/1991 • Pristina
@ffk_kos

LETÔNIA
Latvijas Futbola Federācija
19/6/1921 • Riga
@kajbumba

LIECHTENSTEIN
Liechtensteiner Fussballverband
28/4/1934 • Schaan
@lfvnews

LITUÂNIA
Lietuvos Futbolo Federacija
1922 • Kaunas
@ltfutbolas

LUXEMBURGO
Lëtzebuerger Foussballfederatioun
22/11/1908 • Mondercange
@flf.lu

MACEDÔNIA DO NORTE
Football Federation of Macedonia
14/8/1979 • Skopje
@FFMacedonia

MALTA
Assocjazzjoni tal-Futbol ta' Malta
1900 • Ta' Qali
@maltafa1900

MOLDÁVIA
Federația Moldovenească de Fotbal
14/4/1990 • Chisinau
@fmfmoldova

MONTENEGRO
Fudbalski Savez Crne Gore
8/3/1931 • Podgorica
@fscg_official

NORUEGA
Norges Fotballforbund
30/4/1902 • Oslo
@fotballandslaget

PAÍS DE GALES
Football Association of Wales
2/2/1876 • Cardiff
@fawales

POLÓNIA
Polski Związek Piłki Nożnej
20/12/1919 • Varsóvia
@LaczyNasPilka

PORTUGAL
Federação Portuguesa de Futebol
31/3/1913 • Oeiras
@portugal

REPÚBLICA TCHECA
Fotbalová Asociace České Republiky
19/10/1901 • Praga
@ceskarepre

ROMÊNIA
Federația Română de Fotbal
10/1909 • Bucareste
@echipanationala

RÚSSIA
Russian Football Union
19/1/912 • Moscou
@rfsruofficial

SAN MARINO
Federazione Sammarinese Giuoco Calcio
1931 • San Marino
@fsgc_official

SÉRVIA
Fudbalski Savez Srbije
1919 • Belgrado
@fudbalskisavezsrbije

SUÉCIA
Svenska Fotbollförbundet
18/12/1904 • Solna
@svenskfotboll

SUÍÇA
Schweizerischer Fussballverband
7/4/1895 • Berna
@sfv_asf

TURQUIA
Türkiye Futbol Federasyonu
23/4/1923 • Istambul
@tff_resmi

UCRÂNIA
Ukrayins'ka Asotsiatsiya Futbolu
6/3/1991 • Kiev
@uafukraine

83

ALEMANHA

PRINCIPAIS MUDANÇAS DA SELEÇÃO ALEMÃ NA CAMISA

| 1908 | 1924 | 1934 | 1938 | 1970 | 1996 | 1996 | 2009 |

1860 MUNIQUE
Turn- und Sportverein
München von 1860
17/5/1860 • Munique
@tsv1860

ALEMANNIA AACHEN
Aachener Turn- und Sportverein
Alemannia 1900 e. V.
16/12/1900 • Aachen
@alemanniaaachen

ALTGLIENICKE
Volkssport Gemeinschaft
Altglienicke Berlin e.V.
1883 • Altglienicke
@vsgaltglienicke_official

ARMINIA BIELEFELD
Deutscher Sport-Club Arminia
Bielefeld
3/5/1905 • Bielefeld
@arminiaofficial

AUGSBURG
Fussball-Club Augsburg 1907 e. V.
8/8/1907
Augsburgo
@fcaugsburg1907

BAYREUTH
Spielvereinigung Oberfranken
Bayreuth 1921 e.V.
23/7/1921 • Bayreuth
@spvggbayreuth

BOCHUM
Verein für Leibesübungen Bochum
1848 Fussballgemeinschaft e. V.
28/7/1848 • Bochum
@vflbochum1848.official

BORUSSIA MÖNCHENGLADBACH
Borussia Verein für Leibesübungen
1900 e.V. Mönchengladbach
1/8/1900 • Mönchengladbach
@borussia

CARL ZEISS JENA
Fussballclub Carl Zeiss Jena e.V.
13/5/1903
Jena
@fccarlzeissjena_official

DARMSTADT
Sportverein Darmstadt 1898 e.V.
22/5/1898
Darmstadt
@svdarmstadt1898

DUISBURG
Meidericher Spielverein 02 e.
V. Duisburg
17/9/1902 • Duisburg
@msvduisburg

DYNAMO BERLIN
Berliner Fussball Club
Dynamo e. V.
15/1/1966 • Berlim
@bfcdynamo_official

DYNAMO DRESDEN
Sportgemeinschaft Dynamo
Dresden e. V.
12/4/1953 • Dresden
@sgdynamodresden

EINTRACHT BRAUNSCHWEIG
Braunschweiger Turn- und
Sportverein Eintracht von 1895 e.V.
15/12/1895 • Braunschweig
@eintrachtbraunschweig1895

EINTRACHT FRANKFURT
Eintracht Frankfurt e. V.
8/3/1899
Frankfurt
@eintrachtfrankfurt

ELVERSBERG
Sportvereinigung 07 Elversberg e.V.
1907
Spiesen-Elversberg
@svelversberg

ENERGIE COTTBUS
Fussballclub Energie Cottbus e. V.
31/1/1966
Cottbus
@fc_energie_cottbus_official

ERZGEBIRGE AUE
Fussball Club Erzgebirge Aue e.V.
4/3/1946
Aue-Bad Schlema
@fcerzgebirgeaue

FORTUNA DÜSSELDORF
Düsseldorfer Turn- und
Sportverein Fortuna 1895 e.V.
5/5/1895 • Düsseldorf
@f95

FREIBURG
Sport-Club Freiburg e.V.
30/5/1904
Freiburg im Breisgau
@scfreiburg

GREUTHER FÜRTH
Spielvereinigung Greuther Fürth e. V.
23/9/1903
Fürth
@kleeblatt_fuerth_official

HALLESCHER
Hallescher Fussball-Club e.V.
26/1/1900
Hallescher
@hallescherfussballclub

HANNOVER
Hannoverscher Sportverein
von 1896 e.V.
12/4/1896 • Hanover
@hannover96

COLÔNIA
1. Fussball-Club Köln 01/07
e. V.
13/2/1948 • Colônia
@fckoeln

1948 • 1950

1950 • 1960

1970 • 1980

HANSA ROSTOCK
Fussballclub Hansa Rostock e. V.
28/12/1965
Rostock
@hansarostock

HEIDENHEIM
1. Fussballclub Heidenheim
1846 e.V.
1/1/1946 • Heidenheim
@fch_1846

HERTHA BERLIM
Hertha, Berliner Sport-Club e. V.
25/7/1892
Berlim
@herthabsc

HOFFENHEIM
Turn- und Sportgemeinschaft
1899 Hoffenheim e.V.
1/7/1899 • Hoffenheim
@tsghoffenheim

HOLSTEIN KEIL
Kieler Sportvereinigung
Holstein von 1900 e.V.
7/10/1900 • Kiel
@holsteinkiel

ILLERTISSEN
Fussballverein Illertissen e.V.
1921
Illertissen
@fvillertissen__1921

INGOLSTADT
Fussball-Club Ingolstadt 04 e.V.
5/2/2004
Ingolstadt
@dieschanzer

JAHN REGENSBURG
Sport- und Schwimmverein
Jahn Regensburg e. V.
4/10/1907 • Regensburg
@ssv_jahn_regensburg

KAISERSLAUTERN
1. Fussball-Club Kaiserslautern e. V.
2/6/1900
Kaiserslautern
@1fckaiserslautern1900

KARLSRUHER
Karlsruher Sport-Club
Mühlburg-Phönix e. V.
6/6/1894 • Karlsruher
@karlsruhersc

BAYERN MUNIQUE
Fussball-Club Bayern München e. V.
27/2/1900
Munique
@fcbayern

1900 • 1901
1901 • 1906
1906 • 1908
1908 • 1919
1919 • 1920
1920 • 1921
1921 • 1924
1924 • 1931
1931 • 1935
1935 • 1936
1936 • 1938
1938 • 1945
1945 • 1955
1955 • 1966
1966 • 1967
1967 • 1978
1978 • 1997
1997 • 2002
2002 • 2017
2017 • 2025
2025

85

HAMBURGO
Hamburger Sport-Verein e.V.
29/9/1887
Hamburgo
@hsv

1919

1950 • 1978

1978

KICKERS OFFENBACH
Offenbacher Fussball-Club
Kickers 1901 e. V.
27/5/1901 • Offenbach am Main
@ofc_offiziell

LOKOMOTIV LEIPZIG
1. Fussballclub Lokomotive Leipzig e.V.
11/11/1893
Leipzig
@lfclokleipzig

LÜBECK
Verein für Bewegungsspiele
Lübeck von 1919 e. V.
1/6/1919 • Lübeck
@vfb_luebeck_1919

MAGDEBURG
1. Fussballclub Magdeburg e. V.
21/12/1965
Magdeburgo
@1fcml965

MAINZ
1. Fussball- und Sport-Verein
Mainz 05 e.V.
16/3/1905 • Mainz
@1fsvmainz05

NUREMBERG
1. Fussball-Club Nürnberg
Verein für Leibesübungen e. V.
4/5/1900 • Nuremberg
@1_fc_nuernberg

OSNABRÜCK
Verein für Leibesübungen von
1899 e.V. Osnabrück
1899 • Osnabrück
@vflosnabrueck

PADERBORN
Sport-Club Paderborn 07 e.V.
1907
Paderborn
@scp07_official

PREUSSEN MÜNSTER
Sportclub Preussen 1906 e.V. Münster
30/4/1906
Münster
@preussen06

RB LEIPZIG
RasenBallsport Leipzig e.V.
19/5/2009
Leipzig
@rbleipzig

ROT-WEISS ESSEN
Rot-Weiss Essen e. V.
1/2/1907
Essen
@rwe.1907

SAARBRÜCKEN
1. Fussball-Club Saarbrücken e. V.
18/4/1903
Saarbrücken
@ersterfcs

SANDHAUSEN
Sportverein Sandhausen 1916
1916
Sandhausen
@svs_1916

SCHWEINFURT 05
1. Fussball-Club Schweinfurt 1905,
Verein für Leibesübungen e.V.
5/5/1905 • Schweinfurt
@fcschweinfurt1905

ST. PAULI
Fussball-Club St. Pauli von 1910 e.V.
15/5/1910
Hamburgo
@fcstpauli

BAYER LEVERKUSEN
Bayer 04 Leverkusen Fussball GmbH
1/7/1904
Leverkusen
@bayer04fussball

1904 • 1923

1923 • 1928

1928 • 1938

1948 • 1965

1965 • 1970

1970 • 1976

1976 • 1984

1984 • 1996

1996 • 2005

2005

BORUSSIA DORTMUND
Ballspielverein Borussia 09 e. V. Dortmund
19/12/1909
Dortmund
@blackyellow

1913 • 1919
1919 • 1945
1945 • 1964
1964 • 1974
1974 • 1976
1976 • 1978
1978 • 1993
1993

STUTTGART
Verein für Bewegungsspiele
Stuttgart 1893 e. V.
9/9/1893 • Stuttgart
@vfb

STUTTGARTER KICKERS
Sportverein Stuttgarter
Kickers e.V.
21/9/1899 • Stuttgart
@stuttgarterkickers_offiziell

TÜRKGÜCÜ MUNIQUE
Türkgücü München e.V.
11/1975
Munique
@turkgucu_munchen

ULM
SSV Ulm 1846 Fussball e.V.
1846
Ulm
@ssvulmfussball

UNION BERLIM
1. Fussballclub Union Berlin e. V.
20/1/1966
Berlim
@1.fcunion

UNTERHACHING
Spielvereinigung Unterhaching e.V.
1/1/1925
Unterhaching
@spvgg_unterhaching

VERL
Sportclub Verl von 1924 e.V.
6/9/1924
Verl
@scverl_1924

VIKTORIA BERLIM
Fussball-Club Viktoria 1889 Berlin
Lichterfelde-Tempelhof e.V.
6/6/1899 • Berlim
@viktoriaberlin

VIKTORIA COLÔNIA
Fussballclub Viktoria Köln
1904 e.V.
1904 • Colônia
@fcviktoriakoeln

WALDHOF MANNHEIM
Sportverein Waldhof
Mannheim 07 e.V.
1907 • Mannheim
@svw07_official

WEHEN WIESBADEN
Sportverein Wehen 1926 –
Taunusstein e. V
1/1/1926 • Wiesbaden
@svww_official

WERDER BREMEN
Sportverein Werder Bremen
von 1899 e. V.
4/2/1899 • Bremen
@werderbremen

SCHALKE 04
Fussballclub Gelsenkirchen-
Schalke 04 e. V.
4/5/1904
Gelsenkirchen
@s04

1904
1924 • 1945
1945 • 1958
1958 • 1963
1995

WOLFSBURG
Verein für Leibesübungen
Wolfsburg e. V.
12/9/1945 • Wolfsburg
@vfl.wolfsburg

ESPANHA

PRINCIPAIS MUDANÇAS DA SELEÇÃO ESPANHOLA NA CAMISA

RFEF

| 1920 • 1921 | 1921 • 1924 | 1924 • 1929 | 1929 • 1931 | 1937 • 1941 | 1947 • 1951 | 1952 • 1978 | 1981 • 2001 | 2010 • 2021 | |

ALAVÉS
Deportivo Alavés, S.A.D.
1/7/1920
Vitoria-Gasteiz
@deportivoalaves

ALBACETE
Albacete Balompié, S.A.D.
5/7/1939
Albacete
@albacetebp

ALCORCÓN
Agrupación Deportiva Alcorcón S.A.D.
20/7/1971
Alcorcón
@adalcorcon

ALCOYANO
Club Deportivo Alcoyano
13/9/1928
València
@cdalcoyano1928oficial

ALGECIRAS
Algeciras Club de Fútbol
1909
Algeciras
@algecirascf

ALMERÍA
Unión Deportiva Almería, S.A.D.
26/7/1989
Almería
@udalmeria

AMOREBIETA
Sociedad Deportiva Amorebieta
4/1/1925
Amorebieta-Extano
@sdamorebieta

ANDORRA
Futbol Club Andorra
15/10/1942
Andorra-a-Velha (Andorra)
@fcandorra

ARENTEIRO
Club Deportivo Arenteiro
1958
Carvalinho
@cd_arenteiro

BARAKALDO
Barakaldo Club de Fútbol
1917
Barakaldo
@barakaldoclubdefutbol

BETIS
Real Betis Balompié, S.A.D.
12/9/1907
Sevilha
@realbetisbalompie

BURGOS
Burgos Club de Fútbol, S.A.D.
13/8/1985
Burgos
@burgos_cf

CÁDIZ
Cádiz Club de Fútbol, S.A.D.
10/9/1910
Cádiz
@cadizclubdefutbol

CARTAGENA
Fútbol Club Cartagena, S.A.D.
25/7/1995
Cartagena
@fccartagena

CASTELLÓN
Club Deportivo Castellón, S.A.D.
20/7/1922
Castellón de la Plana
@cdcastellon

CELTA
Real Club Celta de Vigo, S.A.D.
23/8/1923
Vigo
@rccelta

CEUTA
Agrupación Deportiva Ceuta Fútbol Club
9/7/1956
Ceuta
@adceutafc

CÓRDOBA
Córdoba Club de Fútbol
(Unión Futbolística Cordobesa, S.A.D.)
6/8/1954 • Córdoba
@cordobacf_oficial

CULTURAL LEONESA
Cultural y Deportiva Leonesa
5/8/1923
León
@cydleonesasad

EIBAR
Sociedad Deportiva Eibar, S.A.D.
30/11/1940
Eibar
@sdeibar

ELCHE
Elche Club de Fútbol, S.A.D.
10/1/1923
Elche
@elchecf

ELDENSE
Club Deportivo Eldense
17/9/1921
Elda
@cdeldense

ESPANYOL
Reial Club Deportiu Espanyol
de Barcelona, S.A.D.
28/10/1900 • Barcelona
@RCDEspanyol

ATHLETIC BILBAO
Athletic Club
18/7/1898
Bilbao
@athleticclub

1901 • 1903

1913

1922 • 1930

FUENLABRADA
Club de Fútbol Fuenlabrada, S.A.D.
1/6/1975
Fuenlabrada
@fuenla

GETAFE
Getafe Club de Fútbol S.A.D.
8/7/1983
Getafe
@getafecf

GIMNÀSTIC DE TARRAGONA
Club Gimnàstic de Tarragona S.A.D.
1914
Tarragona
@nastictarragona

GIMNÁSTICA SEGOVIANA
Gimnástica Segoviana Club de Fútbol
1928
Segovia
@gimnasticasegovianaoficial

GIRONA
Girona Futbol Club, S.A.D.
23/7/1930
Girona
@gironafc

GRANADA
Granada Club de Fútbol
6/4/1931
Granada
@granadacf

HÉRCULES
Hércules de Alicante Club de Fútbol, S.A.D.
25/10/1922
Alicante
@herculescfoficial

HUESCA
Sociedad Deportiva Huesca, S.A.D.
1910
Huesca
@sdhuesca

IBIZA
Unión Deportiva Ibiza
2015
Ibiza
@ibizaud

INTERCITY
Club de Fútbol Intercity
2017
Alicante
@CFIntercity

ATLÉTICO DE MADRID
Club Atlético de Madrid, S.A.D.
26/4/1903
Madrid
@atleticodemadrid

1903 • 1909
1909 • 1912
1912 • 1917
1917 • 1929
1927
1929
1932 • 1935
1935 • 1941

1939
1941 • 1947
1941
1947 • 1969
1969 • 1997
1997 • 2000
2000 • 2017
2017 • 2024

89

BARCELONA
Futbol Club Barcelona
29/11/1899
Barcelona
@fcbarcelona

- 1899 • 1910
- 1910 • 1920
- 1920 • 1936
- 1936 • 1941
- 1941 • 1949
- 1949 • 1960
- 1969 • 1974
- 1974 • 1975
- 1975 • 2002
- 2002

VALENCIA
Valencia Club de Fútbol, S.A.D.
18/3/1919
València
@valenciacf

- 1919 • 1921
- 1919
- 1921 • 1924

LA CORUÑA
Real Club Deportivo de La Coruña, S.A.D.
8/12/1906
La Coruña
@rcdeportivo

LAS PALMAS
Unión Deportiva Las Palmas, S.A.D.
22/8/1949
Las Palmas de Gran Canária
@udlaspalmasoficial

LEGANÉS
Club Deportivo Leganés, S.A.D
23/6/1928
Leganés
@cdleganes

LEVANTE
Levante Unión Deportiva, S.A.D
6/9/1909
València
@levanteud

LOGROÑÉS
Sociedad Deportiva Logroñés
2009
Logronho
@cdlogrones

LUGO
Club Deportivo Lugo S.A.D.
8/7/1953
Lugo
@cdeportivolugo

MÁLAGA
Málaga Club de Fútbol, S.A.D.
25/5/1948
Málaga
@malagacf

MALLORCA
Real Club Deportivo Mallorca, S.A.D.
5/3/1916
Palma de Mallorca
@rcdmallorcaoficial

MARBELLA
Marbella Fútbol Club
1997
Marbella
@marbellafcoficial

MÉRIDA
Asociación Deportiva Mérida, S.A.D.
19/2/2013
Mérida
@admeridasad

MIRANDÉS
Club Deportivo Mirandés
3/5/1927
Miranda de Ebro
@c.d.mirandes

NUMANCIA
Club Deportivo Numancia de Soria, S.A.D.
9/4/1945
Soria
@cdnumancia

OSASUNA
Club Atlético Osasuna
24/10/1920
Pamplona
@caosasuna

OURENSE
Ourense Club de Fútbol
1977
Ourense
@ourensecf

OVIEDO
Real Oviedo, S.A.D.
26/3/1926
Oviedo
@realoviedo

PONFERRADINA
Sociedad Deportiva Ponferradina, S.A.D.
7/6/1922
Ponferrada
@sdp_1922_sad

RACING DE FERROL
Racing Club de Ferrol, S.A.D.
5/10/1919
Ferrol
@racingclubferrolsad

RACING SANTANDER
Real Racing Club de Santander, S.A.D.
23/2/1913
Santander
@realracingclub

RAYO VALLECANO
Rayo Vallecano de Madrid, SAD
29/5/1924
Madrid
@rayovallecano

REAL MURCIA
Real Murcia Club de Fútbol, S.A.D.
6/12/1919
Murcia
@realmurciacf_oficial

REAL SOCIEDAD
Real Sociedad de Fútbol, S.A.D.
7/9/1909
San Sebastián
@realsociedad

REAL UNIÓN
Real Unión Club, S.A.D.
15/5/1915
Gipuzkoa
@realunionclubirun

RECREATIVO HUELVA
Real Club Recreativo de Huelva, S.A.D.
23/12/1899
Huelva
@recreativohuelva

SESTAO RIVER
Sestao River Club
1996
Sestao
@sestaorc

SEVILLA
Sevilla Fútbol Club, S.A.D.
1890
Sevilha
@sevillafc

SPORTING GIJÓN
Real Sporting de Gijón, S.A.D.
1/7/1905
Gijón
@realsporting

TARAZONA
Sociedad Deportiva Tarazona
1969
Tarazona
@sdtarazona1924

TENERIFE
Club Deportivo Tenerife, S.A.D.
8/8/1922
Santa Cruz de Tenerife
@CDTOficial

UNIONISTAS
Unionistas de Salamanca Club de Fútbol
26/8/2013
Salamanca
@unionistascf

VALLADOLID
Real Valladolid Club de Fútbol, S.A.D.
20/6/1928
Valladolid
@realvalladolid

VILLARREAL
Villarreal Club de Fútbol S.A.D.
10/3/1923
Villarreal
@villarrealcf

ZAMORA
Zamora Club de Fútbol
1968
Zamora
@zcfoficial

ZARAGOZA
Real Zaragoza, S.A.D.
18/3/1932
Zaragoza
@realzaragoza

REAL MADRID
Real Madrid Club de Fútbol
6/3/1902
Madrid
@realmadrid

1902 • 1908
1908 • 1920
1920 • 1931
1931 • 1941
1941 • 1998
1998 • 2002
2002

ITÁLIA

PRINCIPAIS MUDANÇAS DA SELEÇÃO ITALIANA NA CAMISA

FIGC ITALIA | 1911 • 1922 | 1946 • 1952 | 1952 • 1981 | 1984 • 1992 | 1992 • 1998 | 1999 • 2005 | 2006 | 2017 • 2023 | ITALIA FIGC

ALESSANDRIA
Unione Sportiva Alessandria Calcio
1912
Alessandria
@usalessandria

ANCONA
Società Sportiva Calcio Ancona
1905
Ancona
@sscancona_official

AREZZO
Società Sportiva Arezzo
1923
Arezzo
@ssarezzo

ASCOLI
Ascoli Calcio 1898 Football Club
1898
Ascoli Piceno
@ascolicalcio1898fc

ATALANTA
Atalanta Bergamasca Calcio S.p.A.
17/10/1907
Bergamo
@atalantabc

AVELLINO
Unione Sportiva Avellino 1912
1912
Avellino
@usavellino1912_official

BARI
Società Sportiva Calcio Bari
15/1/1908
Bari
@sscalciobari

BENEVENTO
Benevento Calcio
1929
Benevento
@beneventocalcioofficial

BOLOGNA
Bologna Football Club 1909 S.p.A.
3/10/1909
Bologna
@bolognafc1909

BRESCIA
Brescia Calcio
17/7/1911
Brescia
@brescia_calcio

CAGLIARI
Cagliari Calcio S.p.A.
30/5/1920
Cagliari
@cagliaricalcio

CARRARESE
Carrarese Calcio 1908
1908
Carrara
@carraresecalcio

CASERTANA
Casertana Football Club
1908
Caserta
@official_casertana_fc

CATANIA
Catania Football Club
1929
Catania
@officialcataniafc

CATANZARO
Unione Sportiva Catanzaro 1929
1929
Catanzaro
@uscatanzaro1929official

FIORENTINA
Associazione Calcio Fiorentina
29/8/1926
Florença
@acffiorentina

1951 • 1963

1977 • 1980

1981 • 1990

92

CESENA
Cesena Football Club
21/4/1940
Cesena
@cesenafc

CHIEVO
Associazione Calcio
ChievoVerona SSDARL
6/9/1929 • Chievo
@fcclivense

CITTADELLA
Associazione Sportiva Cittadella
1/6/1973
Cittadella
@ascittadella1973

COMO
Como 1907 S.r.l.
25/5/1907
Como
@comofootball

COSENZA
Cosenza Calcio
1912
Cosenza
@cosenza_official

LAZIO
Società Sportiva Lazio
9/1/1900
Roma
@official_sslazio

CREMONESE
Unione Sportiva Cremonese
24/3/1903
Cremona
@uscremonese

CROTONE
Football Club Crotone
1910
Crotone
@fccrotoneoff

EMPOLI
Empoli Football Club
1/8/1920
Empoli
@empoli_fc_official

FOGGIA
Calcio Foggia 1920 S.r.l.
1920
Foggia
@calciofoggia1920_official

FROSINONE
Frosinone Calcio
1906
Frosinone
@frosinonecalcio

1900 • 1914
1941 • 1943
1982 • 1984
1982 • 1987

GENOA
Genoa Cricket and Football Club
7/9/1893
Genova
@genoacfc

HELLAS VERONA
Hellas Verona Football Club
1903
Verona
@hellasveronafc

JUVE STABIA
Società Sportiva Juve Stabia
19/3/1907
Castellammare di Stabia
@ssjuvestabia

LECCE
Unione Sportiva Lecce
15/3/1908
Lecce
@uslecce

LECCO
Calcio Lecco 1912
1912
Lecco
@calciolecco1912

INTERNAZIONALE
Football Club Internazionale Milano
9/3/1908
Milão
@inter

1908 • 1928
1928 • 1929
1929 • 1932
1933 • 1945
1945 • 1960
1960 • 1965
1965 • 1979
1979 • 1988
1988 • 1989
1989 • 1999
1999 • 2007
2007 • 2014
2008
2014 • 2021

JUVENTUS
Juventus Football Club
1/11/1897
Turim
@juventus

- 1905 • 1921
- 1921 • 1929
- 1929 • 1931
- 1931 • 1977
- 1977 • 1982
- 1982 • 1989
- 1989 • 2004
- 2004 • 2017
- 2017 • 2020

NAPOLI
Società Sportiva Calcio Napoli
25/8/1926
Nápoles
@officialsscnapoli

- 1926 • 1927
- 1969 • 1973
- 1982 • 1984

LIVORNO
Unione Sportiva Livorno 1915
1915
Livorno
@unionesportivalivorno

LUCCHESE
Associazione Sportiva
Lucchese Libertas 1905
1905 • Lucca
@lucchese1905

MANTOVA
Mantova 1911
1911
Mantova
@mantova_1911

MESSINA
Associazioni Calcio Riunite Messina
1900
Messina
@acrmessinacalcio

MODENA
Modena Football Club 2018
1912
Modena
@modena_fc_official

MONZA
Associazione Calcio Monza
1/9/1912
Monza
@acmonza

NOVARA
Novara Football Club
1908
Novara
@novarafootball

PADOVA
Calcio Padova
1910
Padova
@padovacalcio

PALERMO
Palermo Football Club
1/11/1900
Palermo
@palermofficial

PARMA
Parma Calcio 1913
27/7/1913
Parma
@parmacalcio1913

PERUGIA
Associazione Calcistica Perugia Calcio
6/9/1905
Perugia
@acperugia_official

PESCARA
Delfino Pescara 1936
7/6/1936
Pescara
@pescaracalcio1936

PIACENZA
Piacenza Calcio 1919 S.r.l.
1919
Piacenza
@piacenzacalcio1919

PISA
Pisa Sporting Club
1/4/1909
Pisa
@pisasportingclub

PRO PATRIA
Aurora Pro Patria 1919
28/2/1919
Busto Arsizio
@aurorapropatria1919

PRO VERCELLI
Football Club Pro Vercelli 1892
1892
Vercelli
@fcprovercelli1892

REGGIANA
Associazione Calcio Reggiana 1919
25/9/1919
Reggiana
@acreggiana1919

SALERNITANA
Unione Sportiva Salernitana 1919
1919
Salerno
@ussalernitana1919official

SAMPDORIA
Unione Calcio Sampdoria
12/8/1946
Genova
@sampdoria

SASSUOLO
Unione Sportiva Sassuolo Calcio
1922
Sassuolo
@sassuolocalcio

SIENA
Siena Football Club Società
Sportiva Dilettantistica
1904 • Siena
@siena_fc_

SPAL 2013
Società Polisportiva Ars et Labor
1903
Ferrara
@spalferrara

ROMA
Associazione Sportiva Roma
7/6/1927
Roma
@officialasroma

A. S. ROMA
1960 • 1961

1992 • 1996

2016 • 2025

SPEZIA
Spezia Calcio
10/10/1906
Spezia
@speziacalcio

SÜDTIROL
Fussball Club Südtirol
1974
Bolzano
@fcsuedtirol

TARANTO
Società Sportiva Taranto Calcio
1927
Taranto
@tarantofcl927_official

TERNANA
Ternana Calcio
1925
Terni
@ternana_calcio_official

TORINO
Torino Football Club
3/12/1906
Turim
@torinofc1906

TRIESTINA
Unione Sportiva Triestina Calcio 1918
19/12/1918
Trieste
@u.s.triestinacalcio1918

UDINESE
Udinese Calcio
30/11/1896
Udine
@udinesecalcio

UNION BRESCIA
Union Brescia
17/7/2025
Brescia
@unionbrescia

VENEZIA
Venezia Football Club
14/12/1907
Veneza
@veneziafc

VICENZA
Lanerossi Vicenza S.p.A.
9/3/1902
Vicenza
@lrvicenza

MILAN
Associazione Calcio Milan
16/12/1899
Milão
@acmilan

1899 • 1907
1907 • 1916
1916 • 1919
1919 • 1936
1936 • 1939
1939 • 1945
1946 • 1976
1976 • 1979
1979 • 1986
1986 • 1994
1994 • 1995
1995 • 1997
1997 • 1998
1998 • 2009

INGLATERRA

PRINCIPAIS MUDANÇAS DA SELEÇÃO INGLESA NA CAMISA

| 1879 • 1950 | 1950 • 1993 | 1993 • 1998 | 1999 • 2003 | 2004 • 2009 | 2006 | 2009 • 2012 | 2012 • 2013 | 2014 • 2016 |

ACCRINGTON STANLEY
Accrington Stanley Football Club
10/1868
Accrington
@asfcofficial

ALDERSHOT TOWN
Aldershot Town Football Club
1992
Aldershot
@aldershottownfcofficial

BARNET
Barnet Football Club
1888
Londres
@barnetfootballclub

BARNSLEY
Barnsley Football Club
1887
Barnsley
@barnsleyfc

BARROW
Barrow Association Football Club
1901
Barrow-in-Furness
@barrowafc

BIRMINGHAM
Birmingham City Football Club
1875
Birmingham
@bcfc

BLACKBURN
Blackburn Rovers Football Club
5/11/1875
Blackburn
@rovers

BLACKPOOL
Blackpool Football Club
26/7/1887
Blackpool
@blackpoolfc

BOLTON
Bolton Wanderers Football Club
1877
Bolton
@officialbwfc

BOSTON UNITED
Boston United Football Club
1933
Boston
@officialbostonunited

BOURNEMOUTH
Athletic Football Club Bournemouth
1899
Bournemouth
@afcb

BRADFORD CITY
Bradford City Association Football Club
1903 • Bradford
@officialbantams

BRENTFORD
Brentford Football Club
10/10/1889
Londres
@brentfordfc

BRIGHTON & HOVE ALBION
Brighton & Hove Albion Football Club
24/6/1901
Brighton and Hove
@officialbhafc

BRISTOL CITY
Bristol City Football Club
1894
Bristol
@bristolcityfc

BRISTOL ROVERS
Bristol Rovers Football Club
1/9/1883
Bristol
@official_brfc

BROMLEY
Bromley Football Club
1892
Bromley
@bromleyfc

BURNLEY
Burnley Football Club
18/5/1882
Burnley
@burnleyofficial

BURTON
Burton Albion Football Club
6/7/1950
Burton-on-Trent
@officialburtonalbion

CAMBRIDGE UNITED
Cambridge United Football Club
1912
Cambridge
@cambridgeunitedfc

CARDIFF CITY
Cardiff City Football Club
1899
Cardiff (País de Gales)
@cardiffcityfc

CARLISLE
Carlisle United Football Club
1896
Carlisle
@officialcufc

CHARLTON
Charlton Athletic Football Club
9/6/1905
Londres
@cafcofficial

CHELTENHAM TOWN
Cheltenham Town Football Club
1887
Cheltenham
@ctfcofficial

CHESTERFIELD
Chesterfield Football Club
24/4/1919
Chesterfield
@chesterfieldfc

COLCHESTER
Colchester United Football Club
1/3/1937
Colchester
@colu_official

COVENTRY CITY
Coventry City Football Club
13/8/1883
Coventry
@coventrycityfcofficial

CRAWLEY TOWN
Crawley Town Football Club
1896
Crawley
@officialcrawleytownfc

CREWE ALEXANDRA
Crewe Alexandra Football Club
1877
Crewe
@crewealexofficial

CRYSTAL PALACE
Crystal Palace Football Club
10/9/1905
Londres
@cpfc

DERBY COUNTY
Derby County Football Club
5/2/1884
Derby
@dcfcofficial

DONCASTER ROVERS
Doncaster Rovers Football Club
1879
Doncaster
@drfcofficial

EXETER CITY
Exeter City Football Club
10/9/1901
Exeter
@officialecfc

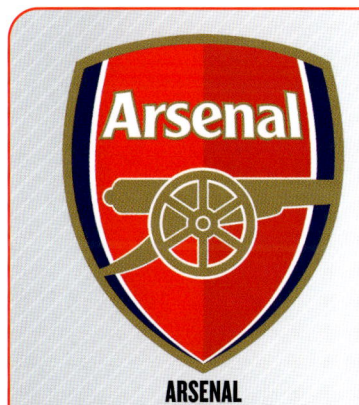

ASTON VILLA
Aston Villa Football Club
21/11/1874
Birmingham
@avfcofficial

1880 • 1881

1987 • 1992

2016 • 2023

ARSENAL
The Arsenal Football Club
1/10/1886
Londres
@arsenal

1904 • 1922 | 1922 • 1925 | 1925 • 1930 | 1927 | 1930 | 1932 | 1936 • 1949
1949 • 1990 | 1950 | 1967 | 1978 • 1979 | 1985 | 1990 • 1994 | 1994 • 1995
1995 • 1998 | 1998 • 2001 | 2001 • 2002 | 2002 | 2011 • 2012

FLEETWOOD TOWN
Fleetwood Town Football Club
1908
Fleetwood
@fleetwoodtownfc

FYLDE
Athletic Football Club Fylde
1988
Wesham
@afc_fylde

FULHAM
Fulham Football Club
1879
Londres
@fulhamfc

GILLINGHAM
Gillingham Football Club
1893
Gillingham
@GFCOfficial

GRIMSBY TOWN
Grimsby Town Football Club
1878
Cleethorpes
@OfficialGTFC

HARROGATE TOWN
Harrogate Town Association Football Club
1919
Harrogate
@harrogatetownafc

HUDDERSFIELD
Huddersfield Town Association Football Club
15/8/1908 • Huddersfield
@htafc

HULL CITY
Hull City Association Football Club
1904
Kingston upon Hull
@hullcity

IPSWICH
Ipswich Town Football Club
16/10/1878
Ipswich
@ipswichtown

LEEDS UNITED
Leeds United Football Club
17/10/1919
Leeds
@leedsunited

LEICESTER
Leicester City Football Club
1884
Leicester
@lcfc

LEYTON
Leyton Orient Football Club
1881
Leyton
@leytonorientfc

LINCOLN
Lincoln City Football Club
1884
Lincoln
@lincolncity_fc

LUTON
Luton Town Football Club
11/4/1885
Luton
@lutontown

MAIDENHEAD UNITED
Maidenhead United Football Club
1/10/1870
Maidenhead
@mufcyorkroad

MANSFIELD TOWN
Mansfield Town Football Club
1897
Mansfield
@mansfieldtownfc

MIDDLESBROUGH
Middlesbrough Football Club
18/2/1876
Middlesbrough
@theboroofficial

MILLWALL
Millwall Football Club
3/10/1885
Bermondsey
@millwallfc

CHELSEA
Chelsea Football Club
10/3/1905
Londres
@chelseafc

Period
1905 • 1952
1905
1952 • 1953
1953 • 1964
1964 • 1967
1967 • 1986
1970
1986 • 1995
1995 • 1997
1997 • 1999
1999 • 2003
2003 • 2005
2005 • 2006
2006

MK DONS
Milton Keynes Dons Football Club
21/6/2004
Milton Keynes
@mkdonsfc

MORECAMBE
Morecambe Football Club
7/5/1920
Morecambe
@morecambefc

NEWCASTLE
Newcastle United Football Club
1881
Newcastle upon Tyne
@nufc

NEWPORT
Newport County Association Football Club
1912 • Newport (País de Gales)
@newportcountyafcofficial_

NORTHAMPTON
Northampton Town Football Club
9/3/1897
Northampton
@officialyntfc

EVERTON
Everton Football Club
1878
Liverpool
@everton

1920

1978 • 1982

2000 • 2013

NORWICH CITY
Norwich City Football Club
17/6/1902
Norwich
@norwichcityfc

NOTTINGHAM FOREST
Nottingham Forest Football Club
2/9/1865
Nottingham
@officialnffc

NOTTS COUNTY
Notts County Football Club
28/11/1862
Nottingham
@nottscountyfc

OLDHAM ATHLETIC
Oldham Athletic Association Football Club
4/7/1895
Oldham
@officialoafc

OXFORD UNITED
Oxford United Football Club
27/10/1893
Oxford
@oufcofficial

PETERBOROUGH
Peterborough United Football Club
17/5/1934
Peterborough
@theposh

PLYMOUTH ARGYLE
Plymouth Argyle Football Club
1/9/1886
Plymouth
@onlylargyle

PORT VALE
Port Vale Football Club
1876
Stoke-on-Trent
@officialpvfc

PORTSMOUTH
Portsmouth Football Club
5/4/1898
Portsmouth
@pompey

PRESTON NORTH END
Preston North End Football Club
1/5/1880
Preston
@pnefcofficial

LIVERPOOL
Liverpool Football Club
3/6/1892
Liverpool
@liverpoolfc

1882 • 1950
1940
1950 • 1955
1955 • 1968
1968 • 1987
1987 • 1992
1992 • 1993
1993 • 1999
1999
2012
2017 • 2018

99

QUEENS PARK RANGERS
Queens Park Rangers Football Club
21/5/1882
Shepherd's Bush
@officialqpr

READING
Reading Football Club
25/12/1871
Reading
@readingfc

ROCHDALE
Rochdale Association Football Club
14/5/1907
Rochdale
@officiallydale

ROTHERHAM
Rotherham United Football Club
27/5/1925
Rotherham
@rotherhamunited

SALFORD CITY
Salford City Football Club
1940
Salford
@salfordcityfc

SHEFFIELD UNITED
Sheffield United Football Club
22/3/1889
Sheffield
@SheffieldUnited

SHEFFIELD WEDNESDAY
Sheffield Wednesday Football Club
4/9/1867
Sheffield
@swfcofficial

SHREWSBURY TOWN
Shrewsbury Town Football Club
20/5/1886
Shrewsbury
@shrewsburytown

SOLIHULL MOORS
Solihull Moors Football Club
10/7/2007
Solihull
@solihullmoors

SOUTHAMPTON
Southampton Football Club
21/11/1885
Southampton
@southamptonfc

STEVENAGE
Stevenage Football Club
30/9/1976
Stevenage
@stevenagefcofficial

STOCKPORT
Stockport County Football Club
1883
Stockport
@stockportcounty

STOKE CITY
Stoke City Football Club
1863
Stoke-on-Trent
@stokecity

SUNDERLAND
Sunderland Association Football Club
17/10/1879 • Sunderland
@sunderlandafc

SWANSEA CITY
Swansea City Association Football Club
1912
Swansea (País de Gales)
@swansofficial

SWINDON TOWN
Swindon Town Football Club
1879
Swindon
@officialstfc

TAMWORTH
Tamworth Football Club
1933
Tamworth
@tamworthfcofficial

TRANMERE ROVERS
Tranmere Rovers Football Club
1884
Birkenhead
@tranmererovers

MANCHESTER CITY
Manchester City Football Club
18/11/1880
Manchester
@mancity

1880 • 1894
1960
1970 • 1972
1972 • 1976
1981 • 1997
1997 • 2016
2016

100

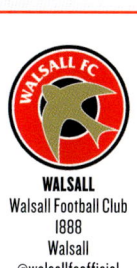

MANCHESTER UNITED
Manchester United Football Club
5/3/1878
Manchester
@manchesterunited

1878 • 1902
1902 • 1940
1909
1940 • 1960
1960 • 1970
1970 • 1973
1973 • 1998
1978
1998

TOTTENHAM HOTSPUR
Tottenham Hotspur Football Club
5/9/1882 • Londres
@spursofficial

1921 • 1951
1951 • 1967
1967 • 1983
1983 • 1995
1995 • 1997
1997 • 1999

WALSALL
Walsall Football Club
1888
Walsall
@walsallfcofficial

WATFORD
Watford Football Club
1881
Watford
@watfordfcofficial

WEST BROMWICH
West Bromwich Albion Football Club
1878
West Bromwich
@wba

WEST HAM
West Ham United Football Club
29/6/1895
Londres
@westham

WIGAN
Wigan Athletic Football Club
1932
Wigan
@laticsofficial

WIMBLEDON
Association Football Club Wimbledon
30/5/2002
Londres
@afc_wimbledon

WOKING
Woking Football Club
1887
Woking
@wokingfc

WOLVERHAMPTON
Wolverhampton Wanderers Football Club
1877
Wolverhampton
@wolves

WREXHAM
Wrexham Association Football Club
1/10/1864
Wrexham (País de Gales)
@wrexham_afc

WYCOMBE
Wycombe Wanderers Football Club
1887
High Wycombe
@wwfcofficial

YEOVIL TOWN
Yeovil Town Football Club
27/8/1895
Yeovil
@ytfcofficial

YORK CITY
York City Football Club
1922
York
@yorkcityfc

FRANÇA

PRINCIPAIS MUDANÇAS DA SELEÇÃO FRANCESA NA CAMISA

| 1894-1907 | 1907 • 1919 | 1930 | 1934 • 1966 | 1967 • 1972 | 1970 • 1998 | 2006 • 2011 | 2013 • 2014 | 2014 • 2018 |

AJACCIO
Athletic Club Ajaccien
1910
Ajaccio
@acajaccio

AMIENS
Amiens Sporting Club
1901
Amiens
@amiensscfootball

ANDRÉZIEUX
Andrézieux-Bouthéon Football Club
1947
Andrézieux-Bouthéon
@andrezieuxboutheonfc

ANGERS
Angers Sporting Club de l'Ouest
1/10/1919
Angers
@angers_sco

ANGLET
Les Genêts d'Anglet Football
1910
Anglet
@genets_anglet_football

BORDEAUX
Football Club des Girondins de Bordeaux
1/10/1881 • Bordeaux
@girondins

1936 • 1955

1993 • 1996

2020 • 2021

ANGOULÊME
Angoulême Charente Football Club
1920
Angoulême
@acfc_16

ANNECY
Football Club d'Annecy
1927
Annecy
@fcannecy

AUXERRE
Association de la Jeunesse Auxerroise
29/12/1905
Auxerre
@aja

AVRANCHES
L'Union Sportive Avranches Mont Saint Michel
1897 • Avranches
@usavranchesmsm

BASTIA
Sporting Club Bastiais
1905
Bastia
@scbastia

BERGERAC
Bergerac Périgord Football Club
1916
Bergerac
@bpfc.24

BLOIS
Blois Football 41
1912
Blois
@bloisfootball41_

BOULOGNE
Union Sportive de Boulogne-sur-Mer Côte d'Opale
1898 • Boulogne-sur-Mer
@usboulogne

BOURG-PÉRONNAS
Football Bourg-en-Bresse Péronnas 01
1942 • Bourg-en-Bresse
@fbbp01

BREST
Stade Brestois 29
25/6/1903
Brest
@stadebrestois29

102

CAEN
Stade Malherbe Caen
17/11/1913
Caen
@smcaen

CANNES
Association Sportive de Cannes Football
4/8/1902
Cannes
@ascannes_officiel

CHAMOIS NIORT
Chamois Niort Saint-Flo
2/6/2025
Niort
@chamoisniortaisfc

CHÂTEAUBRIANT
Voltigeurs de Châteaubriant
1907
Châteaubriant
@voltigeurs.chateaubriant

CHÂTEAUROUX
La Berrichonne de Châteauroux
1916
Châteauroux
@berrichonne_de_chateauroux

LILLE
Lille Olympique Sporting Club
23/9/1944
Lille
@losclive

1944 • 1946

1981 • 1989

2002 • 2012

CHOLET
Stade Olympique Choletais
24/5/1913
Cholet
@so_cholet

CLERMONT FOOT
Clermont Foot 63
1911
Clermont-Ferrand
@clermontfoot

CONCARNEAU
Union Sportive Concarnoise
11/3/1911
Concarneau
@usconcarneau

CRÉTEIL-LUSITANOS
Union Sportive Créteil-Lusitanos
1936
Créteil
@usclofficiel

DIJON
Dijon Football Côte d'Or
1998
Dijon
@dfco_officiel

DINAN LÉHON
Dinan Léhon Football Club
2003
Dinan
@dfco_officiel

DUNKERQUE
Union Sportive du Littoral de Dunkerque
1909
Dunkirk
@usldunkerque

ÉPINAL
Stade Athlétique Spinalien Épinal
15/1/1941
Épinal
@sas_football_epinal

FRÉJUS
Étoile Football Club Fréjus
Saint-Raphaël
2/6/2009 • Fréjus
@etoilefc_officiel

GOAL
Grand Ouest Association Lyonnaise Football Club
2020 • Chasselay
@goal_fc.officiel

LYON
Olympique Lyonnais
26/5/1950
Lyon
@ol

1950 • 1957
1957 • 1965
1965 • 1974
1974 • 1976
1976 • 1977
1977 • 1980
1980 • 1989
1989 • 1996
1996 • 2000
2000 • 2006
2006 • 2022
2022

GRENOBLE
Grenoble Foot 38
1911
Grenoble
@grenoblefoot38

GUINGAMP
En Avant Guingamp
1912
Guingamp
@eaguingamp

HYÈRES
Hyères Football Club
21/11/1911
Hyères
@hyeres83.fc

ISTRES
Football Club Istres Ouest Provence
1920
Istres
@istres.fc

LAVAL
Stade Lavallois Mayenne Football Club
17/7/1902
Laval
@stadelavallois

MONACO
Association Sportive
de Monaco Football Club
1924 • Fontvieille, Monaco
@asmonaco

1919 • 1962

1962 • 2002

2002 • 2013

LE HAVRE
Le Havre Athletic Club
1894
Le Havre
@hac_foot

LE MANS
Le Mans Football Club
12/6/1985
Le Mans
@lemansfc.officiel

LENS
Le Racing Club de Lens
26/9/1906
Lens
@rclens

LES HERBIERS
Vendée Les Herbiers Football
1919
Les Herbiers
@vendeelesherbiersfootball

LORIENT
Football Club Lorient Bretagne Sud
2/4/1926
Lorient
@fclorient

MARIGNANE
Marignane Gignac Côte Bleue Football Club
6/6/1924
Marignane
@mgcb_fc

MARTIGUES
Football Club de Martigues
1921
Martigues
@fc_martiguesofficiel

METZ
Football Club de Metz
15/4/1932
Metz
@fcmetz

MONTPELLIER
Montpellier Hérault Sport Club
1919
Montpellier
@mhscofficiel

NANCY
Association Sportive Nancy Lorraine
1967
Nancy
@asnancylorraine

PSG
Paris Saint-Germain Football Club
12/8/1970
Paris
@psg

1970 • 1972
1972 • 1982
1982 • 1986
1986 • 1987
1986
1987 • 1990
1990 • 1992
1992 • 1995
1995 • 2002
2002 • 2010
2010 • 2011
2013

NANTES
Football Club de Nantes
21/4/1943
Nantes
@fcnantes

NICE
Olympique Gymnaste Club de Nice
9/7/1904
Nice
@ogcnice

NÎMES
Nîmes Olympique
10/4/1937
Nîmes
@nimesolympique

ORLÉANS
Union Sportive Orléans Loiret Football
1976
Orléans
@us_orleans

PARIS 13 ATLÉTICO
Paris 13 Atletico
1968
Paris
@paris13atletico

SAINT-ÉTIENNE
Association Sportive de Saint-Étienne Loire
19/6/1919 • Saint-Étienne
@asseofficiel

1933 • 1940

1968 • 1978

1988 • 1993

PARIS FC
Paris Football Club
1/8/1969
Paris
@parisfc

PAU
Pau Football Club
19/5/1959
Pau
@paufootballclub

QUEVILLY-ROUEN
Union Sportive Quevillaise-Rouen Métropole
22/10/1902 • Le Petit-Quevilly
@qrm_2015

RACING STRASBOURG
Racing Club de Strasbourg Alsace
1906
Estrasburgo
@rcsa

RED STAR
Red Star Football Club
21/2/1897
Paris
@redstarfc

OLYMPIQUE DE MARSELHA
Olympique de Marseille
31/8/1899 • Marselha
@olympiquedemarseille

1899 • 1910

1935 • 1972

1998 • 1999

RENNES
Stade Rennais Football Club
10/3/1901
Rennes
@staderennaisfc

RODEZ
Rodez Aveyron Football
1929
Rodez
@rodezaveyronfootball

ROUEN
Football Club de Rouen 1899
10/7/1899
Rouen
@fcrouen1899

RUMILLY-VALLIÈRES
Groupement Football Albanais Rumilly-Vallières
1932 • Rumilly
@gfa74

SAINT-PRIEST
Association Sportive de Saint-Priest
1949
Saint-Priest
@assaintpriest

SCAAB
Sporting Club Aubagne Air Bel
1989
Aubagne
@scaab.officiel

SOCHAUX
Football Club Sochaux-Montbéliard
1928
Montbéliard
@fcsm_officiel

STADE DE REIMS
Stade de Reims
18/6/1931
Reims
@stadedereims

TOULOUSE
Toulouse Football Club
1937
Toulouse
@toulousefc

TROYES
Espérance Sportive Troyes Aube Champagne
1986 • Troyes
@estac_troyes

VALENCIENNES
Valenciennes Football Club
1914
Valenciennes
@vafcofficiel

VENDÉE POIRÉ-SUR-VIE
Vendée Poiré-sur-Vie Football
1954
Le Poiré-sur-Vie
@vendeepoirefootball

VERSAILLES 78
Football Club de Versailles 78
1989
Versalhes
@fcversailles

VILLEFRANCHE
Football Club Villefranche Beaujolais
1927
Villefranche-sur-Saône
@fcvb_officiel

PORTUGAL

PRINCIPAIS MUDANÇAS DA SELEÇÃO PORTUGUESA NA CAMISA

1914 • 1979   1936 • 1962   1950   1966

1º DE DEZEMBRO
Sociedade União 1º Dezembro
1/12/1880
Lisboa
@1dezembro

ACADÉMICA DE COIMBRA
Associação Académica de Coimbra
3/11/1887
Coimbra
@aacoficial

ACADÉMICO DE VISEU
Académico de Viseu Futebol Clube
7/6/1914
Viseu
@academicodeviseufc

ALVERCA
Futebol Clube de Alverca
1/9/1939
Alverca do Ribatejo
@futebolclubealverca

AMARANTE
Amarante Futebol Clube
4/3/1923
Amarante
@amarantefclube

AMORA
Amora Futebol Clube
1/5/1921
Amora
@amorafc_sad

ANADIA
Anadia Futebol Clube
19/11/1926
Anadia
@anadiafutebolclube

AROUCA
Futebol Clube de Arouca
25/12/1952
Arouca
@fcarouca_oficial

ATLÉTICO CP
Atlético Clube de Portugal
18/9/1942
Lisboa
@atleticocp

AVS
AVS Futebol SAD
5/5/2023
Vila das Aves
@afs_viladasaves

BEIRA-MAR
Sport Clube Beira-Mar
31/12/1922
Aveiro
@scbeiramaroficial

BELENENSES
Clube de Futebol "Os Belenenses"
23/12/1919
Lisboa
@osbelenenses

BOAVISTA
Boavista Futebol Clube
1/8/1903
Porto
@boavistafutebolclube

BRAGANÇA
Grupo Desportivo de Bragança
11/6/1943
Bragança
@gdbragancaoficial

CALDAS
Caldas Sport Clube
15/5/1916
Caldas da Rainha
@caldas.sport.clube.oficial

CANELAS
Clube de Futebol Canelas 2010
28/4/2010
Vila Nova de Gaia
@cfcanelas2010

CASA PIA
Casa Pia Atlético Clube
3/7/1920
Lisboa
@casapiaac

CHAVES
Grupo Desportivo de Chaves
27/9/1949
Chaves
@grupo_desportivo_chaves

ESTORIL
Grupo Desportivo Estoril Praia
17/5/1939
Estoril
@estorilpraiasad

BRAGA
Sporting Clube de Braga
19/1/1921
Braga
@sportingclubedebraga

1921 | 1930 | 1943 • 1946 | 1955 • 1965 | 1970 • 1985 | 1997

ESTRELA DA AMADORA
Club Football Estrela da Amadora
22/1/1932
Amadora
@estrelamadora

FAFE
Associação Desportiva de Fafe
28/6/1958
Fafe
@adfafe_oficial

FAMALICÃO
Futebol Clube de Famalicão
21/8/1931
Vila Nova de Famalicão
@futebolclubefamalicao

FARENSE
Sporting Clube Farense
1/4/1910
Faro
@scfarense

FÁTIMA
Centro Desportivo de Fátima
24/1/1966
Fátima
@centrodesportivodefatima

FEIRENSE
Clube Desportivo Feirense
18/3/1918
Santa Maria de Feira
@cdfeirense

FELGUEIRAS
Futebol Clube de Felgueiras
8/5/2006
Felgueiras
@futebolclubefelgueiras

FONTINHAS
Grupo Desportivo das Fontinhas
10/6/1975
Praia da Vitória
@gdfontinhas

GIL VICENTE
Gil Vicente Futebol Clube
3/5/1924
Barcelos
@gilvicente.fc

JOANE
Grupo Desportivo de Joane
10/6/1930
Vila Nova de Famalicão
@gdjoane

LEÇA
Leça Futebol Clube
29/8/1912
Leça da Palmeira
@lecafc

LEIXÕES
Leixões Sport Club
28/11/1907
Matosinhos
@leixoessportclub

BENFICA
Sport Lisboa e Benfica
28/2/1904
Lisboa
@slbenfica

1906 | 1908 | 1908 • 1930 | 1930 | 1930 • 1986 | 1935 • 1936 | 1986 • 1997 | 1997 • 1999

1999 • 2008 | 2004 | 2008 • 2010 | 2010 • 2011 | 2011 • 2012 | 2012 | 2016 • 2017 | 2018 • 2019

107

PORTO
Futebol Clube do Porto
28/9/1893
Porto
@fcporto

1906 • 1910
1910 • 1922
1922 • 1970
1986 • 1995
1995 • 2002
2002 • 2010
2010 • 2017
2017

LIMIANOS
Associação Desportiva Os Limianos
5/1/1953
Ponte de Lima
@adlimianos

LUSITÂNIA DE AÇORES
Sport Clube Lusitânia
24/6/1922
Angra do Heroísmo
@sclusitania

LUSITÂNIA DE LOUROSA
Lusitânia de Lourosa Futebol Clube
24/4/1924
Lourosa
@lusitaniadelourosafc

LUSITANO
Lusitano Ginásio Clube
11/11/1911
Évora
@lusitanogc

MACHICO
Associação Desportiva de Machico
14/4/1969
Machico
@admachico

MAFRA
Clube Desportivo de Mafra
24/5/1965
Mafra
@cdmafra

MARINHENSE
Atlético Clube Marinhense
1923
Marinha Grande
@acmarinhense

MARÍTIMO
Club Sport Marítimo
20/9/1910
Funchal
@csmaritimomadeira

MOREIRENSE
Moreirense Futebol Clube
1/11/1938
Guimarães
@moreirensefutebolclube

NACIONAL
Clube Desportivo Nacional
8/12/1910
Funchal
@cdnacional

OLIVEIRA DO HOSPITAL
Futebol Clube de Oliveira do Hospital
7/7/1938
Oliveira do Hospital
@fcoliveiradohospital

OLIVEIRENSE
União Desportiva Oliveirense
25/10/1922
Oliveira de Azeméis
@udoliveirense_sad

PAÇOS DE FERREIRA
Futebol Clube Paços de Ferreira
5/4/1950
Paços de Ferreira
@fcpacosdeferreira

PAREDES
União Sport Clube Paredes
13/12/1924
Paredes
@uscparedes.oficial

PENAFIEL
Futebol Clube de Penafiel
8/2/1951
Penafiel
@fcpenafiel

PÊRO PINHEIRO
Clube Atlético Pêro Pinheiro
7/10/1945
Sintra
@caperopinheiro

PORTIMONENSE
Portimonense Sporting Clube
14/8/1914
Portimão
@portimonense_oficial

REBORDOSA
Rebordosa Atlético Clube
20/5/1966
Rebordosa
@rebordosa_ac

SPORTING
Sporting Club de Portugal
1/7/1906
Lisboa
@sportingcp

- 1913 • 1930
- 1930 • 1945
- 1945 • 1976
- 1976 • 2000
- 2000 • 2001
- 2001
- 2001 • 2011
- 2011

RIO AVE
Rio Ave Futebol Clube
18/1/1939
Vila do Conde
@rioavefc

SALGUEIROS
Sport Comércio e Salgueiros
8/12/1911
Porto
@scsalgueiros

SANJOANENSE
Associação Desportiva Sanjoanense
25/2/1924
São João da Madeira
@adsanjoanense

SANTA CLARA
Clube Desportivo Santa Clara
31/1/1931
Ponta Delgada
@cd_santaclara

SÃO JOÃO DE VER
Sporting Clube São João de Ver
25/6/1929
São João de Ver
@scsjver

SPORTING COVILHÃ
Sporting Clube da Covilhã
2/6/1923
Covilhã
@sccovilha

TONDELA
Clube Desportivo Tondela
6/6/1933
Tondela
@cdtondela

TORREENSE
Sport Clube União Torreense
1/5/1917
Torres Vedras
@scutorreense

TROFENSE
Clube Desportivo Trofense
28/9/1930
Trofa
@cdtrofense

UNIÃO DE LEIRIA
União Desportiva de Leiria
6/6/1966
Leiria
@uniaodeleiria

UNIÃO DE SANTARÉM
União Desportiva de Santarém
28/3/1969
Santarém
@udsantarem

VARZIM
Varzim Sport Clu
25/12/1915
Póvoa de Varzim
@varzim_sport_club

VIANENSE
Sport Clube Vianense
13/3/1898
Viana do Castelo
@scvianense

VILA REAL
Sport Clube Vila Real
20/5/1920
Vila Real
@sportclubevilareal

VILAVERDENSE
Vilaverdense Futebol Clube
25/1/1953
Vila Verde
@vilaverdensefcsad

VITÓRIA DE GUIMARÃES
Vitória Sport Clube
22/9/1922
Guimarães
@vitoriasc_oficial

VITÓRIA DE SETÚBAL
Vitória Futebol Clube
20/11/1910
Setúbal
@vitoriafutebolclubeoficial

VIZELA
Futebol Clube de Vizela
1/1/1939
Vizela
@fcvizela

HOLANDA

PRINCIPAIS MUDANÇAS DA SELEÇÃO HOLANDESA

1935 • 1950 | 1950 • 1969 | 1969 • 1973 | 1973 • 1979 | 1979 • 1985 | 1985 • 1996 | 1996 • 2014

NA CAMISA

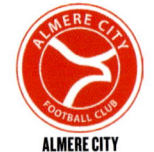

ALMERE CITY
Almere City Football Club
14/9/2001
Almere
@almerecityfc

AMSTERDAMSCHE
Amsterdamsche Football Club
18/1/1895
Amsterdã
@amsterdamschefootballclub

AZ ALKMAAR
Alkmaar Zaanstreek
10/5/1967
Alkmaar
@azalkmaar

CAMBUUR
Sportclub Cambuur
19/6/1964
Leeuwarden
@sccambuurlwd

DE GRAAFSCHAP
Vereniging Betaald Voetbal De Graafschap
1/2/1954
Doetinchem
@degraafschap

DEN BOSCH
Football Club Den Bosch
18/5/1965
Hertogenbosch
@fcdenbosch

DEN HAAG
Alles Door Oefening Den Haag
1/2/1905
Den Haag
@adodenhaag

DORDRECHT
Football Club Dordrecht
16/8/1883
Dordrecht
@fcdordrechtnl

EMMEN
Football Club Emmen
21/8/1925
Emmen
@fc_emmen

EXCELSIOR
Excelsior Rotterdam
23/7/1902
Roterdã
@excelsiorrdam

FC EINDHOVEN
Football Club Eindhoven
16/11/1909
Eindhoven
@fceindhoven

FORTUNA SITTARD
Fortuna Sittard
1/7/1968
Sittard-Geleen
@fortuna.sittard

GO AHEAD EAGLES
Go Ahead Eagles
2/12/1902
Deventer
@gaeagles

GRONINGEN
Football Club Groningen
16/6/1971
Groningen
@fcgroningen

HARDENBERG
Hardenberg Heemse Combinatie
1/6/1954
Hardenberg
@hhchardenberg

HEERENVEEN
Sportclub Heerenveen
20/7/1920
Heerenveen
@scheerenveenofficial

HELMOND SPORT
Helmond Sport
27/7/1967
Helmond
@helmondsport

HERACLES ALMELO
Heracles Almelo
3/5/1903
Almelo
@heraclesalmelo

…

AJAX
Amsterdamsche Football Club Ajax
18/3/1900
Amsterdã
@afcajax

1900 • 1911
1911 • 1928
1991 • 2011
2011 • 2025

HERCULES
Utrechtse Sportvereniging Hercules
22/4/1882
Utrecht
@usvhercules1882

KATWIJK
Voetbal Vereniging Katwijk
17/2/1939
Katwijk
@vvkatwijk

KONINKLIJKE
Koninklijke Haarlemsche Football Club
15/9/1879
Haarlem
@koninklijkehfc1879

LISSE
Fusie Club Lisse
17/3/1981
Lisse
@fc.lisse

MVV MAASTRICHT
Maatschappelijke Voetbal Vereniging Maastricht
2/4/1902
Maastricht
@mvvmaastricht_official

NAC BREDA
Nooit opgeven altijd doorzetten, Aangenaam door vermaak en nuttig door ontspanning, Combinatie Breda
19/9/1912 • Breda
@nacnl

FEYENOORD
Feyenoord Rotterdam
19/7/1908
Roterdã
@feyenoord

1912 • 1924
1924 • 1930
1930 • 1956
1956 • 1973
1960 • 1973
1973 • 1978
1978 • 1990
1990 • 1997
1997 • 2008
2008 • 2009
2009 • 2024
2024

NEC NIJMEGAN
Nijmegen Eendracht Combinatie
15/11/1900
Nijmegen
@necnijmegen

QUICK BOYS
Katwijkse Voetbal Vereniging Quick Boys
1/2/1920
Katwijk aan Zee
@kvvquickboys

RIJNSBURGSE BOYS
Rijnsburgse Boys
24/3/1930
Rijnsburg
@rijnsburgse_boys

RKC WAALWIJK
Rooms Katholieke Combinatie Waalwijk
26/8/1940
Waalwijk
@rkcwaalwijk

RODA
Sportvereniging Roda Juliana Combinatie Kerkrade
27/6/1962 • Kerkrade
@instarodajc

TWENTE
Football Club Twente
1/7/1965
Enschede
@fctwente

1965 • 1979

1979 • 1995

1995 • 2006

SCHEVENINGEN
Scheveningse Voetbal Vereniging Scheveningen
1/7/1919
Scheveningen
@svv.scheveningen

SPARTA ROTERDÃ
Sparta Rotterdam
1/4/1888
Roterdã
@spartarotterdam

TELSTAR
Sportclub Telstar
17/7/1963
Velsen-Zuid
@telstar1963nv

TOP OSS
Tot Ons Plezier Oss
9/4/1928
Oss
@toposs

UTRECHT
Football Club Utrecht
1/7/1970
Utrecht
@fc_utrecht

VITESSE
Stichting Betaald Voetbal Vitesse Arnhem
14/5/1892
Arnhem
@mijnvitesse

VOLENDAM
Football Club Volendam
1/6/1977
Volendam
@fcvolendam

VVV VENLO
Venlose Voetbal Vereniging Venlo
7/2/1903
Venlo
@vvv_venlo_1903

WILLEM II
Willem II Tilburg
12/8/1896
Tilburg
@willemii

ZWOLLE
Prins Hendrik Ende Desespereert Nimmer Combinatie Zwolle
12/6/1910 • Zwolle
@peczwolle

PSV EINDHOVEN
Philips Sport Vereniging NV
31/8/1913
Eindhoven
@psv

1913 • 1917
1917 • 1933
1933 • 1937
1937 • 1948
1948 • 1953
1953 • 1960
1960 • 1974
1974 • 1982
1982 • 1990
1990 • 1996
1996 • 2013
2013 • 2014
2014 • 2016
2016

BÉLGICA

PRINCIPAIS MUDANÇAS DA SELEÇÃO BELGA NA CAMISA

| 1920 • 1950 | 1950 • 1980 | 1981 • 1984 | 1984 • 1989 | 1989 • 1991 | 1991 • 1996 | 1996 • 2000 | 2000 • 2009 | 2009 • 2019 |

ANDERLECHT
Royal Sporting Club Anderlecht
27/5/1908
Bruxelas
@rscanderlecht

BEERSCHOT
Koninklijke Beerschot
Voetbalclub Antwerpen
2013 • Antuérpia
@kbeerschotva

BELISIA BILZEN
Sportvereniging Belisia Bilzen
2021
Bilzen
@sv_belisia

BEVEREN
Sportkring Beveren
1936
Beveren
@skbeveren

CAPPELLEN
Royal Cappellen Football Club
1906
Kappellen
@r.cappellen.fc

CERCLE BRUGGE
Cercle Brugge Koninklijke Sportvereniging
9/4/1899
Bruges
@cercleofficial

CHARLEROI
Royal Charleroi Sporting Club
1/1/1904
Charleroi
@rcsc.officiel

DEINZE
Koninklijke Maatschappij
Sportkring Deinze
1926 • Deinze
@kmskdeinze

DENDER
Football Club Verbroedering
Dender Eendracht Hekelgem
1935 • Denderleeuw
@fcdender

DESSEL
Koninklijke Football Club Dessel Sport
1926
Dessel
@kfcdesselsport606

EUPEN
Königliche Allgemeine
Sportvereinigung Eupen
9/7/1945 • Eupen
@kaseupenofficial

FRANCS BORAINS
Royal Francs Borains
1949
Boussu
@royal_francs_borains

GENK
Koninklijke Racing Club Genk
1988
Genk
@krcgenkofficial

GENT
Koninklijke Atletiek Associatie Gent
1864
Ghent
@kaagent

HARELBEKE
Koninklijke Racing Club-Harelbeke
1930
Harelbeke
@krcharelbeke_official

HEIST
Koninklijke Sportkring Heist
1940
Heist-Op-Den-Berg
@kskheist

HOOGSTRATEN
Hoogstraten Voetbalvereniging
1936
Hoogstraten
@hoogstratenvv

KNOKKE
Royal Knokke Football Club
1905
Knokke
@rknokkefc

KORTRIJK
Koninklijke Voetbalclub Kortrijk
1901
Kortrijk
@kv_kortrijk

LA LOUVIÈRE
Royal Association Athlétique
Louviéroise La Louvière
1919 • La Louvière
@raal_be

LEUVEN
Oud-Heverlee Leuven
2002
Leuven
@OHLeuven

LIÈGE
Royal Football Club de Liège
1892
Liège
@rfcliege

LIERSE KEMPENZONEN
Koninklijke Lierse Sportkring
1906
Lier
@liersek_1906

CLUB BRUGGE
Club Brugge Koninklijke
Voetbalvereniging
13/11/1891 • Bruges
@clubbrugge

1965 • 1972

1980 • 1983

1995 • 2011

LOKEREN-TEMSE
Koninklijke Sporting Club Lokeren-Temse
1945
Lokeren
@ksclokerentemse_official

LOMMEL
Lommel Sportkring
1932
Lommel
@lommelskofficial

LYRA-LIERSE
Koninklijke Lyra-Lierse Berlaar
13/11/1972
Lier
@KLyraLierse

MECHELEN
Yellow Red Koninklijke
Voetbalclub Mechelen
1904 • Mechelen
@kvmechelen

MERELBEKE
Koninklijke Fusieclub Merelbeke
1942
Merelbeke
@kfcmerelbeke

NINOVE
Koninklijke Voetbal Klub Ninove
1936
Ninove
@kvk_ninove

OLYMPIC CHARLEROI
Royal Olympic Charleroi
1912
Charleroi
@olympic_club_charleroi

PATRO EISDEN
Koninklijke Patro Eisden Maasmechelen
1942
Maasmechelen
@patro_eisden

ROYAL ANTUÉRPIA
Royal Antwerp Football Club
1880
Antuérpia
@royal_antwerp_fc

RWDM BRUSSELS
Racing White Daring Molenbeek Brussels
1895
Bruxelas
@rwdm_official

SERAING
Royale Football Club Seraing
1922
Seraing
@rfc.seraing

SINT-TRUIDEN
Koninklijke Sint-Truidense Voetbalvereniging
23/2/1924
Sint-Truiden
@stvv_official

SPORTING HASSELT
Koninklijke Sporting Hasselt
2001
Hasselt
@sportinghasselt

STANDARD LIÈGE
Royal Standard de Liège
1898
Liège
@standard_rscl

THES
Koninklijke Voetbalvereniging Tessenderlo
Hulst Engsbergen Schoot Sport Tessenderlo
14/6/1942 • Tessenderlo
@kvvthessport

TIENEN
Koninklijke Voetbal
Klub Tienen
1921 • Tienen
@kvktienenofficial

UNION NAMUR
Union Royale Namur
1905
Namur
@unionnamur

UNION ST. GILLOISE
Royale Union Saint-Gilloise
1/11/1897
Saint-Gilles
@rusg.brussels

UNION TUBIZE
Royale Union Tubize-Braine
2/2/1953
Tubize
@rutb_officiel

VIRTON
Royal Excelsior Virton
1922
Virton
@excelsiorvirton

WESTERLO
Koninklijke Voetbal Club Westerlo
5/9/1933
Westerlo
@kvcwesterlo

ZULTE WAREGEM
Sportvereniging Zulte Waregem
1/7/2001
Waregem
@essseveofficial

ESCÓCIA

PRINCIPAIS MUDANÇAS DA SELEÇÃO ESCOCESA NA CAMISA

| 1872 | 1881-1953 | 1953-1961 | 1961-1988 | 1988-2000 | 1994-1996 | 2000-2003 | 2003-2011 | 2023 | |

ABERDEEN
Aberdeen Football Club
14/4/1903
Aberdeen
@aberdeenfc

AIRDRIEONIANS
Airdrieonians Football Club
2002
Airdrie
@airdrieonians_fc

ALLOA ATHLETIC
Alloa Athletic Football Club
1878
Alloa
@alloaathleticfootballclub

ARBROATH
Arbroath Football Club
1/7/1878
Arbroath
@arbroathfc

AYR UNITED
Ayr United Football Club
1910
Ayr
@ayrunitedfc

COVE RANGERS
Cove Rangers Football Club
1922
Altens
@coverangersfc

CELTIC
The Celtic Football Club
6/11/1887
Glasgow
@celticfc

1888 • 1889
1925 • 1965
1928 • 1929
1977 • 1995
1977
1987 • 1989
1995

DUNDEE FC
Dundee Football Club
1893
Dundee
@dundeefcofficial

DUNDEE UNITED
Dundee United Football Club
24/5/1909
Dundee
@dundeeunitedfc

DUNFERMLINE ATHLETIC
Dunfermline Athletic Football Club
2/6/1885
Dunfermline
@officialdafc

FALKIRK
Falkirk Football Club
1876
Falkirk
@falkirkfootballclub1876

GREENOCK
Greenock Morton Football Club
1874
Greenock
@officialgreenockmorton

HAMILTON ACADEMICAL
Hamilton Academical Football Club
1874
Hamilton
@acciesfcofficial

HEARTS
Heart of Midlothian Football Club
1874
Edimburgo
@heartofmidlothianfc

HIBERNIAN
Hibernian Football Club
6/8/1875
Edimburgo
@hibernianfootballclub

INVERNESS
Inverness Caledonian Thistle Football Club
1994
Inverness
@ictfc

KILMARNOCK
Kilmarnock Football Club
5/1/1869
Kilmarnock
@kilmarnockfc

LIVINGSTON
Livingston Football Club
1943
Livingston
@livingstonfootballclub

MOTHERWELL
Motherwell Football Club
17/5/1866
Motherwell
@motherwellfc

PARTICK THISTLE
Partick Thistle Football Club
1876
Glasgow
@partickthistleofficial

QUEEN'S PARK
Queen's Park Football Club
9/7/1867
Glasgow
@queensparkfc

RAITH ROVERS
Raith Rovers Football Club
1883
Kirkcaldy
@raithrovers_fc

ROSS COUNTY
Ross County Football Club
1929
Dingwall
@rcfcofficial

ST. JOHNSTONE
St Johnstone Football Club
1884
Perth
@stjohnstoneofficial

ST. MIRREN
St Mirren Football Club
1877
Paisley
@stmirrenfootballclub

RANGERS
Rangers Football Club
3/1872
Glasgow
@rangersfc

1959 • 1968
1968 • 1990
1968 • 1991
1990 • 1994
1991 • 2020
2005 • 2010
2020

116

RÚSSIA

PRINCIPAIS MUDANÇAS DA SELEÇÃO RUSSA

ANTIGA UNIÃO SOVIÉTICA

| 1960 | 1970 | 1980 • 1991 | 1991 | 1992 • 1997 | 1997 • 2006 | 2006 • 2011 |

NA CAMISA

AKHMAT GROZNY
Republican Football Club Akhmat
1946
Grozny
@akhmatgrozny

AKRON TOLYATTI
Football Club Akron Tolyatti
2018
Tolyatti
@fcakron

ALANIA VLADIKAVKAZ
Football Club Alania Vladikavkaz
1921
Vladikavkaz
@fc_alania

ARSENAL TULA
Football Club Arsenal Tula
1946
Tula
@pfcarsenaltula

BALTIKA
Football Club Baltika Kaliningrad
1954
Kaliningrado
@fc-baltika

DYNAMO MAKHACHKALA
Football Club Dynamo Makhachkala
1946
Makhachkala
@dinamo_mx

CSKA MOSCOU
Professional Football Club CSKA
27/8/1911
Moscou
@pfc_cska

1911 — 1923 — 1928 — 1951
1957 — 1960 — 2003

DYNAMO MOSCOU
Football Club Dynamo Moscow
18/4/1923
Moscou
@fcdynamo

FAKEL VORONEZH
Football Club Fakel Voronezh
1947
Voronezh
@pfcfakel

KHIMKI
Football Club Khimki
1997
Khimki
@fckhimki

KRASNODAR
Football Club Krasnodar
22/2/2008
Krasnodar
@fckrasnodar

KRYLYA SOVETOV
Professional Football Club
Krylia Sovetov Samara
3/5/1942 • Samara
@fckssamara

LOKOMOTIV MOSCOU
Football Club Lokomotiv Moscow
23/7/1922
Moscou
@fclokomotiv

NEFTEKHIMIK
Football Club Neftekhimik Nizhnekamsk
1991
Nizhnekamsk
@fc_neftekhimik

ORENBURG
Football Club Orenburg
1976
Orenburg
@fcorenburg

PARI NIZHNY NOVGOROD
Football Club Pari Nizhny Novgorod
1/6/2015
Nizhny Novgorod
@fcnizhnynovgorod

PFC SOCHI
Professional Football Club Sochi
6/6/1918
Sochi
@pfcsochi

RODINA
Football Club Rodina Moscow
2015
Moscou
@Fcrodinamoscow

ROSTOV
Football Club Rostov
10/5/1930
Rostov
@fcrostov

ROTOR VOLGOGRAD
Football Club Rotor Volgograd
1929
Volgograd
@fc.rotor

RUBIN KAZAN
Football Club Rubin Kazan
20/4/1958
Kazan
@fcrk

SOKOL
Football Club Sokol Saratov
1930
Saratov
@pfcsokolsaratov

SPARTAK MOSCOU
Football Club Spartak Moscou
18/4/1922
Moscou
@fcsm_official

TORPEDO
Torpedo Moscow Football Club
17/8/1924
Moscou
@torpedolife

URAL
Football Club Ural Yekaterinburg
1/9/1930
Yekaterinburg
@fc_ural

ZENIT
Football Club Zenit Saint Petersburg
1925
São Petersburgo
@zenit_spb

1925 • 1936
1940 • 1977
1978 • 1989
1988 • 1991
1992 • 1995
1996 • 1997
1998 • 2013
2013 • 2014
2015
2025

TURQUIA

PRINCIPAIS MUDANÇAS DA SELEÇÃO TURCA NA CAMISA

1923 • 1980 | 1980 • 2006 | 1996 • 2006

ADANA DEMIRSPOR
Adana Demirspor Kulübü
28/12/1940
Adana
@adskulubu

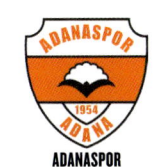

ADANASPOR
Adanaspor Spor Faaliyetleri
1954
Adana
@AdanasporResmi

ALANYASPOR
Alanyaspor Kulübü
1948
Alanya
@Alanyaspor

ALTAY
Altay Spor Kulübü
1914
Izmir
@altaysporkulubu

ANKARA KECIORENGUCU
Ankara Keçiörengücü Spor Kulübü
1987
Ancara
@ankara_kg

ANTALYASPOR
Antalyaspor Kulübü
2/7/1966
Antalya
@antalyaspor

FENERBAHÇE
Fenerbahçe Spor Kulübü
3/5/1907
Istambul
@fenerbahce

1910 • 1912 | 1912 • 1914 | 1914 • 1928 | 1928 • 1959 | 1959 • 1963 | 1963 • 1964 | 1964 • 1968 | 1968 • 1979

1979 • 1983 | 1983 • 1986 | 1986 • 1989 | 1989 • 1990 | 1990 • 1992 | 1992 | 2007

BANDIRMASPOR
Teksüt Bandırma Spor Kulübü
1965
Bandırma
@bandirmaspor_

BASAKSEHIR
İstanbul Başakşehir Futbol Kulübü
15/6/1990
Istambul
@ibfk2014

BESIKTAS
Beşiktaş Jimnastik Kulübü
3/3/1903
Istambul
@besiktas

BODRUM
Bodrum Futbol Kulübü
1931
Bodrum
@Bodrumspor

BOLUSPOR
Boluspor Kulübü
28/12/1965
Bolu
@boluspor

ERZURUMSPOR
Erzurumspor Futbol Kulübü
24/3/1972
Erzurum
@erzurumspor

EYÜPSPOR
Eyüpspor Kulübü
1919
Eyüpsultan
@eyupsporkulubu

GAZIANTEP
Gaziantep Futbol Kulübü
1988
Gaziantep
@gaziantepfk

GENÇLERBIRLIGI
Gençlerbirliği Spor Kulübü
14/3/1923
Ancara
@genclerbirligisk

GÖZTEPE
Göztepe Spor Kulübü
14/6/1925
Göztepe
@Goztepe

HATAYSPOR
Hatayspor Kulübü
23/7/1967
Antakya
@hatayspor

KASIMPASA
Kasımpaşa Sportif Faaliyetleri
15/1/1921
Beyoglu
@kasimpasask

KAYSERISPOR
Kayserispor Futbol
1/7/1966
Kayseri
@kayserisporfk

KONYASPOR
Konyaspor Kulübü
22/6/1922
Konya
@konyaspor

RIZESPOR
Çaykur Rizespor Kulübü
19/5/1953
Rize
@crizesporas

SAMSUNSPOR
Samsunspor Kulübü Derneği
30/6/1965
Samsun
@samsunspor

SIVASSPOR
Sivasspor Kulübü
9/5/1967
Sivas
@sivasspor

TRABZONSPOR
Trabzonspor Kulübü
2/8/1967
Trabzon
@trabzonspor

GALATASARAY
Galatasaray Spor Kulübü
20/10/1905
Istambul
@galatasaray

1905 • 1923
1923 • 1961
1961 • 1987
1987 • 1993
1993 • 2000
2000 • 2001
2001 • 2007
2007 • 2015
2015

ALBÂNIA

APOLONIA FIER
Futboll Klub Apolonia Fier
17/6/1925 • Fier
@fkapolonia

BESA
Klubi i Futbollit Besa Kavajë
25/10/1925 • Kavajë
@f.c.besa

BURRELI
Klubi Sportiv Burreli
1928 • Burrel
@k.s.burreli

BYLIS BALLSH
Klubi i Futbollit Bylis
14/7/1972 • Ballsh
@bylisal

DINAMO CITY
Football Club Dinamo City
1950 • Tirana
@fc.dinamocity

EGNATIA
Klubi i Futbollit Egnatia Rrogozhinë
15/9/1934 • Rrogozhinë
@egnatia.al

ELBASANI
Akademia e Futbollit Elbasani
1913 • Elbasan
@afelbasani

ERZENI SHIJAK
Klubi i Futbollit Erzeni Shijak
1931 • Shijak
@kferzeni

FLAMURTARI VLORE
Flamurtari Football Club
23/3/1923 • Vlorë
@flamurtarifc1923

KASTRIOTI
Klubi i Futbollit Kastrioti Krujë
1926 • Krujë
@kskastrioti.al

KUKËSI
Futboll Klub Kukësi
4/3/1930 • Kukës
@fkkukesialbania

LAÇI
Klubi i Futbollit Laçi
1960 • Laç
@kflaci.a

LUSHNJA
Klubi Sportiv Lushnja
21/1/1927 • Lushnjë
@kflushnja

PARTIZANI TIRANA
Futboll Klub Partizani
4/2/1946 • Tirana
@fkpartizani

SKËNDERBEU
Klubi i Futbollit Skënderbeu Korçë
1908 • Korçë
@kf_skenderbeu

TEUTA
Klubi i Futbollit Teuta
29/1/1920 • Durrës
@kfteuta.official

TIRANA
Klubi i Futbollit Tirana
15/8/1920 • Tirana
@kftirana.al

VALBONA
Klubi i Futbolit Valbona
1963 • Bajram Curri
@kf_valbona_official

VLLAZNIA SHKODER
Klubi i Futbollit Vllaznia
16/2/1919 • Shkodër
@kfvllaznia

VORA
Vora Futboll Klub
1989 • Vorë
@fk_vora

ANDORRA

ATLÈTIC AMÈRICA
Club de Fútbol Atlètic Amèrica
9/3/2010 • Escaldes
@cf_atletic_america

ATLÈTIC ESCALDES
Atlètic Club d'Escaldes
20/5/2002 • Escaldes
@atletic_club_escaldes

CARROI
Club Esportiu Carroi
2014 • Andorra-a-Velha
@ce_carroi_

ENCAMP
Fútbol Club Encamp
1950 • Encamp
@fcencamp

ENGORDANY
Unió Esportiva Engordany
1980 • Escaldes
@ue_engordany

ESPERANÇA
Club de Fútbol Esperança d'Andorra
2020 • Andorra-a-Velha
@cfesperanca

EXTREMENYA
Unió Esportiva Extremenya Comercial Aris
1998 • La Massana
@ue_extremenya

FC SANTA COLOMA
Futbol Club Santa Coloma
1986 • Andorra-a-Velha
@fcsantacoloma

INTER ESCALDES
Inter Club d'Escaldes
1991 • Escaldes
@interescaldes

JENLAI
Club Esportiu Jenlai
2008 • Escaldes
@cejenlai

LA MASSANA
Futbol Sala La Massana
2005 • La Massana
@fslamassana

LUSITANOS
Futebol Clube Lusitanos la Posa • 1999
Andorra-a-Velha

ORDINO
Futbol Club Ordino
2010 • Ordino
@fc_ordino

PAS DE LA CASA
Fútbol Club Pas de la Casa
2012 • La Massana
@fcpasdelacasa

PENYA ENCARNADA
Fútbol Club Penya d'Andorra
2009 • Andorra-a-Velha
@penyaea

RÀNGER'S
Rànger's F.C. Andorra
1981 • Andorra-a-Velha
@rangersfcad

SANT JULIÀ
Unió Esportiva Sant Julià
1982 • Sant Julià de Lòria
@uesantjulia

UE SANTA COLOMA
Unió Esportiva Santa Coloma
1986 • Andorra-a-Velha
@uestacoloma

ARMÊNIA

ALASHKERT
Football Club Alashkert
1990 • Yerevan
@fcalashkertyerevan

ARARAT YEREVAN
Football Club Ararat
10/5/1935 • Yerevan
@ fc.ararat.yerevan

ARARAT-ARMENIA
Football Club Ararat-Armenia
2017 • Yerevan
@fc_ararat_armenia

GANDZASAR
Football Club Gandzasar Kapan
2004 • Kapan
@fcgandzasarkapanofficial

MIKA
Futbolayin Akumb Mika Yerevan
1998 • Yerevan

NOAH
Football Club Noah
2017 • Armavir
@noah.footballclub

PYUNIK
Football Club Pyunik Yerevan
20/1/1992 • Yerevan
@pyunik_fc

SHIRAK
Football Club Shirak
1958 • Gyumri
@scshirak

ULISSES
Ulisses Football Club
2000 • Yerevan

URARTU
Football Club Urartu
20/1/1992 • Yerevan
@urartufc

VAN
Football Club Van
2019 • Charentsavan
@fc_van_

WEST ARMENIA
Football Club West Armenia
2019 • Yerevan
@fcwestarmenia

ÁUSTRIA

ADMIRA WACKER
Fussballklub Flyeralarm Admira Wacker Mödling
17/6/1905 • Mödling
@admirawacker

ASKÖ OEDT
ASKÖ Oedt
5/2/1962 • Oedt
@askoeoedt

ÁUSTRIA KLAGENFURT
Sportclub Austria Lustenau
1914 • Lustenau
@scaustrialustenau

ÁUSTRIA LUSTENAU
Sportklub Austria Klagenfurt
1920 • Klagenfurt
@austria.klagenfurt

ÁUSTRIA VIENA
Fussballklub Austria Wien AG
15/3/1911 • Viena
@fkaustriawien

BLAU-WEISS LINZ
Fussball Club Blau-Weiss Linz
2/7/1997 • Linz
@ blauweissLinz

BREGENZ
Sportclub Schwarz-Weiss Bregenz
1919 • Bregenz
@swb1919

DEUTSCHLANDSBERGER
Deutschlandsberger Sportclub
1935 • Deutschlandsberg
@dsc_1935

DORNBIRN
Fußballclub Dornbirn 1913
12/3/1913 • Dornbirn
@fcdornbirn1913

FIRST VIENA
First Vienna Football Club 1894
22/8/1894 • Viena
@firstviennafc1894

FLORIDSDORFER	**GRAZER**	**HARTBERG**	**HORN**	**KAPFENBERGER**	**LAFNITZ**
Floridsdorfer Athletiksport-Club	Grazer Athletiksport Klub	Turn-und Sportverein Hartberg	Sportverein Horn	Kapfenberger Sportvereinigung 1919	Sportverein Lafnitz
1904 • Floridsdorf	18/8/1902 • Graz	29/4/1946 • Hartberg	21/10/1922 • Horn	14/9/1919 • Kapfenberg	1964 • Lafnitz
@floridsdorferac	@grazerak	@tsvhartbergfussball	@svhorn1922	@kapfenbergersv1919	@svlafnitz
LASK	**LEOBEN**	**LIEFERING**	**RAPID VIENA**	**RED BULL SALZBURG**	**REICHENAU**
Linzer Athletik-Sport-Klub	Donawitzer Sport Verein Leoben	Football Club Liefering GmbH	Sportklub Rapid	Fussballclub Red Bull Salzburg	Spielvereinigung Reichenau
7/8/1908 • Linz	1928 • Leoben	20/5/1947 • Liefering	8/1/1899 • Viena	13/9/1933 • Salzburgo	1976 • Innsbruck
@laskofficial	@dsv_leoben	@fc.liefering	@skrapid1899	@fcredbullsalzburg	@svg_reichenau_1976
RHEINDORF ALTACH	**RIED**	**SIEGENDORF**	**SKU AMSTETTEN**	**ST. PÖLTEN**	**STRIPFING**
Sportclub Rheindorf Altach	Sportvereinigung Ried von 1912	Arbeitersportverein Siegendorf	Sportklub Union Amstetten	Sportklub Niederösterreich St. Pölten	Sportverein Stripfing
26/12/1929 • Altach	1912 • Ried im Innkreis	1930 • Siegendorf	30/11/1997 • Amstetten	6/2000 • Sankt Pölten	2/8/1951 • Weikendorf
@scraltach1929	@ried1912	@asvsiegendorf	@skuamstetten	@sknstpoelten	@svstripfing1951

AZERBAIJÃO

STURM GRAZ	**TIROL**	**VOITSBERG**	**WOLFSBERGER**	**ARAZ-NAXÇIVAN**	**BAKU SPORTING**
Sportklub Sturm Graz	Wattener Sportgemeinschaft Tirol	Arbeiter Sport-Klub Sparkasse Stadtwerke Voitsberg	Riegler & Zechmeister Pellets Wolfsberger Athletik Club	Araz-Naxçivan Peşəkar Futbol Klubu	Baku Sporting Club
1/5/1909 • Graz	1930 • Wattens	1921 • Voitsberg	1931 • Wolfsberg	1967 • Nakchivan	15/09/2018 • Baku
@sksturm	@wsgtirol	@ask_voitsberg	@wolfsbergerac	@araznaxcivanpfc	@bakusporting_fc
GABALA	**IMISLI FK**	**KAPAZ**	**KARVAN IK**	**MOIK**	**NEFTÇI**
Gabala Sports Club	Imisli Futbol Klubu	Kapaz Professional Football Club	Karvan Idman Klubu	Merkezi Ordu Idman Klubu	Neftçi Peşəkar Futbol Klubu
4/5/2005 • Qabala	2004 • Imisli	1959 • Ganja	11/06/2004 • Yevlakh	1961 • Baku	18/3/1937 • Baku
@gabalasc_official	@imislifk	@kapazpfcl959		@moikfk	@pfcneftchi

QARABAG
Qarabağ Futbol Klubu
1951 • Baku
@FKQarabagh

QARADAG LOKBATAN
Qaradağ Lökbatan Futbol Klubu
2008 • Lokbatan
@qaradaghlokbatanfk

SABAH
Sabah Futbol Klubu
8/9/2017 • Masazir
@sabahfc

SABAIL
Sabail Futbol Klubu
2016 • Baku
@sabailfc

SHAFA
Shafa Football Club
1998 • Baku
@fcshafa

SHAHDAGH
Şahdagh Qusar Futbol Klubu
1950 • Qusar
@shahdagqusarfk

SHAMAKHI
Shamakhi Futbol Klubu
1997 • Shamakhi
@shamakhifc_official

SHAMKIR
Shamkir Football Club
1954 • Shamkir

SUMGAYIT
Sumqayıt Futbol Klubu
2010 • Sumgayit
@sumqayitfc_official

TURAN TOVUZ
Turan Tovuz Futbol Klubu
23/2/1992 • Tovuz
@turantovuzpfk

ZAQATALA PFK
Zaqatala Pesakar Futbol Klubu
2015 • Zaqatala
@zaqatalafc_official

ZIRA
Zira Futbol Klubu
28/7/2014 • Baku
@fc.zire

BIELORRÚSSIA

ARSENAL DZERZHINSK
Football Club Arsenal Dzerzhinsk
2019 • Dzerzhinsk
@arsenaldzerzhinsk

BATE BORISOV
Football Club BATE Borisov
1973 • Borisov
@fcbate

BELSHINA BOBRUISK
Football Club Belshina
1976 • Bobruisk
@fcbb1976

DINAMO MINSK
Football Club Dinamo Minsk
18/6/1927 • Minsk
@fcdinamominsk

DNEPR MOGILEV
Football Club Dnepr-Mogilev
4/1/1960 • Mogilev
@fcdneprmogilev

DYNAMO BREST
Football Club Dynamo Brest
1960 • Brest
@dynamobrest

ENERGETIK-BGU
Football Club Energetik-BGU
1996 • Minsk
@energetik_minsk

GOMEL
Football Club Gomel
1959 • Gomel
@fcgomel1959

ISLOCH MINSK RAION
Football Club Isloch
2007 • Minsk
@fcisloch

MAXLINE
Football Club Maxline Vitebsk
1983 • Vitebsk
@fcmaxline_vtb

MINSK
Football Club Minsk
2006 • Minsk
@minsk1954

NAFTAN NOVOPOLOTSK
Football Club Naftan Novopolotsk
1963 • Novopolotsk
@fcnaftan

NEMAN GRODNO
Football Club Neman Grodno
1964 • Grodno
@fcneman

OSTROVETS
Football Club Ostrovets
2019 • Ostrovets
@fc_ostrovets

SHAKHTYOR SOLIGORSK
Football Club Shakhtyor Soligorsk
1961 • Soligorsk
@fcshakhterby

SLAVIA MOZYR
Football Club Slavia Mozyr
1987 • Mozyr
@fcslavia

SLUTSK
Athletic Football Club Slutsk
1998 • Slutsk
@sfc.slutsk

SMORGON
Football Club Smorgon
1987 • Smorgon
@fcsmorgon

TORPEDO-BELAZ ZHODINO
Football Club Torpedo-Belaz Zhidino
1961 • Zhodzina
@fctorpedobelaz

VITEBSK
Football Club Vitebsk
1960 • Vitebsk
@fc.vitebsk.by

BÓSNIA E HERZEGOVINA

BORAC
Fudbalski klub Borac Banja Luka
4/7/1926 • Banja Luka
@fkboracbanjaluka

BUDUĆNOST
Fudbalski Klub Budućnost Banovići
1947 • Banovići
@fkbuducnostbanovici

CELIK ZENICA
Nogometni Klub Čelik Zenica
16/6/1945 • Zenica
@nk.celik

GOSK
Gabeoski Omladinski Športski Klub
1919 • Gabela
@nkgoskofficial

IGMAN
Fudbalski Klub Igman Konjic
1920 • Konjic
@fk_igman

KRUPA
Fudbalski Klub Krupa
1983 • Krupa na Vrbasu
@fkkrupa

LEOTAR
Fudbalski Klub Leotar
19/8/1925 • Trebinje
@fk.leota

OLIMPIK
Fudbalski Klub Olimpik Sarajevo
3/10/1993 • Sarajevo
@fkolimpik

POSUSJE
Hrvatski Sportski Klub Posušje
13/8/1950 • Posušje
@hsk_posusje

RADNIK
Fudbalski Klub Radnik Bijeljina
14/6/1945 • Bijeljina
@fkradnik_bijeljina

RUDAR PRIJEDOR
Fudbalski Klub Rudar Prijedor
3/5/1928 • Prijedor
@rudarprijedorfk

SARAJEVO
Fudbalski Klub Sarajevo
20/10/1946 • Sarajevo
@fk_sarajevo

SIROKI BRIJEG
Nogometni Klub Široki Brijeg
1948 • Široki Brijeg
@nk.siroki.brijeg

SLOBODA
Fudbalski Klub Sloboda Tuzla
1919 • Tuzla
@fksloboda.tuzla

SLOGA
Fudbalski Klub Sloga Doboj
19/7/1945 • Doboj
@fk_sloga_meridian

TUZLA CITY
Fudbalski Klub Tuzla City
1955 • Tuzla
@fk_tuzla_city

VELEZ MOSTAR
Fudbalski Klub Velež Mostar
26/6/1922 • Mostar
@fk_velez

ZELJEZNICAR
Fudbalski Klub Željezničar Sarajevo
19/9/1921 • Sarajevo
@fkzeljeznicar

ZRINJSKI
Hrvatski Športski klub Zrinjski Mostar
1905 • Mostar
@hsk.zrinjski

ZVIJEZDA
Fudbalski Klub Zvijezda 09
Etno Selo Stanišići
2009 • Ugljevik
@fkzvijezda_09

BULGÁRIA

ARDA
Professional Football Club
Arda 1924 Kardzhali
10/8/1924 • Kardzhali
@fcarda.bg

BDIN
Professional Football Club Bdin Vidin
1923 • Vidin
@ofk.bdinvidin.1923

BELASITSA
Professional Football Club
Belasitsa Petrich
1923 • Petrich
@belasicapetrichfc

BEROE
Professional Football Club
Beroe Stara Zagora
6/5/1916 • Zagora
@pfcberoe1916

BOTEV PLOVDIV
Botev Professional Football Club
11/3/1912 • Plovdiv
@botevplovdiv

BOTEV VRATSA
Professional Municipal
Football Club Botev Vratsa
1921 • Vratsa
@botevvratsa

CHERNOMORETS BALCHIK
Football Club Chernomorets Balchik
1918 • Balchik
@chernomorets_balchik_official

CHERNOMORETS BURGAS
Football Club Chernomorets 1919 Burgas
1919 • Burgas
@chernomorec1919_bs

CHERNO MORE
Professional Football Club
Cherno More Varna
3/3/1913 • Varna
@chernomorefc

CSKA 1948
Football Club Central Sports
Club of the Army 1948 Sofia
1948 • Sófia
@cskal948fc

CSKA SÓFIA
Professional Football Club CSKA Sofia
5/5/1948 • Sófia
@cskasofiafc

DOBRUDZHA
Football Club Dobrudzha Dobrich
1919 • Dobrich
@pfcdobrudzha1919

DUNAV
Football Club Dunav Ruse
16/2/1949 • Ruse
@fcdunav.official

ETAR
Sports Football Club Etar Veliko Tarnovo
24/4/1924 • Veliko Tarnovo
@fc.etar

HEBAR
Football Club Hebar Pazardzhik
31/5/1918 • Pazardzhik
@fchebar

KRUMOVGRAD
Football Club Krumovgrad 1925
1925 • Krumovgrad
@fckrumovgrad1925

LEVSKI SÓFIA
Professional Football Club Levski Sofia
24/5/1914 • Sófia
@pfclevskiofficial

LOKOMOTIV PLOVDIV
Professional Football Club
Lokomotiv Plovdiv
25/7/1926 • Plovdiv
@lokomotiv_plovdiv_official

LOKOMOTIV SÓFIA
Football Club Lokomotiv Sófia
2/9/1929 • Sófia
@fclokomotivsofia

LOVECH
Football Club Lovech
1921 • Lovech
@fclovech

LUDOGORETS RAZGRAD
Professional Football Club
Ludogorets 1945
1945 • Razgrad
@pfcludogorets1945

MAREK
Football Club Marek Dupnitsa
1915 • Dupnitsa
@marek_dupnica1915

MARITSA
Football Club Maritsa Plovdiv
1921 • Plovdiv
@pfc_maritsa_1921_plovdiv

MONTANA
Football Club Montana
20/3/1921 • Montana
@pfcmontana

PIRIN
Pirin Football Club
1922 • Blagoevgrad
@pirinblagoevgrad1922

SEPTEMVRI SÓFIA
Professional Football Club Septemvri
5/11/1944 • Sófia
@fcseptemvri

SLAVIA SÓFIA
Professional Football Club Slavia
10/4/1913 • Sófia
@slaviaacademy

SPARTAK VARNA
Football Club Spartak Varna
28/8/1918 • Varna
@fcspartakvarna1918

CAZAQUISTÃO

AKSU
Football Club Aksu
2018 • Pavlodar
@fcaqsu

AKTOBE
Football Club Aktobe
1967 • Aktobe
@fcaktobe_official

ASTANA
Astana Futbol Kluby
2009 • Astana
@fca.astana

ATYRAU
Football Club Atyrau
1980 • Atyrau
@fc_atyrau

BAIKONUR
Football Club Baikonur
2015 • Kyzylorda

EKIBASTUZ
Football Club Ekibastuz
2003 • Ekibastuz
@fcekibastuz

ELIMAI
Football Club Elimai
1964 • Semey
@fc_elimai

IGILIK
Football Club Igilik
1999 • Karatau
@fc.igilik

IRTYSH
Football Club Irtysh
1965 • Pavlodar
@fcirtysh

KAIRAT
Football Club Kairat Almaty
1954 • Almaty
@f.c.kairat

KAYSAR Football Club Kaysar 1968 • Kyzylorda @fckaysar_official	**KYZYLZHAR** Football Club Kyzylzhar 1968 • Petropavl @fcqyzyljar	**MAKTAARAL** Football Club Maktaaral 2011 • Maktaaral @fcmaqtaaral	**ORDABASY** Football Club Ordabasy 1949 • Shymkent @fc__ordabasy	**SHAKHTER** Football Club Shakhter 1958 • Karagandy @shakhterfc	**TARAZ** Football Club Taraz 1960 • Taraz @fctaraz.official
TOBOL Football Club Tobol 1967 • Kostanay @fctobol	**TURAN** Football Club Turan 2002 • Turkistan @fc.turan	**ZHENIS** Football Club Zhenis 1964 • Astana @jenisfk.kz	**ZHETYSU** Football Club Zhetysu Taldykorgan 1981 • Taldykorgan @jetisufk	**AEK LARNACA** Athletic Union Kition of Larnaca 18/7/1994 • Larnaca @aeklarnacafc	**AEL LIMASSOL** Athletic Union of Limassol 4/10/1930 • Limassol @ael_fc_official
AEZ Athletic Union of Zakaki 1956 • Lanarca @aez_zakakiou	**ANORTHOSIS** Anorthosis Famagusta Football 30/1/1911 • Famagusta @anorthosisfc.official	**APOEL** Athletic Football Club of Greeks of Nicosia 8/11/1926 • Nicosia @apoelfcofficial	**APOLLON LIMASSOL** Apollon Limassol Football Club 14/4/1954 • Limassol @apollonfc	**ARIS LIMASSOL** Aris Limassol Football Club 3/10/1930 • Limassol @arislimassolfc	**ASIL-LYSI** Athletic Club Ischis Lysi 1932 • Lysi @asillysisofficial
DOXA KATOKOPIAS Doxa Katokopias Football Club 1954 • Katokopia @doxafc	**ENOSIS NEON PARALIMNI** Enosis Neon Paralimni Football Club 1936 • Paralimni @enp1936	**ETHNIKOS ACHNAS** Ethnikos Achnas Football Club 1968 • Dasaki Achnas @ethnikosachnasfc	**KARMIOTISSA** Karmiotissa Football Club 1979 • Limassol @karmiotissafc	**KRASAVA** Krasava ENY Ypsonas Football Club 14/5/2014 • Limassol @sava9	**NEA SALAMINA** Nea Salamis Famagusta Football Club 7/3/1948 • Famagusta @neasalamis_ammochostos_a.c
OLYMPIAKOS NICOSIA Olympiakos Nicosia Football Club 1/6/1931 • Nicosia @olympiakosnicosiafc	**OMONIA** Athletic Club Omonia Nicosia 4/6/1948 • Nicosia @omonoiafootball	**OMONIA ARADIPPOU** Omonia Aradippou 4/4/1929 • Lanarca @acomonoiaaradippou_official	**OTHELLOS** Athletic Club Othellos Athienou 1933 • Lanarca @othellosfcofficial	**PAC OMONIA** People's Athletic Club Omonia 29 May 29/5/2018 • Nicosia @_omonoia29m	**PAFOS** Pafos Football Club 10/6/2014 • Paphos @pafosfc

127

CROÁCIA

BIJELO BRDO
Nogometni Klub BSK Bijelo Brdo
1935 • Bijelo Brdo
@fcbsk_official

BJELOVAR
Nogometni Klub BSK Bjelovar
1908 • Bjelovar
@nkbjelova

CIBALIA
Hrvatski Nogometni Klub Cibalia Vinkovci
7/5/1919 • Vinkovci
@hnk_cibalia_vinkovci

CROATIA ZMIJAVCI
Nogometni Klub Croatia Zmijavci
23/2/1974 • Zmijavci
@nk_croatiazmijavci

DINAMO ZAGREB
Gradjanski Nogometni Klub Dinamo Zagreb
26/4/1911 • Zagreb
@gnkdinamo

DUBRAVA
Nogometni Klub Dubrava Tim Kabel
1945 • Zagreb
@nkdubravatk

DUGO SELO
Nogometni Klub Dugo Selo
1923 • Dugo Selo
@nk_dugoselo

DUGOPOLJE
Nogometni Klub Dugopolje
1952 • Dugopolje
@nkdugopolje

GORICA
Hrvatski Nogometni klub Gorica
16/7/2009 • Zagreb
@hnk_gorica

HAJDUK SPLIT
Hrvatski Nogometni Klub Hajduk Split
14/2/1911 • Split
@hnkhajduk

HRVATSKI DRAGOVOLJAC
Nogometni Klub Hrvatski Dragovoljac
1975 • Novi Zagreb
@hrvatskidragovoljac

INTER ZAPRESIC
Nogometni Klub Inter Zaprešić
25/6/1929 • Zapresic
@nkinterzapresic

ISTRA
Nogometni Klub Istra 1961
1961 • Pula
@nkistra.1961

JADRAN
Nogometni Klub Jadran Luka Ploce
1959 • Ploce
@jadran_pioniri_

JARUN
Nogometni Klub Jarun Zagreb
1921 • Zagreb
@nkjarun

KUSTOSIJA
Nogometni Klub Kustosija
1929 • Zagreb
@nkkustosija_zagreb

LOKOMOTIVA
Nogometni Klub Lokomotiva Zagreb
1/5/1914 • Zagreb
@nklokomotiva

NK ZAGREB
Nogometni Klub Zagreb
1908 • Zagreb
@nk_zagreb

OPATIJA
Nogometni Klub Opatija
1911 • Opatija
@nk_opatija

ORIJENT
Hrvatski nogometni klub Orijent
14/6/1919 • Orijent
@orijent1919

OSIJEK
Nogometni Klub Osijek
27/2/1947 • Osijek
@nkosijek

RIJEKA
Hrvatski Nogometni Klub Rijeka
1946 • Rijeka
@nk_rijeka

RUDES
Nogometni Klub Rudes
1957 • Zagreb
@nkrudes

SESVETE
Nogometni Klub Sesvete
1941 • Zagreb
@nksesvete

SIBENIK
Hrvatski Nogometni Klub Šibenik
1932 • Sibenik
@hnk.sibenik

SLAVEN BELUPO
Nogometni Klub Slaven Belupo
1907 • Koprivnica
@slavenbelupo

SOLIN
Nogometni Klub Solin
1919 • Solin
@ nk_solin_official

VARAZDIN
Nogometni Klub Varaždin
1/7/2012 • Varazdin
@nkvarazdin

VUKOVAR
Hrvatski Nogometni Klub Vukovar 1991
1991 • Vukovar
@hnkvukovar1991

ZRINSKI OSJECKO
Nogometni Klub Zrinski Osječko 1664
1937 • Osijek
@nkzrinskiosjecko1664

🇩🇰 DINAMARCA

AAB
Aalborg Boldspilklub af 1885
13/5/1885 • Aalborg
@aabsportdk

AARHUS FREMAD
Aarhus Fremad Fodbold
1947 • Aarhus
@hillerodfodbold

AB
Akademisk Boldklub Gladsaxe
1899 • Copenhague
@abfodbold

AGF
Aarhus Gymnastikforening
1880 • Aarhus
@agffodbold

B 93
Boldklubben af 1893
1893 • Osterbro
@b93fodbold

BRONDBY
Brondbyernes Idrætsforening
3/12/1964 • Copenhague
@brondbyif_official

COPENHAGEN
Football Club Kobenhavn
1/7/1992 • Copenhague
@fc_kobenhavn

ESBJERG
Esbjerg Forenede Boldklubber
23/7/1924 • Esbjerg
@esbjergfb

FREDERICIA
Fodbold Club Fredericia af 1991
1/1/1991 • Fredericiaa
@fcfredericia

FREMAD AMAGER
Boldklubben Fremad Amager
10/6/1910 • Amager Vest
@fremad_amager

HILLEROD
Hillerød Fodbold
1937 • Hillerod
@hillerodfodbold

HOBRO
Hobro Idraets Klub
13/6/1913 • Hobro
@hobroik

HORSENS
Alliance Club Horsens
1994 • Horsens
@ac_horsens

HVIDOVRE
Hvidovre Idrætsforening
15/10/1925 • Hvidovre
@hvidovreif

KB
Kjobenhavns Boldklub
26/4/1876 • Copenhague
@kb.fodbold

KOGE
Herfolge Boldklub Køge
1/7/2009 • Herfolge
@hbkogemen

KOLDING
Kolding Idraets Forening
1895 • Kolding
@koldingiffodbold

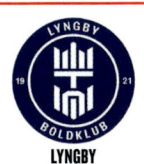

LYNGBY
Lyngby Boldklub af 1921
1921 • Lyngby
@lyngbyboldklub

MIDTJYLLAND
Football Club Midtjylland
2/2/1999 • Herning
@fcmidtjylland

NAESTVED
Naestved Boldklub
5/3/1939 • Naestved
@naestved_boldklub

NORDSJAELLAND
Football Club Nordsjaelland
1991 • North Zealand
@fcnordsjaelland

NYKOBING
Nykøbing Football Club
1/7/2013 • Nykøbing Falster
@nykobingfc

OB
Odense Boldklub
12/7/1887 • Odense
@odenseboldklub

RANDERS
Randers Fodbold Club
1/1/2003 • Randers
@randersfc

ROSKILDE
Football Club Roskilde
2004 • Roskilde
@fc_roskilde

SILKEBORG
Silkeborg Idrætsforening
1917 • Silkeborg
@silkeborgif_officiel

SONDERJYSKE
Sonderjyske Fodbold
1/1/2004 • Haderslev
@sonderjyskefodbold

VEJLE
Vejle Boldklub
3/5/1891 • Vejle
@vejleboldklub_official

VENDSYSSEL
Vendsyssel Forenede Fodboldklubber
2013 • Hjorring
@vendsyssel_ff

VIBORG
Viborg Fodsports Forening
1/4/1896 • Viborg
@viborgff

ESLOVÁQUIA

DAC 1904
FC DAC 1904 Dunaszerdahelyi Labdarúgó Klub
1904 • Dunajská Streda
@fcdac1904

DUKLA BANSKÁ BYSTRICA
MFK Dukla Banská Bystrica
1/7/1965 • Banská Bystrica
@mfkdukla

DYNAMO MALZENICE
OFK Dynamo Malženice
1931 • Malženice
@dynamo_malzenice

KOMÁRNO
Komárňanský Futbalový Club
29/4/1900 • Komárno
@kfc_komarno

KOSICE
Football Club Košice
27/4/2018 • Košice
@fckosice

PETRZALKA
Football Club Petržalka
7/6/1898 • Bratislava
@fcpetrzalka

PODBREZOVÁ
Futbalový klub Železiarne Podbrezová
1920 • Podbrezová
@fkzeleziarne

POHRONIE
Futbalový Klub Pohronie Žiar nad Hronom Dolná Ždaňa
2012 • Žiar nad Hronom
@fk_pohronie

PÚCHOV
Mestský Športový Klub Púchov
1920 • Púchov
@msk.puchov

REDFOX STARA
Redfox Football Club Stará Ľubovňa
1923 • Stará Ľubovňa
@lubovna_redfox

RUZOMBEROK
Mestský Futbalový Klub Ružomberok
1906 • Ružomberok
@mfk_ruzomberok

SAMORÍN
FC ŠTK 1914 Šamorín
1914 • Šamorín
@stk1914samorin

SKALICA
Mestský Futbalový Klub Skalica
1920 • Skalica
@mfkskalica.sk

SLOVAN BRATISLAVA
portový Klub Slovan Bratislava futbal, a.s.
3/5/1919 • Bratislava
@skslovanbratislava

SPARTAK TRNAVA
FC Spartak Trnava
30/5/1923 • Trnava
@spartak_sk

TATRAN PRESOV
FC Tatran Prešov
25/5/1898 • Prešov
@fctatranpresov

TRENCÍN
Asociácia Športov Trenčín a.s.
1992 • Trenčín
@asociacia_sportov_trencin

VION ZLATÉ
Football Club Viliam Ondrejka Zlaté Moravce-Vráble
1995 • Zlaté Moravce
@fcvionzlatemoravce

ZEMPLÍN MICHALOVCE
MFK Zemplín Michalovce a.s.
1912 • Michalovce
@mfkzemplin_michalovce

ZILINA
MŠK Žilina a.s.
20/6/1908 • Žilina
@mskzilina

ESLOVÊNIA

BILJE
Nogometni Dru tvo Bilje
1946 • Bilje
@nd_bilje

BISTRICA
Nogometni Klub Bistrica
1958 • Slovenska Bistrica
@nk.slovenska.bistrica

BRAVO
Nogometni Klub Bravo
2006 • Ljubljana
@nk.bravo

BRINJE
Nogometni Klub Brinje Grosuplje
3/7/2003 • Grosuplje
@brinjegrosuplje

CELJE
Nogometni klub Celje
28/12/1919 • Celje
@nkcelje

DOMZALE
Nogometni Klub Domžale
7/11/1920 • Domžale
@nkdomzale

GORICA
Nogometno Društvo Gorica
1947 • Nova Gorica
@ndgorica

ILIRIJA
Nogometno društvo Ilirija 1911
9/6/1911 • Ljubljana
@ndilirija1911

KOPER
Football Club Koper
1920 • Koper
@fckoper

KRKA
Nogometni Klub Krka
19/2/1922 • Novo Mesto
@nkkrka

MARIBOR
Nogometni Klub Maribor Branik
12/12/1960 • Maribor
@nkmaribor

MURA
Nogometna Šola Mura
14/5/2012 • Murska Sobota
@ns_mura

NAFTA 1903
Nogometno društvo Lendava 1903
1903 • Lendava
@naftal903

OLIMPIJA LJUBLJANA
Športno društvo Nogometni
klub Olimpija Ljubljana
2/3/2005 • Ljubljana
@nkolimpija

PRIMORJE
Nogometno Društvo Primorje Ajdovščina
2011 • Ajdovščina
@ndprimorje

RADOMLJE
Nogometni Klub Radomlje
1972 • Radomlje
@nkradomlje

RUDAR
Nogometni klub Rudar Velenje
1948 • Velenje
@nkrudarvelenje

TABOR
Nogometni Klub Tabor Sežana
1923 • Sežana
@nktaborsezana

TOLMIN
Nogometni Klub Tolmin
1921 • Tolmin
@nktolmin

TRIGLAV
Nogometni Klub Triglav Kranj
1920 • Triglav
@nk_triglav

ESTONIA

ALLIANCE
Ida-Virumaa Football Club Alliance
2012 • Ida-Viru County
@fc._alliance

ELVA
Jalgpalliklubi Football Club Elva
8/8/2000 • Elva
@fcelva

FCI TALLINN
Football Club Infonet Tallinn
29/1/2002 • Tallinn
@fcitallinn

FLORA
Football Club Flora
10/3/1990 • Tallinn
@fcflora

KALEV
Jalgpalliklubi Tallinna Kalev
25/5/1911 • Tallinn
@jktallinnakalev

KURESSAARE
Football Club Kuressaare
14/3/1997 • Kuressaare
@fckuressaare

LAAGRI
Harju Jalgpallikool Laagri
27/8/2009 • Laagri
@harju_jk

LEGION
Tallinna Jalgpalli Klubi Legion
5/5/1921 • Tallinn
@tjklegion

LEVADIA
Football Club Infonet Levadia Tallinn
22/10/1998 • Tallinn
@fcilevadia

NARVA TRANS
Jalgpalliklubi Narva Trans
1979 • Narva
@jknarvatrans

NOMME KALJU
Nõmme Kalju Football Club
1923 • Nõmme
@kaljufc

NOMME UNITED
Jalgpalliklubi Football Club Nõmme United
2000 • Nõmme
@nommeunited

PAIDE
Paide Linnameeskond
2004 • Paide
@paidelinnameeskond

TABASALU
Jalgpalliklubi Tabasalu
23/11/2012 • Tabasalu
@jktabasalu

TALLINN
Football Club Tallinn
2017 • Tallinn
@F.C.tallinn

TAMMEKA
Tartu Jalgpallikool Tammeka
13/6/1989 • Tartu
@jktammeka

TULEVIK
Viljandi Jalgpallikool Tulevik
23/9/1912 • Viljandi
@viljandijktulevik

VAPRUS
Pärnu Jalgpalliklubi Vaprus
1922 • Pärnu
@jkparnuvaprus

VIIMSI
Viimsi Jalgpalliklubi
2016 • Haabneeme
@viimsi_mrjk

WELCO
Tartu Jalgpalliklubi Welco
2008 • Tartu
@jkwelco

🇫🇮 FINLÂNDIA

EKENÄS
Ekenäs Idrottsförening
1905 • Ekenäs
@eif_fotboll

GNISTAN
Idrottsförening Gnistan
1924 • Helsinque
@ifgnistan1924

HAKA
Football Club Valkeakosken Haka
1934 • Valkeakoski
@fchakaofficial

HJK
Helsingin Jalkapalloklubi
19/6/1907 • Helsinque
@hjkhelsinki

ILVES
Tampereen Ilves
1931 • Tampere
@ilvesfc

INTER TURKU
Football Club International Turku
1990 • Turku
@fcinterturku

JAPS
Järvenpään Palloseura
1947 • Järvenpää
@jarvenpaanpalloseura

JARO
Fotbollsföreningen Jaro Jalkapalloseura
1965 • Jakobstad
@ffjaro

JIPPO
JIPPO Joensuu
2001 • Joensuu
@jippoedustus

KTP
Kotkan Työväen Palloilijat
22/9/1927 • Kotka
@ktpkotka

KUPS
Kuopion Palloseura
1923 • Kuopio
@kups1923

FC LAHTI
Football Club Lahti
1996 • Lahti
@fclahtiofficial

MARIEHAMN
Idrottsföreningen Kamraterna Mariehamn
1919 • Mariehamn
@ifkmariehamn

MIKKELIN
Mikkelin Palloilijat
1929 • Mikkeli
@mikkelinpalloilijat

OULU
Athletic Club Oulu
2002 • Oulu
@acoulu

PK-35
Pallokerho-35
19/9/1935 • Helsinque
@pk35miehet

SALON
Salon Palloilijat
1956 • Salo
@joutsenlauma

SJK
Seinäjoen Jalkapallokerho
5/11/2007 • Seinäjoki
@sjk_seinajoki

TURUN
Turun Palloseura
1922 • Turku
@TPSjalkapallo

VPS
Vaasan Palloseura
1924 • Vaasa
@vps1924

🇬🇪 GEÓRGIA

ARAGVI DUSHETI
Football Club Aragvi Dusheti
1954 • Tbilisi
@fc_aragvi

DILA GORI
Football Club Dila Gori
1949 • Gori
@fc_dilagori

DINAMO BATUMI
Football Club Dinamo Batumi
30/11/1923 • Batumi
@fcdinamobatumi

DINAMO TBILISI
Football Club Dinamo Tbilisi
1/9/1925 • Tbilisi
@fcdinamotbilisi

GAGRA
Football Club Gagra
2004 • Gagra
@fc.gagra

GAREJI
Football Club Gareji
1960 • Sagarejo
@fcgareji

IBERIA 1999
Football Club Iberia 1999
20/8/1999 • Tbilisi
@fciberia.official

KOLKHETI KHOBI
Football Club Kolkheti Khobi
1935 • Khobi
@kolkheti1936

KOLKHETI-1913
Football Club Kolkheti-1913 Poti
1913 • Poti
@fckolkheti.1913

LOCOMOTIVE TBILISI
Football Club Lokomotive Tbilisi
14/8/1936 • Tbilisi
@locomotivetbilisi

RUSTAVI
Football Club Rustavi
2005 • Rustavi
@fcrustavi

SAMGURALI TSQALTUBO
Football Club Samgurali Tsqaltubo
1945 • Tsqaltubo
@samgurali_1945

SAMTREDIA
Football Club Samtredia
1936 • Samtredia
@fc.samtredia

SHTURMI
Sartichala Football Club Shturmi
2020 • Sartichala
@fcsshturmi

SIONI BOLNISI
Football Club Sioni Bolnisi
1936 • Bolnisi
@fcsioni_1936

SPAERI
Football Club Spaeri
2017 • Tbilisi
@fc_spaeri

TELAVI
Football Club Telavi
19/7/2016 • Telavi
@fc_telavi_official

TORPEDO KUTAISI
Football Club Torpedo Kutaisi
3/5/1946 • Kutaisi
@fctorpedokutaisi

WIT GEORGIA
Football Club WIT Georgia
1997 • Tbilisi
@fcwitgeorgia

ZESTAPONI
Football Club Zestafoni
2004 • Zestafoni
@fczestafoni

GIBRALTAR

ANGELS
Angels Football Club
2014 • Gibraltar

BOCA JUNIORS
Football Club Boca Juniors Gibraltar
2012 • Gibraltar

CANNONS
Cannons Football Club
2008 • Gibraltar

COLLEGE 1975
College 1975 Football Club
1975 • Gibraltar
@college1975fc

EUROPA FC
Europa Football Club
1925 • Gibraltar
@europafc

EUROPA POINT
Europa Point Football Club
2014 • Gibraltar
@europapointfc

GIBRALTAR PHOENIX
Gibraltar Phoenix Football Club
2011 • Gibraltar

GIBRALTAR SCORPIONS
Gibraltar Scorpions Football Club
2013 • Gibraltar

GIBRALTAR UNITED
Gibraltar United Football Club
1943 • Gibraltar

GLACIS UNITED
Glacis United Football Club
1965 • Gibraltar
@glacisutdofficial

HOUND DOGS
Football Club Hound Dogs
2012 • Gibraltar
@fchounddogsofficial

LEO PARRILLA
Leo Parrilla Football Club
2015 • Gibraltar

LINCOLN RED IMPS
Lincoln Red Imps Football Club
1976 • Gibraltar
@lincolnredimpsfc

LIONS GIBRALTAR
Lions Gibraltar Football Club
1966 • Gibraltar
@lionsgibraltarfc

LYNX
Lynx Football Club
2007 • Gibraltar
@lynxfcgib

MAGPIES
Football Club Bruno's Magpies
2013 • Gibraltar
@fcbmagpies

MANCHESTER 62
Manchester 62 Football Club
1962 • Gibraltar
@manchester_62_fc

MONS CALPE
Mons Calpe Sports Club
2013 • Gibraltar
@monscalpeofficial

OLYMPIQUE 13
Football Club Olympique Gibraltar 13
2013 • Gibraltar
@fcolympique13gibraltar

ST JOSEPH'S
St Joseph's Football Club Gibraltar
20/1/1912 • Gibraltar
@stjosephsfcgib

🇬🇷 GRÉCIA

AEK ATENAS
Athlitiki Enosis Konstantinoupoleos Football Club
13/4/1924 • Atenas
@aekfc_official

AEL
Athlitiki Enosi Larissa Football Club
17/5/1964 • Larissa
@aelfc_official_1964

ARIS
Aris Thessaloniki Football Club
25/3/1914 • Salonica
@arisfc_official

ASTERAS TRIPOLIS
Asteras Tripolis Football Club
26/3/1931 • Tripoli
@asterastripolisfc

ATENAS KALLITHEA
Athens Kallithea Football Club
18/8/1966 • Caliteia
@athenskallitheafc

ATROMITOS
Atromitos Football Club
31/5/1923 • Atenas
@atromitosathinonfc

DIAGORAS
Football Societe Anonyme Gymnastic Club Diagoras 1905
25/3/1905 • Rodes
@diagorasfc_official

EGALEO
Egaleo Football Club
1931 • Egaleo
@egaleofc_official

ETHNIKOS
Ethnikos Proodeftikos Syllogos Neou Keramidiou Pierias
1951 • Neo Karamadi
@neo_keramidi_fc

IONIKOS
Ionikos Football Club
29/6/1965 • Nikaia
@ionikosfcofficial

IRAKLIS
G.S. Iraklis Thessaloniki
29/11/1908 • Salonica
@iraklis_fc_official

KAMPANIAKOS
Kampaniakos Chalastra Football Club
1947 • Chalastra
@kampaniakos.official

KAVALA
Kavala Football Club
24/9/1965 • Kavala
@kavalafc

LAMIA
PAS Lamia 1964 Football Club
1/6/1964 • Lamia
@pas_lamia_1964_official

LEVADIAKOS
APO Levadiakos Football Club
1/12/1961 • Livadiá
@levadiakos_fc

OFI
Ómilos Filáthlon Herakli ou Football Club
1925 • Creta
@oficretefc

OLYMPIACOS
Olympiakos Sýndesmos Filáthlon Peiraiós Football Club
10/3/1925 • Pireu
@olympiacosfc

PANACHAIKI
Panachaiki 1891 Football Club
1891 • Patras
@fcpanachaiki

PANATHINAIKOS
Panathinaïkós Athlitikós Ómilos Football Club
3/2/1908 • Atenas
@fcpanathinaikos

PANETOLIKOS
Pan-Aetolian Gymnastic and Educational Club
9/3/1926 • Agrinio
@panetolikos_fc

PANIONIOS
Paniónios Gymnastikós Sýllogos Smýrnis
14/9/1890 • Nea Smyrni
@panionios_fc

PANSERRAIKOS
Panserraikos Football Club
1946 • Serres
@panserraikos_fc

PAOK
Panthessaloníkios Athlitikós Ómilos Konstadinoupolitón
20/4/1926 • Salonica
@paok_fc

VOLOS
Volos New Football Club
2/6/2017 • Volos
@volosfc_official

🇭🇺 HUNGRIA

AJKA
Futball Club Ajka
1923 • Ajka
@fcajka

BÉKÉSCSABA
Békéscsaba 1912 Előre
22/10/1912 • Békéscsaba
@1912elore

BVSC-ZUGLO
Budapesti Vasutas Sport Club-Zugló Közhasznú Egyesület
1911 • Budapeste
@bvsc_zuglo

DEBRECENI
Debreceni Vasutas Sport Club
12/3/1902 • Debrecen
@dvscofficial_

DIOSGYOR
Diósgyőri Vasgyárak Testgyakorló Köre
6/2/1910 • Miskolc
@dvtkinstagram

FEHÉRVÁR
Fehérvár Football Club
1941 • Székesfehérvár
@vidinstagram

FERENCVÁROS
Ferencvárosi Torna Club
3/5/1899 • Budapeste
@ftcofficial

GYOR
Egyetértés Torna Osztály
Futball Club Győr
1904 • Gyor
@etofc_official

HONVÉD
Budapest Honvéd Football Club
3/8/1909 • Budapeste
@bphonvedfcofficial

KAZINCBARCIKAI
Kazincbarcikai Sport Club
1957 • Kazincbarcika
@hajrabarcika

KECSKEMÉT
Kecskeméti Testedző Egyesület
11/6/1911 • Kecskemét
@kecskemetite

KISVÁRDA
Kisvárda Futball Club
1911 • Kisvárda
@kisvardamastergood

MEZOKOVESDI
Mezőkövesdi Sport Egyesület
31/1/1975 • Mezőkövesd
@mezokovesdzsory

MTK
Magyar Testgyakorlók Köre
Budapest Futball Club
16/11/1888 • Budapeste
@mtklabdarugas

NYIREGYHAZA
Nyíregyháza Spartacus Football Club
1928 • Nyíregyháza
@nyiregyhazaspartacusfc

PAKS
Paksi Futball Club
28/11/1952 • Paks
@paksifc

PUSKÁS AKADÉMIA
Puskás Akadémia Football Club
2005 • Felcsút
@puskasakademia

SOROKSÁR
Soroksár Sport Club
1905 • Budapeste
@soroksarscofficial

ILHAS FAROE

TATABÁNYAI
Tatabányai Sport Club
1910 • Tatabánya
@tatabanyaisc

ÚJPEST
Újpest Football Club
16/6/1885 • Budapeste
@ujpestfc

VASAS
Vasas Futball Club
16/3/1911 • Budapeste
@vasasfc

ZALAEGERSZEG
Zalaegerszegi Torna Egylet Football Club
1920 • Zalaegerszeg
@ztefc

AB
Argja Bóltfelag
15/8/1973 • Argir
@argjaboltfelag

B36 TORSHAVN
Bóltfelagið 1936
28/3/1936 • Tórshavn
@b36torshavn

B68 TOFTIR
Tofta Ítróttarfelag, B68
21/12/1962 • Toftir
@b68toftaitrottarfelag

B71 SANDOY
Sandoyar Ítróttarfelag, B71
1/1/1970 • Sandur
@b71sandoy

EB/STREYMUR
EB/Streymur
1993 • Streymnes
@ebstreymur

GÍ
Gøtu Ítróttarfelag
1926 • Gota

HAVNAR BOLTFELAG
Havnar Bóltfelag
1904 • Tórshavn
@havnarboltfelag

HOYVÍK
Football Club Hoyvík
2011 • Hoyvík
@fchoyvik

IF
Ítróttarfelag Fuglafjarðar
25/3/1946 • Fuglafjaroar
@if_fotboltur

KÍ
Klaksvíkar Ítróttarfelag
24/8/1904 • Klaksvík
@klaksvikaritrottarfelag

MB
Miðvágs Bóltfelag
21/1/1905 • Midvagur
@mbl905

ROYN
TB FCS Royn
2017 • Tvoroyri

ROYN HVALBA
Bóltfelagið Royn
23/10/1923 • Hvalba

RUNAVÍK
Nes Sóknar Ítróttarfelag Runavík
24/3/1957 • Runavík
@nsirunavikfc

SKALA	**SUDUROY**	**TB**	**UNDRID**	**VESTUR**	**VIKINGUR**
Skála Ítróttarfelag	Football Club Suðuroy	Tvøroyrar Bóltfelag	Undrið Fótbóltsfelag	Football Club 07 Vestur	Football Club Víkingur
1965 • Skali	2010 • Vagur	13/5/1892 • Tvøroyri	18/1/2006 • Hoyvík	6/11/2007 • Vagar	14/1/2008 • Leirvík
@skalaitrottarfelag	@fc_suduroy	@tb1892	@undridff	@07vestur	@vikingur.fo

🇮🇪 IRLANDA

ATHLONE TOWN	**BOHEMIANS**	**BRAY WANDERERS**	**COBH RAMBLERS**	**CORK CITY**	**DERRY CITY**
Athlone Town Association Football Club	Bohemian Football Club	Bray Wanderers Football Club	Cobh Ramblers Football Club	Cork City Football Club	Derry City Football Club
1887 • Athlone	6/9/1890 • Dublin	1922 • Bray	1922 • Cobh	1984 • Cork	1928 • Derry
@athlonetownafc	@bfcdublin	@bfcdublin	@cobhramblersfc	@corkcityfc	@derrycityfc
DROGHEDA UNITED	**DUNDALK**	**FINN HARPS**	**GALWAY UNITED**	**KERRY**	**KILBARRACK**
Drogheda United Football Club	Dundalk Football Club	Finn Harps Football Club	Galway United Football Club	Kerry Football Club	Kilbarrack United Football Club
1919 • Drogheda	1903 • Dundalk	1954 • Ballybofey	1937 • Galway	1922 • Tralee	1970 • Kilbarrack
@droghedaunitedfootballclub	@dundalkfc_	@finnharpsfc1954	@galwayunitedfc	@kerryfcofficial	@kilbarrackunited
LONGFORD TOWN	**LUCAN UNITED**	**MALAHIDE UNITED**	**SHAMROCK ROVERS**	**SHELBOURNE**	**SLIGO ROVERS**
Longford Town Football Club	Lucan United Football Club	Malahide United Association Football Club	Shamrock Rovers Football Club	Shelbourne Football Club	Sligo Rovers Football Club
1924 • Longford	1869 • Lucan	1944 • Malahide	1899 • Tallaght	1895 • Dublin	1928 • Sligo
@longfordtownfc	@lucanunited	@malahideunitedafc	@shamrockroversofficial	@shelsfc	@sligorovers
ST. MOCHTA'S	**ST. PATRICK'S ATHLETIC**	**TREATY UNITED**	**UCD**	**WATERFORD**	**WEXFORD**
St. Mochta's Football Club	St. Patrick's Athletic Football Club	Treaty United Football Club	University College Dublin Association Football Club	Waterford Football Club	Wexford Football Club
1949 • Clonsilla	1929 • Dublin	2020 • Limerick	1895 • Dublin	1930 • Waterford	2007 • Crossabeg
@stmochtasfc	@stpatsfc	@treatyunitedfcofficial	@ucdafc	@waterfordfc	@wexfordfc

🏴 IRLANDA DO NORTE

ANNAGH UNITED
Annagh United Football Club
1963 • Portadown
@annaghunited

ARDS
Ards Football Club
1902 • Newtownards
@ardsfc

ARMAGH CITY
Armagh City Football Club
1964 • Armagh
@fcarmaghcity

BALLINAMALLARD UNITED
Ballinamallard United Football Club
1975 • Ballinamallard
@ballinamallardunitedfc

BALLYCLARE
Ballyclare Comrades Football Club
1919 • Ballyclare
@ballyclarecomradesfc

BALLYMENA UNITED
Ballymena United Football Club
1934 • Ballymena
@ballymenautd

BANGOR
Bangor Football Club
1918 • Bangor
@bangorfc

CARRICK RANGERS
Carrick Rangers Football Club
1939 • Carrickfergus
@carrickrangers

CLIFTONVILLE
Cliftonville Football & Athletic Club
1879 • Belfast
@cliftonvillefootballclub

COLERAINE
Coleraine Football Club
1927 • Coleraine
@colerainefc

CRUSADERS
Crusaders Football Club
1898 • Belfast
@officialcrusadersfc

DUNDELA
Dundela Football Club
1895 • Belfast
@dundelaofficial

DUNGANNON SWIFTS
Dungannon Swifts Football Club
1949 • Dungannon
@dgnswifts

GLENAVON
Glenavon Football Club
1889 • Lurgan
@officialglenavonfc1889

GLENTORAN
Glentoran Football Club
1882 • Belfast
@glentoranfootballclub

HW WELDERS
Harland & Wolff Welders Football Club
1965 • Belfast
@weldersfootballclub

INSTITUTE
Institute Football Club
1905 • Derry
@institute_fc

LARNE
Larne Football Club
1899 • Larne
@larnefootballclub

LIMAVADY UNITED
Limavady United Football & Athletic Club
1955 • Limavady
@limavadyutdfc

LINFIELD
Linfield Football Club
1886 • Belfast
@officialblues1886

LOUGHGALL
Loughgall Football Club
1967 • Armagh
@loughgallfc

NEWINGTON
Newington Football Club
1979 • Belfast
@newingtonfc

NEWRY CITY
Newry City Athletic Football Club
1918 • Newry
@newrycityafc_official

PORTADOWN
Portadown Football Club
1887 • Portadown
@portadownfc

🇮🇸 ISLÂNDIA

AEGIR
Knattspyrnufélagið Aegir
6/12/1987 • Thorlakshofn
@aegir.fc

AFTURELDING
Ungmennafélagið Afturelding
11/4/1909 • Mosfellsbaer
@umfafturelding

BREIDABLIK
Knattspyrnudeild Breiðabliks
12/2/1950 • Kópavogur
@breidablik_fotbolti

FH
Fimleikafélag Hafnarfjarðar
1939 • Hafnarfjarðar
@fhingar

FJOLNIR
Ungmennafélagið Fjolnir
11/2/1988 • Reykjavik
@ungmennafelagidfjolnir

FRAM
Knattspyrnufélagið Fram
1/5/1908 • Reykjavik
@framiceland

137

FYLKIR
Íþróttafélagið Fylkir
28/5/1967 • Reykjavík
@fylkirknd

GRINDAVIK
Knattspyrnudeild
Ungmennafélag Grindavíkur
1935 • Grindavík
@umfgrindavik

HAUKAR
Knattspyrnufélagið Haukar
12/4/1931 • Hafnarfjörður
@haukarfotbolti

HK
Handknattleiksfélag Kópavogs
26/1/1970 • Kópavogur
@hkkopavogur

IA
Íþróttabandalag Akraness
1946 • Akranes
@ia_akranes

IBV
Íþróttabandalag Vestmannaeyja
1903 • Vestmannaeyjar
@ibv.fc

IR REYKJAVÍK
Íþróttafélag Reykjavíkur
11/7/1907 • Reykjavík

KA
Knattspyrnufélag Akureyrar
1928 • Akureyri
@kaakureyri

KEFLAVÍK
Knattspyrnudeild Keflavíkur
1929 • Keflavík
@keflavikfc

KF THRÓTTUR
Knattspyrnufélagið Þróttur
5/8/1949 • Reykjavík
@throttur

KR
Knattspyrnufélag Reykjavíkur
16/2/1899 • Reykjavík
@krreykjavik1899

LEIKNIR
Ithróttafélagid Leiknir
17/5/1973 • Reykjavík
@leiknirreykjavik

STJARNAN
Ungmennafélag Stjarnan
1960 • Garðabaer
@stjarnanfc

THOR
Thor Akureyri
6/6/1915 • Akureyri
@thor_fotbolti

THRÓTTUR
Knattspyrnufélagið Tróttur
5/8/1949 • Reykjavík
@throttur

VALUR
Knattspyrnufélagið Valur
11/5/1911 • Reykjavík
@valurfotbolti

VESTRI
Íþróttafélagið Vestri
1986 • Isafjaroarbaer
@vestriknattspyrna

VÍKINGUR
Knattspyrnufélagið Víkingur
21/4/1908 • Reykjavík
@vikingurfc

ISRAEL

ASHDOD
Football Club Ashdod
1999 • Ashdod
@f.c.ashdod_official

BEITAR JERUSALEM
Beitar Jerusalem Football Club
1936 • Jerusalém
@fcbeitar

BNEI SAKHNIN
Ihoud Bnei Sakhnin Football Club
1991 • Sakhnin
@sakhnin.fc

BNEI YEHUDA
Bnei Yehuda Tel Aviv Football Club
1936 • Tel Aviv
@fcbnei_yehuda_tlv

HAPOEL BE'ER SHEVA
Hapoel Be'er Sheva Football Club
1/5/1949 • Be'er Sheva
@hbsfc

HAPOEL HADERA
Hapoel Hadera–Giv'at Olga
"Shulem Schwarz" Football Club
1936 • Hadera
@hapoelhaderafc

HAPOEL HAIFA
Hapoel Haifa Football Club
24/4/1924 • Haifa
@hapoelhaifafc

HAPOEL JERUSALEM
Hapoel Jerusalem Football Club
1926 • Jerusalém
@hapoeljlmfc

HAPOEL KFAR SABA
Hapoel Kfar Saba Football Club
1928 • Kfar Saba
@hapoel_kfs

HAPOEL PETAH TIKVA
Hapoel Petah Tikva Football Club
1934 • Petah Tikva
@hapoelpetahtikvafc

HAPOEL RAMAT GAN
Hapoel Ramat Gan Givatayim
Football Club
1927 • Ramat Gan
@hapoelrgg_fc

HAPOEL RAMAT HASHARON
Hapoel Nir Ramat HaSharon
Football Club
1957 • Ramat HaSharon
@rhfcil_fc

HAPOEL RISHON LEZION
Football Club Hapoel Rishon LeZion
1940 • Rishon Lezion
@fchapoelrishonlezion

HAPOEL TEL AVIV
Hapoel Tel Aviv Football Club
1923 • Tel Aviv
@hapoeltafc

IRONI KIRYAT SHMONA
Ironi Kiryat Shmona Football Club
2000 • Kiryat Shmona
@i.k.s.8

IRONI TIBERIAS
Ironi Tiberias Football Club
2006 • Tiberias
@iron_tiberias_f.c

KAFR QASIM
Football Club Kafr Qasim
2002 • Kafr Qasim
@kqsfc

MACCABI BNEI REINEH
Maccabi Bnei Reineh Football Club
2016 • Nof HaGalil
@maccabibneireineh

MACCABI HAIFA
Maccabi Haifa Football Club
1913 • Haifa
@maccabihaifafc

MACCABI HERZLIYA
Maccabi Herzliya Football Club
1932 • Herzliya
@maccabihertzelia

MACCABI JAFFA
Maccabi Kabilio Jaffa Football Club
24/12/2007 • Jaffa
@maccabihaifafc

MACCABI NETANYA
Maccabi Netanya Football Club
1934 • Netanya
@fcmn_il

MACCABI PETAH TIKVA
Maccabi Petah Tikva Football Club
1912 • Petah Tikva
@fcmaccabipetahtikva

MACCABI TEL AVIV
Maccabi Tel Aviv Football Club
1906 • Tel Aviv
@maccabitlvfc

KOSOVO

BALLKANI
Football Club Ballkani
1947 • Suhareka
@fcballkaniofficial

BESIANI
Klub Futbollistik Besiana
1984 • Podujevo

DRENICA
Klub Futbollistik Drenica
1958 • Skënderaj
@fcdrenicofficial

DRITA
Football Club Drita
1947 • Gjilan
@fc_dritaofficial

DUKAGJINI
Klubi Futbollistik Dukagjini Klinë
1958 • Klina
@kfdukagjini

FC BESA PEJA
Football Club Besa Peja
2024 • Peja
@fcbesa.peja

FERIZAJ
Football Club Ferizaj
1923 • Ferizaj
@fcferizaj

FERONIKELI
Football Club Feronikeli 74
8/4/1974 • Drenas
@fcferonikeli74

FUSHE
Klubi Futbollistik Fushë Kosova
1972 • Kosovo Polje
@fc_fushe_kosova

GJILANI
Sport Club Gjilani
1945 • Gjilan
@scgjilani

HYSI
Klubi Futbollistik Hysi
2002 • Podujevë
@K.F.Hysi

ISTOGU
Klubi Futbollistik Istogu
1947 • Istog
@f_istogu

LIRIA
Klubi Futbollistik Liria Prizren
1/2/1930 • Prizren
@fc.liria

LLAPI
Klubi Futbollistik Llapi
5/7/1932 • Pudujeve
@k.f.llapi

MALISHEVA
Klubi i Futbollit Malisheva
2016 • Malisheva
@fc.malisheva

PRISHTINA
Football Club Prishtina
1922 • Prishtina
@fcprishtinaofficial

SUHAREKA
Football Club Suhareka
5/6/2023 • Suhareka
@fc_suhareka

TREPÇA
Klubi Futbollistik Trepça
1932 • Mitrovica
@kf.trepca.fc

🇱🇻 LETÔNIA

ALBERTS
Jura Docenko futbola skola Alberts
31/3/2008 • Riga
@jdfs_alberts

AUDA
Futbola klubs Auda
1969 • Kekava
@fkauda

DAUGAVPILS
Bērnu Futbola Centrs Daugavpils
11/12/2009 • Daugavpils
@bfcdaugavpils

DINAMO RIGA
Futbola klubs Dinamo Riga
2005 • Riga
@fkdinamoriga

GROBIŅAS
Sporta Centrs Grobiņa
2009 • Grobina
@grobinasc

JELGAVA
Futbola skola Jelgava
4/4/2007 • Jelgava
@fsjelgava

LIEPĀJA
Futbola klubs Liepāja
2014 • Liepāja
@fkliepaja

METTA
Futbola Klubs Metta
2/5/2006 • Riga
@fs_metta

OLAINE
AFA Olaine
2013 • Olaine
@afaolaine

REZEKNES
Rēzeknes Futbola Akadēmija
2011 • Rēzekne
@rfafutbols

RFS
Futbola Klubs Riga Futbols Skolas
2016 • Virsliga
@fk_rfs

RIGA
Riga Football Club
30/4/2014 • Riga
@rigafc

SALASPILS
Futbola Klubs Salaspils
2012 • Salaspils
@fksalaspils

SALDUS LEEVON
Futbola skola Saldus Leevon
11/6/2013 • Riga
@fsleevon

SMILTENE
Futbola skola Smiltene
2000 • Smiltene
@fk_smiltene

SPARTAKS JURMALA
Jūrmalas Peldēšanas un Futbola Skola
2007 • Jūrmala
@fkspartaks

SUPER NOA
Sporta Klubs Super Noa
2000 • Salaspils
@sksupernova_academy

TUKUMS 2000
Futbola klubs Tukums 2000
2000 • Tukums
@fk_tukums2000

VALMIERA
Valmiera Football Club
1996 • Valmiera
@valmierafc

VENTSPILS
Futbola Klubs Ventspils
1997 • Ventspils
@fkventspilsofficial

🇱🇮 LIECHTENSTEIN

BALZERS
Fussballclub Balzers
1/5/1932 • Balzers
@fcbalzers

ESCHEN/MAUREN
Unterländer Spielervereinigung Eschen/Mauren
3/12/1963 • Eschen e Mauren
@fcusv

RUGGELL
Fussballclub Ruggell
9/3/1958 • Ruggell
@fcruggell1958

SCHAAN
Fussballclub Schaan
1/7/1949 • Schaan
@fcschaan

SCHAAN AZZURRI
Fussballclub Azzurri Schaan
20/5/1970 • Schaan
@fcschann.azzurri

TRIESEN
Fussballclub Triesen
5/6/1932 • Triesen
@fctriesenl

TRIESENBERG
Fussball-Club Triesenberg
28/5/1972 • Triesenberg
@fctriesenberg_official

VADUZ
Fussball Club Vaduz
14/2/1932 • Vaduz
@fcvaduz

🇱🇹 LITUÂNIA

BABRUNGAS
Futbolo klubas Babrungas
1935 • Plungė
@fk_babrungas

BALTIJOS
Baltijos Futbolo Akademija
2007 • Vilnius
@bfavilnius

BANGA
Futbolo klubas Banga
1966 • Gargždai
@fkbanga

BEI
Bel Nacionalinė Futbolo Akademija
2006 • Jovana
@beInfa

DAINAVA
Dzūkija futbolo klubas Dainava
2016 • Alytus
@dainava1935

DZIUGAS TELSIAI
Football Club Džiugas Telšiai
2/11/1923 • Telsiai
@fcdziugas

EKRANAS
Football Club Ekranas
1964 • Panevezys
@fkekranas

GARLIAVA
Futbolo klubas Garliava
2008 • Garliava
@fkgarliava

HEGELMANN
Futbolo klubas Hegelmann
2009 • Raudondvaris
@fc_hegelmann

JONAVA
Futbolo klubas Jonava
1946 • Jonava
@fkjonava

KAUNO ZALGIRIS
Futbolo klubas Kauno Zalgiris
1944 • Kaunas
@fkkaunozalgiris

MINIJA
Futbolo klubas Minija
2017 • Minija
@fk_minija

NEPTUNAS
Futbolo klubas Neptūnas
1964 • Klaipeda
@fcneptunasklaipeda

NEVEZIS
Futbolo Klubas Nevėžis
1962 • Kedainiai
@kedainiufknevezis

PANEVEZYS
Futbolo Klubas Panevėžys
2015 • Panevezys
@fkpanevezys

RITERIAI
Futbolo Klubas Riteriai
2005 • Vilnius
@fkriteriai

SIAULIAI
Football Academy of Šiauliai
1/9/2007 • Siauliai
@fasiauliai

SUDUVA
Football Club Sūduva
1968 • Marijampole
@fksuduva

TRANSINVEST
Futbolo Klubas TransINVEST
2021 • Vilnius
@fktransinvest

ZALGIRIS
Futbolo Klubas Žalgiris
1947 • Vilnius
@fkzalgiris

LUXEMBURGO

AVENIR BEGGEN
Football Club Avenir Beggen
1/7/1915 • Beggen
@fcavenirbeggen

BETTEMBOURG
Sporting Club Bettembourg
20/8/1927 • Bettembourg
@sc_bettembourg

DIFFERDANGE 03
Foussballclub Differdange 03
2003 • Differdange
@fcdeifferdeng03

F91 DUDELANGE
F91 Dudelange
1991 • Dudelange
@f91_diddeleng

FOLA ESCH
Cercle Sportif Fola Esch
1906 • Esch-sur-Alzette
@csfolaesch

GREVENMACHER
Club Sportif Grevenmacher
8/1/1909 • Grevenmacher
@clubsportifgrevenmacher

HOSTERT
Football Club Union Sportive
Hostert A.s.b.l.
1946 • Hostert
@us.hostert

JEUNESSE ESCH
Association Sportive la
Jeunesse d'Esch/Alzette
1907 • Esch-sur-Alzette
@jeunesse_esch

KAERJENG
Uewer Nidder Käerjeng 97
1997 • Bascharage
@unkaerjeng97

LUXEMBOURG CITY
Football Club Luxembourg City
26/3/2004 • Luxemburgo
@fc_lcity

MACEDÔNIA DO NORTE

AP BRERA
Fudbalski Klub Akademija
Pandev Brera Strumica
2010 • Strumica
@brerastrumica

ARSIMI
Klubi Futbollistik Arsimi 1973
1973 • Cegrani
@kfarsimi1973

141

BASHKIMI
Klubi Futbollistik Bashkimi Kumanovë
1947 • Kumanovo
@fcbashkimi47

BESA
Klubi Futbollistik Besa Dobërdoll
1976 • Dobri Dol
@kf.besa

BOREC
Fudbalski Klub Borec Veles
1919 • Veles
@fkborec1919

GOSTIVAR
Klubi Futbollistik Gostivari
1919 • Gostivar
@kfgostivar

MAKEDONIJA
Fudbalski Klub Makedonija Gjorche Petrov
1932 • Gjorche Petrov
@fkmakedonija

OHRID
Gradski Fudbalski Klub Ohrid
1921 • Ohrid
@gfk.ohrid.lihnidos

PELISTER
Gradski Fudbalski Klub Ohrid
1945 • Bitola
@fkpelisterbitola

POBEDA
Fudbalski klub Pobeda AD
1945 • Prilep
@fkpobeda

RABOTNICHKI
Fudbalski klub Rabotnichki Skopje
4/10/1937 • Skopje
@fcrabotnicki

RENOVA
Klubi Futbollit Renova Xhepçisht
2003 • Tetovo
@fcrenova

SHKËNDIJA
Klubi i Futbollit Shkëndija
27/8/1979 • Tetovo
@fcshkendija

SHKUPI
Klubi Futbollistik Shkupi
1927 • Skopje
@fcshkupi1927

SILEKS
Fudbalski Klub Sileks Kratovo
1965 • Kratovo
@fcsileks

SLOGA JUGOMAGNAT
Fudbalski Klub Sloga Jugomagnat
1927 • Skopje
@sloga.jugomagnat

STRUGA
Football Club Struga Trim-Lum
2015 • Struga
@fcstruga

TIKVESH
Gradski Fudbalski Klub Tikvesh 1930
21/12/1930 • Kavadarci
@fctikves1930

VARDAR
Fudbalski Klub Vardar
22/7/1947 • Skopje
@fkvardar

VOSKA SPORT
Fudbalski Klub Voska Sport
2019 • Ohrid
@fc_voskasport

MALTA

BALZAN
Balzan Football Club
1937 • Balzan
@balzan_fc

BIRKIRKARA
Birkirkara Football Club
1950 • Birkirkara
@birkirkarafc_official

FGURA UNITED
Fgura United Football Club
1/6/1971 • Fgura
@fguraunitedfc

FLORIANA
Floriana Football Club
1894 • Floriana
@florianafootballclub

GUDJA UNITED
Gudja United Football Club
1945 • Gudja
@gudjautd

GZIRA UNITED
Gżira United Football Club
1947 • Gzira
@gziraunitedfc

HAMRUN
Hamrun Spartans Football Club
1907 • Hamrun
@hamrunspartansfc

HIBERNIANS
Hibernians Football Club
1922 • Paola
@hiberniansfc.mt

LIJA ATHLETIC
Lija Athletic Football Club
1949 • Lija
@lijafc

MARSA
Marsa Football Club
1920 • Marsa
@marsafc1920official

MARSAXLOKK
Marsaxlokk Football Club
1949 • Marsaxlokk
@marsaxlokk_fc

MELITA
Melita Football Club
28/4/1933 • St. Jullian's

MOSTA
Mosta Football Club
1935 • Mosta
@mosta_fc_official

NAXXAR LIONS
Naxxar Lions Football Club
1920 • Naxxar
@naxxarlions

RABAT AJAX
Rabat Ajax Football Club
1934 • Rabat
@rabatajax

SANTA LUCIA
Santa Lucia Football Club
1974 • Santa Lucia
@staluciafc

SLIEMA WANDERERS
Sliema Wanderers Football Club
1909 • Sliema
@sliemawanderersfc

ST. GEORGE'S
St. George's Football Club
1890 • Cospicua
@stgeorges1890

MOLDÁVIA

VALLETTA
Valletta Football Club
1943 • Valletta
@vallettafcclub

ZABBAR ST. PATRICK
Żabbar Saint Patrick Football Club
1912 • Zabbar
@zabbarsaints

BALTI
Fotbal Club Bălți
1984 • Balti
@officialfcbalti

DACIA BUIUCANI
Fotbal Club Dacia Buiucani
1997 • Chisinau
@buiucani_csct

DACIA CHISINAU
Fotbal Club Dacia Chișinău
1999 • Chisinau
@fcdaciachisinau

FALESTI
Fotbal Club Fălești
1991 • Falesti
@fc.falesti

FLORESTI
Fotbal Club Florești
2003 • Floresti
@fc.floresti

ISKRA RIBNITA
Fotbal Club Iskra Rîbnița
2013 • Ribnita
@fc.Iskra.stal

MILSAMI OREHI
Fotbal Club Milsami Orhei
2005 • Orhei
@fcmilsami

OLIMP COMRAT
Football Club Olimp Comrat
2013 • Comrat
@fc.olimp.comrat

PETROCUB HINCESTI
Fotbal Club Petrocub Hîncești
27/11/1999 • Hincesti
@cspetrocub

POLITEHNICA UTM
Football Clube Politehnica UTM
1964 • Chisinau
@fc.politehnica_utm

SHERIFF TIRASPOL
Fotbal Club Sheriff
1997 • Tiraspol
@fc_sheriff

SPARTANII SPORTUL
Clubul Sportiv de Fotbal Spartanii Sportul
2011 • Chisinau
@csf_spartanii_sportul

SPERANIS NISPORENI
Fotbal Club Speranis Nisporeni
20/3/2019 • Nisporeni
@speranis.nisporeni

SPERANTA DROCHIA
Football Club Speranța Drochia
1976 • Drochia
@sperantafc

STAUCENI
Fotbal Club Stăuceni
30/9/1920 • Stauceni
@fcstauceni

TIRASPOL
Football Club Tiraspol
1992 • Tiraspol

MONTENEGRO

UNGHENI
Fotbal Club Municipal Ungheni
2000 • Ungheni
@fcm_ungheni

UNIVER COMRAT
Univer Comrat
1996 • Comrat
@fc_univer_comrat

VICTORIA CHISINAU
Fotbal Club Victoria Chișinău
23/9/1995 • Chisinau
@fcvictoria_

ZIMBRU CHISINAU
Fotbal Club Zimbru Chișinău
16/5/1947 • Chisinau
@fczimbru

ARSENAL
Fudbalski Klub Arsenal Tivat
1914 • Tivat
@fk.arsenal.tivat

BOKELJ
Fudbalski Klub Bokelj Kotor
1922 • Kotor
@f.k.bokeljkotor

143

BUDUĆNOST
Fudbalski Klub Budućnost Podgorica
12/6/1925 • Podgorica
@fk_buducnost_podgorica

DEČIĆ
Fudbalski Klub Dečić Tuzi
1926 • Tuzi
@fkdecictuzi

GRBALJ
Omladinski Fudbalski Klub Grbalj
1995 • Radanovici
@ofk.grbalj

IBAR
Fudbalski Klub Ibar Rožaje
1938 • Rozaje
@fkibar_official

IGALO 1929
Fudbalski Klub Igalo 1929
1929 • Igalo
@fkigalo

ISKRA
Fudbalski Klub Iskra Danilovgrad
1919 • Danilovgrad
@_fkiskra_

JEDINSTVO
Fudbalski Klub Jedinstvo Bijelo Polje
1922 • Bijelo Polje
@fkjedinstvobp

JEZERO
Fudbalski Klub Jezero
1934 • Plav
@fkjezero1934

KOM
Fudbalski Klub Kom
1958 • Podgorica
@_fk_kom_podgorica

LOVĆEN
Fudbalski Klub Lovćen
20/6/1913 • Cetinje
@fklovcen_official

MLADOST
Omladinski fudbalski klub Mladost Donja Gorica
2019 • Podgorica
@ofk_mladost_dg_lobbet

MORNAR
Fudbalski Klub Mornar Bar
1923 • Bar
@fkmornarbar

OTRANT-OLYMPIC
Fudbalski Klub Otrant-Olympic
1921 • Ulcinj
@fk_otrantolympic

PETROVAC
Omladinski Fudbalski Klub Petrovac
1969 • Petrovac
@ofk.petrovac

PODGORICA
Fudbalski Klub Podgorica
1970 • Podgorica
@fk_podgorica

RUDAR
Fudbalski Klub Rudar Pljevlja
1920 • Pljevlja
@fkrudarpljevlja_

SUTJESKA
Fudbalski Klub Sutjeska
1920 • Niksic
@fksutjeska

TITOGRAD
Omladinski fudbalski klub Titograd
1952 • Podgorica
@ofktitograd

NORUEGA

BODO/GLIMT
Fotballklubben Bodø/Glimt
19/9/1916 • Bodo
@bodoglimt

BRANN
Sportsklubben Brann
26/9/1908 • Bergen
@sportsklubbenbrann

BRYNE
Bryne Fotballklubb
10/4/1926 • Bryne
@brynefotball

EGERSUND
Egersunds Idrettsklubb
19/9/2019 • Egersund
@egersundsik

FREDRIKSTAD
Fredrikstad Fotballklubb
7/4/1903 • Fredrikstad
@fredrikstad_fk

HAMKAM
Hamarkameratene Football
10/8/1918 • Hamar
@hamkamfotball

HAUGESUND
Fotballklubben Haugesund
28/10/1933 • Haugesund
@fk_haugesund

KFUM OSLO
KFUM-Kameratene Oslo
1/1/1939 • Oslo
@kfumkameratene

KRISTIANSUND
Kristiansund Ballklubb
2/9/2003 • Kristiansund
@kristiansundbk

LILLESTROM
Lillestrøm Sportsklubb
2/4/1917 • Lillestrom
@lillestromsk

LYN
Lyn 1896 Fotballklubb
3/3/1896 • Oslo
@lyn1896fk

MOLDE
Molde Fotballklubb
19/6/1911 • Molde
@moldefotballklubb

MOSS
Moss Fotballklubb
28/8/1906 • Moss
@moss_fk

ODD
Odds Ballklubb
31/3/1894 • Skien
@oddsbk

RAUFOSS
Raufoss Idrettslag
10/2/1918 • Raufoss
@raufossfotball

ROSENBORG
Rosenborg Ballklub
19/5/1917 • Rosenborg
@rosenborgballklub

SANDEFJORD
Sandefjord Fotball
10/9/1989 • Sandefjord
@sfjfotball

SARPSBORG
Sarpsborg 08 Fotballforening
15/1/2008 • Sarpsborg
@sarp08

STABAEK
Stabæk Fotball
16/3/1912 • Baerum
@stabak_fotball

START
Idrettsklubben Start
19/9/1905 • Kristiansand
@ikstart

STROMSGODSET
Strømsgodset Toppfotball
10/2/1907 • Gulskogen
@stromsgodsetfotball

TROMSO
Tromsø Idrettslag
15/9/1920 • Tromso
@tromsoil

VALERENGA
Vålerenga Fotball
29/7/1913 • Oslo
@valerengaoslo

VIKING
Viking Fotballklubb
10/8/1899 • Stavanger
@viking_fk

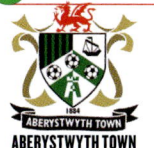

PAÍS DE GALES

ABERYSTWYTH TOWN
Aberystwyth Town Football Club
1884 • Ceredigion
@aberystwythtown

AFAN LIDO
Afan Lido Football Club
1967 • Port Talbot
@afanlidofootballclub

AIRBUS UK BROUGHTON
Airbus UK Broughton Football Club
1946 • Broughton
@airbusukfc

BAGLAN DRAGONS
Baglan Dragons Association Football Club
1950 • Baglan
@baglandragons

BALA TOWN
Bala Town Football Club
1880 • Bala
@balatownfc

BANGOR 1876
Bangor 1876 Football Club
1876 • Bangor
@bangor1876

BANGOR CITY
Bangor City Football Club
1876 • Bangor
@bangorcity1876

BARRY TOWN UNITED
Barry Town United Football Club
1912 • Barry
@barrytownunited

BRITON FERRY LLANSAWEL
Briton Ferry Llansawel Athletic Football Club
2009 • Briton Ferry
@justferrys

BUCKLEY TOWN
Buckley Town Football Club
1977 • Bucley
@buckleytownfc

CAERNARFON TOWN
Caernarfon Town Football Club
1937 • Caernarfon
@caernarfontown

CARDIFF MET
Cardiff Metropolitan University Football Club
2000 • Cyncoed
@cardiffmetfc

CONNAH'S QUAY NOMADS
Connah's Quay Nomads Football Club
1946 • Connah's Quay
@thenomadsfc

FLINT TOWN UNITED
Flint Town United Football Club
1886 • Flint
@flinttownfc

HAVERFORDWEST COUNTY
Haverfordwest County Association Football Club
1899 • Haverfordwest
@haverfordwestafc

LLANELLI TOWN
Llanelli Town Association Football Club
1896 • Cymru South
@llanellitownreds

LLANTWIT MAJOR
Llantwit Major Athletic Football Club
1962 • Cymru South
@llantwit.majorafc

NEWTOWN
Newtown Association Football Club
1875 • Newtown
@newtown.afc

145

POLÔNIA

PENYBONT
Penybont Football Club
2013 • Bridgent
@penybontfc_

THE NEW SAINTS
The New Saints of Oswestry
Town & Llansantffraid Football Club
1959 • Oswestry
@tnsfc

CRACOVIA
Klub Sportowy Cracovia Spółka Akcyjna
13/6/1906 • Cracóvia
@kscracovia

GKS KATOWICE
GKS GieKSa Katowice S.A.
27/2/1964 • Katowice
@gksgieksakatowice

GÓRNIK ZABRZE
Górnik Zabrze Spółka Akcyjna
14/12/1948 • Zabrze
@gornikzabrzesa

JAGIELLONIA BIALYSTOK
Jagiellonia Białystok Sportowa
Spółka Akcyjna
30/5/1920 • Bialystok
@jagielloniabialystok

KORONA KIELCE
Korona Spółka Akcyjna
10/7/1973 • Kielce
@koronakielce

LECH POZNAN
Kolejowy Klub Sportowy
Lech Poznań S.A.
19/3/1922 • Poznan
@lechpoznan1922

LECHIA GDANSK
Klub Sportowy Lechia Gdańsk
Spółka Akcyjna
7/9/1945 • Gdansk
@lechia_gdansk

LEGIA VARSÓVIA
Legia Warszawa Spółka Akcyjna
5/3/1916 • Legia
@legiawarszawa

LKS LODZ
Łódzki Klub Sportowy S.A.
1908 • Lodz
@lkslodz

MOTOR LUBLIN
Motor Lublin Spółka Akcyjna
1950 • Lublin
@motorlublin

PIAST GLIWICE
Gliwicki Klub Sportowy Piast Gliwice
18/6/1945 • Gliwice
@piastgliwicesa

POGON SZCZECIN
Pogoń Szczecin Spółka Akcyjna
21/4/1948 • Szczecin
@pogonszczecinsa

POLÔNIA VARSÓVIA
Klub Sportowy Polonia Warszawa
1911 • Varsóvia
@pogonszczecinsa

PUSZCZA NIEPOLOMICE
Miejski Klub Sportowy
Puszcza Niepołomice
1923 • Niepolomice
@mkspuszczaniepolomice

RADOMIAK RADOM
Radomiak Spółka Akcyjna
1910 • Radom
@1910radomiak

RAKÓW CZESTOCHOWA
Robotniczy Klub Sportowy Raków
Częstochowa Spółka Akcyjna
15/3/1921 • Czestochowa
@rakowczestochowa

RUCH CHORZÓW
Klub Sportowy Ruch Chorzów
20/4/1920 • Chorzów
@ruchchorzow1920

SLASK WROCLAW
Wrocławski Klub Sportowy
Śląsk Wrocław Spółka Akcyjna
1947 • Wroclaw
@slaskwroclaw.p

STAL MIELEC
Football Klub Sportowy Stal Mielec
10/4/1939 • Mielec
@fksstalmielec

TERMALICA
Bruk-Bet Termalica Nieciecza Klub
Sportowy Spółka Akcyjna
1922 • Nieciecza
@brukbettermalicaniecieczca

WIDZEW LODZ
RTS Widzew Łódź
5/11/1910 • Lodz
@rtswidzewlodz

WISLA CRACOVIA
Towarzystwo Sportowe Wisła
Kraków Spółka Akcyjna
1906 • Cracóvia
@wislakrakowsa

WISLA PLOCK
Sekcja Piłki Ręcznej Wisla
Plock Spółka Akcyjna
1947 • Plock
@wislaplocksa

ZAGLEBIE LUBIN
Zagłębie Lubin Spółka Akcyjna
10/9/1945 • Lubin
@zaglebielubin

REPÚBLICA TCHECA

BANÍK OSTRAVA
Football Club Baník Ostrava
1922 • Ostrava
@fcbanikostrava

BOHEMIANS 1905
Bohemians Praha 1905
1905 • Praga
@bohemians_praha_1905

CESKE BUDEJOVICE
Sportovní Klub Dynamo České Budějovice
1900 • Ceske Budejovice
@skdynamocb

CHRUDIM
Městský fotbalový Klub Chrudim
1923 • Chrudim
@mfk_chrudim

146

DUKLA PRAGA
Fotbalový Klub Dukla Praha, a.s.
1948 • Praga
@fkduklapraha

HRADEC KRÁLOVÉ
Football Club Hradec Králové
1905 • Hradec Kralove
@fchradec

JABLONEC
Fotbalový Klub Jablonec
1945 • Jablonec e Nisou
@fkjablonec

KARVINÁ
Městský Fotbalový Klub Karviná
2003 • Karviná
@mfkkarvina

MLADÁ BOLESLAV
Fotbalový klub Mladá Boleslav
1902 • Mladá Boleslav
@fkmladaboleslav

OPAVA
Slezský Fotbalový Club Opava
1907 • Opava
@sfcopava

PARDUBICE
Fotbalový Klub Pardubice
2008 • Pardubice
@fkpardubice

PROSTEJOV
I. Sportovní Klub Prostějov
1904 • Prostejov
@l.sk_prostejov

SIGMA OLOMOUC
Sportovní Klub Sigma Olomouc
1919 • Olomouc
@sigma_olomouc

SLAVIA PRAGA
Sportovní Klub Slavia Praha Fotbal
1892 • Praga
@slaviapraha

SLOVÁCKO
I. Fotbalový Klub Slovácko
1927 • Uherske Hradiste
@fcslovacko

SLOVAN LIBEREC
Football Club Slovan Liberec
1958 • Liberec
@fcslovanliberec

SPARTA PRAGA
Athletic Club Sparta Praha Fotbal
16/11/1893 • Praga
@acsparta_cz

TEPLICE
Fotbalový klub Teplice
1945 • Teplice
@fkteplice

VARNSDORF
Fotbalový Klub Varnsdorf
1938 • Varnsdorf
@fk_varnsdorf

VIKTORIA PILSEN
Football Club Viktoria Plzeň
11/6/1911 • Pilsen
@fcviktoria_official

ROMÊNIA

BOTOSANI
Asociația Fotbal Club Botoșani
2001 • Botosani
@fcbotosani

CLUJ
Fotbal Club CFR 1907 Cluj SA
10/11/1907 • Cluj-Napoca
@cfrclujofficial

CONCORDIA CHIAJNA
Clubul Sportiv Concordia Chiajna
1957 • Chiajna
@csconcordiachiajna

DINAMO BUCURESTE
Fotbal Club Dinamo Bucareste
14/5/1948 • Bucareste
@dinamobucurestiofficial

FARUL CONSTANTA
FCV Farul Constanța SA
12/11/1920 • Constanta
@farulconstanta

FCSB
Fotbal Club Steaua Bucaresti SA
7/6/1947 • Bucareste
@fcsbofficial

GLORIA BUZAU
Asociația Sportivă Fotbal Club Buzău
16/6/1973 • Buzau
@asfcbuzauoficial

HERMANNSTADT
Asociația Fotbal Club Hermannstadt
29/7/2015 • Sibiu
@afch_official

OTELUL GALATI
Asociația Clubul Sportiv Suporter Club Oțelul Galați
1964 • Galati
@scotelulgalati

PETROLUL PLOIESTI
Asociația Clubul Sportiv Petrolul 52
31/12/1924 • Ploiesti
@fcpetrolul.official

POLITEHNICA IASI
Asociația Club Sportiv Municipal Politehnica Iași
27/4/1945 • Iasi
@csmpolitehnicaiasi

RAPID BUCURESTE
Fotbal Club Rapid 1923 SA
25/6/1923 • Bucareste
@fcrapid1923oficial

SELIMBAR
Club Sportiv Comunal 1599 Șelimbăr
2016 • Selimbar
@cscl599selimbar.official

SEPSI OSK
Asociația Club Sportiv Sepsi OSK Sfântu Gheorghe
2011 • Sfantu Gheorghe
@sepsi_osk_official

STEAUA BUCARESTE
Clubul Sportiv al Armatei Steaua București
7/6/1947 • Bucareste
@csa.steaua

UNIREA SLOBOZIA
Asociația Fotbal Club Unirea 04 Slobozia
1955 • Slobozia
@afcunireaslobozia

UNIVERSITATEA CLUJ
Asociația Sportivă Fotbal Club Universitatea Cluj
23/11/1919 • Cluj-Napoca
@fcucluj

UNIVERSITATEA CRAIOVA
Universitatea Craiova 1948 Club Sportiv SA
5/9/1948 • Craiova
@universitateacraiovaofficial

UTA ARAD
Asociația Fotbal Club UTA Arad
18/4/1945 • Arad
@uta1945arad

VOLUNTARI
Fotbal Club Voluntari SA
26/7/2010 • Voluntari
@officialfcvoluntari

SAN MARINO

CAILUNGO
Società Polisportiva Cailungo
1974 • Cailungo
@spcailungo

COSMOS
Società Sportiva Cosmos
1979 • Serravalle
@sscosmos_official

DOMAGNANO
Football Club Domagnano
1966 • Domagnano
@fc_domagnano

FAETANO
Società Calcio Faetano
1962 • Faetano
@faetanocalcio

FIORENTINO
Football Club Fiorentino
1974 • Fiorentino
@fcfiorentinosm

FOLGORE
Società Sportiva Folgore Falciano Calcio
1972 • Falciano
@folgore1973rsm

JUVENES/DOGANA
Associazione Calcio Juvenes/Dogana
2000 • Dogana
@acjuvenesdogana

LA FIORITA
Società Polisportiva La Fiorita
1967 • Montegiardino
@lafiorital967

LIBERTAS
Associazione Calcio Libertas
1928 • Borgo Maggiore
@ac_libertas

MURATA
Società Sportiva Murata
1966 • Murata
@s.s.murata

PENNAROSSA
Società Sportiva Pennarossa
1968 • Chiesanuova
@pennarossa_official

SAN GIOVANNI
Associazione Sportiva San Giovanni
1948 • Borgo Maggiore
@sangiovannicalcio

SAN MARINO ACADEMY
San Marino Academy
2004 • San Marino
@sanmarinoacademy

TRE FIORI
Società Polisportiva Tre Fiori Football Club
1949 • Fiorentino
@trefiori_fc

TRE PENNE
Società Polisportiva Tre Penne
1956 • San Marino
@trepenneofficial

VIRTUS
Associazione Calcio Virtus
1964 • Acquaviva
@virtus.ac

SÉRVIA

BORAC CACAK
Fudbalski Klub Borac 1926
1/5/1926 • Cacak
@fk.borac.1926.cacak

CUKARICKI
Fudbalski Klub Čukarički
4/7/1926 • Belgrado
@fkcukaricki

ESTRELA VERMELHA
Fudbalski Klub Crvena Zvezda
4/3/1945 • Belgrado
@crvenazvezdafk

IMT
Fudbalski Klub IMT
1953 • Nova Belgrado
@fk.imt

INDIJA
Fudbalski Klub Indija
1933 • Indija
@fkindija.official

JAVOR IVANJICA
Fudbalski Klub Javor Ivanjica
1912 • Ivanjica
@fkjavormatis1912

JEDINSTVO
Fudbalski Klub Jedinstvo Ub
1920 • Ub
@fkjedinstvo_ub

MACVA SABAC
Fudbalski Klub Mačva Šabac
1919 • Sabac
@fkmacvasabac_official

MLADOST GAT
Fudbalski Klub Mladost GAT
1972 • Novi Sad
@fkmladostgatnovisad

MLADOST LUČANI
Fudbalski Klub Mladost Lučani
1952 • Lucani
@mladostlucanifk

NAPREDAK
Fudbalski Klub Napredak Kruševac
8/12/1946 • Krusevac
@napredak.official

NOVI PAZAR
Fudbalski Klub Novi Pazar
1928 • Novi Pazar
@fknovipazar_official

OFK BELGRADO
Omladinski Fudbalski Klub Beograd
6/7/1911 • Belgrado
@ofkbeograd1911

PARTIZAN
Fudbalski Klub Partizan
4/10/1945 • Belgrado
@partizanbelgrade

RADNICKI 1923
Fudbalski Klub Radnički 1923
1923 • Kragujevac
@fkradnicki1923kg

RADNICKI NIS
Fudbalski Klub Radnički
24/4/1923 • Nis
@fkradnickinis

RADNIK SURDULICA
Fudbalski Klub Radnik Surdulica
1926 • Surdulica
@fk.radnik.surdulica

SLOBODA
Gradski Fudbalski Klub
Sloboda Užice
1925 • Uzice
@fkslobodauzice

SPARTAK
Fudbalski Klub Spartak Ždrepčeva Krv
21/4/1945 • Subotica
@fcspartaksubotica

TEKSTILAC
Fudbalski Klub Tekstilac Odžaci
1919 • Odzaci
@fktekstilac1919

TSC
Fudbalski Klub TSC
1913 • Backa Topola
@fktsc

VOJVODINA
Fudbalski Klub Vojvodina
6/3/1914 • Novi Sad
@fk_vojvodina

ZELEZNICAR
Fudbalski Klub Železničar Pančevo
1947 • Pancevo
@fk_zeleznicar_pancevo

ZEMUN
Fudbalski Klub Zemun
20/10/1946 • Zemun
@fudbalski_klub_zemun

SUÉCIA

AIK
Allmänna Idrottsklubben
15/2/1891 • Solna
@aik

BK HÄCKEN
Bollklubben Häcken
2/8/1940 • Gotemburgo
@bkhackenofcl

BROMMAPOJKARNA
Idrottsföreningen Brommapojkarna
13/4/1942 • Bromma
@bpfotboll

DEGERFORS
Degerfors Idrottsförening
13/1/1907 • Degerfors
@dif_degerfors

DJURGARDENS
Djurgårdens IF Fotbollsförening
12/3/1891 • Djurgarden
@dif_fotboll

ELFSBORG
Idrottsföreningen Elfsborg
26/6/1904 • Boras
@ifelfsborg

GAIS
Göteborgs Atlet- & Idrottssällskap
11/3/1894 • Gotemburgo
@gais_se

GIF SUNDSVALL
Gymnastik- och
Idrottsföreningen Sundsvall
25/8/1903 • Sundsvall
@gifsundsvall

HALMSTADS
Halmstads Bollklubb
7/2/1914 • Halmstad
@halmstadsbollklubb

HAMMARBY
Hammarby IF Fotbollförening
10/4/1899 • Estocolmo
@hammarbyfotboll

HELSINGBORGS
Helsingborgs Idrottsförening
4/6/1907 • Helsingborg
@helsingborgsif

IFK GOTEMBURGO
Idrottsföreningen Kamraterna Göteborg
4/10/1904 • Gotemburgo
@ifkgoteborg

IFK NORRKÖPING
Idrottsföreningen
Kamraterna Norrköping
29/5/1897 • Norrköping
@ifknorrkoping

KALMAR
Kalmar Fotbollförening
15/6/1910 • Kalmar
@kalmar_ff

149

LANDSKRONA BOIS
Landskrona Boll och Idrottssällskap
7/2/1915 • Landskrona
@landskronabois

MALMÖ
Malmö Fotbollförening
24/2/1910 • Malmö
@malmo_ff

MJÄLLBY
Mjällby Allmänna Idrottsförening
1/4/1939 • Hallevik
@mjallbyaifs

ÖREBRO
Örebro Sportklubb
28/10/1908 • Orebro
@oskfotboll

ÖRGRYTE
Örgryte Idrottssällskap
4/12/1887 • Gotemburgo
@oisfotboll

ÖSTERS
Östers Idrottsförening
20/4/1930 • Vaxjo
@ostersif

SANDVIKENS
Sandvikens Idrottsförening
6/6/1918 • Sandviken
@sandvikensif

SIRIUS
Idrottsklubben Sirius
1907 • Uppsala
@siriusfotboll

VARNAMO
Idrottsföreningen Kamraterna Värnamo
1912 • Varnamo
@ifkvarnamo

VÄSTERAS
Västeras Sportklubb
29/1/1904 • Vasteras
@vskfotboll

SUÍÇA

AARAU
Fussball-Club Aarau
1902 • Aarau
@fcaarau

BADEN
Fussballclub Baden 1897
1897 • Baden
@fcbaden1897_official

BASEL
Football Club Basel 1893
15/11/1893 • Basiléia
@fcbasel1893

BAVOIS
Football Club Bavois
1941 • Bavois
@fc_bavois_officiel

BELLINZONA
Associazione Calcio Bellinzona
1904 • Bellinzona
@acbellinzona_official

CHAM
Sportclub Cham 1910
1910 • Cham
@sccham1910

DELÉMONT
Sport-Réunis de Delémont
1909 • Delémont
@srd_officiel

ÉTOILE CAROUGE
Étoile Carouge Football Club
1/7/1904 • Carouge
@etoilecarougefc

GRASSHOPPER
Grasshopper Club Zurich
1/9/1886 • Zurique
@gczurich

LAUSANNE-SPORT
Football Club Lausanne-Sport
1896 • Lausanne
@lausanne_sport

LUCERNE
Fussball-Club Luzern
12/8/1901 • Lucerna
@fcluzern_offiziell

LUGANO
Football Club Lugano
28/7/1908 • Lugano
@fclugano_official

NEUCHÂTEL XAMAX
Neuchâtel Xamax Football Club Serrières
1912 • Neuchâtel
@xamaxfcs

RAPPERSWIL-JONA
Fussball Club Rapperswil-Jona
1928 • Rapperswil
@fcrj_1928

SCHAFFHAUSEN
Fussball Club Schaffhausen
1896 • Schaffhausen
@fcschaffhausen

SERVETTE
Association du Servette Football Club
17/1/1900 • Genebra
@servettefootballclub

SION
Football Club de Sion
1909 • Sion
@fcsion

ST. GALLEN
Fussballclub St. Gallen 1879
19/4/1879 • St. Gallen
@fc_st.gallen1879

FC STADE LAUSANNE OUCHY
STADE LAUSANNE OUCHY
Football Club Stade Lausanne Ouchy
1901 • Ouchy
@fcslo

STADE NYONNAIS
Football Club Stade Nyonnais
29/10/1905 • Nyon
@stadenyonnaisofficiel

150

THUN
Fussballclub Thun 1898
1898 • Thun
@fcthun_official

WIL
Fussball Club Wil 1900
1900 • Wil
@fcwil1900

WINTERTHUR
Fussballclub Winterthur
1896 • Winterthur
@fcwinterthur_offiziell

YOUNG BOYS
Berner Sport Club Young Boys
14/3/1898 • Berna
@bscyb_offiziell

YVERDON-SPORT
Yverdon-Sport Football Club
1897 • Yverdon-les-Bains
@yverdonsport

ZURIQUE
Fussballclub Zürich
1896 • Zurique
@fcz_offiziell

UCRÂNIA

CHORNOMORETS ODESA
Football Club Chornomorets Odesa
26/3/1936 • Odesa
@fcchornomorets

DYNAMO KIEV
Football Club Dynamo Kyiv
13/5/1927 • Kiev
@fc_dynamo_kyiv

INHULETS PETROVE
Football Club Inhulets Petrove
2013 • Petrove
@fcinhulets

KARPATY LVIV
Football Club Karpaty Lviv
1963 • Lviv
@karpaty.lviv

KOLOS KOVALIVKA
Football Club Kolos Kovalivka
2012 • Kovalivka
@fckoloskovalivka

KREMIN
Football Club Kremin Kremenchuk
1959 • Kremenchuk
@fckremen

KRYVBAS KRYVYI RIH
Football Club Kryvbas Kryvyi Rih
29/7/2020 • Kryvyi Rih
@fckryvbas

LIVYI BEREH KIEV
Football Club Livyi Bereh Kiev
2017 • Kiev
@fc_liviybereh

LNZ CHERKASY
Futbolniy Klub LNZ Cherkasy
2006 • Cherkasy
@fclnz

MARIUPOL
FSC Mariupol
2017 • Mariupol
@fscmariupol

METALIST 1925 KHARKIV
Football Club Metalist 1925 Kharkiv
2016 • Kharkiv
@metalist1925_kh

METALIST KHARKIV
Football Club Metalist Kharkiv
11/12/1925 • Kharkiv
@fcmetalist

MYNAI
Football Club Mynai
2015 • Mynai
@minaj_footballclub

NYVA TERNOPIL
Football Club Nyva Ternopil
23/7/1978 • Nyva Ternopil
@nyvaternopil

OBOLON
Football Club Obolon Kyiv
13/6/1992 • Kiev
@fc_obolon_kyiv

OLEKSANDRIYA
Football Club Oleksandriya
1948 • Oleksandriya
@fcolexandriya

POLISSYA ZHYTOMYR
Football Club Polissya Zhytomyr
1959 • Zhytomyr
@fcpolissya

RUKH LVIV
Football Club Rukh Lviv
2003 • Lviv
@fc.ruh.lviv

SHAKHTAR DONETSK
Football Club Shakhtar Donetsk
24/5/1936 • Donetsk
@fcshakhtar

UCSA TARASIVKA
Football Club Ukrainian
Christian Sport Academy
2017 • Boyarka
@fc.ucsa

VERES RIVNE
Narodnyy Klub Veres Rivne
1957 • Rivne
@veres.club

VIKTORIYA SUMY
Football Club Viktoriya Sumy
2015 • Sumy
@fc_viktoria_official

VORSKLA POLTAVA
Football Club Vorskla Poltava
1955 • Poltava
@fcvp.official

ZORYA LUHANSK
Football Club Zorya Luhansk
5/5/1923 • Luhansk
@zoryaluhansk

CAF
Confederation of African Football
8/2/1957 • Giza, Egito
@caf_online

PRINCIPAL MUDANÇA DA CAF

1992 • 2009 | 2009

ÁFRICA DO SUL
South African Football Association
1892 • Johanesburgo
@safa_dot_net

ANGOLA
Federação Angolana de Futebol
9/8/1979 • Luanda
@faf_angola

ARGÉLIA
Fédération Algérienne de Football
21/10/1962 • Argel
@Lesverts.faf

BENIN
Fédération Béninoise de Football
1960 • Porto Novo
@febefootbj

BOTSUANA
Botswana Football Association
1966 • Gaborone
@wearebfa

BURQUINA FASSO
Burkinabé Football Federation
1959 • Uagadugu
@fbffoot

BURUNDI
Fédération de football du Burundi
1962 • Gitega
@ffburundi

CABO VERDE
Federação Cabo-verdiana de Futebol
1982 • Praia
@fcfcomunica

CAMARÕES
Fédération Camerounaise de Football
1959 • Yaoundé
@fecafootofficiel

CHADE
Fédération Tchadienne de Football Association
1962 • Djamena
@saodutchadofficiel

COMORES
Comoros Football Federation
1979 • Moroni
@fedcomfootball

CONGO
Fédération Congolaise de Football
1962 • Brazzaville
@fecofoot_rc

COSTA DO MARFIM
Fédération Ivoirienne de Football
1960 • Abidjan
@fifci_insta

DJIBUTI
Fédération Djiboutienne de Football
1979 • Djibuti
@fdjfootball

EGITO
Egyptian Football Association
3/12/1921 • Cairo
@efasocial

ERITREA
Eritrean National Football Federation
1996 • Asmara

ESSUATÍNI
Eswatini Football Association
1968 • Mbabane

ETIÓPIA
Ethiopian Football Federation
1943 • Addis Ababa
@ethiopiaff

GABÃO
Fédération Gabonaise de Football
1962 • Libreville
@fegafoot

152

GÂMBIA
Gambia Football Federation
1952 • Banjul
@the_gff_official

GANA
Ghana Football Association
1957 • Acra
@ghana_fa_official

GUINÉ
Fédération Guinéenne de Football
1960 • Conakry
@feguifootofficiel

GUINÉ-BISSAU
Federação de Futebol da Guiné-Bissau
1974 • Bissau
@djurtos_ffgb.gw

GUINÉ EQUATORIAL
Federación Ecuatoguineana de Fútbol
1975 • Malabo
@feguifutofficial

LESOTO
Lesotho Football Association
1932 • Maseru
@lesothofootballassociation

LIBÉRIA
Liberia Football Association
1936 • Monrovia
@liberianfa

LÍBIA
Libyan Football Federation
1962 • Tripoli
@libyanff

MADAGASCAR
Fédération Malgache de Football
1961 • Antananarivo
@federationmalagasydefootball

MALÁUI
Football Association of Malawi
1966 • Lilongwe
@malawi_fa

MALI
Fédération Malienne de Football
1960 • Bamaco
@femafoot_officiel

MARROCOS
Fédération Royale Marocaine de Football
26/1/1957 • Rabat
@equipedumaroc

MAURÍCIO
Mauritius Football Association
1952 • Porto Luís
@mauritius.fa

MAURITÂNIA
Fédération de football de la République islamique de Mauritanie
1961 • Nouakchott
@ffrim

MOÇAMBIQUE
Federação Moçambicana de Futebol,
1975 • Maputo
@fmoficialmz

NAMÍBIA
Namibia Football Association
1976 • Windhoek
@namibiafootballassociation

NÍGER
Fédération Nigerienne de Football
1961 • Niamei
@fenifootniger

NIGÉRIA
Nigeria Football Federation
1945 • Abuja
@thenffofficial

QUÉNIA
Football Kenya Federation
1960 • Nairóbi
@football_kenya_federation

REPÚBLICA CENTRO-AFRICANA
Fédération de Football Centrafricaine
1961 • Bangui
@soutienauxfauves236

REPÚBLICA DEMOCRÁTICA DO CONGO
Fédération Congolaise de Football-Association
1919 • Kinshasa
@fecofadrc

RUANDA
Fédération Rwandaise de Football Association
1975 • Kigali
@ferwafa

SÃO TOMÉ E PRÍNCIPE
Federação Santomense de Futebol
11/7/1975 • São Tomé
@-

SEICHELES
Seychelles Football Federation
1980 • Mahé
@sey.football.federation

SENEGAL
Fédération Sénégalaise de Football
1960 • Dacar
@fsfofficielle

SERRA LEOA
Sierra Leone Football Association
1923 • Freetown
@slfa_sl

SOMÁLIA
Somali Football Federation
1951 • Mogadishu
@somalifootballfederation1951

SUDÃO
Sudan Football Association
1936 • Cartum
@sfa1936

SUDÃO DO SUL
South Sudan Football Association
2011 • Juba
@southsudanfootballassociation

TANZÂNIA
Tanzania Football Federation
1945 • Dar es Salaam
@tanfootball

TOGO
Fédération Togolaise de Football
1960 • Lomé
@les_eperviers_du_togo_officiel

TUNÍSIA
Fédération Tunisienne de Football
29/3/1957 • Tunes
@ftf.officielle

UGANDA
Federation of Uganda Football Associations
1924 • Kampala
@fufamedia

ZÂMBIA
Football Association of Zambia
1929 • Lusaka
@fazfootball

ZIMBÁBUE
Zimbabwe Football Association
1892 • Harare
@online_zifa

🇿🇦 ÁFRICA DO SUL

AMAZULU
AmaZulu Football Club
1932 • Durban
@amazulu_fc

BLACK LEOPARDS
Black Leopards Football Club
1983 • Thohoyandou
@lidodaduvha.cityfc

CAPE TOWN CITY
Cape Town City Football Club
2016 • Cidade do Cabo
@capetowncityfc

CAPE TOWN SPURS
Cape Town Spurs Football Club
11/1/1970 • Cidade do Cabo
@capetownspurs_fc

CHIPPA UNITED
Chippa United Football Club
2010 • Londres Oriental
@chippaunitedfc

DURBAN CITY
Durban City Football Club
1981 • Durban
@durban.cityfc

GOLDEN ARROWS
Lamontville Golden Arrows
Football Club
1943 • Durban
@goldenarrowsfc

KAIZER CHIEFS
Kaizer Chiefs Football Club
7/1/1970 • Johanesburgo
@kcfcofficial

MAGESI
Magesi Football Club
2011 • Moletši
@magesifc

MAMELODI SUNDOWNS
Mamelodi Sundowns Football Club
1970 • Pretória
@sundownsfc

MARUMO GALLANTS
Marumo Gallants Football Club
2021 • Polokwane
@_marumogallants

ORLANDO PIRATES
Orlando Pirates Football Club
1937 • Soweto
@orlandopirates

POLOKWANE CITY
Polokwane City Football Club
2012 • Polokwane
@polokwanecity

RICHARDS BAY
Richards Bay Football Club
2017 • Richards Bay
@richardsbayfc_

ROYAL AM
Royal AM Football Club
1969 • Pietermaritzburg
@royalam_fc

SANTOS
Engen Santos Football Club
1982 • Cidade do Cabo
@santosfc.capetown

SEKHUKHUNE UNITED
Sekhukhune United Football Club
2019 • Polokwane
@sekhukhune_fc

STELLENBOSCH
Stellenbosch Football Club
3/8/2016 • Stellenbosch
@stellenbosch_fc

SUPERSPORT UNITED
SuperSport United Football Club
1994 • Pretória
@supersport_unitedfc

TS GALAXY
Tim Sukazi Galaxy Football Club
2015 • Mbombela
@tsgalaxyfc

🇦🇴 ANGOLA

ACADÉMICA DO LOBITO
Académica Petróleos Clube do Lobito
17/3/1970 • Lobito
@academicadolobito

BENFICA
Sport Luanda e Benfica
5/10/1922 • Luanda

BRAVOS DO MAQUIS
Futebol Clube Bravos do Maquis
27/6/1983 • Luena
@bravosdomaquis

DESPORTIVO DA LUNDA SUL
Clube Desportivo da Lunda Sul
1990 • Saurimo
@clubedesportivodalundasul

DESPORTIVO DE HUÍLA
Clube Desportivo da Huíla
7/3/1998 • Lubango
@clubedesportivodahuila_

INTERCLUBE
Grupo Desportivo Interclube
28/2/1976 • Luanda
@interclube_angola

KABUSCORP
Kabuscorp Sport Clube do Palanca
5/12/1994 • Luanda
@kabuscorp_sport_clube

KUANDO KUBANGO
Kuando Kubango Futebol Clube
12/5/2009 • Menongue
@kuandokubango

LUANDA CITY
Luanda City Football Club
2022 • Luanda
@luandacityfc

PETRO DE LUANDA
Atlético Petróleos de Luanda
14/1/1980 • Luanda
@petro_de_luanda_oficial

PRIMEIRO DE AGOSTO
Clube Desportivo Primeiro de Agosto
1/8/1977 • Luanda
@clubeldeagosto

PROGRESSO
Progresso Associação do Sambizanga
17/11/1975 • Luanda
@progresso.luandaofical

RECREATIVO DE LIBOLO
Clube Recreativo Desportivo do Libolo
14/8/1942 • Libolo
@recreativo.libolo

SAGRADA ESPERANÇA
Grupo Desportivo Sagrada Esperança
22/12/1976 • Lunda Norte

SPORTING CABINDA
Sporting Clube Petróleos de Cabinda
1975 • Cabinda
@sporting_de_cabinda_oficial

WILIETE
Wiliete Sport Clube
14/9/2018 • Benguela
@wilietesportclubeoficial

ARGÉLIA

ASO CHLEF
Association Sportive Olympique de Chlef
1947 • Chlef
@as_orleans

CR BELOUIZDAD
Chabab Riadhi Belouizdad
15/7/1962 • Algiers
@chabab.riadhi.belouizdad

CS CONSTANTINE
Club Sportif Constantinois
1898 • Constantine
@csconstantine_officiel

ES MOSTAGANEM
Espérance Sportive de Mostaganem
1940 • Mostaganem
@esmostaganem

ES SÉTIF
Entente Sportive Sétifienne
1958 • Sétif
@essetifsport19

JS KABYLIE
Jeunesse Sportive de Kabylie
2/8/1946 • Tizi Ouzou
@jskabylie.officiel

JS SAOURA
Jeunesse Sportive de la Saoura
2008 • Méridja
@jssaoura.officielle

MC ALGER
Mouloudia Club d'Alger
7/8/1921 • Douera
@mcalger.officiel

MC EL BAYADH
Mouloudia Club El Bayadh
1936 • El Bayadh
@mc_elbayadh

MC ORAN
Mouloudia Club of Oran
14/5/1946 • Oran
@_mco_1917_

NA HUSSEIN-DEY
Nasr Athlétique de Hussein-Dey
15/6/1947 • Hussein-Dey
@nahd.pageofficielle

NC MAGRA
Nedjm Chabab Magra
1998 • Magra
@ncmagra.official

OLYMPIQUE AKBOU
Olympique Akbou
1936 • Akbou
@olympique.akbou

PARADOU AC
Paradou Athletic Club
16/8/1994 • Algiers
@paradouac

US BISKRA
Union Sportive de Biskra
1934 • Biskra
@usb.officiel

USM ALGER
Union Sportive de la Médina d'Alger
5/7/1937 • Algiers
@usmaofficiel

BENIM

AS DRAGONS
Association Sportive Dragons FC de l'Ouémé
1970 • Porto Novo

BUFFLES DU BORGOU
Les Buffles Football Club du Borgou
1976 • Parakou
@lesbufflesduborgou

CAVALIERS
Union Sportive des Cavaliers de Nikki
1995 • Nikki

COTON
Coton Football Club
1999 • Ouidah
@coton.fc

PANTHERS
Panthères Football Club
1988 • Djougou

REQUINS
Requins de l'Atlantique Football Club
1970 • Cotonou

BOTSUANA

BDF XI
Botswana Defence Force XI Football Club
1978 • Mogoditshane
@thecamoboys

GABORONE UNITED
Gaborone United Sporting Club
1967 • Gaborone
@gaboroneunitedsc

155

JWANENG GALAXY
Jwaneng Galaxy Football Club
2014 • Jwaneng
@jwanenggalaxyfcofficial

MOCHUDI CENTRE CHIEFS
Mochudi Centre Chiefs Sporting Club
1972 • Mochudi
@mochudi_centre_chiefs

TOWNSHIP ROLLERS
Township Rollers Football Club
1961 • Gaborone
@townshiprollersfc

UNION FLAMENGO SANTOS
Union Flamengo Santos Football Club
2003 • Gabane

BURQUINA FASSO

AS DOUANES
Association Sportive des Douanes
1990 • Ouagadougou

ASF YENNENGA
Association Sportive
du Faso-Yennenga
1947 • Ouagadougou

ÉTOILE FILANTE
Étoile Filante de Ouagadougou
1955 • Ouagadougou

RACING CLUB DE BOBO
Racing Club de Bobo Dioulasso
1949 • Bobo-Dioulasso

RAIL CLUB KADIOGO
Rail Club du Kadiogo
1967 • Ouagadougou

US FORCES ARMÉES
Union Sportive des
Forces Armées
1962 • Ouagadougou
@usfaburkina

BURUNDI

ACADEMIE LE MESSAGER
Académie Le Messager Football Club Gitega
2016 • Gitega
@academie_lemessager

AIGLE NOIR
Aigle Noir Makamba
Football Club
2009 • Makamba
@aiglenoircsburundi

BUMAMURU
Bumamuru Standard Football Club
31/3/2014 • Buganda
@bumamurufc

INTER STAR
Association Sportif Inter Star
1977 • Bujumbura

RUKINZO
Rukinzo Football Club
31/3/2015 • Bujumbura
@rukinzo_fc

VITAL'O
Vital'O Football Club
1957 • Bujumbura
@fc_vitalo

CABO VERDE

ACADÉMICA DA PRAIA
Associação Académica da Praia
15/12/1962 • Praia

ACADÉMICA DO MINDELO
Associação Académica do Mindelo
1/4/1940 • Mindelo
@mica_academicamindelo

BELO HORIZONTE
Futebol Clube Belo Horizonte
1966 • Juncalinho

BOAVISTA
Boavista Futebol Clube
5/7/1939 • Praia
@boavistafcpraia

DERBY
Futebol Clube de Derby
5/8/1929 • Mindelo
@futebol_club_derby

FIGUEIRENSE
Associação Sport Club Figueirense
6/10/2010 • Ilha do Maio
@asc_figueirense

MINDELENSE
Clube Sportivo Mindelense
25/5/1922 • Mindelo
@csmindelense

PALMEIRA
Grupo Desportivo Palmeira
4/9/1974 • Ilha do Sal
@g.d.palmeira

CAMARÕES

SANTO CRUCIFIXO
União Desportiva Santo Crucifixo
13/4/2014 • Santo Antão

SPORTING PRAIA
Sporting Clube da Praia
2/12/1923 • Praia
@sportingclubepraia

TRAVADORES
Clube Desportivo Travadores
15/10/1930 • Praia
@cdtravadores

VULCÂNICO
Vulcânico Clube do Fogo
18/7/1953 • São Filipe

AIGLE DE LA MENOUA
Aigle Royal de la Menoua
1932 • Dschang
@asarm

AS FORTUNA
Association Sportive Fortuna de Mfou
1998 • Mfou

AVION ACADEMY
Avion Academy Football Club
2012 • Nkam
@

BAMBOUTOS
Bamboutos Football Club
1966 • Mbouda
@bamboutosfc

CANON YAOUNDÉ
Canon Sportif de Yaoundé
11/11/1930 • Yaoundé
@canonsportdeyaounde

COLOMBE DU DJA
Colombe Sportive du Dja et Lobo
1958 • Sangmelima

COTON SPORT
Coton Sport Football Club de Garoua
1986 • Garoua
@cotonsportdegaroua

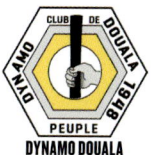

DYNAMO DOUALA
Dynamo Club de Douala
1948 • Douala
@dynamodedouala

EDING SPORT
Eding Sport Football Club
2012 • Lekié
@edingsport

FAUVE AZUR
Fauve Azur Football Club
2015 • Yaoundé
@fauveazurelitefc

FOVU BAHAM
Fovu Club de Baham
1978 • Baham

GAZELLE
Gazelle Football Academy de Garoua
2015 • Garoua
@gazelle_fa_de_garoua

LES ASTRES
Les Astres Football Club
2002 • Douala

PWD
PWD Bamenda Football Club
1962 • Bamenda
@pwdbamenda

STADE RENARD
Stade Renard Football Club de Melong
2015 • Melong

UNION DOUALA
Union Sportive de Douala
1958 • Douala
@usdofficiel

UNISPORT BAFANGA
Unisport Football Club de Bafang
1959 • Bafang

USM DE LOUM
Union des Mouvements
Sportifs de Loum
2011 • Loum

VICTORIA UNITED
Victoria United Football Club
2002 • Limbé
@victoriaunitedfc_opopo

YOUNG SPORTS
Young Sports Academy Football Club
2004 • Bamenda
@yongsportsacademy

CHADE

AIGLONS
Football Club Aiglons
2000 • N'Djamena

AS FARCHA
Associacion Sportive Farcha
2010 • Farcha

AS PSI
Association Sportive Pan Sahel
Initiative Football Club
2003 • Yamena
@as_psi_b

ELECT SPORT
Tout Puissant Elect-Sport
Football Club
1964 • N'Djamena
@tpelectsport

GAZELLE
Gazelle Football Club
16/5/1972 • N'Djamena
@gazelle_football_club

RENAISSANCE
Renaissance Football Club
1954 • N'Djamena

COMORES

DJABAL
Djabal Club d'Iconi
1979 • Iconi
@djabal_fc

ÉTOILE D'OR DE MIRONTSY
Etoile d'Or Mirontsy Football Club
1982 • Mironsti

FOMBONI
Fomboni Football Club
1985 • Fomboni

STEAL NOUVEL SIMA
Steal Nouvel Football Club de Sima
1975 • Sima

US ZILIMADJOU
Union Sportive de Zilimadjou
1983 • Moroni
@uszilimadjou

VOLCAN
Volcan Club de Moroni
16/6/1971 • Moroni
@volcanclub_officiel

CONGO

AS LÉOPARDS
Athlétic Club Léopards de Dolisie
1953 • Dolisie

AS OTOHÔ
Association Sportive Otohô
16/7/2014 • Oyo
@asotohol

CARA BRAZZAVILLE
Club Athlétique Renaissance
Aiglons Brazzaville
1935 • Brazzaville

DIABLES NOIRS
Club Sportif Multidisciplinaire
Diables Noirs
1950 • Brazzaville

ÉTOILE DU CONGO
Étoile du Congo
1926 • Brazzaville

INTER CLUB
Inter Club Brazzaville
1967 • Brazzaville

COSTA DO MARFIM

AFAD
Académie de Football Amadou
Diallo de Djékanou
27/6/2005 • Abidjan

AFRICA SPORTS
Africa Sports d'Abidjan
27/4/1947 • Abidjan
@africasports_inside

AS DENGUELÉ
Association Sportive
Denguelé d'Odienné
1972 • Odienné
@asdengueleofficiel

ASEC MIMOSAS
Association Sportive des Employés
de Commerce Mimosas
29/4/1948 • Abidjan
@asec_mimosas_officiel

BINGERVILLE
Entente Sportive de Bingerville
1995 • Bingerville

BOUAKÉ
Bouaké Football Club
2004 • Bouaké
@bouakefootballclub

CLUB OMNISPORTS
Club Omnisports du Korhogo
1986 • Korhogo

INDENIÉ ABENGOUROU
Associacion Sportive Indenié
Abengourou
1954 • Abengourou

KORHOGO
Club Omnisports de Korhogo
1986 • Korhogo

LYS SASSANDRA
Limane Yacouba Syla Football Club
2015 • Sassandra

MOUNA
Football Club Mouna d'Akoupé
2011 • Akoupé
@fc.mouna

RACING D'ABIDJAN
Racing Club Abidjan
2006 • Abidjan
@racingclubabidjan_officiel

SAN PÉDRO
Football Club de San-Pédro
2004 • San Pédro
@fc.sanpedro

SC GAGNOA
Sporting Club de Gagnoa
1960 • Gagnoa
@sportingclubgagnoa

SÉWÉ
Séwé Football Club
1977 • San-Pédro
@sewefc

SOA
Société Omnisport de l'Armée Football
1962 • Yamoussoukro

SOL
Stars Olympic Football Club
2006 • Abobo

STADE D'ABIDJAN
Stade D'Abidjan
1936 • Abidjan
@stadedabidjanofficiel

DJIBUTI

STELLA CLUB
Stella Club d'Adjamé
1953 • Abidjan
@stellaclubdadjame

USC BASSAM
Union Sportive des Clubs de Bassam
1947 • Bassam

AS ALI SABIEH
Association Sportive d'Ali Sabieh
1991 • Ali Sabieh

AS ARTA SOLAR 7
Association Sportive d'Arta
1980 • Arta
@arta.solar7

AS PORT
Association Sportive du Port
1982 • Djiboti City

FC DIKHIL
Football Club Dikhil
1994 • Dikhil

EGITO

FC GARDE RÉPUBLICAINE
Football Club Guelleh Batal de la Garde Républicaine
2005 • Djiboti City

SDC GROUP
Football Club SDC Group
1989 • Balbala

AL AHLY
Al Ahly Sporting Club
24/4/1907 • Cairo
@alahly

AL-ITTIHAD
Al Ittihad Alexandria Club
4/8/1914 • Alexandria
@itthadalexsc

AL-MASRY
Al-Masry Sporting Club
18/3/1920 • Port Said
@almasrysc

AL-MOKAWLOON
Al Mokawloon Al Arab
1973 • Nasr City

ALEXANDRIA
Alexandria Sporting Club
10/9/1890 • Alexandria
@sportingofficial

CERAMICA CLEOPATRA
Ceramica Cleopatra Football Club
2007 • Giza
@cleopatrafc_

EL GOUNA
El Gouna Football Club
2003 • El Gouna
@gounafc

ENPPI CLUB
Engineering for the Petroleum and Process Industries Sporting Club
22/9/1985 • Nova Cairo
@enppi_club

GHAZL EL-MAHALLA
Ghazl El Mahalla Sporting Club
1/10/1936 • El Mahalla El Kubra
@ghm_fc

HARAS EL HOODOD
Haras El Hoodod Sporting Club
1932 • El Max
@haraselhadoud

ISMAILY
Ismaily Sporting Club
20/3/1924 • Ismailia
@ismailyofficial

KAHRABAA ISMAILIA
Kahrabaa Ismailia Sporting Club
1935 • Ismailia

MODERN SPORT
Modern Sport Football Club
2011 • Cairo
@modernsportsc

NATIONAL BANK
National Bank of Egypt Sporting Club
1951 • Cairo
@nationalbankegyptclub

PETROJET
Petrojet Football Club
2000 • Suez
@pjscofficial

PHARCO
Pharco Football Club
2010 • Alexandria
@pharcofc

PYRAMIDS
Pyramids Football Club
2008 • Nova Cairo
@pyramidsfc

SMOUHA
Smouha Sporting Club
29/12/1949 • Alexandria
@smouhasc.official

SUEZ
Suez Sporting Club
1923 • Suez
@suezsportsclub

TALA'EA EL-GAISH
Tala'ea El Gaish Sporting Club
1997 • Cairo
@talaea_elgaishfc

TANTA
Tanta Sports Club
5/6/1928 • Tanta

WADI DEGLA
Wadi Degla Sporting Club
2002 • Nasr City
@wadideglafc

ZAMALEK
Zamalek Sporting Club
5/1/1911 • Giza
@zscofficial

ZED
ZED Football Club
1/11/2009 • Giza
@zedfc_egypt

ERITREIA

ADULIS
Adulis Club
1996 • Asmara

AL TAHRIR
Football Club Al Tahrir
1970 • Asmara

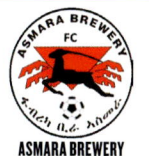

ASMARA BREWERY
Asmara Brewery Football Club
1944 • Asmara

DENDEN
Denden Football Club
1994 • Asmara

159

RED SEA
Red Sea Football Club
1945 • Asmara

TESFA
Tesfa Football Club
1994 • Asmara

ESSUATÍNI

GREEN MAMBA
Green Mamba Football Club
1987 • Manzini
@green_mamba_fc_academy

MANZINI WANDERERS
Manzini Wanderers Football Club
1957 • Manzini

MBABANE HIGHLANDERS
Mbabane Highlanders Football Club
1952 • Mbabane
@mbabanehighlanders_fc

MBABANE SWALLOWS
Mbabane Swallows Football Club
1948 • Mbabane
@mbabaneswallowsfc_official

ROYAL LEOPARDS
Royal Leopards Football Club
1979 • Simunye

YOUNG BUFFALOS
Young Buffalos Football Club
1982 • Mbabane

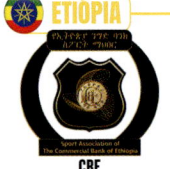

ETIÓPIA

CBE
Commercial Bank of Ethiopia Sports Association
1982 • Addis Ababa

ETHIOPIAN COFFEE
Ethiopian Coffee Sport Club
1976 • Addis Ababa
@coffeefc_12

FASIL KENEMA
Fasil Kenema Sport Club
1968 • Gondar
@fasil_kenema_sc

JIMMA ABA BUNA
Jimma Aba Buna Sport Club
1955 • Jimma

MECHAL
Mechal Sport Club
1938 • Addis Ababa

SAINT GEORGE
Saint George Sports Club
1935 • Addis Ababa

GABÃO

CERCLE MBÉRI
Cercle Mbéri Sportif Football Club
1996 • Libreville

FOOTBALL CANON
Football Canon 105
1975 • Libreville
@footballcanon105

MANGASPORT
Association Sportive Mangasport
1962 • Moanda
@as_manga_sport

MISSILE FOOTBALL
Missile Football Club
2003 • Libreville

STADE MANDJI
Association Sportive Omnisports Stade Mandji
1962 • Port-Gentil
@

US BITAM
Union Sportive de Bitam
1947 • Bitam
@

GÂMBIA

ARMED FORCES
Gambia Armed Forces Football Club
1989 • Banjul
@gambiaarmedforcesgaf

BANJUL UNITED
Banjul United Football Club
2010 • Banjul

BRIKAMA UNITED
Brikama United Football Club
2003 • Brikama
@brikamaunited_fc

GAMTEL
Gamtel Tigers Football Club
1998 • Banjul
@

REAL DE BANJUL
Real de Banjul Football Club
1966 • Banjul
@realdebanjul

WALLIDAN
Wallidan Football Club
1969 • Banjul
@wallidanfc

GANA

ACCRA LIONS
Accra Lions Football Club
12/12/2015 • Acra
@accralions

ADUANA STARS
Aduana Stars Football Club
1985 • Dormaa Ahenkro
@aduanastarsfc

ASANTE KOTOKO
Asante Kotoko Sporting Club
31/8/1935 • Kumasi
@scasantekotoko

BASAKE HOLY STARS
Basake Holy Stars Football Club
1998 • Nzema-Basake

BECHEM UNITED
Bechem United Football Club
1966 • Bechem
@bechemunitedfc

BEREKUM CHELSEA
Berekum Chelsea Football Club
21/7/2004 • Berekum
@berekumchelseafc

DREAMS
Dreams Football Club
2009 • Acra
@dreamsfcgh

GOLDSTARS
Bibiani GoldStars Sporting Club
1998 • Bibiani
@

HEART OF LIONS
Heart of Lions Football Club
2001 • Kpandu
@heartoflionsfc

HEARTS OF OAK
Accra Hearts of Oak Sporting Club
11/11/1911 • Acra
@accraheartsofoak

KARELA UNITED
Karela United Football Club
2013 • Aiyinase
@karelaUnitedfc

LEGON CITIES
Legon Cities Football Club
2006 • Acra
@legoncitiesfc

MEDEAMA
Medeama Sporting Club
18/4/2002 • Tarkwa
@medeama_sc

NATIONS FC
Nations Football Club
1996 • Kumasi
@nationsfcgh

NSOATREMAN
Nsoatreman Football Club
2021 • Nsuatre
@nsoatremanfc

SAMARTEX
Football Club Samartex 1996
1996 • Samreboi
@fcsamartex1996

VISION
Vision Football Club
1999 • Acra
@visionfootballclub

YOUNG APOSTLES
Young Apostles Football Club
2012 • Wenchi
@officialyafc

GUINÉ

AS KALOUM
Association Sportive Kaloum
1958 • Conakry
@a.s.kaloum

FELLO
Fello Star de Labé
1988 • Labé

HAFIA
Hafia Football Club
1951 • Conakry
@hafia_fc_officiel

HOROYA
Horoya Athletic Club
1975 • Conakry
@horoyaac

MILO
Milo Football Club
1976 • Kankan

SOAR
Super Olympique d'une
Afrique Renaissante
2019 • Ratoma

GUINÉ-BISSAU

BALANTAS
Clube de Futebol Os Balantas
16/9/1946 • Mansôa

CANCHUNGO
Futebol Clube de Canchungo
1/7/1948 • Canchungo

FLAMENGO DE PÉFINE
Flamengo de Péfine Futebol Clube
1/8/1983 • Bissau

SPORT BISSAU E BENFICA
Sport Bissau e Benfica
27/5/1944 • Bissau
@sbbenfica

SPORTING BISSAU
Sporting Clube de Bissau
30/1/1936 • Bissau

UNIÃO BISSAU
União Desportiva
Internacional de Bissau
1971 • Bissau

GUINÉ EQUATORIAL

AKONANGUI
Akonangui Fútbol Club
1979 • Ebibeyin
@akonanguifc

C.S.A. CANO SPORT
Cano Sport Academy
28/3/2014 • Malabo
@canosport.tvl

CD ELÁ NGUEMA
Club Deportivo Sony CF Elá Nguema
1976 • Malabo
@sonyelanguema.gq

DEPORTIVO MONGOMO
Club Deportivo Mongomo
1973 • Mongomo
@club_dvo_mongomo

161

DRAGON'S FC
Dragon Fútbol Club
1999 • Bata

LEONES VEGETARIANOS
Leones Vegetarianos Fútbal Club
20/7/2000 • Malabo

🇱🇸 LESOTO

BANTU
Bantu Football Club
1927 • Mafeteng
@bantu.fc

LDF
Lesotho Defence Force Football Club
1982 • Maseru

LIJABATHO
Lijabatho Football Club
1942 • Mahala

LIOLI
Lioli Football Club
1934 • Teyateyaneng

LIPHAKOE
Liphakoe Football Club
1946 • Moyeni

MATLAMA
Matlama Football Club
1932 • Maseru

🇱🇷 LIBÉRIA

BLACK MAN WARRIOR
Black Man Warrior Football Club
2014 • Robertsport

FREEPORT
Freeport Football Club
2011 • Bushrod Island
@freeport_fc

LISCR
LISCR Football Club
1995 • Monrovia
@liscrfc1995

LPRC OILERS
LPRC Oilers Football Club
1975 • Monrovia
@lprcoilersfc

MIGHTY BARROLLE
Mighty Barrolle Sports Association
1956 • Monrovia

WATANGA
Watanga Football Club
24/12/1997 • Paynesville
@watanga_fc

🇱🇾 LÍBIA

ABU SALIM
Abu Salim Sports Club
1976 • Tripoli

AL HILAL
Al-Hilal Sports Cultural &
Social Club
23/3/1952 • Benghazi
@alhilalliby

AL ITTIHAD
Al-Ittihad Sports and Cultural
Social Club
29/7/1944 • Tripoli
@ittihadsc

AL-AHLI SC
Al-Ahli Sports Club Tripoli
19/9/1950 • Tripoli
@al.ahly_tripoli

AL-AHLY BENGHAZI
Al-Ahly Sports Cultural & Social Club
19/4/1947 • Benghazi
@alahlyly47

AL-NASR BENGHAZI
Al-Nasr Sports, Cultural and
Social Club
1954 • Benghazi

🇲🇬 MADAGASCAR

ADEMA
Association Sportive Adema Mahamasina
1955 • Antananarivo

AJESAIA
Association des Jeunes Sportifs
de l'Avenir Inter-Arrondissements
1998 • Itaosy

CFFA
Centre de Formation de
Football d'Andoharanofotsy
2021 • Andoharanofotsy

CNAPS SPORT
Caisse Nationale de
Prévoyance Sociale Sport
1990 • Miarinarivo

FOSA JUNIORS
Fosa Juniors Football Club
2015 • Mahajanga
@fosa_juniors

JET KINTANA
Jeune Etoile de Tana Kintana
2021 • Antananarivo
@jetkintana

🇲🇼 MALAWI

BLUE EAGLES
Blue Eagles Football Club
1988 • Lilongwe

KAMUZU BARRACKS
Kamuzu Barracks Football Club
1999 • Lilongwe
@kamuzubarracks_fc

MIGHTY TIGERS
Mighty Tigers Football Club
1984 • Blantyre

NYASA BIG BULLETS
Nyasa Big Bullets Football Club
1966 • Blantyre
@nyasabigbullets

🇲🇱 MALI

SILVER STRICKERS
Silver Strikers Football Club
1977 • Lilongwe
@silverstrikersfc

WANDERERS
Mighty Mukuru Wanderers Football Club
1962 • Blantyre
@mightywanderers

AFRIQUE ÉLITE
Afrique Football Élite
2004 • Bamako
@afriquefootballelite

AS BAKARIDJAN
Association Sportive Bakaridjan de Barouéli
23/5/1989 • Barouéli
@bakarydjan_officiel

DJOLIBA
Djoliba Athletic Club
20/8/1960 • Bamako
@acdjoliba

REAL BAMAKO
Association Sportive du Real Bamako
19/9/1960 • Bamako
@realbamako

STADE MALIEN
Stade Malien de Bamako
1960 • Bamako
@blancsdebamako

YEELEN
Centre Yeelen Olympique
2003 • Bamako
@yeelenolympique

🇲🇦 MARROCOS

AS FAR
Association Sportive des Forces Armées Royales
1/9/1958 • Rabat
@asfar_officiel

CODM MEKNÈS
Club Omnisports De Meknès
1962 • Meknes
@officiel.codm

DIFFÂ EL JADIDI
Difaâ Hassani El Jadidi
1/6/1956 • El Jadidi
@dhj.officiel

FATH UNION SPORT
Fath Union Sport Football Club
10/4/1946 • Rabat
@fathunionsport.fus

HASSANIA AGADIR
Hassania Union Sport d'Agadir
22/12/1946 • Agadir
@husa.official

ITTIHAD RIADI DE TANGER
Ittihad Riadi de Tanger
1936 • Tanger
@irtfoot

IZ KHEMISSET
Ittihad Zemmouri Khemisset
1940 • Khemisset
@izkl940.khemisset

JS SOUALEM
Jeunesse Sportive Soualem
1984 • Soualem
@js.soualemofficiel

KAWKAB
Kawkab Athlétique Club of Marrakech
20/9/1947 • Marraquexe
@kacmofficiel

MA TÉTOUAN
Moghreb Atlético Tétouan
2/12/1922 • Tétouan
@matfoot_officiel

MAS DE FEZ
Maghreb Association Sportive of Fez
16/10/1946 • Fez
@clubmasoff46

MC OUJDA
Mouloudia Club of Oujda
16/3/1946 • Oujda
@mcoujdafoot

OLYMPIC SAFI
Olympic Club Safi
6/9/1921 • Safi
@ocsfootfc

RACING CASABLANCA
Racing Athletic Club Casablanca
1917 • Casablanca
@racing.athletic.club

RAJA CASABLANCA
Raja Club Athletic
20/3/1949 • Casablanca
@rcaofficiel

RAJA DE BENI MELLAL
Raja Beni Mellal
1956 • Beni Mellal
@smofficiel1919

RCA ZEMAMRA
Renaissance Club Athletic Zemamra
1977 • Zemamra
@rcaz_official

RS BERKANE
Renaissance Sportive de Berkane
1978 • Berkane
@rsbfootball

SALÉ
Association Sportive Salé
15/11/1928 • Salé
@ass_foot28

SCC MOHAMMEDIA
Sporting Club Chabab Mohammedia
1948 • Mohammedia
@sccmofficiel

STADE MAROCAIN
Club Stade Marocain
1919 • Rabat
@smofficiel1919

UNION TOUARGA
Union Touarga Sport
1971 • Touarga
@touargaofficiel

WYDAD
Wydad Athletic Club
8/5/1937 • Casablanca
@wacofficiel

YOUSSOUFIA BERRECHID
Club Athletic Youssoufia Berrechid
1927 • Berrechid
@caybfootofficiel

MAURÍCIO

AS PORT LOUIS
Association Sportive Port-Louis 2000
2000 • Port Louis

AS VACOAS-PHOENIX
Association Sportive de Vacoas-Phoenix
2000 • Vacoas-Phoenix

CERCLE DE JOACHIM
Cercle de Joachim Sports Club
2004 • Curepipe

GRSE WANDERERS
Grande Rivière Sud Est Wanderers Sports Club
16/9/2002 • Grande Rivière Sud Est

PALMPLEMOUSSES
Pamplemousses Sporting Club
2000 • Belle Veu Harel

PETITE RIVIÈRE NOIRE
Petite Rivière Noire Football Club
2000 • Tamarin
@ti_riviere.f.c

MAURITÂNIA

AMICALES DOUANES
Association Sportive Douanes
1984 • Nouakchott

ASAC CONCORDE
Association Sportive Artistique et Culturelle de la Concorde
1979 • Nouakchott
@asac_concorde_79

FC TEVRAGH ZEINA
Football Club Tevragh-Zeina
7/5/2005 • Tevragh Zeina
@fctevraghzeina

KAÉDI
Kaédi Football Club
2000 • Kaédi
@kaedi.fc

NC NOUADHIBOU
Football Club Nouadhibou
1999 • Nouadhibou
@fcnouadhibou_

NOUAKCHOTT KINGS
Football Club Nouakchott Kings
1997 • Nouakchott
@nouakchott_kings

MOÇAMBIQUE

BLACK BULLS
Associação Black Bulls
2017 • Maputo
@blackbullsabb

COSTA DO SOL
Clube de Desportos Costa do Sol
15/10/1955 • Maputo
@cdcostadosol.clube

FERROVIÁRIO DA BEIRA
Clube Ferroviário da Beira
29/07/1924 • Beira
@cfvbeira_

FERROVIÁRIO DE MAPUTO
Clube Ferroviário de Maputo
1924 • Maputo
@ferroviariode

FERROVIÁRIO DE NAMPULA
Clube Ferroviário de Nampula
13/10/1924 • Nampula
@ferroviario_de_nampula

UD SONGO
União Desportiva do Songo
1982 • Songo
@ud_songo

NAMÍBIA

AFRICAN STARS
African Stars Football Club
1962 • Windhoek
@africanstarsfc

BLACK AFRICA
Black Africa Sports Club
1986 • Windhoek
@blackafrica_sc

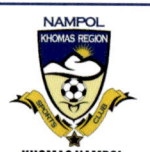

KHOMAS NAMPOL
Khomas Nampol Football Club
2014 • Windhoek
@khomas_nampol_fc

ONGOS
Ongos Sports Club
2005 • Windhoek
@f.c_ongos

ORLANDO PIRATES
Orlando Pirates Sport Club
1963 • Windhoek
@officialopfc

YOUNG AFRICAN
Young African Football Club
2013 • Gobabis
@fcyoungafricanofficial

NÍGER

AS FAN
Association Sportive des Forces Armées Nigériennes
1974 • Niamey

AS GNN
Association Sportive de la Garde Nationale Nigérienne
1974 • Niamey

ASN NIGELEC
Association Sportive Nationale de la Nigelec
2005 • Niamey

OLYMPIC
Olympic Football Club
1964 • Niamey

SAHEL
Sahel Sporting Club
1974 • Niamey
@sahelsportingclub

USGN
Union Sportive de la Gendarmerie Nationale
1996 • Niamey
@u.s.g.n

🇳🇬 NIGÉRIA

ABIA WARRIORS
Abia Warriors Football Club
2003 • Umuahia
@abiawarriors

AKWA UNITED
Akwa United Football Club of Uyo
1996 • Uyo
@akwaunitedfc

BAYELSA UNITED
Bayelsa United Football Club
2000 • Yenagoa
@bayelsaunited

BENDEL INSURANCE
Bendel Insurance Football Club
1972 • Cidade do Benim
@bendelinsurancefcofficial

BEYOND LIMITS
Beyond Limits Football Academy
2023 • Ikenne
@beyondlimits_fa

EL KANEMI WARRIORS
El Kanemi Warriors Football Club
1986 • Maiduguri
@elkanemifc

ENUNU RANGERS
Rangers International Football Club
1970 • Enunu
@rangersint

ENYIMBA INTERNATIONAL
Enyimba Football Club
1976 • Aba
@fcenyimba

HEARTLAND
Heartland Football Club
1976 • Owerri
@heartlandfc_ng

IKORODU CITY
Ikorodu City Football Club
2/1/2022 • Ikorodu
@ikoroducity

KANO PILLARS
Kano Pillars Football Club
1990 • Kano
@kanopillars

KATSINA UNITED
Katsina United Football Club
2016 • Katsina
@katsinaunited_fc

KWARA UNITED
Kwara United Football Club
1997 • Ilorin
@kwaraunited

LOBI STARS
Lobi Stars Football Club
1981 • Makurdi
@lobistarsfc

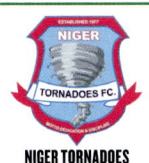

NIGER TORNADOES
Niger Tornadoes Football Club
1977 • Minna
@nigertornadoesfc

PLATEAU UNITED
Plateau United Football Club of Jos
1975 • Jos
@plateauunitedfc

REMO STARS
Remo Stars Football Club
2010 • Ikenne
@remostars

RIVERS UNITED
Rivers United Football Club
2016 • Port Harcourt
@riversunitedfc

SHOOTING STARS
Shooting Stars Sports Club
1950 • Ibadan
@official3sc

SUNSHINE STARS
Sunshine Stars Football Club
1995 • Akure
@sunshinefcakure

🇰🇪 QUÊNIA

AFC LEOPARDS
Abaluhya Football Club Leopards Sports Club
12/3/1964 • Nairobi
@afcleopards_sc

BANDARI
Bandari Football Club
1986 • Mombassa
@bandarifootballclub

GOR MAHIA
Gor Mahia Football Club
17/2/1968 • Nairobi
@gormahiafcke

NAIROBI CITY STARS
Nairobi City Stars
2003 • Nairobi
@nrbcitystars

POLICE
Kenya Police Football Club
2014 • Nairobi
@fckenyapolice

TUSKER
Tusker Football Club
1969 • Nairobi
@tuskerfc

🇨🇫 REPÚBLICA CENTRO-AFRICANA

AS TÊMPETE MOCAF
Associacion Sportive Têmpete Mocaf
1940 • Bangui

DFC 8
Diplomates Football Club du 8ème Arrondissement
1987 • Bangui

REPÚBLICA DEMOCRÁTICA DO CONGO

LES ANGES DE FATIMA
Associacion Sportive Les Anges de Fatima
1952 • Bangui

OLYMPIC REAL
Olympic Real de Bangui
1945 • Bangui

RED STAR
Red Star Football Club
1975 • Bangui

SCAF TOCAGES
Stade Centrafrique Tocages
1960 • Bangui

AS VITA CLUB
Association Sportive Vita Club
1935 • Kinshasa
@asvitaofficiel

BLESSING
Blessing Football Club
2017 • Kolwezi
@fc_blessing_officiel

DON BOSCO
Cercle Sportif Don Bosco de Lubumbashi
1948 • Lubumbashi
@cs.donbosco

LUBUMBASHI
Football Club Lubumbashi Sport
1929 • Lubumbashi
@lubumbashisport_fc_official

LUPOPO
Football Club Saint-Éloi Lupopo
1939 • Lubumbashi
@fcsainteloilupopo

MAKISO
Cercle Sportif Makiso
2017 • Kisangani

MALOLE
Association Sportive Malole
2007 • Kananga

MAZEMBE
Tout Puissant Mazembe
28/11/1939 • Lubumbashi
@tpmazembeofficiel

RENAISSANCE
Football Club Renaissance du Congo
19/7/2014 • Kinshasa

SIMBA
Association Sportive Simba
2002 • Kolwezi

TANGANYIKA
Football Club Tanganyika
1932 • Tanganyika
@fctanganyika

US TSHINKUNKU
Union Sportive Tshinkunku
1954 • Kananga
@us.tshinkunku

RUANDA

ARMÉE PATRIOTIQUE
Armée Patriotique Rwandaise Football Club
1/6/1993 • Kigali
@aprfcofficial

AS KIGALI
Association Sportive de Kigali Football Club
1999 • Kigali
@fcaskigali

KIYOVU SPORTS
Kiyovu Sports Football Club
1964 • Kigali
@kiyovusportsclub

MUKURA VICTORY
Mukura Victory Sports et Loisirs Football Club
1963 • Butare
@mukura_rw

POLICE
Police Football Club
2000 • Kigali
@policefcrwanda

RAYON SPORTS
Rayon Sports Football Club
1965 • Nyanza
@official_rayonsports

SÃO TOMÉ E PRÍNCIPE

CD GUADALUPE
Clube Desportivo de Guadalupe
31/5/1964 • São Tomé

INTER BOM-BOM
Football Club Inter Bom-Bom
18/6/1972 • Bom-Bom

OPERÁRIO
Sport Operário e Benfica
1984 • Príncipe

PORTO REAL
Futebol Clube Porto Real
1985 • Príncipe

SC DA PRAIA CRUZ
Sporting Clube da Praia Cruz
1912 • São Tomé

VITÓRIA RIBOQUE
Vitória Futebol Clube do Riboque
18/12/1976 • Riboque

SEICHELES

ANSE RÉUNION
Anse Réunion Football Club
1980 • La Digue
@ansereunionfc

CÔTE D'OR
Côte d'Or Football Club
2009 • Praslin
@cote_dor_fc

FORESTERS
Foresters Mont Fleuri Football Club
1980 • Mont Fleuri
@foresters.fc

LA PASSE
La Passe Football Club
1992 • La Digue
@lapassefc

SAINT-LOUIS SUNS
Saint-Louis Suns United Football Club
1/3/2007 • Victoria

SAINT MICHEL UNITED
Saint Michel United Football Club
1996 • Roche Caiman
@saintmichelunited

SENEGAL

AS DAKAR SACRÉ-COEUR
Association Sportive Dakar Sacré-Coeur 19
1/1/2005 • Dacar
@dakarsacrecoeur

AS PIKINE
Association Sportive de Pikine
1970 • Pikine
@aspikine

AS SONACOS
Association Sportive Sonacos Suneor
1968 • Diourbel
@sonacosdiourbel

ASC JARAAF
Association Sportive et Culturelle Jaraaf
20/9/1969 • Dacar
@ascjaraaf.sn

ASCE LINGUÈRE
Association Sportive et Culturelle La Linguère
14/9/1969 • Saint-Louis
@ascelaliguere

CASA SPORTS
Casa Sports de Ziguinchor
1969 • Ziguinchor
@casasportssc

GÉNÉRATION FOOT
Académie Génération Foot Amara Touré
2000 • Dacar
@academie_generation_foot

GUÉDIAWAYE
Guédiawaye Football Club
1993 • Dacar
@guediawayefootballclub

HLM
Association Sportive et Culturelle HLM
1992 • Dacar
@aschlmdakar

JEANNE D'ARC
Association Sportive et Culturelle Jeanne d'Arc
23/4/1923 • Dacar
@ascjeannedarc

TEUNGUETH
Teungueth Football Club
2011 • Rufisque
@teunguethfc

US GORÉE
Union Sportive Gorée
1974 • Dacar
@usgoreefoot

US OUAKAM
Union Sportive Ouakam
1951 • Dacar
@us_ouakam

WALLY DAAN
Wally Daan Football Club
2006 • Thiès
@wallydannfc

SERRA LEOA

BO RANGERS
Bo Rangers Football Club
1954 • Bo
@boranger_

DIAMOND STARS
Diamond Stars Football Club
1954 • Kono
@diamondstarfc

EAST END LIONS
East End Lions Football Club
1928 • Freetown
@official_eastendlions_fc

MIGHTY BLACK POOL
Mighty Blackpool Football Club
1958 • Freetown
@officialmightyblackpool

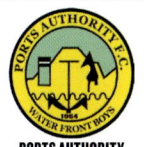

PORTS AUTHORITY
Ports Authority Football Club
1964 • Freetown

WUSUM STARS
Wusum Stars Football Club
1950 • Makeni

SOMÁLIA

DEKEDAHA
Dekedaha Naadigo
1972 • Mogadishu
@dekeddafc

ELMAN
Elman Sports Club
1993 • Mogadishu
@elman.sc

GAADIIDKA
Gaadiidka Football Club Auto Parco
1942 • Mogadishu
@gaadiidkafootballclub

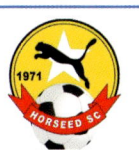

HORSEED
Horseed Sports Club
1971 • Mogadishu
@horseed_sc

MOGADISHU CITY
Mogadishu City Club
1963 • Mogadishu
@mogadishu_cc

RAADSAN
Raadsan Sports Club
1999 • Mogadishu
@raadsansc

167

SUDÃO

AL AHLI
Al Ahli Sports Club
1929 • Khartoum

AL HILAL CLUB
Al Hilal Sports Club
13/2/1930 • Omdurman
@alhilalsudanofficial

AL HILAL PORT SUDAN
Hilal Alsahil Sports Club
5/2/1937 • Port Sudan

AL MERREIKH
Al Merreikh Sporting Club
14/11/1908 • Omdurman
@almerrikh08

HAIDOUB
Haidoub Football Club
1957 • En Nahud

HAY AL ARAB
Hay Al-Arab Sports Club
1928 • Port Sudan

SUDÃO DO SUL

AL HILAL WAU
Al Hilal Wau Football Club
1956 • Wau

AL MALAKA
Al Malaka Football Club
1946 • Juba

AL SALAM
Al Salam Football Club
1968 • Wau

ATLABARA
Atlabara Cultural Social & Sport Club
1960 • Juba

EL MERREIKH
El Merreikh Sports Club
2002 • Bentiu
@elmf.c

YOUNG STARS
Young Stars Football Club
2005 • Torit

TANZÂNIA

AZAM FC
Azam Football Club
23/7/2004 • Dar es Salam
@azamfcofficial

COASTAL UNION
Coastal Union Football Club
1948 • Tanga
@coastalunionfc

MASHUJAA
Mashujaa Football Club
2000 • Kigoma
@mashujaafofficial

SIMBA
Simba Sports Club
1936 • Dar es Salam
@simbasctanzania

SINGIDA BLACK STARS
Singida Black Stars Sports Club
2016 • Singida
@singidablackstarssc

YOUNG AFRICANS
Young Africans Sports Club
11/2/1935 • Dar es Salam
@yangasc

TOGO

AC SEMASSI
Association Culturelle Semassi Football Club
1978 • Sokodé

ASC KARA
Association Sportive des Conducteurs de Kara
22/04/2021 • Kara

AS TOGO-PORT
Association Sportive Togo-Port
1969 • Lomé

ASKO
Association Sportive de la Kozah Football Club
1974 • Kara
@askodekara

DYNAMIC TOGOLAIS
Dynamic Tgolais
1940 • Lomé

GOMIDO
Gomido Football Club
197 • Kpalimpe
@gomidofcofficial

TUNÍSIA

AS GABÈS
Avenir Sportif de Gabés
1978 • Gabés

AS MARSA
Avenir Sportif de la Marsa
22/2/1939 • Túnis
@asmarsa_officiel

AS SOLIMAN
Avenir Sportif de Soliman
1960 • Soliman

CA BIZERTIN
Club Athlétique Bizertin
12/7/1928 • Bizerte
@cabizertin

CLUB AFRICAIN
Club Africain
4/10/1920 • Túnis
@clubafricain_officiel

CS SFAXIEN
Club Sportif Sfaxien
28/5/1928 • Sfax
@club_sportif.sfaxien

EGS GAFSA
El Gawafel Sportives de Gafsa
1967 • Gafsa

ES MÉTLAOUI
Étoile Sportive de Métlaoui
1950 • Métlaoui
@etoile.sportive.metlaoui

ESPÉRANCE DE TÚNIS
Espérance Sportive de Tunis
15/1/1919 • Túnis
@esperance-sportive_detunis

ESPÉRANCE DE ZARZIS
Espérance Sportive de Zarzis
1934 • Zarzis
@officiel_esz

ÉTOILE DE RADÈS
Étoile Sportive de Radès
1948 • Radès
@ esrofficielle

ÉTOILE DU SAHEL
Etoile Sportive du Sahel
11/5/1925 • Sousse
@etoile.sportive.du.sahel

JS EL OMRANE
Jeunesse Sportive d'El Omrane
1943 • Túnis
@jso_1943

OLYMPIQUE DE BÉJA
Olympique de Béja
17/7/1929 • Béja
@olympique_de.beja

STADE TUNISIEN
Stade Tunisien
7/7/1948 • Túnis
@stadetunisien48

US BEN GUERDANE
Union Sportive de Ben Guerdane
1/3/1936 • Ben Guerdane
@unionsportivebenguerdane

US MONASTIRIENNE
Union Sportive Monastirienne
17/3/1923 • Monastir
@usmonastir.org.official

US TATAOUINE
Union Sportive de Tataouine
1996 • Tataouine
@unionsportivetataouine

UGANDA

BUL FC
BIDCO Uganda Limited Jinja Football Club
1/1/2007 • Jinja
@bulfcl

EXPRESS
Express Football Club
1957 • Kampala
@expressfcuganda

KCCA FC
Kampala Capital City Authority Football Club
1963 • Kampala
@kccafc

KITARA
Kitara Football Club
2010 • Hoima
@kitara_football_club

SC VILLA
Sports Club Villa
1975 • Kampala
@sportsclubvilla

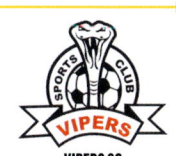

VIPERS SC
Vipers Sports Club
1969 • Wakiso
@vipersscug

ZÂMBIA

MUFULIRA WANDERERS
Mufulira Wanderers Football Club
1953 • Mufulira

NKANA
Nkana Football Club
1932 • Kitwe
@nkanafc_13

POWER DYNAMOS
Power Dynamos Football Club
1971 • Kitwe

RED ARROWS
Red Arrows Football Club
25/1/2015 • Lusaka
@red-arrows_football_club

ZANACO
Zanaco Football Club
1978 • Lusaka
@zanaco_footballclub

ZESCO UNITED
ZESCO United Football Club
1/1/1974 • Ndola

ZIMBÁBUE

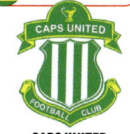

CAPS UNITED
CAPS United Football Club
1973 • Harare
@capsunitedfctv

DYNAMOS
Dynamos Football Club
1963 • Harare

SIYINQABA HIGHLANDERS
Highlanders Football Club
1926 • Bulawayo
@highlandersfc.1926

MANICA DIAMONDS
Manica Diamonds Football Club
2017 • Mutare

NGEZI PLATINUM STARS
Ngezi Platinum Stars Football Club
2001 • Ngezi Mine
@ngeziplatinumstars

PLATINUM
Football Club Platinum
1995 • Zvishavane
@fc.platinum

AFC
Asian Football Confederation
7/5/1954 • Manila, Filipinas
@theafchub

PRINCIPAIS MUDANÇAS DA ÁSIA

AFC | AFC 1954 • 2001 | AFC 2001 • 2025 | AFC 2025

AFEGANISTÃO
Afghanistan Football Federation
1922 • Cabul
@theaffofficial

ARÁBIA SAUDITA
Saudi Arabian Football Federation
1956 • Riad
@saudint

AUSTRÁLIA
Football Australia
1961 • Sydney
@footballaus

BANGLADESH
Bangladesh Football Federation
15/7/1972 • Dhaka
@bff_football

BAREIN
Bahrain Football Association
1957 • Manama
@bahrainfa

BRUNEI
Football Association of Brunei Darussalam
2011 • Bandar Seri Begawan
@fa.bruneidarussalam

BUTÃO
Bhutan Football Federation
1983 • Thimphu
@bhutanfootball

CAMBOJA
Football Federation of Cambodia
1933 • Phnom Penh
@ffc_official_ig

CHINA
Chinese Football Association
1924 • Pequim
@chinafootballassociation

COREIA DO NORTE
Democratic People's Republic of Korea Football Association
1945 • Pyongyang

COREIA DO SUL
Korea Football Association
19/9/1933 • Seul
@thekfa

EMIRADOS ÁRABES
United Arab Emirates Football Association
1971 • Abu Dhabi
@uaefa

FILIPINAS
Philippine Football Federation
1907 • Pasig
@phifootballfederation

GUAM
Guam Football Association
1975 • Barrigada
@guamfootball

HONG KONG
The Football Association of Hong Kong, China
1/6/1974 • Kowloon
@hkfa_official

IÊMEN
Yemen Football Association
1962 • Sanaa
@yemenfa

ÍNDIA
All India Football Federation
23/6/1937 • Nova Déli
@indianfootball

INDONÉSIA
Football Association of Indonesia
19/4/1930 • Jacarta
@pssi

IRÃ	**IRAQUE**	**JAPÃO**	**JORDÂNIA**	**KUWAIT**	**LAOS**
Football Federation Islamic Republic of Iran	Iraq Football Association	Japan Football Association	Jordan Football Association	Kuwait Football Association	Lao Football Federation
1920 • Teerã	8/10/1948 • Bagdá	10/9/1921 • Tóquio	1949 • Amã	1952 • Kuwait City	1951 • Vientiane
@iran_football_federation	@iraqnt_en	@japanfootballassociation	@jordan.fa	@kuwaitfootball	@lff_official
LÍBANO	**MACAU**	**MALÁSIA**	**MALDIVAS**	**MONGÓLIA**	**MYANMAR**
Lebanese Football Association	Associação de Futebol de Macau	Football Association of Malaysia	Football Association of Maldives	Mongolian Football Federation	Myanmar Football Federation
22/3/1933 • Beirute	1939 • Macau	11/9/1926 • Petaling Jaya	1982 • Malé	1959 • Ulaanbaatar	1947 • Yangon
@thelfadotcom	@macaufa_official	@famalaysia	@maldivesfa	@mongolian_football_federation	@myanmarff
NEPAL	**OMÃ**	**PALESTINA**	**PAQUISTÃO**	**QATAR**	**QUIRGUISTÃO**
All Nepal Football Association	Oman Football Association	Palestinian Football Association	Pakistan Football Federation	Qatar Football Association	Kyrgyz Football Union
1951 • Lalitpur	1978 • Muscat	1998 • Jerusalém	5/12/1947 • Lahore	1960 • Doha	1992 • Bishkek
@theanfaofficial	@omanfa	@palestine.fal	@pakistanffofficial	@qfa	@kfu_kgz
SINGAPURA	**SÍRIA**	**SRI LANKA**	**TAILÂNDIA**	**TAIWAN**	**TAJIQUISTÃO**
Football Association of Singapore	Syrian Arab Football Association	Football Federation of Sri Lanka	Football Association of Thailand	Chinese Taipei Football Association	Tajikistan Football Federation
29/8/1892 • Kallang	1936 • Damasco	7/1/1939 • Colombo	1916 • Bangkok	1924 • Xinzhuang	1936 • Dushanbe
@fasingapore	@syrianfa	@football_srilanka	@fathailandofficial	@ctfa.football	@fft_official
TIMOR-LESTE	**TURCOMENISTÃO**	**UZBEQUISTÃO**	**VIETNÃ**		
Federação de Futebol do Timor-Leste	Football Federation of Turkmenistan	Uzbekistan Football Association	Vietnam Football Federation		
2002 • Dili	1992 • Ashgabat	1946 • Tashkent	1960 • Hanoi		
@fftl.official	@fftl fft_official_tkm	@uzbekistanfa	@thevff		

ARÁBIA SAUDITA

PRINCIPAIS MUDANÇAS DA SELEÇÃO SAUDITA

1994 | 1988 • 2002 | 2002 • 2006 | 2006 • 2013 | 2013 • 2018 | 2018 • 2022 | 2023

NA CAMISA

AL-AHLI
Al-Ahli Saudi Football Club
17/3/1937
Jedá
@alahliclub.sa

AL-ETTIFAQ
Al-Ettifaq Football Club
1945
Damã
@ettifaq

AL-FATEH
Al Fateh Sports Club
1958
Al-Mubarraz
@fatehclub

AL-FAYHA
Al Fayha Football Club
1953
Al Majma'ah
@alfayhasc

AL-HILAL
Al Hilal Saudi Football Club
16/10/1957
Riad
@alhilal

AL-ITTIHAD
Al-Ittihad Saudi Arabian Club
26/12/1927
Jedá
@ittihadclub.sa

AL-KHALEEJ
Al-Khaleej Club
1945
Saihat
@khaleejclub

AL-KHOLOOD
Al-Kholood Football Club
1970
Ar Rass
@alkholoodclub

AL-NASSR
Al Nassr Football Club
24/10/1955
Riad
@AlNassr

AL-OKHDOOD
Al-Okhdood Club
1976
Najran
@alakhdoud

AL-OROBAH
Al Oroubah Football Club
1975
Sakakah
@alorobah_fc

AL-QADSIAH
Al-Qadsiah Saudi Football Club
1967
Khobar
@fcqadsiah

AL-RAED
Al Raed Saudi Football Club
1954
Buraidah
@alraedclub

AL-RIYADH
Al-Riyadh Saudi Club
1953
Riad
@alriyadh_fc

AL-SHABAB
Al-Shabab Football Club
1947
Riad
@alshababsaudifc

AL-TAAWOUN
Al Taawoun Football Club
1956
Buraidah
@altaawounfc

AL-WEHDA
Al-Wehda Football Club
1945
Mecca
@alwehdaclub1

DAMAC CLUB
Damac Football Club
1972
Khamis Mushait
@damac_club

AUSTRÁLIA

PRINCIPAIS MUDANÇAS DA SELEÇÃO AUSTRALIANA NA CAMISA

| AUSTRALIA | 1922 | 1924 • 1946 | 1947 • 1959 | 1960 • 1973 | WORLD CUP 1974 | 1993 • 1995 | 1995 • 2003 | 1997 • 2001 | 2003 • 2018 | |

ADELAIDE CITY
Adelaide City Football Club
1946
Adelaide
@adelaidecity_fc

ADELAIDE UNITED
Adelaide United Football Club
12/9/2003
Adelaide
@adelaideunited

AUCKLAND CITY
Auckland Football Club
14/3/2024
Auckland, Nova Zelândia
@aucklandfc

BRISBANE ROAR
Brisbane Roar Football Club
Brisbane
1957
@brisbaneroarfc

CENTRAL COAST MARINERS
Central Coast Mariners Football Club
1/11/2004
Gosford
@ccmariners

MACARTHUR
Macarthur Football Club
20/8/2018
Sydney
@mfcbulls

MELBOURNE CITY
Melbourne City Football Club
12/6/2009
Melbourne
@melbournecity

MELBOURNE KNIGHTS
Melbourne Knights Football Club
1953
Melbourne
@melbknights

MELBOURNE VICTORY
Melbourne Victory Football Club
1/11/2004
Melbourne
@gomvfc

NEWCASTLE JETS
Newcastle United Jets Football Club
1/8/1999
Newcastle
@newcastlejetsfc

PERTH GLORY
Perth Glory Football Club
1/12/1995
Perth
@PerthGloryFC

SOUTH MELBOURNE
South Melbourne Football Club
1959
Melbourne
@southmelbournefc

SYDNEY FC
Sydney Football Club
1/11/2004
Sydney
@sydneyfootballclub

SYDNEY OLYMPIC
Sydney Olympic Football Club
1957
Sydney
@sydneyolympicfc

SYDNEY UNITED
Sydney United 58 Football Club
1958
Sydney
@sydneyunited58fc

WELLINGTON PHOENIX
Wellington Phoenix Football Club Reserves
2014 • Wellington, Nova Zelândia
@wellingtonphoenix

WESTERN SYDNEY WANDERERS
Western Sydney Wanderers Football Club
4/4/2012 • Sydney
@wswanderersfc

WESTERN UNITED
Western United Football Club
2018
Melbourne
@westernutdfc

COREIA DO SUL

PRINCIPAIS MUDANÇAS DA SELEÇÃO COREANA

KFA

1933 • 1970 | 1970 | 1975 | 1997 | 1998 • 2001 | 2001 • 2020

NA CAMISA

KOREA

BUSAN IPARK
Busan IPark Football Club
22/11/1979
Busan
@busaniparkfc

DAEGU
Daegu Football Club
2002
Daegu
@daegufc

DAEJON HANA CITIZEN
Daejeon Hana Citizen Football Club
1997
Daejeon
@daejeon_hana

FC ANYANG
Football Club Anyang
2013
Anyang
@fc_anyang

FC SEUL
Football Club Seoul
1983
Seul
@fcseoul

GANGWON
Gangwon Football Club
2008
Gangwon
@gangwon_fc

GIMCHEON
Gimcheon Sangmu Football Club
1984
Gimcheon
@gimcheonfc

GWANGJU
Gwangju Football Club
2010
Gwangju
@gwangju_fc

GYEONGNAM
Gyeongnam Football Club
2006
South Gyeongsang
@gyeongnamfc

INCHEON
Incheon United Football Club
2003
Incheon
@incheonutd

JEJU UNITED
Jeju United Football Club
1982
Jeju
@jejuunitedfc

JEONBUK HYUNDAI
Jeonbuk Hyundai Motors Football Club
1994
Jeonju
@jeonbuk1994

JEONNAM DRAGONS
Jeonnam Dragons Football Club
1994
South Jeolla
@jeonnamdragons_fc

POHANG STEELERS
Football Club Pohang Steelers
1/4/1973
Pohang
@fc.pohangsteelers

SEONGNAM
Seongnam Football Club
18/3/1989
Seongnam
@sfc.seongnam

SUWON FC
Suwon Football Club
2003
Suwon
@suwonfc

SUWON SAMSUNG BLUEWINGS
Suwon Samsung Bluewings Football Club
1995
Suwon
@suwonsamsungfc

ULSAN
Ulsan HD Football Club
1983
Ulsan
@uhdfc_1983

JAPÃO

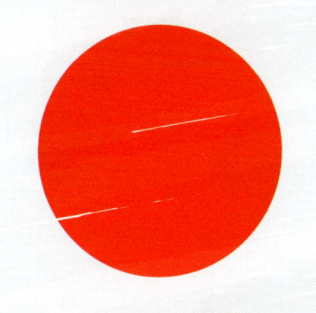

PRINCIPAIS MUDANÇAS DA SELEÇÃO JAPONESA NA CAMISA

| 1931 • 1988 | 1988 • 1991 | 1991 • 1996 | 1996 • 2010 | 2002 | 2006 | 2010 • 2017 | 2017 • 2021 |

ALBIREX NIIGATA
Albirex Niigata
1955
Niigata
@albirex_niigata_official

AVISPA FUKUOKA
Avispa Fukuoka
1982
Hakata
@avispaf

CEREZO OSAKA
Cerezo Osaka
1957
Osaka
@cerezo_osaka

CONSADOLE SAPPORO
Hokkaido Consadole Sapporo
1935
Sapporo
@hokkaido_consadole_sapporo

FC TOKYO
Football Club Tokyo
1935
Tóquio
@fctokyoofficial

GAMBA OSAKA
Gamba Osaka
1980
Suita
@gambaosaka_official

JUBILO IWATA
Júbilo Iwata
1972
Iwata
@jubiloiwata.official

KASHIMA ANTLERS
Kashima Antlers Football Club
1947
Kashima
@kashima.antlers

KASHIWA REYSOL
Kashiwa Reysol
1940
Kashiwa
@kashiwareysol_official

KAWASAKI FRONTALE
Kawasaki Frontale
1955
Kawasaki
@kawasaki_frontale

KYOTO SANGA
Kyoto Sanga Football Club
1922
Kyoto
@kyotosanga_official

NAGOYA GRAMPUS
Nagoya Grampus
1946
Nagoya
@nagoyagrampus

SANFRECCE HIROSHIMA
Sanfrecce Hiroshima Football Club
1938
Hiroshima
@sanfrecce.official

SHONAN BELLMARE
Shonan Bellmare
1968
Hiratsuka
@shonan_bellmare

TOKYO VERDY
Tokyo Verdy 1969 Football Club
1969
Inagi
@tokyo_verdy

URAWA RED DIAMONDS
Urawa Red Diamonds
1950
Saitama
@urawaredsofficial

VISSEL KOBE
Vissel Kobe
1966
Kobe
@visselkobe

YOKOHAMA F. MARINOS
Yokohama Flugels Marinos
1972
Yokohama
@yokohamaf.marinos

QATAR

AL-AHLI
Al-Ahli Sports Club
1950 • Doha
@ahliqat

AL-ARABI
Al-Arabi Sports Club
1/4/1952 • Doha
@alarabi_club

AL-BIDDA
Al-Bidda Sports Club
2015 • Doha
@albiddascqatar

AL-DUHAIL
Al-Duhail Sports Club
2009 • Duhail
@duhailsc

AL-GHARAFA
Al-Gharafa Sports Club
6/6/1979 • Al Rayyan
@algharafaclub

AL-KHARAITIYAT
Al-Kharaitiyat Sport Club
1996 • Al Kharaitiyat
@kharaitiyatsc

AL-KHOR
Al-Khor Sports Club
1961 • Al-Khor
@alkhor_club

AL-MARKHIYA
Al-Markhiya Sport Club
1995 • Al-Markhiya
@almarkhiyasc

AL-MESAIMEER
Al-Mesaimeer Sport Club
1996 • Mesaimeer
@mesaimeerclub

AL-RAYYAN
Al-Rayyan Sports Club
1967 • Al Rayyan
@alrayyansc

AL-SADD
Al-Sadd Sports Club
21/10/1969 • Al Sadd
@alsaddsc

AL-SAILIYA
Al-Sailiya Sports Club
10/10/1995 • Doha
@alsailiyasportclub

AL-SHAHANIYA
Al-Shahaniya Sports Club
1998 • Doha
@shahaniasc

AL-SHAMAL
Al-Shamal Sports Club
1980 • Madinat ash Shamal
@alshamal_club

AL-WAAB
Al-Waab Sports Club
2019 • Al-Waab
@alwaabsc

AL-WAKRAH
Al-Wakrah Sports Club
1959 • Al-Wakrah
@alwakrah_sc

LUSAIL
Lusail Sport Club
2014 • Lusail
@lusailsc

MUAITHER
Muaither Sport Club
1996 • Muaither
@muaither_sc

QATAR SC
Qatar Sports Club
1960 • Doha
@qatarsportsclub

UMM-SALAL
Umm-Salal Sports Club
1979 • Umm Salal
@ummsalalsc

EMIRADOS ÁRABES

AJMAN
Ajman Football Club
5/11/1974 • Ajman
@ajmanclub

AL AIN
Al Ain Football Club
1/8/1968 • Al Ain
@alainfcae

AL BATAEH
Al Bataeh Cultural & Sports Club
2012 • Al Bataeh
@albataehfc

AL DHAFRA
Al Dhafra Football Club
2000 • Al Dhafra
@aldhafra.fc

AL JAZEERAH AL HAMRA
Al Jazeera Al Hamra Sports Club
1968 • Al Jazeera Al Hamra
@jhscae

AL JAZIRA
Al Jazira Club
19/3/1974 • Abu Dhabi
@al_jazira_fc

AL NASR
Al Nasr Sports Club
1945 • Dubai
@alnasr_sc

AL UROOBA
Al Urooba Club
1972 • Mirbah
@alorooba_fc

AL WAHDA
Al Wahda Football Club
3/6/1984 • Abu Dhabi
@alwahdafcc

AL WASL
Al Wasl Football Club
1960 • Zabeel
@alwaslsc

BANIYAS
Baniyas Sports & Cultural Club
1982 • Abu Dhabi
@baniyasclub

DIBBA AL-HISN
Dibba Al-Hisn Sports & Culture Club
1980 • Dibba Al-Hisn
@dhclub1980

DIBBA CLUB
Dibba Sports & Culture Club
1976 • Dibba Al-Fujairah
@dibba.fc

FLEETWOOD UNITED
Fleetwood United Football Club
2021 • Jebel Ali
@fleetwoodunitedfc

GULF
Gulf Football Club
2020 • Mirdif
@gulffc

KALBA
Kalba Football Club
1972 • Kalba
@kalbafc

KHORFAKKAN
Khorfakkan Sports & Cultural Club
1981 • Khor Fakkan
@khorfakkanfc

SHABAB AL AHLI
Shabab Al Ahli Club
1958 • Dubai
@shababalahlidubaifc

SHARJAH
Sharjah Football Club
1966 • Sharjah
@sharjah_ssc

UNITED FC
United Football Club
1/9/2022 • Dubai
@utdfc_official

🇨🇳 CHINA

BEIJING GUOAN
Beijing Guoan Football Club
29/12/1992 • Pequim
@beijing_guoan_fc

CHANGCHUN YATAI
Changchun Yatai Football Club
6/6/1996 • Changchun
@changchunyatai_fc

CHENGDU RONGCHENG
Chengdu Rongcheng Football Club
7/3/2008 • Chengdu
@chengdurongchengfc

DALIAN YINGBO
Dalian Yingbo Football Club
2021 • Dalian
@Dalian_ying_bo_fc

GUANGXI PINGGUO
Guangxi Pingguo Football Club
27/2/2018 • Pingguo

HENAN
Henan Football Club
1958 • Zhengzhou
@henan_fc

MEIZHOU HAKKA
Meizhou Hakka Football Club
2013 • Meizhou
@meizhouhakkafc

NANJING CITY
Nanjing City Football Club
2014 • Nanjing

NANTONG ZHIYUN
Nantong Zhiyun Football Club
13/3/2016 • Jiangsu
@nantongzhiyun_fc

QINGDAO HAINIU
Qingdao Hainiu Football Club
1990 • Qingdao
@qingdaohainiuofficial

QINGDAO WEST
Qingdao West Coast Football Club
20/8/2007 • Qingdao
@qingdaowestcoastfc_official

SHANGHAI PORT
Shanghai Port Football Club
25/12/2005 • Shanghai
@shanghaiport

SHANDONG TAISHAN
Shandong Taishan Football Club
10/4/1956 • Jinan
@sdts_fc

SHANGHAI SHENHUA
Shanghai Shenhua Football Club
1/11/1951 • Shanghai
@shanghaishenhua

SHENZHEN PENG CITY
Shenzhen Peng City Football Club
5/1/2017 • Shenzhen
@shenzhencityfc

SHIJIAZHUANG GONGFU
Shijiazhuang Gongfu Football Club
2009 • Shijiazhuang

TIANJIN JINMEN TIGER
Tianjin Jinmen Tiger Football Club
1951 • Tianjin

WUHAN THREE TOWNS
Wuhan Three Towns Football Club
2013 • Wuhan
@wuhanthreetownsfc

YUNNAN YUKUN
Yunnan Yukun Football Club
3/7/2021 • Yuxi

ZHEJIANG
Zhejiang Professional Football Club
14/1/1998 • Hangzhou
@zhejianggreentown

🇦🇫 AFEGANISTÃO

ABU MUSLIM
Abu Muslim Farah Football Club
1967 • Farah
@abumuslimfc

ATTACK ENERGY
Attack Energy Football Club
1947 • Herat
@attackenergy.fc

ISTIQLAL
Istiqlal Football Club
2004 • Cabul
@istiqlal_fc

SHAHEEN ASMAYEE
Shaheen Asmayee Football Club
2012 • Cabul
@shaheen.asmayee.fc

SIMORGH ALBORZ
Simorgh Alborz Football Club
2012 • Mazar-i-Sharif
@simorgh_alborz_fc_

TOOFAN HARIROD
Toofan Harirod Football Club
2012 • Herat
@toofan_harirod

🇧🇩 BANGLADESH

ABAHANI LIMITED
Abahani Limited Dhaka
1972 • Dhaka
@abahani_official

BASHUNDHARA KINGS
Bashundhara Kings
2013 • Dhaka
@bashundharakings

CHITTAGONG ABAHANI
Chittagong Abahani Limited
10/10/1980 • Chittagong
@ctgabahaniltd

MOHAMMEDAN DHAKA
Mohammedan Sporting Club Limited
1936 • Dhaka
@mohammedansc_official

SHEIKH JAMAL
Lieutenant Sheikh Jamal
Dhanmondi Club Limited
1962 • Dhaka
@skjamalofficial01

SHEIKH RUSSEL
Sheikh Russel Krira Chakra
1995 • Dhaka

🇧🇭 BAREIN

AL-AHLI
Al-Ahli Sports Club of Manama
1936 • Manama
@alahliclub.bh

AL-KHALDIYA
Al-Khaldiya Sports Club
27/10/1920 • Hamad Town
@27/10/2020

AL-MUHARRAQ
Al-Muharraq Sports Club
1928 • Al-Muharraq
@muharraqclub

BAHRAIN CLUB
Bahrain Sports Club
1936 • Al-Muharraq
@bahrain_club_1936

HIDD
Al Hidd Sports and Cultural Club
1945 • Al Hidd
@hiddclub_bh

RIFFA
Riffa Sports Club
1953 • Riffa
@riffasportsclub

🇧🇳 BRUNEI

AKSE BERSATU
Angkatan Kampong Setia Bersatu Football Club
2012 • Kampong Ayer
@aksebersatuofficial

INDERA
Indera Sports Club
1970 • Kilanas
@inderasc

KASUKA
Kasuka FC
1993 • Bandar Seri Begawan
@kasukafc

KOTA RANGER
Kota Ranger Football Club
1978 • Kampong Jaya Setia
@kota.rangerfc

MS ABDB
Royal Brunei Armed Forces Sports Council
1985 • Bandar Seri Begawan
@msabdb

WIJAYA
Wijaya Football Club
1989 • Bandar Seri Begawan
@wijaya_football_club

🇧🇹 BUTÃO

PARO
Paro Football Club
2018 • Paro
@parofc

SAMTSE
Samtse Football Club
2012 • Samtse
@samtsefc

TENSUNG
Tensung Football Club
2003 • Thimpu
@tensungfc

THIMPHU CITY
Thimpu City Football Club
2/3/2012 • Thimpu
@thimphucityfc

TRANSPORT UNITED
Transport United Football Club
2000 • Thimpu
@transportunitedfc

UGYEN ACADEMY
Ugyen Academy Football Club
2002 • Punakha
@ugyenacademyfc

🇰🇭 CAMBOJA

BOEUNG KET ANGKOR
Boeung Ket Angkor Football Club
2008 • Phnom Penh
@boeungketofficial

NAGAWORLD
NagaWorld Football Club
2001 • Phnom Penh
@nagaworld.fc

PHNOM PENH CROWN
Phnom Penh Crown Football Club
2001 • Phnom Penh
@phnompenhcrownofficial

SVAY RIENG
Preah Khan Reach Svay Rieng Football Club
1997 • Krong Svay Rieng
@pkrsvr_fc_official

TIFFY ARMY
Royal Cambodian Armed Forces FA
1982 • Phnom Penh
@tiffyarmyfc_official

VISAKHA
Visakha Football Club
2016 • Phnom Penh
@visakhafc_prideofcambodia

🇰🇵 COREIA DO NORTE

AMNOKGANG
Amnokgang Sports Club
19/9/1947 • Pyongyang

APRIL 25
April 25 Sports Club
1947 • Pyongyang

KIGWANCHA
Kigwancha Sports Club
11/1/1956 • Sinuiju

PYONGYANG
Pyongyang Sports Club
30/4/1956 • Pyongyang

RYOMYONG
Rimyongsu Sports Club
1990 • Pyongyang

WOLMIDO
Wolmido Sports Club
2010 • Kimchaek

🇵🇭 FILIPINAS

DAVAO AGUILAS
Davao Aguilas Football Club
26/3/1917 • Tagum
@davaoaguilasfootballclub

DYNAMIC HERB CEBU
Dynamic Herb Cebu Football Club
2021 • Cebu
@cebufootballclub

KAYA ILOILO
Kaya Futbol Club–Iloilo
1996 • Iloilo
@kayafc

LOYOLA
Loyola Football Club
2006 • Manila
@loyolafootballclub

STALLION LAGUNA
Stallion Laguna Football Club
2002 • Biñan
@stallion.laguna.fc

UNITED CITY
United City Football Club
2012 • Capas
@unitedcityfootballclub

🇬🇺 GUAM

BANK OF GUAM STRYKERS
Bank of Guam Strykers Football Club
2005 • Aganha

ISLANDERS
Islanders Football Club
2004 • Aganha
@islanders_fc

NAPA ROVERS
Rovers Football Club
2009 • Tamuning

SOUTHERN HEAT
Southern Heat Football Heat
2010 • Tamuning

UNIVERSITY OF GUAM
Quality Distributors Football Club
2001 • Tamuning

WINGS
Wings Football Club
1985 • Dededo
@wingsfcofficial

🇭🇰 HONG KONG

EASTERN
Eastern Athletic Association Football Team Limited
1932 • Mong Kok
@eastern.football

KITCHEE
Kitchee Sports Club
1931 • Mong Kok
@kitcheeofficial

LEE MAN
Lee Man Football Club
2017 • Tseung Kwan O
@leeman_footballclub

RANGERS
Hong Kong Rangers Football Club
1958 • Tsing Yi
@hkrangers

SOUTH CHINA
South China Athletic Association
1910 • Happy Valley
@scaa_official

TAI PO
Tai Po Football Club
2002 • Tai Po
@tpfc

IÊMEN

AHLI SANAA
Ahli Sanaa Club
1952 • Sanaa

AL SAQR
Al Saqr Sport & Cultural Club
1969 • Taiz
@alsaqrsc

AL SHAAB
Al Shaab Ibb Sports and Cultural Club
1964 • Ibb

AL TILAL
Al-Tilal Sports Club
1905 • Aden
@al_tilal_sc

AL WAHDA SC
Al-Wehda Sports Cultural and Social Club
1929 • Aden

AL WEHDA SANAA
Al-Wehda Sports & Cultural Club
1954 • Sanaa

ÍNDIA

BENGALURU
Bengaluru Football Club
20/7/2013 • Bengaluru
@bengalurufc

CHENNAIYIN
Chennaiyin Football Club
28/8/2014 • Chennai
@chennaiyinfc

EAST BENGAL
East Bengal Football Club
1/8/1920 • Calcutá
@eastbengalfootballclub

FC GOA
Football Club Goa
26/8/2014 • Margao
@fcgoaofficial

MOHUN BAGAN
Mohun Bagan Super Giant
15/8/1889 • Calcutá
@mohunbagansg

MUMBAI CITY
Mumbai City Football Club
30/8/2014 • Mumbai
@mumbaicityfc

INDONÉSIA

AREMA
Arema Football Club
11/8/1987 • Malang
@aremafcofficial

BALI UNITED
Bali United Football Club
15/2/2015 • Gianyar
@baliunitedfc

PERSEBAYA
Football Association of Surabaya
18/6/1927 • Surabaya
@officialpersebaya

PERSIB BANDUNG
Persatuan Sepakbola Indonesia Bandung
5/1/1919 • Bandung
@persib

PERSIJA
Persatuan Sepakbola Indonesia Jakarta
28/11/1928 • Jacarta
@persija

PSM MAKASSAR
Persatuan Sepakbola Makassar
2/11/1915 • Makassar
@psm_makassar

IRÃ

ESTEGHLAL
Esteghlal Football Club
26/9/1945 • Teerã
@esteghlal.fc.official

FOOLAD
Foolad Khuzestan Football Club
2/3/1971 • Ahvaz
@foolad_club

PERSEPOLIS
Persepolis Football Club
1963 • Teerã
@perspolis

SEPAHAN
Foolad Mobarakeh Sepahan Sport Club
5/10/1953 • Isfahan
@sepahan_official

TRACTOR SAZI
Tractor Cultural Sports Club
1970 • Tabriz
@tractorclub1970

ZOB AHAN
Zob Ahan Esfahan Football Club
6/7/1969 • Fuladshahr
@zobahan.official

IRAQUE

AL-QUWA AL-JAWIYA
Al-Quwa Al-Jawiya Air Force Sports Club
4/7/1931 • Bagdá
@air_force_1931

AL-SHORTA
Al-Shorta Sports Club
1932 • Al-Rusafa
@alshortascl932

AL-TALABA
Al-Talaba Sports Club
17/12/1969 • Al-Rusafa
@altalabascl969

AL-ZAWRAA
Al-Zawraa Sports Club
29/6/1969 • Bagdá
@alzawraasc

ERBIL
Erbil Sports Club
3/11/1968 • Erbil
@erbilscl968

NAFT AL-WASAT
Naft Al-Wasat Sports Club
2008 • Najaf
@naftalwassatsc

180

JORDÂNIA

AL-AHLI
Al-Ahli Sport Club
1944 • Amã
@alahli.club.jordan

AL-FAISALY
Al-Faisaly Sports Club
10/8/1932 • Amã
@alfaisalyscjo

AL-HUSSEIN
Al-Hussein Sport Club of Irbid
1964 • Irbid
@alhusseinclub

AL-RAMTHA
Al-Ramtha Sports Club
1966 • Ar Ramtha
@ramthasc

AL-WEHDAT
Al-Wehdat Sports Club
10/3/1956 • Amã
@wehdatclubjo

SHABAB AL-ORDON
Shabab Al-Ordon Club
2002 • Amã
@shabab_alordon.club

KUWAIT

AL-ARABI
Al-Arabi Sporting Club
1953 • Mansuriya
@arabi_sc

AL-JAHRA
Al-Jahra Sporting Club
1966 • Jahra
@jahra.sc

AL-NASR
Al-Nasr Sports Club
1965 • Farwaniya
@clubalnasr

AL-QADSIA
Al-Qadsia Sporting Club
1953 • Cidade do Kuwait
@qadsiaclub

AL-SALMIYA
Al-Salmiya Sporting Club
1964 • Salmiya
@alsalmiyaclub

AL-SHABAB
Al-Shabab Sporting Club
1963 • Al Ahmadi

AL TADHAMON
Al Tadhamon Club
1965 • Al Farwaniya

AL YARMOUK
Al-Yarmouk Sporting Club
1965 • Mishref

FAHAHEEL
Al-Fahaheel Sporting Club
19/4/1964 • Cidade do Kuwait
@fahaheel__club

KAZMA
Kazma Sporting Club
31/8/1964 • Cidade do Kuwait
@kazma_sc

KHAITAN
Khaitan Sporting Club
1965 • Khaitan

KUWAIT
Kuwait Sports Club
20/10/1960 • Cidade do Kuwait
@kuwaitclub

LAOS

CHANTHABOULY
Football Club Chanthabouly
2013 • Vientiane

EZRA
Ezra Center Football Club
2003 • Vientiane
@ezra_fc

LAO ARMY
Lao Army Football Club
2002 • Vientiane

LUANG PRABANG
Luang Prabang Football Club
2022 • Luang Prabang
@luangprabang.fc

VIENGCHANH
Viengchanh Football Club
2018 • Vientiane

YOUNG ELEPHANTS
Young Elephants Football Club
2015 • Vientiane
@youngelephantsfc

LÍBANO

AL-AHED
Al Ahed Football Club
1964 • Beirute
@alahedfc

AL-ANSAR
Al Ansar Football Club
1951 • Beirute
@alansarfc.official

AL-SAFA
Al-Safa Sporting Club
31/3/1939 • Beirute
@alsafa_sc

NEJMEH
Nejmeh Sporting Club
10/3/1945 • Beirute
@nejmeh_sc

RACING BEIRUT
Racing Club
1934 • Beirute
@racingclubbeirutofficial

TRIPOLI
Athletic Club Tripoli
4/4/2001 • Trípoli
@ac.tripoli

181

🇲🇴 MACAU

BENFICA DE MACAU
Casa do Sport Lisboa e Benfica em Macau
17/10/1951 • Taipa
@benfica.macau

CHING FUNG
Clube Desportivo Ching Fung
2013 • Macau

HANG SAI
Hang Sai Sport Club
25/11/2009 • Macau

MUST IPO
Must IPO Sports Club
2008 • Taipa

SHAO JIANG
Macau Shao Jiang Sport Association
2015 • Macau
@macausjadm

SPORTING
Sporting Clube de Macau
1926 • Taipa
@scmacau1926

🇲🇾 MALÁSIA

JOHOR DARUL TAZIM
Johor Darul Ta'zim Football Club
1955 • Johor
@officialjohor

KEDAH DARUL AMAN
Kedah Darul Aman Football Club
1924 • Alon Setar
@kedahdarulamanfc

PERAK
Perak Football Club
1921 • Perak
@perakfcofficial_

SELANGOR
Selangor Football Club
1905 • Selangor
@selangorfc

SRI PAHANG
Sri Pahang Football Club
1959 • Pahang
@officialsripahang

TERENGGANU
Terengganu Football Club
22/11/1956 • Terengganu
@officialterengganufc

🇲🇻 MALDIVAS

EAGLES
Club Eagles
22/6/1989 • Malé
@clubeagles.1989

GREEN STREETS
Club Green Streets
7/10/2010 • Malé
@clubgreenstreets

MAZIYA
Maziya Sports and Recreation Club
23/1/1996 • Malé
@maziya_sr

NEW RADIANT
New Radiant Sports Club
1979 • Malé
@nrsc_mv

TC SPORTS
Trust and Care Football Club
22/9/2004 • Malé
@tcsportsclub

VALENCIA
Club Valencia
16/10/1979 • Malé
@club_valencia1979

🇲🇳 MONGÓLIA

BAVARIANS
Bavarians Football Club
2014 • Ulaanbaatar
@fcbavariansmongolia_

KHAAN KHUNS ERCHIM
Khaan Khuns-Erchim Football Club
1994 • Ulaanbaatar

KHANGARID
Khangarid Football Club
1996 • Erdenet
@khangarid.fc

KHOVD
Khovd Football Club
2018 • Khovd
@khovdfc

SP FALCONS
Selenge Press Falcons
2003 • Ulaanbaatar
@sp.falcons.fc

ULAANBAATAR
Football Club Ulaanbaatar
2010 • Ulaanbaatar

🇲🇲 MYANMAR

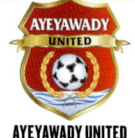

AYEYAWADY UNITED
Ayeyawady United Football Club
2009 • Pathein
@ayeyawady_united_fc

DAGON STAR UNITED
Dagon Stars United Football Club
2009 • Yangon
@uniteddragonsfc

HANTHARWADY UNITED
Hantharwady United Football Club
1996 • Bago

SHAN UNITED
Shan United Football Club
2003 • Taunggyi
@shan.united

YADANADON
Yadanarbon Football Club
10/4/2009 • Mandalay
@yadanarbon_fc

YANGON UNITED
Yangon United Football Club
2007 • Yangon
@yangonunited

NEPAL

CHURCH BOYS UNITED
Church Boys United
2009 • Lalitpur
@churchboysunited

DHANGADHI
Dhangadhi Football Club
2021 • Dhangadhi
@dhangadhifc

KATHMANDU RAYZRS
Kathmandu Rayzrs Football Club
2021 • Kathmandu
@kathmandu_rayzrs

LALITPUR CITY
Lalitpur City Football Club
2021 • Lalitpur
@lalitpurcityfootballclub

MACHHINDRA
Machhindra Football Club
1973 • Keltole
@machhindrafc

POKHARA THUNDERS
Pokhara Thunders Football Club
2021 • Pokhara
@pokharathunders

OMÃ

AL-NAHDA
Al-Nahda Club
12/3/2003 • Al-Buraimi
@fcalnahda

AL-SEEB
Al-Seeb Club
3/1/1972 • Al-Seeb
@seeb_sc

AL-SHABAB
Al-Shabab Club
2003 • Barka
@alshababc

AL-SUWAIQ
Al-Suwaiq Club
28/2/1970 • Al-Suwaiq
@alsuwaiq_sc

DHOFAR
Dhofar Sports, Cultural and Social Club
1968 • Salalah
@dhofar_club

FANJA
Fanja Sports Club
1970 • Fanja
@fanjasc

PALESTINA

HILAL AL-QUDS
Hilal Al-Quds Club
1972 • Jerusalém
@hilalalquds1972

JABAL AL-MUKABER
Jabal Al-Mukaber Football Club
1996 • Jerusalém
@jabalalmukaber

KHADAMAT RAFAH
Khadamat Rafah Sports Club
1951 • Rafah

SHABAB AL-KHALIL
Shabab Al-Khalil Sports Club
1943 • Hebron

SHABAB RAFAH
Shabab Rafah Sports Club
1953 • Rafah

THAQAFI TULKAREM
Nadi Thaqafi Tulkarm Al-Riyadhi
1970 • Tulkarm
@thaqafi_tulkarm

PAQUISTÃO

KARACHI UNITED
Karachi United Football Club
1996 • Karachi
@karachi.united

KRL F.C. KHAN RESEARCH
Khan Research Laboratories Football Club
1995 • Rawalpindi

MUSLIM
Muslim Football Club
2010 • Chaman
@muslim_fc_

PAKISTAN ARMY
Pakistan Army Football Club
1950 • Rawalpindi

PAKISTAN NAVY
Pakistan Navy Football Club
1948 • Islamabad
@pakistan_navy

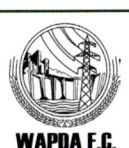

WAPDA F.C. WAPDA LAHORE
WAPDA Lahore Football Club
1/9/1983 • Lahore
@wapda_official

QUIRGUISTÃO

ABDYSH-ATA
Football Club Abdysh-Ata Kant
1992 • Kant
@fc_abdyshata

ALAY
Football Club Alay Osh
1967 • Osh
@fcalay_official

ALGA BISHKEK
Football Club Alga Bishkek
1947 • Bishkek
@mufc_alga

DORDOI BISHKEK
Football Club Dordoi
1997 • Bishkek
@fcdordoi

ILBIRS BISHKEK
Ilbirs Bishkek Football Club
2018 • Bishkek
@pfcilbirs

NEFTCHI KOCHKOR
Football Club Neftchi Kochkor-Ata
1960 • Kochkor-Ata
@pfcneftchikg

183

🇸🇬 SINGAPURA

ALBIREX NIIGATA
Albirex Niigata Football Club Singapore
2004 • Jurong East
@albirexsingapore

DPMM
Brunei Duli Pengiran Muda
Mahkota Football Club
1994 • Bandar Seri Begawan (Brunei)
@officialdpmmfc

GEYLANG INTERNATIONAL
Geylang International Football Club
1973 • Bedok
@gifcsg

LION CITY SAILORS
Lion City Sailors Football Club
1945 • Bishan
@lioncitysailors.fc

TAMPINES ROVERS
Tampines Rovers Football Club
1945 • Tampines
@tampinesrovers

TANJONG PAGAR
Tanjong Pagar United Football Club
1974 • Queenstown
@tanjongpagarunitedfc

🇸🇾 SÍRIA

AL-FUTOWA
Al-Fotuwa Sports Club
1930 • Deir ez-Zor
@alfotuwasc

AL-ITTIHAD
Al-Ittihad Ahli of Aleppo Sports Club
20/1/1949 • Aleppo
@alittihad_ahliofaleppo

AL-JAISH
Al-Jaish Sports Club
1947 • Damasco
@aljaishsc

AL-KARAMAH
Al-Karamah Sports Club
1928 • Homs
@alkaramah.sc

JABLEH
Jableh Sporting Club
1958 • Jableh
@jablehsc

TISHREEN
Tishreen Sports Club
1947 • Latakia
@tishreen_sc

🇱🇰 SRI LANKA

BLUE STARS
Blue Star Sports Club
1978 • Kalutara
@ bluestar_sc

COLOMBO
Colombo Football Club
2008 • Colombo
@colombofootballclub

DEFENDERS
Defenders Football Club
1961 • Homagama

JAVA LANE
Java Lane Sports Club
1976 • Colombo
@java_lane_s.c

MATARA
Matara City Club
2010 • Matara
@mataracityfc

RENOWN
Renown Sports Club
1981 • Kotahena
@renown_sc

🇹🇭 TAILÂNDIA

BANGKOK UNITED
True Bangkok United Football Club
1988 • Pathum Thani
@true_bangkok_united

BG PATHUM UNITED
BG Pathum United Football Club
1979 • Pathum Thani
@bgpu_official

BURIRAM UNITED
Buriram United Football Club
1970 • Buriram
@BuriramUnitedOfficial

CHIANGRAI UNITED
Chiangrai United Football Club
2009 • Chiangrai
@chiangrai_united

CHONBURI
Chonburi Football Club
1997 • Chonburi
@chonburi_fc_official

MUANGTHONG UNITED
Muangthong United Football Club
1989 • Muang Thong Thani
@muangthongunited

🇹🇼 TAIWAN

HANG YUEN
Hang Yuen Football Club
2012 • New Taipei
@hang_yuan_fc

MING CHUAN
Ming Chuan University Football Club
1992 • Taoyuan
@mcul957

TAICHUNG FUTURO
Taichung Futuro Football Club
2016 • Taichung
@futuro.football

TAIPOWER
Taipower Company Football Club
1978 • Kaohsiung City
@taiwan_fc

TAIWAN STEEL
Taiwan Steel Football Club
2016 • Tainan
@tsgfc.com.tw

TATUNG
Tatung Football Club
1969 • Taipei City
@tatungFC

TAJIQUISTÃO

CSKA PAMIR DUSHANBE
CSKA Pamir Dushanbe
1950 • Dushanbe
@officialcska/

ISTIKLOL
Football Club Istiklol Dushanbe
1/11/2007 • Dushanbe
@fcistiklol.tj

KHATLON
Football Club Vakhsh Khatlon Bokhtar
1960 • Bokhtar
@fc.khatlon

KHUJAND
Football Club Khujand
1976 • Khujand
@fckhujand_official

RAVSHAN KULOB
Ravshan Kulob
1965 • Kulob
@fc.ravshan1965

REGAR TADAZ
Football Club Regar-TadAZ Tursunzoda
1975 • Tursunzoda
@fcregartadazofficial

TIMOR-LESTE

BENFICA LAULARA
Associação Desportiva e Sport Laulara e Benfica
1985 • Aileu

BOAVISTA
Boavista Futebol Clube Timor Leste
1986 • Dili
@boavista_f.c_tl

EMMANUEL
Emmanuel Futebol Clube
2012 • Dili
@emmanuel_football_club_

KARKETU DILI
Karketu Dili Futebol Clube
2015 • Dili
@karketu_dili

LALENOK UNITED
Lalenok United Football Club
2016 • Dili
@lalenokunited

PONTA LESTE
Associação Sportivo e Ponta Leste
1991 • Dili
@as_pontaleste

TURCOMENISTÃO

AHAL
Ahal Futbol Kluby
1989 • Anew
@fc_ahal

ALTYN ASYR
Altyn Asyr Futbol Kluby
2008 • Ashgabat
@altynasyr_fk

ASGABAT
Aşgabat Futbol Kluby
2006 • Ashgabat

KÖPETDAG
Köpetdag Futbol Kluby
1947 • Ashgabat
@f.c.kopetdag

NEBITÇI
Nebitçi Futbol Topary
1990 • Balkanabat
@f.c.nebitci_

SAGADAM
Şagadam Futbol Kluby
1949 • Türkmenbaşy
@shagadamfk

UZBEQUISTÃO

AGMK
Football Club AGMK Olmaliq
2004 • Olmaliq
@fc.agmk

BUNYODKOR
Football Club Bunyodkor
2005 • Tashkent
@fcbunyodkorcom

LOKOMOTIV TASHKENT
Professional Football Club Lokomotiv Tashkent
18/2/2002 • Tashkent
@pfc.lokomotiv

NASAF
Football Club Nasaf Qarshi
1986 • Qarshi
@fcnasaf

NAVBAHOR NAMANGAN
Professional Football Club Navbahor Namangan
1978 • Namangan
@fcnavbahor_

PAKHTAKOR TASHKENT
Pakhtakor Football Club
8/4/1956 • Tashkent
@pakhtakor_fc

VIETNÃ

BECAMEX BIHN DUONG
Becamex Binh Duong Football Club
1976 • Thu Dau Mot
@becamexbinhduongfc

HANOI FC
Ha Noi Football Club
18/6/2006 • Hanoi
@officialhanoifc

SHB DANANG
SHB Da Nang Football Club
1976 • Da Nang
@shbdanang.official

SLNA FC
Song Lam Nghe An Football Club
1979 • Vinh
@slnafc

THE CONG VIETTEL
The Cong Viettel Football Club
23/9/1954 • Hanoi
@thecongviettelfc

THEP XANH NAM DINH
Thep Xanh Nam Dinh Football Club
1965 • Nam Dinh
@thepxanhnamdinhfc

OFC

OCEANIA
Oceania Football Confederation
1966 • Auckland, Nova Zelândia
@ofcfootball

PRINCIPAIS MUDANÇAS DA OCEANIA

OFC
1969 • 1996

OCEANIA O.F.C.
1996 • 2008

OFC
2008

FIJI
Fiji Football Association
1961 • Suva
@fijifootballassociation

ILHAS COOK
Cook Islands Football Association
1971 • Avarua
@cifa_official_

ILHAS SALOMÃO
Solomon Islands Football Federation
1979 • Honiara
@solomonislandsfootball

NOVA CALEDÔNIA
New Caledonian Football Federation
1928 • Noumea
@fcf_foot

NOVA ZELÂNDIA
New Zealand Football
1891 • Auckland
@newzealandfootball

PAPUA NOVA GUINÉ
Papua New Guinea Football Association
1962 • Port Moresby
@theofficialpngkapuls

SAMOA
Football Federation Samoa
1968 • Apia
@footballsamoa

SAMOA AMERICANA
Football Federation American Samoa
1984 • Pago Pago
@americansamoasoccer

TAITI
Tahitian Football Federation
1989 • Pirae
@tahitifootball

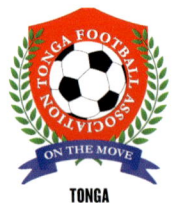

TONGA
Tonga Football Association
1965 • Nuku'alofa
@officialtongafootball

VANUATU
Vanuatu Football Federation
1934 • Port Vila
@vanuatufootballfederation

NOVA ZELÂNDIA

PRINCIPAIS MUDANÇAS DA SELEÇÃO NEOZELANDESA NA CAMISA

New Zealand Football

- 1980 • 1983
- 1984 • 1987
- 1987 • 1992
- 1997 • 1998
- 1998 • 2004
- 1998 • 2006
- 2006 • 2022

AUCKLAND CITY
Auckland City Football Club
3/2/2004
Auckland
@officialaucklandcityfc

AUCKLAND UNITED
Auckland United Football Club
2020
Auckland
@aucklandunitedfc

BIRKENHEAD UNITED
Birkenhead United Association Football Club
1960 • Beach Haven
@birkenhead_united_afc

CASHMERE
Cashmere Technical Football Club
2012
Christchurch
@cashmeretechnicalfc

CHRISTCHURCH UNITED
Christchurch United Football Club
1970
Christchurch
@christchurchunitedfc

COASTAL SPIRIT
Coastal Spirit Football Club Logo
2007
Christchurch
@coastalspirit.fc

EASTERN SUBURBS
Eastern Suburbs Association Football Club
1934 • Kohimarama
@esafc

HAMILTON WANDERERS
Hamilton Wanderers Association Football Club
1913 • Hamilton
@hamilton.wanderers

MANUREWA
Manurewa Association Football Club
1929
Manurewa
@manurewaafc

MELVILLE UNITED
Melville United Association Football Club
1972 • Melville
@melvilleunitedafc

MIRAMAR RANGERS
Miramar Rangers Association Football Club
1907 • Wellington
@miramarrangers

NAPIER CITY ROVERS
Napier City Rovers
1973
Napier
@napier_city_rovers

PETONE
Petone Football Club
1898
Petone
@petonefc_nz

TEAM WELLINGTON
Team Wellington Football Club
2004
Wellington
@team.welly

WAITAKERE UNITED
Waitakere United Football Club
2004
Waitakere
@waitakereutd

WELLINGTON OLYMPIC
Wellington Olympic Association Football Club
1953 • Wellington
@wellingtonolympic

WELLINGTON PHOENIX
Wellington Phoenix Football Club Reserves
2014 • Wellington
@wellingtonphoenix

WEST COAST RANGERS
West Coast Rangers Football Club
2021
Whenuapai
@wcrangersfc

FIJI

BA
Ba Football Association
1935 • Ba
@officialbafootballclub

LAUTOKA
Lautoka Football Association
1934 • Lautoka

NADI
Nadi Football Club
1937 • Nadi

NADROGA
Nadroga Football Association
1938 • Sigatoka

REWA
Rewa Football Club
1928 • Nausori
@clubrewafootball

SUVA
Suva Football Club
1928 • Suva
@suva_fa

ILHAS COOK

AVATIU
Avatiu Football Club
1950 • Avaitu

MATAVERA
Matavera Ngatangiia Football Club
1982 • Matavera

NIKAO
Nikao Sokattak Football Club
1975 • Nikao
@nikaosokattakfc

PUAIKURA
Puaikura Football Club
1970 • Arorangi
@puaikurafootballclub

TITIKAVEKA
Titikaveka Football Club
1950 • Avarua

TUPAPA
Tupapa Maraerenga Football Club
1952 • Avarua

ILHAS SALOMÃO

HENDERSON EELS
Henderson Eels Football Club
2010 • Honiara

KOLOALE
Koloale Football Club
1998 • Honiara

KOSSA
Kossa Football Club
2012 • Honiara

MARIST
Marist Football Club
1989 • Honiara
@maristfc

SOLOMON WARRIORS
Solomon Warriors Football Club Honiara
1981 • Honiara

SOUTHERN UNITED
Southern United Football Club
2020 • Honiara

NOVA CALEDÔNIA

GAÏCA
Association Sportive et Culturelle de Gaïca
1965 • Nouméa

HIENGHÈNE
Hienghène Sport
1997 • Hienghène
@hienghene_sport

LÖSSI
Association Sportive Lössi
1963 • Nouméa
@aslossi.foot

MAGENTA
Association Sportive Magenta
1953 • Nouméa

MONT-DORE
Association Sportive du Mont-Dore
1999 • Le Mont-Dore

TIGA
Association Sportive Tiga Sport
1965 • Nouméa

PAPUA NOVA GUINÉ

GULF KOMARA
PRK Komara Gulf Football Club
2018 • Kerema

HEKARI UNITED
Hekari United Football Club
2006 • Port Moresby
@fchekari

LAE CITY
Lae City Football Club
2014 • Lae

MADANG
Madang Football Club
2014 • Madang
@fcmadang

SOUTHERN STRIKERS
Port Moresby Strikers Football Club
2017 • Port Moresby
@southernstrikersfc_official

VITIAZ
Vitiaz United Football Club
2013 • Port Moresby
@vitiazufc

SAMOA

KIWI
Vailima Kiwi Football Club
1977 • Apia

LUPE O LE SOAGA
Lupe o le Soaga Soccer Club
1998 • Tuanaimato

MOATA'A
Moata'a Football Club
1994 • Apia

MOUALA
Moaula United Football Club
1976 • Apia

VAIPUNA
Vaipuna Soccer Club
1975 • Apia

VAIVASE
Vaivase-Tai Football Club
1982 • Tuanaimato
@v.f.c_inc

SAMOA AMERICANA

BLACK ROSES
Black Roses Soccer Club
2005 • Pago Pago

ILAOA & TO'OMATA
Ilaoa & To'omata Soccer Club
2005 • Leone

PAGO YOUTH
Pago Youth Football Club
2002 • Pago Pago

PANSA EAST
PanSa East Soccer Club
1998 • Pago Pago

ROYAL PUMA
Royal Puma Football Club
1991 • Pago Pago

VAIALA
Vaiala Ulalei Sports Club
2017 • Vaiala

TAITI

CENTRAL SPORT
Association Sportive Central Sport
1938 • Papeete

DRAGON
Association Sportive Dragon
1968 • Papeete

MANU-URA
Association Sportive Manu-Ura
1953 • Papeete

PIRAE
Association Sportive Pirae
13/6/1929 • Pirae

TEFANA
Association Sportive Tefana Football
1933 • Fa'a'ā
@as.tefana

VENUS
Association Sportive Vénus
1945 • Mahina

TONGA

LOTO HA'APAI
Loto Ha'apai United
1970 • Veitongo

MARIST
Marist Prems
1999 • Nucualofa

NAVUTOKA
Navutoka Football Club
1975 • Tongatapu Island

NUKUHETULU
Nukuhetulu Football Club
1990 • Nucualofa

VAHE KOLO
Football Club Vahe Kolo
1974 • Nucualofa

VEITONGO
Veitongo Football Club
1977 • Veitongo
@veitongo

VANUATU

AMICALE
Digicel Amicale Football Club
1929 • Port Vila

ERAKOR GOLDEN STAR
Erakor Golden Star Football Club
1926 • Port Vila

IFIRA BLACK BIRD
Ifira Black Bird Football Club
1918 • Ifira

SHEPHERDS UNITED
Shepherds United Football Club
1977 • Port Vila

TAFEA
Tafea Football Club
1980 • Port Vila

TUPUJI IMERE
Tupuji Imere Football Club
1990 • Mele

ÍNDICE REMISSIVO

12 de Octubre (Paraguai) 63
12 Horas (Rio Grande do Sul) 37
14 de Julho (Rio Grande do Sul) 37
15 de Campo Bom (Rio Grande do Sul) 37
1860 Munique (Alemanha) 84
1º de Dezembro (Portugal) 106
1º de Maio (Pernambuco) 30
345 FC (Ilhas Cayman) 79
4 de Julho (Piauí) 31
7 de Abril (Rio de Janeiro) 32
7 de Setembro (Mato Grosso do Sul) 20
9 de Julho (Paraná) 27
9 de Octubre (Equador) 61
AAB (Dinamarca) 129
Aarau (Suíça) 150
Aarhus Fremad (Dinamarca) 129
AB (Dinamarca) 129
AB (Ilhas Faroe) 135
Abaeté (Pará) 25
Abahani Limited (Bangladesh) 178
ABB (Bahia) 11
ABC (Rio Grande do Norte) 36
ABD (Goiás) 17
Abdysh-Ata (Quirguistão) 183
Abecat Ouvidorense (Goiás) 17
Aberdeen (Escócia) 115
Aberystwyth Town (País de Gales) 145
Abia Warriors (Nigéria) 165
Abu Muslim (Afeganistão) 178
Abu Salim (Líbia) 162
AC Semassi (Togo) 168
Academia (Mato Grosso) 19
Academia Cantolao (Peru) 64
Academia Puerto Cabello (Venezuela) 67
Academia Quintana (Porto Rico) 80
Académica de Coimbra (Portugal) 106
Académica de Lobito (Angola) 154
Académica de Praia (Cabo Verde) 156
Académica do Mindelo (Cabo Verde) 156
Académico de Viseu (Portugal) 106
Academie Le Messager (Burundi) 156
Ação (Mato Grosso) 19
Accra Lions (Gana) 160
Accrington Stanley (Inglaterra) 96
Achuapa (Guatemala) 74
Acre (Federação) 7
Ada Jaén (Peru) 64
Adana Demirspor (Turquia) 119
Adanaspor (Turquia) 119
ADAP Galo Maringá (Paraná) 27
ADEC (Amapá) 9
Adelaide City (Austrália) 173
Adelaide United (Austrália) 173
Adema (Madagascar) 162
ADESG (Acre) 8
Admira Wacker (Áustria) 122
ADT (Peru) 64
Aduana Stars (Gana) 160
Adulis (Eritreia) 159
Aegir (Islândia) 137
AEK Atenas (Grécia) 134
AEK Lanarca (Chipre) 127
AEL (Grécia) 134
AEL Limassol (Chipre) 127
AEZ (Chipre) 127
AFAD (Costa do Marfim) 158
Afan Lido (País de Gales) 145
AFC – Ásia (Confederação) 170
AFC Academy (Ilhas Turcas e Caicós) 79
AFC Leopards (Quênia) 165
Afeganistão (Federação) 170
Afogadense (Pernambuco) 30
Afogados da Ingazeira (Pernambuco) 30
África do Sul (Federação) 152
Africa Sports (Costa do Marfim) 158
African Stars (Namíbia) 164
Afrique Élite (Mali) 163
Afturelding (Islândia) 137
AGF (Dinamarca) 129
AGMK (Uzbequistão) 185
Agrimaq (Alagoas) 8
Agropecuário (Argentina) 53
Água Santa (São Paulo) 43
Aguacateros CDU (México) 72
Águas de Lindóia (São Paulo) 43
Águia (Pernambuco) 30
Águia de Marabá (Pará) 25
Águia Negra (Mato Grosso do Sul) 20
Águila (El Salvador) 78
Águilas Doradas (Colômbia) 60
Ahal (Turcomenistão) 185
Ahli Sanaa (Iêmen) 180
AIFI (Venezuela) 67
Aigle de la Menoua (Camarões) 156
Aigle Noir (Burundi) 156
Aiglons (Chade) 157
AIK (Suécia) 149
Aimoré (Rio Grande do Sul) 37
Airbus UK Broughton (País de Gales) 145
Airdrienonians (Escócia) 115
Ajaccio (França) 102
Ajax (Holanda) 111
Ajesaia (Madagascar) 162
Ajka (Hungria) 134
Ajman (Emirados Árabes) 176
Akhmat Grozny (Rússia) 117
Akonangui (Guiné Equatorial) 161
Akron Tolyatti (Rússia) 117
Akse Bersatu (Brunei) 178
Aksu (Cazaquistão) 126
Aktobe (Cazaquistão) 126
Akwa United (Nigéria) 165
Al Ahli (Sudão) 168
Al Ahly (Egito) 159
Al Ain (Emirados Árabes) 176
Al Bataeh (Emirados Árabes) 176
Al Dhafra (Emirados Árabes) 176
Al Hilal (Líbia) 162
Al Hilal Club (Sudão) 168
Al Hilal Port Sudan (Sudão) 168
Al Hilal Wau (Sudão do Sul) 168
Al Ittihad (Líbia) 162
Al Jazeerah Al Hamra (Emirados Árabes) 176
Al Jazira (Emirados Árabes) 176
Al Malaka (Sudão do Sul) 168
Al Merreikh (Sudão) 168
Al Nasr (Emirados Árabes) 176
Al Salam (Sudão do Sul) 168
Al Saqr (Iêmen) 180
Al Shaab (Iêmen) 180
Al Tadhamon (Kuwait) 181
Al Tahrir (Eritreia) 159
Al Tilal (Iêmen) 180
Al Urooba (Emirados Árabes) 176
Al Wahda (Emirados Árabes) 176
Al Wahda SC (Iêmen) 180
Al Wasl (Emirados Árabes) 176
Al Wehda (Iêmen) 180
Al Yarmouk (Kuwait) 181
Al-Ahed (Líbano) 181
Al-Ahli (Arábia Saudita) 172
Al-Ahli (Barein) 178
Al-Ahli (Jordânia) 181
Al-Ahli (Qatar) 176
Al-Ahli SC (Líbia) 162
Al-Ahly Benghazi (Líbia) 162
Al-Ansar (Líbano) 181
Al-Arabi (Kuwait) 181
Al-Arabi (Qatar) 176
Al-Bidda (Qatar) 176
Al-Duhail (Qatar) 176
Al-Ettifaq (Arábia Saudita) 172
Al-Faisaly (Jordânia) 181
Al-Fateh (Arábia Saudita) 172
Al-Fayha (Arábia Saudita) 172
Al-Futowa (Síria) 184
Al-Gharafa (Qatar) 176
Al-Hilal (Arábia Saudita) 172
Al-Hussein (Jordânia) 181
Al-Ittihad (Arábia Saudita) 172
Al-Ittihad (Egito) 159
Al-Ittihad (Síria) 184
Al-Jahra (Kuwait) 181
Al-Jaish (Síria) 184
Al-Karamah (Síria) 184
Al-Khaldiya (Barein) 178
Al-Khaleej (Arábia Saudita) 172
Al-Kharaitiyat (Qatar) 176
Al-Kholood (Arábia Saudita) 172
Al-Khor (Qatar) 176
Al-Markhiya (Qatar) 176
Al-Masry (Egito) 159
Al-Mesaimeer (Qatar) 176
Al-Mokawloon (Egito) 159
Al-Muharraq (Barein) 178
Al-Nahda (Omã) 183
Al-Nasr (Kuwait) 181
Al-Nasr Benghazi (Líbia) 162
Al-Nassr (Arábia Saudita) 172
Al-Okhdood (Arábia Saudita) 172
Al-Orobah (Arábia Saudita) 172
Al-Qadsia (Kuwait) 181
Al-Qadsiah (Arábia Saudita) 172
Al-Quwa Al-Jawiya (Iraque) 180
Al-Raed (Arábia Saudita) 172
Al-Ramtha (Jordânia) 181
Al-Rayyan (Qatar) 176
Al-Riyadh (Arábia Saudita) 172
Al-Sadd (Qatar) 176
Al-Safa (Líbano) 181
Al-Sailiya (Qatar) 176
Al-Salmiya (Kuwait) 181
Al-Seeb (Omã) 183
Al-Shabab (Arábia Saudita) 172
Al-Shabab (Kuwait) 181
Al-Shabab (Omã) 183
Al-Shahaniya (Qatar) 176
Al-Shamal (Qatar) 176
Al-Shorta (Iraque) 180
Al-Suwaiq (Omã) 183
Al-Taawoun (Arábia Saudita) 172
Al-Talaba (Iraque) 180
Al-Waab (Qatar) 176
Al-Wakrah (Qatar) 176
Al-Wehda (Arábia Saudita) 172
Al-Wehdat (Jordânia) 181
Al-Zawraa (Iraque) 180
Alacranes de Durango (México) 72
Alagoas (Federação) 7
Alajuelense (Costa Rica) 74
Alania Vladikavkaz (Rússia) 117
Alanyaspor (Turquia) 119
Alashkert (Armênia) 122
Alavés (Espanha) 88
Alay (Quirguistão) 183
Albacete (Espanha) 88
Albânia (Federação) 82
Alberts (Letônia) 140
Albion (Uruguai) 65
Albirex Niigata (Japão) 175
Albirex Niigata (Singapura) 184
Alcorcón (Espanha) 88
Alcoyano (Espanha) 88
Aldershot Town (Inglaterra) 96
Aldosivi (Argentina) 53
Alebrijes de Oaxaca (México) 72
Alecrim (Rio Grande do Norte) 36
Alemanha (Federação) 82
Alemanha (Federação) 84
Alemania Aachen (Alemanha) 84
Alessandria (Itália) 92
Alexandria (Egito) 159
Alfonso Ugarte (Peru) 64
Alga Bishkek (Quirguistão) 183
Algeciras (Espanha) 88
Aliança (Ceará) 13
Alianza (Colômbia) 60
Alianza (El Salvador) 78
Alianza (Panamá) 76
Alianza Atlético (Peru) 64
Alianza Beni Gran Mamoré (Bolívia) 57
Alianza Lima (Peru) 64
Alianza Universidad (Peru) 64
All Boys (Argentina) 53
All Saints (Antígua e Barbuda) 77
Alliance (Estônia) 131
Alloa Athletic (Escócia) 115
Almagro (Argentina) 53
Almere City (Holanda) 110
Almeria (Espanha) 88
Almirante Barroso (Santa Catarina) 41
Almirante Brown (Argentina) 53
Altamira (Pará) 25
Altay (Turquia) 119
Altglienicke (Alemanha) 84
Altinho (Pernambuco) 30
Alto Acre (Acre) 8
Alto Santo (Ceará) 13
Altos (Piauí) 31
Altyn Asyr (Turcomenistão) 185
Alvarado (Argentina) 53
Alverca (Portugal) 106
Alvorada (Tocantins) 51
Always Ready (Bolívia) 57
Amadense (Sergipe) 50
Amapá (Acre) 8
Amapá (Amapá) 9
Amapá (Federação) 7
Amarante (Portugal) 106
AMAX (Acre) 8
Amazonas (Amazonas) 10
Amazonas (Federação) 7
Amazônia (Pará) 25
Amazulu (África do Sul) 154
América (Ceará) 13
América (Goiás) 17
América (México) 73
América (Pernambuco) 30
America (Rio de Janeiro) 32
América (Rio Grande do Norte) 36
América (São Paulo) 43
América de Cali (Colômbia) 60
América de Pedrinhas (Sergipe) 50
América de Propriá (Sergipe) 50
América de Quito (Equador) 61
América Mineiro (Minas Gerais) 22
América TO (Minas Gerais) 21
América VF4 (Paraíba) 26
Americano (Maranhão) 18
Americano (Rio de Janeiro) 32
Américo (São Paulo) 43
Amicale (Vanuatu) 189
Amicales Douanes (Mauritânia) 164
Amiens (França) 102
Amnokgang (Coreia do Norte) 179
Amora (Portugal) 106
Amorebieta (Espanha) 88
Amparo (São Paulo) 43
Amsterdamsche (Holanda) 110
Anadia (Portugal) 106
Ananindeua (Pará) 25
Anapolina (Goiás) 17
Anápolis (Goiás) 17
Ancona (Itália) 92
Anderlecht (Bélgica) 113
Andirá (Acre) 8
Andorra (Espanha) 88
Andorra (Federação) 82
Andradina (São Paulo) 43
Andraus (Paraná) 27
Andrézieux (França) 102
Angels (Gibraltar) 133
Angers (França) 102
Anglet (França) 102
Angola (Federação) 152
Angostura (Venezuela) 67
Angoulême (França) 102
Angra dos Reis (Rio de Janeiro) 32
Anguila (Federação) 68
Anjos do Céu (Ceará) 13
Ankara Keciorengucu (Turquia) 119
Annagh United (Irlanda do Norte) 137
Annecy (França) 102
Anorthosis (Chipre) 127
Anse Réunion (Seicheles) 166
Antalyaspor (Turquia) 119
Antigua (Guatemala) 74
Antigua e Barbuda (Federação) 68
Anzoátegui (Venezuela) 67
AP Breba (Macedônia do Norte) 141
Apafut (Rio Grande do Sul) 37
Aparecida (Goiás) 17
Aparecida (São Paulo) 43
Aparecidense (Goiás) 17
APOEL (Chipre) 127
Apollon Limassol (Chipre) 127
Apolonia Fier (Albânia) 121
April 25 (Coreia do Norte) 179
Aquidauanense (Mato Grosso do Sul) 20
Árabe Unido (Panamá) 76
Arábia Saudita (Federação) 170
Arábia Saudita (Federação) 172
Aracaju (Sergipe) 50
Aracati (Ceará) 13
Araçatuba (São Paulo) 43
Aracruz (Espírito Santo) 16
Aragua (Venezuela) 67
Araguacema (Tocantins) 51
Araguaia (Tocantins) 51
Araguaia AA (Mato Grosso) 19
Araguaia AC (Mato Grosso) 19
Araguaína (Tocantins) 51
Araguari (Minas Gerais) 21
Aragvi Dusheti (Geórgia) 132
Araióses (Maranhão) 18
Arapongas (Paraná) 27
Ararat Yerevan (Armênia) 122
Ararat-Armenia (Armênia) 122
Araripina (Pernambuco) 30
Araruama (Rio de Janeiro) 32
Araucária (Paraná) 27
Araxá (Minas Gerais) 21
Araz-Naxçivan (Azerbaijão) 123
Arbroath (Escócia) 115
Arda (Bulgária) 125
Ards (Irlanda do Norte) 137
Arema (Indonésia) 180
Arenteiro (Espanha) 88
Arezzo (Itália) 92
Argélia (Federação) 152
Argentina (Federação) 52
Argentina (Federação) 53
Argentino de Merlo (Argentina) 53
Argentino de Quilmes (Argentina) 53
Argentinos Juniors (Argentina) 53
Ariquemes (Rondônia) 40
Aris (Grécia) 134
Aris Limassol (Chipre) 127
Armagh City (Irlanda do Norte) 137
Armed Forces (Gâmbia) 160
Armeé Patriotique (Ruanda) 166
Armênia (Federação) 82
Arminia Bielefeld (Alemanha) 84
Arnett Gardens (Jamaica) 75
Arouca (Portugal) 106
Arsenal (Argentina) 53
Arsenal (Ceará) 13
Arsenal (Inglaterra) 97
Arsenal (Minas Gerais) 21
Arsenal (Montenegro) 143
Arsenal (Tocantins) 51
Arsenal Dzerhinsk (Bielorrússia) 124
Arsenal Tula (Rússia) 117
Arsimi (Macedônia do Norte) 141
Art Japala (Nicarágua) 80
Artemisa (Cuba) 78
Aruba (Federação) 68
ARUC (Distrito Federal) 15
AS Ali Sabieh (Djibouti) 158
AS Arta Solar 7 (Djibouti) 158
AS Bakaridjan (Mali) 163
AS Capoise (Haiti) 79
AS Dakar Sacré-Couer (Senegal) 167
AS Denguelé (Costa do Marfim) 158
AS Douanes (Burquina Fasso) 156
AS Dragons (Benim) 155
AS Fan (Níger) 164
AS FAR (Marrocos) 163
AS Farcha (Chade) 157
AS Fortuna (Camarões) 156
AS Gabès (Tunísia) 168
AS GNN (Níger) 164
AS Kaloum (Guiné) 161
AS Kigali (Ruanda) 166
AS Léopards (Congo) 158
AS Marsa (Tunísia) 168
AS Otohô (Congo) 158
AS Pikine (Senegal) 167
AS Port (Djibouti) 158
AS Port Louis (Maurício) 164
AS PSI (Chade) 157
AS Soliman (Tunísia) 168
AS Sonacos (Senegal) 167
AS Têmpete Mocaf (República Centro-Africana) 165
AS Togo-Port (Togo) 168

AS Vacoas-Phoenix (Maurício) ... 164
AS Vita Club (República Democrática do Congo) ... 166
ASA (Alagoas) ... 8
ASAC Concorde (Mauritânia) ... 164
Asante Kotoko (Gana) ... 160
ASC Jaraaf (Senegal) ... 167
ASC Kara (Togo) ... 168
ASCE Linguère (Senegal) ... 167
Ascoli (Itália) ... 92
ASEC Mimosas (Costa do Marfim) ... 158
Aseev (Goiás) ... 17
ASF Yennenga (Burquina Fasso) ... 156
Asgabat (Turcomenistão) ... 185
Ashdod (Israel) ... 138
Asil-Lysi (Chipre) ... 127
ASKO (Togo) ... 168
Askö Oedt (Áustria) ... 122
Asmara Brewery (Eritreia) ... 159
ASN Nigelec (Níger) ... 164
ASO Chlef (Argélia) ... 155
Assisense (São Paulo) ... 43
Associação Goiatuba (Goiás) ... 17
ASSU (Rio Grande do Norte) ... 36
Astana (Cazaquistão) ... 126
Aster Brasil (Espírito Santo) ... 16
Asteras Tripolis (Grécia) ... 134
Astillero (Equador) ... 61
Aston Villa (Inglaterra) ... 97
Atalaia (Paraíba) ... 26
Atalanta (Itália) ... 92
Atenas (Uruguai) ... 65
Atenas Kallithea (Grécia) ... 134
Athletic (Minas Gerais) ... 21
Athletic Bilbao (Espanha) ... 89
Athlético Cornélio Procópio (Paraná) ... 27
Athlético Paranaense (Paraná) ... 28
Athlone Town (Irlanda) ... 136
Atibaia (São Paulo) ... 43
ATK (Índia) ... 180
Atlabara (Sudão do Sul) ... 168
Atlanta (Argentina) ... 53
Atlanta (Bahia) ... 11
Atlanta United (Estados Unidos) ... 70
Atlante (México) ... 72
Atlântico (Bahia) ... 11
Atlántico (República Dominicana) ... 80
Atlas (México) ... 72
Atlètic América (Andorra) ... 121
Atlètic Escaldes (Andorra) ... 121
Atlético 3 de Febrero (Paraguai) ... 63
Atlético Acreano (Acre) ... 8
Atlético Amazonense (Amazonas) ... 10
Atlético Araçatuba (São Paulo) ... 43
Atlético Bacabal (Maranhão) ... 18
Atlético Batistense (Santa Catarina) ... 41
Atlético Bermejo (Bolívia) ... 57
Atlético Bucaramanga (Colômbia) ... 60
Atlético Cajazeiras (Paraíba) ... 26
Atlético Carazinho (Rio Grande do Sul) ... 37
Atlético Carioca (Rio de Janeiro) ... 32
Atlético Catarinense (Santa Catarina) ... 41
Atlético Cearense (Ceará) ... 13
Atlético Cerrado (Tocantins) ... 51
Atlético Colegiales (Paraguai) ... 63
Atlético CP (Portugal) ... 106
Atlético de Alagoinhas (Bahia) ... 11
Atlético de Madrid (Espanha) ... 89
Atlético de Rafaela (Argentina) ... 53
Atlético de San Luis (México) ... 72
Atlético FC (Colômbia) ... 60
Atlético Gloriense (Sergipe) ... 50
Atlético Goianiense (Goiás) ... 17
Atlético Grau (Peru) ... 64
Atlético Huila (Colômbia) ... 60
Atlético Ibirama (Santa Catarina) ... 41
Atlético Itapemirim (Espírito Santo) ... 16
Atlético La Cruz (Venezuela) ... 67
Atlético La Paz (México) ... 72
Atlético Marte (El Salvador) ... 78
Atlético Matrogrossense (Mato Grosso) 19
Atlético Mineiro (Equador) ... 61
Atlético Mineiro (Minas Gerais) ... 22
Atlético Mogi (São Paulo) ... 43
Atlético Morelia (México) ... 72
Atlético Nacional (Colômbia) ... 60
Atlético Nacional (Panamá) ... 76
Atlético Ottawa (Canadá) ... 74
Atlético Pantoja (República Dominicana) ... 80
Atlético Paraense (Pará) ... 25
Atlético Pernambucano (Pernambuco) 30
Atlético Piauiense (Piauí) ... 31
Atlético Porteño (Equador) ... 61
Atlético Potengi (Rio Grande do Norte) . 36
Atlético Potiguar (Rio Grande do Norte) 36
Atlético Rioverdense (Goiás) ... 17
Atlético Rosário (Sergipe) ... 50
Atlético Sorocaba (São Paulo) ... 43
Atlético TC (Minas Gerais) ... 21
Atlético Tembetary (Paraguai) ... 63
Atlético Tucumán (Argentina) ... 53
Atlético Universitário (Bahia) ... 11
Atromitos (Grécia) ... 134
Attack Energy (Afeganistão) ... 178
Attackers FC (Anguila) ... 76
Atyrau (Cazaquistão) ... 126
Aucas (Equador) ... 61
Auckland City (Austrália) ... 173
Auckland City (Nova Zelândia) ... 187
Auckland United (Nova Zelândia) ... 187
Auda (Letônia) ... 140
Audax Italiano (Chile) ... 58
Audax Rio (Rio de Janeiro) ... 32
Augsburg (Alemanha) ... 84
Aurora (Bolívia) ... 57
Austin FC (Estados Unidos) ... 70
Austrália (Federação) ... 170
Austrália (Federação) ... 173
Áustria (Federação) ... 82
Áustria Klagenfurt (Áustria) ... 122
Áustria Lustenau (Áustria) ... 122
Áustria Viena (Áustria) ... 122
Auto Esporte (Paraíba) ... 26
Auxerre (França) ... 102
Avaí (Santa Catarina) ... 41
Avatiu (Ilhas Cook) ... 188
Avellino (Itália) ... 92
Avenida (Rio Grande do Sul) ... 37
Avenir Beggen (Luxemburgo) ... 141
Avenues United (São Vicente e Granadinas) ... 81
Avion Academy (Camarões) ... 157
Avispa Fukuoka (Japão) ... 175
Avranches (França) ... 102
AVS (Portugal) ... 106
Ayacucho (Peru) ... 64
Ayeyawady United (Myanmar) ... 182
Aymorés (Minas Gerais) ... 21
Ayr United (Escócia) ... 115
AZ Alkmaar (Holanda) ... 110
Azam FC (Tanzânia) ... 168
Azerbaijão (Federação) ... 82
Azuriz (Paraná) ... 27
B 93 (Dinamarca) ... 129
B1 FC (Santa Lúcia) ... 81
B36 Torshavn (Ilhas Faroe) ... 135
B68 Toftir (Ilhas Faroe) ... 135
B71 Sandoy (Ilhas Faroe) ... 135
Ba (Fiji) ... 188
Babrungas (Lituânia) ... 140
Bacabal (Maranhão) ... 18
Baden (Suíça) ... 150
Bagé (Rio Grande do Sul) ... 37
Baglan Dragons (País de Gales) ... 145
Baha Juniors (Bahamas) ... 77
Bahamas (Federação) ... 68
Bahia (Bahia) ... 11
Bahia (Federação) ... 7
Bahia de Feira (Bahia) ... 11
Bahrain Club (Barein) ... 178
Baikonur (Cazaquistão) ... 126
Baku Sporting (Azerbaijão) ... 123
Bala Town (País de Gales) ... 145
Balantas (Guiné-Bissau) ... 161
Bali United (Indonésia) ... 180
Ballinamallard United (Irlanda do Norte) . 137
Ballkani (Kosovo) ... 139
Ballyclare (Irlanda do Norte) ... 137
Ballymena United (Irlanda do Norte) ... 137
Balsas (Maranhão) ... 18
Balti (Moldávia) ... 143
Baltijos (Lituânia) ... 140
Baltika (Rússia) ... 117
Balzan (Malta) ... 142
Balzers (Liechtenstein) ... 140
Bamboutos (Camarões) ... 157
Bandari (Quênia) ... 165
Bandeirante (São Paulo) ... 43
Bandirmaspor (Turquia) ... 120
Banfield (Argentina) ... 53
Banga (Lituânia) ... 140
Bangkok United (Tailândia) ... 184
Bangladesh (Federação) ... 170
Bangor (Irlanda do Norte) ... 137
Bangor 1876 (País de Gales) ... 145
Bangor City (País de Gales) ... 145
Bangu (Rio de Janeiro) ... 32
Baník Ostrava (República Tcheca) ... 146
Baniyas (Emirados Árabes) ... 177
Banjul United (Gâmbia) ... 160
Bank of Guam Strykers (Guam) ... 179
Bantu (Lesoto) ... 162
Barakaldo (Espanha) ... 88
Baraúnas (Rio Grande do Norte) ... 36
Barbados (Federação) ... 68
Barbalha (Ceará) ... 13
Barcelona (Bahia) ... 11
Barcelona (Equador) ... 61
Barcelona (Espanha) ... 90
Barcelona (Rio de Janeiro) ... 33
Barcelona (Rondônia) ... 40
Barcelona (São Paulo) ... 43
Bare (Amapá) ... 9
Baré (Roraima) ... 41
Barein (Federação) ... 170
Bari (Itália) ... 92
Barnachea (Chile) ... 58
Barnet (Inglaterra) ... 96
Barnsley (Inglaterra) ... 96
Barquisimeto (Venezuela) ... 67
Barra (Santa Catarina) ... 41
Barra (Sergipe) ... 50
Barra da Tijuca (Rio de Janeiro) ... 33
Barra Mansa (Rio de Janeiro) ... 33
Barracas Central (Argentina) ... 53
Barranquilla FC (Colômbia) ... 60
Barras (Piauí) ... 31
Barreiras (Bahia) ... 11
Barreiros (Pernambuco) ... 30
Barretos (São Paulo) ... 43
Barrow (Inglaterra) ... 96
Barry Town United (País de Gales) ... 145
Basake Holy Stars (Gana) ... 160
Basaksehir (Turquia) ... 120
Basel (Suíça) ... 150
Bashkimi (Macedônia do Norte) ... 142
Bashundhara Kings (Bangladesh) ... 178
Bastia (França) ... 102
Bata Falcons (Montserrat) ... 80
Batalhão (Tocantins) ... 51
Batalhense (Alagoas) ... 8
Batatais (São Paulo) ... 43
BATE Borisov (Bielorrússia) ... 124
Batel (Paraná) ... 27
Bath Estate (Dominica) ... 78
Bavarians (Mongólia) ... 182
Bavois (Suíça) ... 150
Bayamón (Porto Rico) ... 80
Bayelsa United (Nigéria) ... 165
Bayer Leverkusen (Alemanha) ... 86
Bayern de Munique (Alemanha) ... 85
Bayreuth (Alemanha) ... 84
Bays (Santa Lúcia) ... 81
BDF XI (Botsuana) ... 155
Bdin (Bulgária) ... 125
Beaches (Ilhas Turcas e Caicós) ... 79
Becamex Bihn Duong (Vietnã) ... 185
Bechem United (Gana) ... 161
Beerschot (Bélgica) ... 113
Bei (Lituânia) ... 140
Beijing Guoan (China) ... 177
Beira-Mar (Portugal) ... 106
Beitar Jerusalem (Israel) ... 138
Békéscsaba (Hungria) ... 134
Bela Vista (Rio de Janeiro) ... 33
Bela Vista (Tocantins) ... 51
Belasitsa (Bulgária) ... 125
Belenense (Pará) ... 25
Belenenses (Portugal) ... 106
Belford Roxo (Rio de Janeiro) ... 33
Bélgica (Federação) ... 113
Bélgica (Federação) ... 82
Belgrano (Argentina) ... 54
Belisia Bilzen (Bélgica) ... 113
Belize (Federação) ... 68
Bella Italia (Uruguai) ... 65
Bella Vista (Uruguai) ... 65
Bellinzona (Suíça) ... 150
Belmopan FC (Belize) ... 77
Belo Horizonte (Cabo Verde) ... 156
Belo Jardim (Pernambuco) ... 30
Belshina Bobruiks (Bielorrússia) ... 124
Bendel Insurane (Nigéria) ... 165
Benevento (Itália) ... 92
Benfica (Angola) ... 154
Benfica (Portugal) ... 107
Benfica de Macau (Macau) ... 182
Benfica Laulara (Timor-Leste) ... 185
Benin (Federação) ... 152
Berekum Chelsea (Gana) ... 161
Bergerac (França) ... 102
Bermudas (Federação) ... 68
Beroe (Bulgária) ... 125
Besa (Albânia) ... 121
Besa (Macedônia do Norte) ... 142
Besiani (Kosovo) ... 139
Besiktas (Turquia) ... 120
Betim Futebol (Minas Gerais) ... 21
Betis (Espanha) ... 88
Betis (Minas Gerais) ... 21
Bettembourg (Luxemburgo) ... 141
Beveren (Bélgica) ... 113
Beyonde Limits (Nigéria) ... 165
BG Pathum United (Tailândia) ... 184
Bielorrússia (Federação) ... 82
Bijelo Brdo (Croácia) ... 128
Bilje (Eslovênia) ... 130
Bingerville (Costa do Marfim) ... 158
Birkenhead United (Nova Zelândia) ... 187
Birkirkara (Malta) ... 142
Birmingham (Inglaterra) ... 96
Bistrica (Eslovênia) ... 130
Bjelovar (Croácia) ... 128
BK Häcken (Suécia) ... 149
Black Africa (Namíbia) ... 164
Black Bulls (Moçambique) ... 164
Black Leopards (África do Sul) ... 154
Black Man Warrior (Libéria) ... 162
Black Roses (Samoa Americana) ... 189
Blackburn (Inglaterra) ... 96
Blackpool (Inglaterra) ... 96
Blau-Weiss Linz (Áustria) ... 122
Blessing (República Democrática do Congo) ... 166
Blois (França) ... 102
Blooming (Bolívia) ... 57
Blue Eagles (Malawi) ... 162
Blue Stars (Sri Lanka) ... 184
Blumenau (Santa Catarina) ... 41
Blumenauense (Santa Catarina) ... 41
Bnei Sakhnin (Israel) ... 138
Bnei Yehuda (Israel) ... 138
Bo Rangers (Serra Leoa) ... 167
Boa Esporte (Minas Gerais) ... 21
Boa Viagem (Ceará) ... 13
Boa Vista (São Paulo) ... 43
Boavista (Cabo Verde) ... 156
Boavista (Portugal) ... 106
Boavista (Rio de Janeiro) ... 33
Boavista (Timor-Leste) ... 185
Boca Júnior (Sergipe) ... 50
Boca Juniors (Argentina) ... 54
Boca Juniors (Gibraltar) ... 133
Boca Juniors de Cali (Colômbia) ... 60
Bochum (Alemanha) ... 84
Bodden Town (Ilhas Cayman) ... 79
Bodo/Glimt (Noruega) ... 144
Bodrum (Turquia) ... 120
Bogotá FC (Colômbia) ... 60
Bohemians (Irlanda) ... 136
Bohemians 1905 (República Tcheca) ... 146
Bokelj (Montenegro) ... 143
Bolívar (Bolívia) ... 57
Bolívar (Venezuela) ... 67
Bolívia (Federação) ... 52
Bologna (Itália) ... 92
Bolton (Inglaterra) ... 96
Boluspor (Turquia) ... 120
Bom Jesus (Alagoas) ... 8
Bom Jesus (Goiás) ... 17
Bonita Banana (Equador) ... 61
Bonsucesso (Rio de Janeiro) ... 33
Boquinhense (Sergipe) ... 50
Borac (Bósnia e Herzegóvina) ... 125
Borac Cacak (Sérvia) ... 148
Borec (Macedônia do Norte) ... 142
Borussia Dortmund (Alemanha) ... 87
Borussia Mönchengladbach (Alemanha) ... 84
Bósnia e Herzegovina (Federação) ... 82
Bosque Formosa (Distrito Federal) ... 15
Boston City (Minas Gerais) ... 22
Boston River (Uruguai) ... 65
Boston United (Inglaterra) ... 96
Botafogo (Bahia) ... 11
Botafogo (Distrito Federal) ... 15
Botafogo (Paraíba) ... 26
Botafogo (Rio de Janeiro) ... 32
Botafogo (São Paulo) ... 44
Botafogo (Sergipe) ... 50
Botev Plovdiv (Bulgária) ... 125
Botev Vratsa (Bulgária) ... 125
Botosani (Romênia) ... 147
Botsuana (Federação) ... 152
Bouaké (Costa do Marfim) ... 158
Boueng Ket Angkor (Camboja) ... 179
Boulogne (França) ... 102
Bourdeaux (França) ... 102
Bourg-Péronnas (França) ... 102
Bournemouth (Inglaterra) ... 96
Boyacá Chicó (Colômbia) ... 60
Bradford City (Inglaterra) ... 96
Braga (Portugal) ... 107
Bragança (Portugal) ... 106
Bragantino (Pará) ... 25
Brann (Noruega) ... 144
Brasil (Federação) ... 52
Brasil (São Paulo) ... 44
Brasil (Seleção) ... 6
Brasil de Farroupilha (Rio Grande do Sul) ... 37
Brasil de Pelotas (Rio Grande do Sul) 37
Brasileirinho (Rio de Janeiro) ... 33
Brasília (Distrito Federal) ... 15
Brasiliense (Distrito Federal) ... 15
Brasilis (São Paulo) ... 44
Bravo (Eslovênia) ... 130
Bravos de Maquis (Angola) ... 154
Bray Wanderers (Irlanda) ... 136
Brazlândia (Distrito Federal) ... 15
Bregenz (Áustria) ... 122
Breidablik (Islândia) ... 137
Brentford (Inglaterra) ... 96
Brescia (Itália) ... 92
Brescia (Rio de Janeiro) ... 33
Brest (França) ... 102
Brighton & Hove Albion (Inglaterra) ... 96
Brikama United (Gâmbia) ... 160
Brinje (Eslovênia) ... 130
Brisbane Roar (Austrália) ... 173
Bristol City (Inglaterra) ... 96
Bristol Rovers (Inglaterra) ... 96
Britannia (Aruba) ... 77
Briton Ferry Llansawel (País de Gales) ... 145
Brittons Hill (Barbados) ... 77
Bromley (Inglaterra) ... 96
Brommapojkarna (Suécia) ... 149
Brondby (Dinamarca) ... 129
Brown (Argentina) ... 54
Brujas de Salamanca (Chile) ... 58
Brunei (Federação) ... 170
Brusque (Santa Catarina) ... 41
Bryne (Noruega) ... 144
Buckley Town (País de Gales) ... 145
Budućnost (Bósnia e Herzegóvina) ... 125
Budućnost (Montenegro) ... 144
Buffles du Borgou (Benim) ... 155
Búhos ULVR (Equador) ... 61
Bul FC (Uganda) ... 169
Bulgária (Federação) ... 82
Bumamuru (Burundi) ... 156
Bunyodkor (Uzbequistão) ... 185
Burgos (Espanha) ... 88
Buriram United (Tailândia) ... 184
Burnley (Inglaterra) ... 96
Burquina Fasso (Federação) ... 152
Burreli (Albânia) ... 121
Burton (Inglaterra) ... 97
Burundi (Federação) ... 152
Busan IPark (Coreia do Sul) ... 174
Butão (Federação) ... 170
Búzios (Rio de Janeiro) ... 33
BVSC-Zuglo (Hungria) ... 134
Bylis Ballsh (Albânia) ... 121
CA Bizertin (Tunísia) ... 168
CAAC Brasil (Rio de Janeiro) ... 33
Cabense (Pernambuco) ... 30
Cabo Verde (Federação) ... 152
Cabofriense (Rio de Janeiro) ... 33
Caçadorense (Santa Catarina) ... 41
Cacerense (Mato Grosso) ... 19
Cáceres (Mato Grosso) ... 19
Cachoeiro (Espírito Santo) ... 16
CAD Ribeirão Pires (São Paulo) ... 44
Cádiz (Espanha) ... 88
Caen (França) ... 103
Caernarfon Town (País de Gales) ... 145
Caeté (Pará) ... 25
CAF – África (Confederação) ... 152
Cagliari (Itália) ... 92
Caiçara (Piauí) ... 31
Caicó (Rio Grande do Norte) ... 36
Cailungo (San Marino) ... 148
Caldas (Portugal) ... 106
Caldas Novas (Goiás) ... 17
Caldense (Minas Gerais) ... 22
Calouros do Ar (Ceará) ... 13

Camaçari (Bahia) 11
Camaçariense (Bahia) 11
Camagüey (Cuba) 78
Camarões (Federação) 152
Cambará (Paraná) 27
Cambé (Paraná) 27
Camboja (Federação) 170
Camboriú (Santa Catarina) 41
Cambridge United (Inglaterra) 97
Cambuur (Holanda) 110
Cametá (Pará) 25
Campinas (São Paulo) 44
Campinense (Paraíba) 26
Campo Grande (Ceará) 13
Campo Grande (Rio de Janeiro) 33
Campo Novo (Mato Grosso) 19
Campos Atlético (Rio de Janeiro) 33
Canaã (Distrito Federal) 15
Canaã (Pará) 25
Canadá (Federação) 68
Canário (Amapá) 9
Canchungo (Guiné-Bissau) 161
Cancún (México) 72
Candango (Distrito Federal) 15
Canelas (Portugal) 106
Canindé (Sergipe) 50
Cannes (França) 103
Cannons (Gibraltar) 133
Cano Sport (Guiné Equatorial) 161
Canoinhas (Santa Catarina) 41
Canon Yaoundé (Camarões) 157
Canto do Rio (Rio de Janeiro) 33
CAP (Rio Grande do Norte) 36
CAP Uberlândia (Minas Gerais) 22
Cape Town City (África do Sul) 154
Cape Town Spurs (África do Sul) 154
Capela (Alagoas) 8
Capelense (Alagoas) 8
Capital (Distrito Federal) 15
Capital (Tocantins) 51
Capitão Poço (Pará) 25
Capivariano (São Paulo) 44
Capixaba (Espírito Santo) 16
Cappellen (Bélgica) 113
CAPS United (Zimbábue) 169
Cara Brazaville (Congo) 158
Carabobo (Venezuela) 67
Caracas (Venezuela) 67
Carajás (Pará) 25
Carapebus (Rio de Janeiro) 33
Caravaggio (Santa Catarina) 41
Cardiff City (Inglaterra) 97
Cardiff Met (País de Gales) 145
Cardoso Moreira (Rio de Janeiro) 33
Cariri (Ceará) 13
Carl Zeiss Jena (Alemanha) 84
Carlisle (Inglaterra) 97
Carlos A. Mannucci (Peru) 64
Carlos Renaux (Santa Catarina) 41
Carlos Stein (Peru) 64
Carmelita (Costa Rica) 74
Carmópolis (Sergipe) 50
Carpina (Pernambuco) 30
Carrarese (Itália) 92
Carrick Rangers (Irlanda do Norte) 137
Carroi (Andorra) 121
Cartagena (Espanha) 88
Cartaginés (Costa Rica) 74
Caruaru City (Pernambuco) 30
Casa Pia (Portugal) 106
Casa Sports (Senegal) 167
Cascavel (Paraná) 27
Cascavel CR (Paraná) 27
Casertana (Itália) 92
Cashmere (Nova Zelândia) 187
Casimiro de Abreu (Rio de Janeiro) 33
Cassimiro de Abreu (Minas Gerais) 22
Castanhal (Pará) 25
Castellón (Espanha) 88
Castelo (Espírito Santo) 16
Catanduva (São Paulo) 44
Catanduvense (São Paulo) 44
Catania (Itália) 92
Catanzaro (Itália) 92
Catuense (Bahia) 11
Caucaia (Ceará) 13
Cavalier (Bahamas) 77
Cavalier (Jamaica) 75
Cavaliers (Benim) 155
Cavalry (Canadá) 74
Caxias (Espírito Santo) 16
Caxias (Rio Grande do Sul) 37
Caxias (Santa Catarina) 41
Cayon FC (São Cristóvão e Nevis) 81
Cazaquistão (Federação) 82
CBE (Etiópia) 160
CD Elá Nguema (Guiné Equatorial) 161
CD Guadalupe (San Tomé e Príncipe) 166
CD Moquegua (Peru) 64
CDC Amazônia (Amazonas) 10
Ceará (Ceará) 13
Ceará (Federação) 7
CEART (Mato Grosso do Sul) 20
Ceilandense (Distrito Federal) 15
Ceilândia (Distrito Federal) 15
Celaya (México) 72
Celik Zenica (Bósnia e Herzegóvina) 125
Celje (Eslovênia) 130
Celta (Espanha) 88
Celtic (Escócia) 115
CENA (Mato Grosso do Sul) 20
Centenário (Rio Grande do Norte) 36
Centenário Pauferrense
(Rio Grande do Norte) 36
Central (Pernambuco) 30
Central (Trinidad e Tobago) 81
Central Coast Mariners (Austrália) 173
Central Córdoba (Argentina) 54
Central Español (Uruguai) 65
Central Paraíso (Tocantins) 51
Central Sport (Taiti) 189
Centro Dominguito (Curaçao) 78
Centro Limoeirense (Pernambuco) 30
Centro-Oeste (Goiás) 17
CEO (Alagoas) 8
Cerâmica (Rio Grande do Sul) 37
Ceramica Cleopatra (Egito) 159
Cercle Brugge (Bélgica) 113
Cercle de Joachim (Maurício) 164
Cercle Mbéri (Gabão) 160
Ceres (Rio de Janeiro) 34
Cerezo Osaka (Japão) 175
Cerrado (Goiás) 17
Cerrito (Uruguai) 65
Cerro (Uruguai) 65
Cerro Largo (Uruguai) 65
Cerro Porteño (Paraguai) 63
Cesena (Itália) 93
Ceske Bude Jovice (República Tcheca) 146
Ceuta (Espanha) 88
CF Montréal (Estados Unidos) 70
CFFA (Madagascar) 162
Chã Grande (Pernambuco) 30
Chacarita Juniors (Argentina) 54
Chacaritas (Equador) 61
Chaco Forever (Argentina) 54
Chade (Federação) 152
Cham (Suíça) 150
Chamois Niort (França) 103
Changchum Yatai (China) 177
Chanthabouly (Laos) 181
Chapada (Mato Grosso) 19
Chapadão (Mato Grosso do Sul) 20
Chapadinha (Maranhão) 18
Chapecoense (Santa Catarina) 41
Charleroi (Bélgica) 113
Charleston Battery (Estados Unidos) 70
Charlotte FC (Estados Unidos) 70
Charlton (Inglaterra) 97
Châteaubriant (França) 103
Châteauroux (França) 103
Chaves (Portugal) 106
Chelsea (Inglaterra) 98
Cheltenham Town (Inglaterra) 97
Chengdu Rongcheng (China) 177
Chennaiyin (Índia) 180
Cherno More (Bulgária) 126
Chernomorets Balchik (Bulgária) 125
Chernomorets Burgas (Bulgária) 125
Cheshire Hall (Ilhas Turcas e Caicós) 79
Chesterfield (Inglaterra) 97
Chiangrai United (Tailândia) 184
Chicago Fire (Estados Unidos) 70
Chievo (Itália) 93
Chile (Federação) 52
China (Federação) 170
Ching Fung (Macau) 182
Chippa United (África do Sul) 154
Chipre (Federação) 82
Chittagong Abahani (Bangladesh) 178
Chivas Guadalajara (México) 73
Cholet (França) 103
Chonburi (Tailândia) 184
Chornomorets Odesa (Ucrânia) 151
Christchurch United (Nova Zelândia) 187
Chrudim (República Tcheca) 146
Church Boys United (Nepal) 183
Cianorte (Paraná) 28
Cibalia (Croácia) 128
Cibao (República Dominicana) 80
Ciclón (Bolívia) 57
Ciego de Ávila (Cuba) 78
Cienciano (Peru) 64
Cienfuegos (Cuba) 78
Cimarrones de Sonora (México) 72
Cittadella (Itália) 93
City London (Paraná) 28
Clermont Foot (França) 103
Cliftonville (Irlanda do Norte) 137
Clipper (Amazonas) 10
Club Africain (Tunísia) 168
Club Brugge (Bélgica) 114
Club Omnisports (Costa do Marfim) 158
Cluj (Romênia) 147
CNAPS Sport (Madagascar) 162
Coastal Spirit (Nova Zelândia) 187
Coastal Union (Tanzânia) 168
Coatepeque FC (Guatemala) 74
Cobán Imperial (Guatemala) 74
Cobh Ramblers (Irlanda) 136
Cobreloa (Chile) 58
Cobresal (Chile) 58
CODM Meknès (Marrocos) 163
Coimbra FC Porto (Minas Gerais) 22
Colchagua (Chile) 58
Colchester (Inglaterra) 97
Colegiales (Argentina) 54
Coleraine (Irlanda do Norte) 137
Colima (México) 72
Colinas (Tocantins) 51
College 1975 (Gibraltar) 133
Colo-Colo (Bahia) 12
Colo-Colo (Chile) 58
Colombe du Dja (Camarões) 157
Colômbia (Federação) 52
Colombo (Sri Lanka) 184
Colón (Argentina) 54
Colón (Uruguai) 65
Colônia (Alemanha) 85
Colorado (Paraná) 28
Colorado Caieiras (São Paulo) 44
Colorado Rapids (Estados Unidos) 70
Columbus Crew (Estados Unidos) 70
Comercial (Alagoas) 8
Comercial (Mato Grosso do Sul) 20
Comercial (Piauí) 31
Comercial (São Paulo) 44
Comercial de Tietê (São Paulo) 44
Comercial de Três Lagoas
(Mato Grosso do Sul) 20
Comerciantes FC (Peru) 64
Comerciantes Unidos (Peru) 64
Como (Itália) 93
Comores (Federação) 152
Comunicaciones (Argentina) 54
Comunicaciones (Guatemala) 75
Conaree (São Cristóvão e Nevis) 81
Concacaf – América do Norte e Central
(Confederação) 68
Concarneua (França) 103
Concón National (Chile) 58
Concórdia (Santa Catarina) 41
Concordia Chiajna (Romênia) 147
Confiança (Paraíba) 26
Confiança (Sergipe) 50
Congo (Federação) 152
Conmebol - América do Sul
(Confederação) 52
Connah's Quay Nomads (País de Gales) 145
Conquista (Bahia) 12
Consadole Sapporo (Japão) 175
Contagem (Minas Gerais) 22
Cooper (Uruguai) 65
Copenhagen (Dinamarca) 129
Coquimbo Unido (Chile) 58
Cordino (Maranhão) 18
Córdoba (Espanha) 88
Coreia do Norte (Federação) 170
Coreia do Sul (Federação) 170
Coreia do Sul (Federação) 174
Corinthians (São Paulo) 43
Corinthians Alagoano (Alagoas) 8
Corinthians de Presidente Prudente
(São Paulo) 44
Corintians (Rio Grande do Norte) 36
Corissabá (Piauí) 31
Coritiba (Paraná) 29
Coritiba (Sergipe) 50
Cork City (Irlanda) 136
Correcaminos de la UAT (México) 72
Cortuluá (Colômbia) 60
Corumbaense (Mato Grosso do Sul) 20
Coruripe (Alagoas) 8
Cosenza (Itália) 93
Cosmos (San Marino) 148
Costa do Marfim (Federação) 152
Costa do Sol (Moçambique) 164
Costa Rica (Federação) 68
Costa Rica (Mato Grosso do Sul) 20
Côte d'Or (Seicheles) 166
Cotia (São Paulo) 44
Cotinguiba (Sergipe) 50
Coton (Benim) 155
Coton Sport (Camarões) 157
Cove Rangers (Escócia) 115
Coventry City (Inglaterra) 97
Coxim (Mato Grosso do Sul) 21
CR Belouizdad (Argélia) 155
CRAC (Goiás) 17
CRAC (Mato Grosso) 19
Cracovia (Polônia) 146
Cratéus (Ceará) 13
Crato (Ceará) 13
Crawley Town (Inglaterra) 97
CRB (Alagoas) 8
Cremonese (Itália) 93
Créteil-Lusitanos (França) 103
Crewe Alexandria (Inglaterra) 97
Criciúma (Santa Catarina) 41
Cristal (Amapá) 9
Cristianópolis (Goiás) 17
Croácia (Federação) 82
Croatia Zmijavci (Croácia) 128
Crotone (Itália) 93
Crusaders (Irlanda do Norte) 137
Cruz Alta (Rio Grande do Sul) 38
Cruz Azul (México) 72
Cruzeiro (Alagoas) 8
Cruzeiro (Amapá) 9
Cruzeiro (Bahia) 12
Cruzeiro (Distrito Federal) 15
Cruzeiro (Minas Gerais) 23
Cruzeiro (Paraíba) 26
Cruzeiro (Rio Grande do Norte) 36
Cruzeiro (Rio Grande do Sul) 38
Cruzeiro (Rondônia) 40
Crystal Palace (Inglaterra) 97
CS Constantine (Argélia) 155
CS Sfaxien (Tunísia) 168
CSA (Alagoas) 9
CSD Barber (Curaçao) 78
CSE (Alagoas) 9
CSKA 1948 (Bulgária) 126
CSKA Moscou (Rússia) 117
CSKA Pamir Dushanbe (Tajiquistão) 185
CSKA Sófia (Bulgária) 126
CSP (Paraíba) 26
CTE Colatina (Espírito Santo) 16
Cuba (Federação) 68
Cúcuta Deportivo (Colômbia) 60
Cuiabá (Mato Grosso) 20
Cukaricki (Sérvia) 148
Cultural Leonesa (Espanha) 89
Cumbayá (Equador) 61
Curaçao (Federação) 68
Curicó Unido (Chile) 58
Curitibanos (Santa Catarina) 42
Currais Novos (Rio Grande do Norte) 36
Cusco (Peru) 64
DAC 1904 (Eslováquia) 130
Dacia Buiucani (Moldávia) 143
Dacia Chisinau (Moldávia) 143
Daegu (Coreia do Sul) 174
Daejon Hana Citizen (Coreia do Sul) 174
Dagon Star United (Myanmar) 182
Dainava (Lituânia) 140
Dakota (Aruba) 77
Dalian Yingbo (China) 177
Damac Club (Arábia Saudita) 172
Dandy Town Hornets (Bermudas) 78
Danubio (Uruguai) 65
Darmstadt (Alemanha) 84
Daugavpils (Letônia) 140
Davao Aguilas (Filipinas) 179
DC United (Estados Unidos) 71
De Bosch (Holanda) 110
De Graafschap (Holanda) 110
Debreceni (Hungria) 134
Decić (Montenegro) 144
Decisão (Pernambuco) 30
Defence Force (Trinidad e Tobago) 81
Defenders (Sri Lanka) 184
Defensa y Justicia (Argentina) 54
Defensor (Uruguai) 65
Defensores de Belgrano (Argentina) 54
Defensores Unidos (Argentina) 54
Degerfors (Suécia) 149
Deinze (Bélgica) 113
Dekedaha (Somália) 167
Delémont (Suíça) 150
Delfin (Equador) 61
Democrata GV (Minas Gerais) 22
Democrata SL (Minas Gerais) 22
Den Haag (Holanda) 110
Denden (Eritreia) 159
Dender (Bélgica) 113
Deportes Antofagasta (Chile) 58
Deportes Colina (Chile) 58
Deportes Concepción (Chile) 58
Deportes Copiapó (Chile) 58
Deportes Iberia (Chile) 58
Deportes Iquique (Chile) 58
Deportes La Serena (Chile) 58
Deportes Limache (Chile) 58
Deportes Linares (Chile) 58
Deportes Melipilla (Chile) 58
Deportes Puerto Montt (Chile) 58
Deportes Quillón (Chile) 58
Deportes Quindío (Colômbia) 60
Deportes Recoleta (Chile) 58
Deportes Rengo (Chile) 58
Deportes Santa Cruz (Chile) 58
Deportes Savio (Honduras) 75
Deportes Temuco (Chile) 58
Deportes Tolima (Colômbia) 60
Deportes Valdivia (Chile) 58
Deportiva Venados (México) 72
Deportivo Armenio (Argentina) 54
Deportivo Binacional (Peru) 64
Deportivo Cali (Colômbia) 60
Deportivo Coopsol (Peru) 64
Deportivo Cuenca (Equador) 61
Deportivo Fatic (Bolívia) 57
Deportivo Garcilaso (Peru) 64
Deportivo La Guaira (Venezuela) 67
Deportivo Laferrere (Argentina) 54
Deportivo Llacuabamba (Peru) 64
Deportivo LSM (Uruguai) 66
Deportivo Madryn (Argentina) 54
Deportivo Maipú (Argentina) 54
Deportivo Maldonado (Uruguai) 65
Deportivo Merlo (Argentina) 54
Deportivo Miranda (Venezuela) 67
Deportivo Mongomo (Guiné Equatorial) 161
Deportivo Morón (Argentina) 54
Deportivo Municipal (Peru) 64
Deportivo Pasto (Colômbia) 60
Deportivo Pereira (Colômbia) 60
Deportivo Quevedo (Equador) 61
Deportivo Quito (Equador) 61
Deportivo Riestra (Argentina) 54
Deportivo Santaní (Paraguai) 63
Deportivo Táchira (Venezuela) 67
Derby (Cabo Verde) 156
Derby County (Inglaterra) 97
Derry City (Irlanda) 136
Descalvadense (São Paulo) 44
Desportiva Aracaju (Sergipe) 50
Desportiva Ferroviária (Espírito Santo) 16
Desportiva Guarabira (Paraíba) 26
Desportiva Paraense (Pará) 25
Desportivo Aliança (Alagoas) 9
Desportivo Brasil (São Paulo) 44
Desportivo da Lunda Sul (Angola) 154
Desportivo de Huila (Angola) 154
Desportivo UNB (Distrito Federal) 15
Dessel (Bélgica) 113
Destroyers (Bolívia) 57
Detroit City (Estados Unidos) 70
Deutschlandberger (Áustria) 122
Devonshire Cougars (Bermudas) 78
DFC 8 (República Centro-Africana) 165
Dhangadhi (Nepal) 183
Dhofar (Omã) 183
Diables Noirs (Congo) 158
Diagoras (Grécia) 134
Diamond Stars (Serra Leoa) 167
Dibba Al-Hisn (Emirados Árabes) 177
Dibba Club (Emirados Árabes) 177
Diffâ El Jadidi (Marrocos) 163
Differdange 03 (Luxemburgo) 141
Dijon (França) 103
Dila Gori (Geórgia) 132
Dimensão Saúde (Alagoas) 9
Dinamarca (Federação) 82
Dinamo (Alagoas) 9
Dinamo Batumi (Geórgia) 132
Dinamo Bucareste (Romênia) 147

Dinamo City (Albânia) ... 121
Dinamo Minsk (Bielorrússia) ... 124
Dinamo Riga (Letônia) ... 140
Dinamo Tbilisi (Geórgia) ... 132
Dinamo Zagreb (Croácia) ... 128
Dinan Léhon (França) ... 103
Diosgyor (Hungria) ... 134
Diriangén (Nicarágua) ... 80
Distrito Federal (Federação) ... 7
Djabal (Comores) ... 157
Djibuti (Federação) ... 152
Djoliba (Mali) ... 163
Djugardens (Suécia) ... 149
Dnepr Mogilev (Bielorrússia) ... 124
Dobrudzha (Bulgária) ... 126
Doc's United (Anguila) ... 76
Doce Mel (Bahia) ... 12
Dock Sud (Argentina) ... 55
Dom Bosco (Mato Grosso) ... 20
Domagnano (San Marino) ... 148
Dominica (Federação) ... 68
Domzale (Eslovênia) ... 130
Don Bosco (República Democrática do Congo) ... 166
Doncaster Rovers (Inglaterra) ... 97
Dorados de Sinaloa (México) ... 72
Dordoi Bishkek (Quirguistão) ... 183
Dordrecht (Holanda) ... 110
Dorense (Sergipe) ... 50
Dornbirn (Áustria) ... 122
Dourados (Mato Grosso do Sul) ... 21
Doxa Katokopias (Chipre) ... 127
Doze (Espirito Santo) ... 16
DPMM (Singapura) ... 184
Dragon (Taiti) ... 189
Dragon's FC (Guiné Equatorial) ... 162
Dreams (Gana) ... 161
Drenica (Kosovo) ... 139
Drita (Kosovo) ... 139
Drogheda United (Irlanda) ... 136
Dublanc (Dominica) ... 78
Dubrava (Croácia) ... 128
Dugo Selo (Croácia) ... 128
Dugopolje (Croácia) ... 128
Duisburg (Alemanha) ... 84
Dukagjini (Kosovo) ... 139
Dukla Banská Bystrica (Eslováquia) ... 130
Dukla Praga (República Tcheca) ... 147
Dunav (Bulgária) ... 126
Dunbeholden (Jamaica) ... 75
Dundalk (Irlanda) ... 136
Dundee FC (Escócia) ... 116
Dundee United (Escócia) ... 116
Dundela (Irlanda do Norte) ... 137
Dunfermline Athletic (Escócia) ... 116
Dungannon Swifts (Irlanda do Norte) ... 137
Dunkerque (França) ... 103
Duque Caxiense (Rio de Janeiro) ... 34
Duque de Caxias (Rio de Janeiro) ... 34
Durban City (África do Sul) ... 154
Dynamic Herb Cebu (Filipinas) ... 179
Dynamic Togolais (Togo) ... 168
Dynamo Berlim (Alemanha) ... 84
Dynamo Brest (Bielorrússia) ... 124
Dynamo Douala (Camarões) ... 157
Dynamo Dresden (Alemanha) ... 84
Dynamo Kiev (Ucrânia) ... 151
Dynamo Makhachkala (Rússia) ... 117
Dynamo Malzenice (Eslováquia) ... 130
Dynamo Moscou (Rússia) ... 118
Dynamo Puerto (Venezuela) ... 67
Dynamos (Bahamas) ... 77
Dynamos (Zimbábue) ... 169
Dziugas Telsiai (Lituânia) ... 140
Eagles (Maldivas) ... 182
East Bengal (Índia) ... 180
East End Lions (Serra Leoa) ... 167
Eastern (Hong Kong) ... 179
Eastern Suburbs (Nova Zelândia) ... 187
EB/Streymur (Ilhas Faroe) ... 135
ECO (São Paulo) ... 44
ECUS (São Paulo) ... 44
Eding Sport (Camarões) ... 157
Egaleo (Grécia) ... 134
Egersund (Noruega) ... 144
Egito (Federação) ... 152
Egnatia (Albânia) ... 121
EGS Garfsa (Tunísia) ... 169
Eibar (Espanha) ... 89
Eintracht Braunschweig (Alemanha) ... 84
Eintracht Frankfurt (Alemanha) ... 84
Ekenäs (Finlândia) ... 132
Ekibastuz (Cazaquistão) ... 126
Ekranas (Lituânia) ... 140
El Gouna (Egito) ... 159
El Kanemi Warriors (Nigéria) ... 165
El Merreikh (Sudão do Sul) ... 168
El Nacional (Equador) ... 61
El Salvador (Federação) ... 68
El Tanque Sisley (Uruguai) ... 65
El Vigía (Venezuela) ... 67
Elbasani (Albânia) ... 121
Elberton (Montserrat) ... 80
Elche (Espanha) ... 89
Eldense (Espanha) ... 89
Elect Sport (Chade) ... 157
Elfsborg (Suécia) ... 149
Elimai (Cazaquistão) ... 126
Elite (Ilhas Cayman) ... 79
Elite (Rio Grande do Sul) ... 38
Elman (Somália) ... 167
Eloesport (São Paulo) ... 44
Elva (Estônia) ... 131
Elversberg (Alemanha) ... 84
Emelec (Equador) ... 62
Emirados Árabes (Federação) ... 170
Emmanuel (Timor-Leste) ... 185
Emmen (Holanda) ... 110
Empire (Antigua e Barbuda) ... 77
Empoli (Itália) ... 93
Encamp (Andorra) ... 121
Encarnación (Paraguai) ... 63
Energetik-BGU (Bielorrússia) ... 124
Energie Cottbus (Alemanha) ... 84
Engenheiro Beltrão (Paraná) ... 28
Engordany (Andorra) ... 121
Enosis Neon Paralimni (Chipre) ... 127
Enppi Club (Egito) ... 159
Enunu Rangers (Nigéria) ... 165
Envigado (Colômbia) ... 60
Enyimba International (Nigéria) ... 165
Épinal (França) ... 103
Equador (Federação) ... 52
Erakor Golden Star (Vanuatu) ... 189
Erbil (Iraque) ... 180
Eritrea (Federação) ... 152
Erzeni Shijak (Albânia) ... 121
Erzgebirge Aue (Alemanha) ... 84
Erzurumspor (Turquia) ... 120
ES Métlaoui (Tunísia) ... 169
ES Mostagenem (Argélia) ... 155
ES Sétif (Argélia) ... 155
Esbjerg (Dinamarca) ... 129
Eschen/Mauren (Liechtenstein) ... 140
Escócia (Federação) ... 115
Escócia (Federação) ... 82
Eslováquia (Federação) ... 82
Eslovênia (Federação) ... 82
ESMAC (Pará) ... 25
Espanha (Federação) ... 82
Espanha (Federação) ... 88
Espanyol (Espanha) ... 89
Esperança (Andorra) ... 121
Espérance de Túnis (Tunísia) ... 169
Espérance de Zarzis (Tunísia) ... 169
Espigão (Rondônia) ... 40
Espírito Santo (Espírito Santo) ... 16
Espírito Santo (Federação) ... 7
Espoli (Equador) ... 62
Esporte (Paraíba) ... 26
Esporte Limoeiro (Ceará) ... 13
Esportiva Guaxupé (Minas Gerais) ... 22
Esportivo (Rio Grande do Sul) ... 38
Essuatini (Federação) ... 152
ESSUBE (Minas Gerais) ... 22
Estados Unidos (Federação) ... 68
Estados Unidos (Federação) ... 70
Estanciano (Sergipe) ... 50
Esteghlal (Irã) ... 180
Estônia (Federação) ... 82
Estoril (Portugal) ... 107
Estrela (São Paulo) ... 44
Estrela da Amadora (Portugal) ... 107
Estrela do Norte (Espírito Santo) ... 16
Estrela Potiguar (Rio Grande do Norte) ... 36
Estrela Vermelha (Sérvia) ... 148
Estrella (Aruba) ... 77
Estudiantes de Caseiros (Argentina) ... 55
Estudiantes de la Plata (Argentina) ... 53
Estudiantes de Mérida (Venezuela) ... 67
Estudiantes de Rio Cuarto (Argentina) ... 55
Etar (Bulgária) ... 126
Ethiopian Coffee (Etiópia) ... 160
Ethnikos (Grécia) ... 134
Ethnikos Achnas (Chipre) ... 127
Etiópia (Federação) ... 152
Étoile Carouge (Suíça) ... 150
Étoile d'Or de Mironsty (Comores) ... 157
Étoile de Radès (Tunísia) ... 169
Étoile du Congo (Congo) ... 158
Étoile du Sahel (Tunísia) ... 169
Étoile Filante (Burquina Fasso) ... 156
Eunápolis (Bahia) ... 12
Eupen (Bélgica) ... 113
Europa FC (Gibraltar) ... 133
Europa Point (Gibraltar) ... 133
Eusébio (Ceará) ... 13
Everest (Equador) ... 62
Everton (Chile) ... 58
Everton (Inglaterra) ... 99
Excelsior (Holanda) ... 110
Excursionistas (Argentina) ... 55
Exerter City (Inglaterra) ... 97
Express (Uganda) ... 169
Expressinho (Maranhão) ... 18
Extremenya (Andorra) ... 121
Eyüpspor (Turquia) ... 120
Ezra (Laos) ... 181
F91 Dudelange (Luxemburgo) ... 141
Fabril (Minas Gerais) ... 22
Faetano (San Marino) ... 148
Fafe (Portugal) ... 107
Fahaheel (Kuwait) ... 181
Fakel Voronehzh (Rússia) ... 118
Falcão (Maranhão) ... 18
Falcon (Sergipe) ... 50
Falesti (Moldávia) ... 143
Falkirk (Escócia) ... 116
Famalicão (Portugal) ... 107
Fanja (Omã) ... 183
Faraones de Texcoco (México) ... 72
Farense (Portugal) ... 107
Farroupilha (Rio Grande do Sul) ... 38
Farul Constanta (Romênia) ... 147
FAS (El Salvador) ... 78
Fasil Kenema (Etiópia) ... 160
Fast (Amazonas) ... 10
Fath Union Sport (Marrocos) ... 163
Fátima (Portugal) ... 107
Fauve Azur (Camarões) ... 157
FC Anyang (Coreia do Sul) ... 174
FC Besa Peja (Kosovo) ... 139
FC Cincinnati (Estados Unidos) ... 70
FC Dallas (Estados Unidos) ... 70
FC Dikhil (Djibouti) ... 158
FC Eindhoven (Holanda) ... 110
FC Garde Républicaine (Djibouti) ... 159
FC Goa (Índia) ... 180
FC Santa Coloma (Andorra) ... 121
FC Seul (Coreia do Sul) ... 174
FC Tevragh Zeina (Mauritânia) ... 164
FC Tokyo (Japão) ... 175
FCI Tallinn (Estônia) ... 131
FCSB (Romênia) ... 147
Féhervár (Hungria) ... 134
Feirense (Bahia) ... 12
Feirense (Portugal) ... 107
Felgueiras (Portugal) ... 107
Fello (Guiné) ... 161
Femar (Paraíba) ... 26
Fenerbahçe (Turquia) ... 119
Fênix (Argentina) ... 55
Fênix (Uruguai) ... 65
Ferencváros (Hungria) ... 135
Ferizaj (Kosovo) ... 139
Fernández Vital (Chile) ... 59
Fernando de la Mora (Paraguai) ... 63
Fernandópolis (São Paulo) ... 44
Feronikeli (Kosovo) ... 139
Ferro Carril Oeste (Argentina) ... 55
Ferrocarril Midland (Argentina) ... 55
Ferroviária (São Paulo) ... 44
Ferroviário (Ceará) ... 13
Ferroviário (Pernambuco) ... 30
Ferroviário (Piauí) ... 31
Ferroviário de Beira (Moçambique) ... 164
Ferroviário de Maputo (Moçambique) ... 164
Ferroviário de Nampula (Moçambique) ... 164
Feyenoord (Holanda) ... 111
FF Sports Nova Cruz (Alagoas) ... 9
Fgura United (Malta) ... 142
FH (Islândia) ... 137
Figueirense (Cabo Verde) ... 156
Figueirense (Minas Gerais) ... 22
Figueirense (Santa Catarina) ... 42
Fiji (Federação) ... 186
Filipinas (Federação) ... 170
Finlândia (Federação) ... 82
Finn Harps (Irlanda) ... 136
Fiorentina (Itália) ... 92
Fiorentino (San Marino) ... 148
Firto (El Salvador) ... 78
Firts Viena (Áustria) ... 122
Fjolnir (Islândia) ... 137
Flamengo (Bahia) ... 12
Flamengo (Pernambuco) ... 30
Flamengo (Piauí) ... 31
Flamengo (Rio de Janeiro) ... 33
Flamengo (São Paulo) ... 44
Flamengo (Sergipe) ... 50
Flamengo de Péfine (Guiné-Bissau) ... 161
Flamurtari Vlore (Albânia) ... 121
Flandria (Argentina) ... 55
Fleetwood Town (Inglaterra) ... 98
Fleetwood United (Emirados Árabes) ... 177
Flint Town United (País de Gales) ... 145
Flora (Estônia) ... 131
Floresta (Ceará) ... 13
Floresti (Moldávia) ... 143
Floriana (Malta) ... 142
Floridsdorfer (Áustria) ... 123
Fluminense (Bahia) ... 12
Fluminense (Minas Gerais) ... 22
Fluminense (Piauí) ... 31
Fluminense (Rio de Janeiro) ... 34
Fluminense (Rio Grande do Norte) ... 36
Fluminense (Santa Catarina) ... 42
Foggia (Itália) ... 93
Fola Esch (Luxemburgo) ... 141
Folgore (San Marino) ... 148
Fomboni (Comores) ... 157
Fontinhas (Portugal) ... 107
Foolad (Irã) ... 180
Football Canon (Gabão) ... 160
Força (São Paulo) ... 44
Força e Luz (Rio Grande do Norte) ... 36
Força Jovem (Sergipe) ... 50
Foresters (Seicheles) ... 167
Forge (Canadá) ... 74
Formiga (Minas Gerais) ... 22
Fortaleza (Ceará) ... 14
Fortaleza CEIF (Colômbia) ... 60
Forte (Espírito Santo) ... 16
Fortuna Düsseldorf (Alemanha) ... 85
Fortuna Sittard (Holanda) ... 110
Fosa Juniors (Madagascar) ... 162
Fovu Baham (Camarões) ... 157
Foz do Iguaçu (Paraná) ... 28
Fram (Islândia) ... 137
França (Federação) ... 102
França (Federação) ... 83
Francana (São Paulo) ... 44
Francisco Beltrão (Paraná) ... 28
Francs Borains (Bélgica) ... 113
Fredericia (Dinamarca) ... 129
Fredrikstad (Noruega) ... 144
Freeport (Libéria) ... 162
Freiburg (Alemanha) ... 85
Freipaulistano (Sergipe) ... 50
Fréjus (França) ... 103
Fremad Amager (Dinamarca) ... 129
Friburguense (Rio de Janeiro) ... 34
Frosinone (Itália) ... 93
Fruta Conquerors (Guiana) ... 79
Fuenlabrada (Espanha) ... 89
Fuerza Amarilla (Equador) ... 62
Fulham (Inglaterra) ... 98
Full Physic (Ilhas Turcas e Caicós) ... 79
Funorte (Minas Gerais) ... 22
Fushe (Kosovo) ... 139
Futgol (Minas Gerais) ... 23
Future (Ilhas Cayman) ... 79
Futvida (Rio Grande do Sul) ... 38
Fylde (Inglaterra) ... 98
Fylkir (Islândia) ... 138
Gaadiidka (Somália) ... 167
Gabala (Azerbaijão) ... 123
Gabão (Federação) ... 152
Gaborone United (Botsuana) ... 155
Gagra (Geórgia) ... 132
Gaïca (Nova Caledônia) ... 188
GAIS (Suécia) ... 149
Galatasaray (Turquia) ... 120
Galícia (Bahia) ... 12
Galo Maringá (Paraná) ... 28
Galvez (Acre) ... 8
Galway United (Irlanda) ... 136
Gama (Distrito Federal) ... 15
Gamba Osaka (Japão) ... 175
Gâmbia (Federação) ... 153
Gamtel (Gâmbia) ... 160
Gana (Federação) ... 153
Gandzasar (Armênia) ... 122
Gangwon (Coreia do Sul) ... 174
Garden Hotspur (São Cristóvão e Nevis) ... 81
Gareji (Geórgia) ... 132
Garibaldi (Rio Grande do Sul) ... 38
Garliava (Lituânia) ... 140
GAS (Roraima) ... 41
Gaúcho (Rio Grande do Sul) ... 38
Gavião Kyikatejê (Pará) ... 25
Gazelle (Camarões) ... 157
Gazelle (Chade) ... 157
Gazeta (São Paulo) ... 44
Gaziantep (Turquia) ... 120
Gazin Porto Velho (Rondônia) ... 40
GEL (Espirito Santo) ... 16
Gençlerbirligi (Turquia) ... 120
General Caballero (Paraguai) ... 63
General Velásquez (Chile) ... 59
Géneration Foot (Senegal) ... 167
Génesis (Honduras) ... 75
Genk (Bélgica) ... 113
Genoa (Itália) ... 93
Gent (Bélgica) ... 113
Genus (Rondônia) ... 40
Geórgia (Federação) ... 83
Getafe (Espanha) ... 89
Geylang International (Singapura) ... 184
Ghazl El-Mahalla (Egito) ... 159
GÍ (Ilhas Faroe) ... 135
Gibraltar (Federação) ... 83
Gibraltar Phoenix (Gibraltar) ... 133
Gibraltar Scorpions (Gibraltar) ... 133
Gibraltar United (Gibraltar) ... 133
GIF Sundsvall (Suécia) ... 149
Gil Vicente (Portugal) ... 107
Gillngham (Inglaterra) ... 98
Gimcheon (Coreia do Sul) ... 174
Gimnasia y Esgrima Jujuy (Argentina) ... 55
Gimnasia y Esgrima La Plata (Argentina) ... 55
Gimnasia y Esgrima Mendoza (Argentina) ... 55
Gimnasia y Tiro (Argentina) ... 55
Gimnàstic de Tarragona (Espanha) ... 89
Gimnástica Segoviana (Espanha) ... 89
Ginásio Pinhalense (São Paulo) ... 44
Girona (Espanha) ... 89
Gjilani (Kosovo) ... 139
GKS Katowice (Polônia) ... 146
Glacis United (Gibraltar) ... 133
Glenavon (Irlanda do Norte) ... 137
Glentoran (Irlanda do Norte) ... 137
Globo (Rio Grande do Norte) ... 36
Glória (Rio Grande do Sul) ... 38
Gloria Buzau (Romênia) ... 147
GMC United (Santa Lúcia) ... 81
Gnistan (Finlândia) ... 132
Go Ahead Eagles (Holanda) ... 110
Goal (França) ... 103
Godoy Cruz (Argentina) ... 55
Goianésia (Goiás) ... 17
Goiânia (Goiás) ... 17
Goiás (Federação) ... 7
Goiás (Goiás) ... 18
Goiatuba (Goiás) ... 17
Golden Arrows (África do Sul) ... 154
Goldstars (Gana) ... 161
Gomel (Bielorrússia) ... 124
Gomido (Togo) ... 168
Gor Mahia (Quênia) ... 165
Gorica (Croácia) ... 128
Gorica (Eslovênia) ... 130
Górnik Zabrze (Polônia) ... 146
GOSK (Bósnia e Herzegóvina) ... 125
Gostivar (Macedônia do Norte) ... 142
Goytacaz (Rio de Janeiro) ... 34
Göztepe (Turquia) ... 120
Gramadense (Rio Grande do Sul) ... 38
Granada (Espanha) ... 89
Granada (Federação) ... 68
Grapiúna (Bahia) ... 12
Grasshopper (Suíça) ... 150
Grazer (Áustria) ... 123
Grbalj (Montenegro) ... 144
Grecal (Paraná) ... 28
Grécia (Federação) ... 83
Green Mamba (Essuatini) ... 160
Green Streets (Maldivas) ... 182
Greenbay Hoppers (Antigua e Barbuda) ... 77
Greenock (Escócia) ... 116
Grêmio (Rio Grande do Sul) ... 38
Grêmio Acreano (Acre) ... 8
Grêmio Anápolis (Goiás) ... 17
Grêmio Barueri (São Paulo) ... 44
Grêmio Catanduvense (São Paulo) ... 45
Grêmio Maringá (Paraná) ... 28
Grêmio Osasco (São Paulo) ... 45
Grêmio Prudente (São Paulo) ... 45

Grenades (Antigua e Barbuda) 77
Grenoble (França) 104
Greuther Fürth (Alemanha) 85
Greval (Distrito Federal) 15
Grevenmacher (Luxemburgo) 141
Grimsby Town (Inglaterra) 98
Grindavík (Islândia) 138
Grobinas (Letônia) 140
Groningen (Holanda) 110
GRSE Wanderers (Maurício) 164
Guabirá (Bolívia) 57
Guaçuano (São Paulo) 45
Guadalupe (Costa Rica) 74
Guaireña (Paraguai) 63
Guajará (Rondônia) 40
Gualaceo (Equador) 62
Guam (Federação) 170
Guamaré (Rio Grande do Norte) 37
Guanabara City (Goiás) 17
Guanacasteca (Costa Rica) 74
Guanambi (Bahia) 12
Guangxi Pingguo (China) 177
Guapira (São Paulo) 45
Guaporé (Rondônia) 40
Guará (Distrito Federal) 15
Guaraí (Tocantins) 51
Guarani (Minas Gerais) 23
Guaraní (Paraguai) 63
Guarani (Rio Grande do Sul) 38
Guarani (Santa Catarina) 42
Guarani (São Paulo) 44
Guarani de Juazeiro (Ceará) 13
Guarani Sumareense (São Paulo) 45
Guarany (Alagoas) 9
Guarany (Sergipe) 50
Guarany de Bagé (Rio Grande do Sul) 38
Guarany de Camaquã (Rio Grande do Sul) 38
Guarany de Sobral (Ceará) 13
Guararapes (São Paulo) 45
Guaratinguetá (São Paulo) 45
Guariba (São Paulo) 45
Guarujá (São Paulo) 45
Guarulhos (São Paulo) 45
Guastatoya (Guatemala) 75
Guatemala (Federação) 69
Guayama (Porto Rico) 80
Guayaquil City (Equador) 62
Gudja United (Malta) 142
Guédiawaye (Senegal) 167
Güemes (Argentina) 55
Guiana (Federação) 69
Guillermo Brown (Argentina) 55
Guiné (Federação) 153
Guiné Equatorial (Federação) 153
Guingamp (França) 104
Gulf (Emirados Árabes) 177
Gulf Komara (Papua Nova Guiné) 188
Guné-Bissau (Federação) 153
Gurupi (Tocantins) 51
Guyana Defende Force (Guiana) 79
GV San José (Bolívia) 57
Gwangju (Coreia do Sul) 174
Gyongnam (Coreia do Sul) 174
Gyor (Hungria) 135
Gzira United (Malta) 142
Hafia (Guiné) 161
Haidoub (Sudão) 168
Haiti (Federação) 69
Hajduk Split (Croácia) 128
Haka (Finlândia) 132
Hallescher (Alemanha) 85
Halmstads (Suécia) 149
Hamburgo (Alemanha) 86
Hamilton Academical (Escócia) 116
Hamilton Wanderers (Nova Zelândia) 187
Hamkam (Noruega) 144
Hammarby (Suécia) 149
Hamrun (Malta) 142
Hang Sai (Macau) 182
Hang Yuen (Taiwan) 184
Hannover (Alemanha) 85
Hanoi FC (Vietnã) 185
Hansa Rostock (Alemanha) 85
Hantharwady United (Myanmar) 182
Hapoel Be'er Sheva (Israel) 138
Hapoel Hadera (Israel) 138
Hapoel Haifa (Israel) 138
Hapoel Jerusalem (Israel) 138
Hapoel Kfar Saba (Israel) 138
Hapoel Petah Tikva (Israel) 138
Hapoel Ramat Gan (Israel) 138
Hapoel Ramat Hasharon (Israel) 138
Hapoel Rishon LeZion (Israel) 139
Hapoel Tel Aviv (Israel) 139
Haras El-Hoodod (Egito) 159
Harbour View (Jamaica) 76
Hardenberg (Holanda) 110
Harelbeke (Bélgica) 113
Harlem United (Dominica) 78
Harrogate Town (Inglaterra) 98
Hartberg (Áustria) 123
Hassania Agadir (Marrocos) 163
Hatayspor (Turquia) 120
Haugesund (Noruega) 144
Haukar (Islândia) 138
Haverfordwest County (País de Gales) 145
Havnar Boltfelag (Ilhas Faroe) 135
Hay Al Arab (Sudão) 168
Heart of Lions (Gana) 161
Heartland (Nigéria) 165
Hearts (Escócia) 116
Hearts of Oak (Gana) 161
Hebar (Bulgária) 126
Heerenveen (Holanda) 110
Hegelmann (Lituânia) 141
Heidenheim (Alemanha) 85
Heist (Bélgica) 113
Hekari United (Papua Nova Guiné) 188
Helenites (Ilhas Virgens Americanas) 79
Heliópolis (Rio de Janeiro) 34
Hellas Verona (Itália) 93
Helmond Sport (Holanda) 110
Helsingborgs (Suécia) 149
Henan (China) 177
Henderson Eels (Ilhas Salomão) 188
Heracles Almelo (Holanda) 110
Hercílio Luz (Santa Catarina) 42
Hércules (Espanha) 89
Hercules (Holanda) 111
Herediano (Costa Rica) 74
Hermannstadt (Romênia) 147
Héroes de Falcón (Venezuela) 67
Herrera (Panamá) 76
Hertha Berlim (Alemanha) 85
HFX Wanderers (Canadá) 74
Hibernian (Escócia) 116
Hibernians (Malta) 142
Hidd (Barein) 178
Hienghène (Nova Caledônia) 188
Highlanders (Zimbábue) 169
Hilal Al-Quds (Palestina) 183
Hillerod (Dinamarca) 129
HJK (Finlândia) 132
HK (Islândia) 138
HLM (Senegal) 167
Hobro (Dinamarca) 129
Hoffenheim (Alemanha) 85
Holanda (Amazonas) 10
Holanda (Federação) 110
Holanda (Federação) 83
Holstein Keil (Alemanha) 85
Honduras (Federação) 69
Honduras Progresso (Honduras) 75
Hong Kong (Federação) 170
Honvéd (Hungria) 135
Hoogstraten (Bélgica) 113
Hope Internacional (Paraná) 28
Hope International (São Vicente e Granadinas) 81
Horizonte (Ceará) 14
Horn (Áustria) 123
Horoya (Guiné) 161
Horsens (Dinamarca) 129
Horseed (Somália) 167
Hostert (Luxemburgo) 141
Hound Dogs (Gibraltar) 133
Houston Dynamo (Estados Unidos) 70
Hoyvík (Ilhas Faroe) 135
Hradec Králové (República Tcheca) 147
Hrvatski Dragovoljac (Croácia) 128
Huachipato (Chile) 59
Huddersfield (Inglaterra) 98
Huesca (Espanha) 89
Hull City (Inglaterra) 98
Humaitá (Acre) 8
Humble Lions (Jamaica) 76
Hungria (Federação) 83
Huracán (Argentina) 55
Huracán Buceo (Uruguai) 65
Hvidovre (Dinamarca) 129
HW Welders (Irlanda do Norte) 137
Hyères (França) 104
Hysi (Kosovo) 139
IA (Islândia) 138
IAPE (Maranhão) 18
Ibar (Montenegro) 144
Iberia 1999 (Geórgia) 132
Ibiraçu (Espírito Santo) 16
Íbis (Pernambuco) 30
Ibiza (Espanha) 89
Ibrachina (São Paulo) 45
IBV (Islândia) 138
Icasa (Ceará) 14
Ideal (Minas Gerais) 23
Ideal SC (Montserrat) 80
Iêmen (Federação) 170
IF (Ilhas Faroe) 135
Ifira Black Bird (Vanuatu) 189
IFK Gotemburgo (Suécia) 149
IFK Norrköping (Suécia) 149
Igaci (Alagoas) 9
Igalo 1929 (Montenegro) 144
Igilik (Cazaquistão) 126
Igman (Bósnia e Herzegóvina) 125
Igreja Nova (Alagoas) 9
Igrejinha (Rio Grande do Sul) 38
Iguaçu (Paraná) 28
Iguatu (Ceará) 14
Ikorodu City (Nigéria) 165
Ilaoa & To'omata (Samoa Americana) 189
Ilbirs Bishkek (Quirguistão) 183
Ilha Solteira (São Paulo) 45
Ilhas Cayman (Federação) 69
Ilhas Cook (Federação) 186
Ilhas Faroe (Federação) 83
Ilhas Salomão (Federação) 186
Ilhas Turcas e Caicós (Federação) 69
Ilhas Virgens Americanas (Federação) 69
Ilhas Virgens Britânicas (Federação) 69
Ilirija (Eslovênia) 130
Illertissen (Alemanha) 85
Ilves (Finlândia) 132
Im Bears FC (Bahamas) 77
Imbabura (Equador) 62
Imbituba (Santa Catarina) 42
Imisli FK (Azerbaijão) 123
Imperatriz (Maranhão) 19
Império Serrano (Rio de Janeiro) 34
IMT (Sérvia) 148
Incheon (Coreia do Sul) 174
Indenié Abengourou (Costa do Marfim) 158
Independência (Acre) 8
Independente (Amapá) 9
Independente (Goiás) 17
Independente (Pará) 25
Independente (Rio de Janeiro) 34
Independente (São Paulo) 45
Independente (Sergipe) 50
Independiente (Argentina) 55
Independiente del Valle (Equador) 62
Independiente FBC (Paraguai) 63
Independiente Juniors (Equador) 62
Independiente La Chorrera (Panamá) 76
Independiente Medellín (Colômbia) 60
Independiente Petrolero (Bolívia) 57
Independiente Rivadavia (Argentina) 55
Independiente Santa Fe (Colômbia) 60
Indera (Brunei) 178
Índia (Federação) 170
Indija (Sérvia) 148
Indonésia (Federação) 170
Indy Eleven (Estados Unidos) 70
Inglaterra (Federação) 83
Inglaterra (Federação) 96
Ingolstadt (Alemanha) 85
Inhulets Petrove (Ucrânia) 151
Inhumas (Goiás) 17
Institute (Irlanda do Norte) 137
Instituto (Argentina) 55
Inter Bom-Bom (San Tomé e Príncipe) 166
Inter Club (Congo) 158
Inter de Barinas (Venezuela) 67
Inter de Bebedouro (São Paulo) 45
Inter de Lages (Santa Catarina) 42
Inter de Limeira (São Paulo) 45
Inter de Minas (Minas Gerais) 23
Inter de Santa Maria (Rio Grande do Sul) 38
Inter de São Gotardo (Minas Gerais) 23
Inter Escaldes (Andorra) 121
Inter Miami (Estados Unidos) 70
Inter Moengotapoe (Suriname) 81
Inter Star (Burundi) 156
Inter Turku (Finlândia) 132
Inter Zapresic (Croácia) 128
Intercity (Espanha) 89
Interclube (Angola) 154
Internacional (Acre) 8
Internacional (Colômbia) 60
Internacional (Paraíba) 26
Internacional (Rio Grande do Sul) 39
Internazionale (Itália) 93
Interporto (Tocantins) 51
Inverness (Escócia) 116
Ionikos (Grécia) 134
Ipanema (Alagoas) 9
Ipatinga (Minas Gerais) 23
Ipitanga (Bahia) 12
Ipojuca (Pernambuco) 30
Iporá (Goiás) 17
Ipswich (Inglaterra) 98
IR Reykjavík (Islândia) 138
Irã (Federação) 171
Iracemapolense (São Paulo) 45
Iraklis (Grécia) 134
Iranduba (Amazonas) 10
Irapuato (México) 72
Iraque (Federação) 171
Iraty (Paraná) 28
Irlanda (Federação) 83
Irlanda do Norte (Federação) 83
Ironi Kiryat Shmona (Israel) 139
Ironi Tiberias (Israel) 139
Irtysh (Cazaquistão) 126
Isidro Metapán (El Salvador) 78
Iskra (Montenegro) 144
Iskra Ribnita (Moldávia) 143
Islanders (Guam) 179
Islanders FC (Ilhas Virgens Britânicas) 80
Islândia (Federação) 83
Isloch Minsk Raion (Bielorrússia) 124
Ismaily (Egito) 159
Israel (Federação) 83
Istiklol (Tajiquistão) 185
Istiqlal (Afeganistão) 178
Istogu (Kosovo) 139
Istra (Croácia) 128
Istres (França) 104
Itabaiana (Sergipe) 50
Itaberaí (Goiás) 17
Itabirito (Minas Gerais) 23
Itaboraí Profute (Rio de Janeiro) 34
Itabuna (Bahia) 12
Itacoatiara (Amazonas) 10
Itacuruba (Pernambuco) 30
Itagüí Leones FC (Colômbia) 60
Itajaí (Santa Catarina) 42
Itália (Federação) 83
Itália (Federação) 92
Itapajé (Ceará) 14
Itapetinga (Bahia) 12
Itapetininga (São Paulo) 45
Itapipoca (Ceará) 14
Itapirense (São Paulo) 45
Itaporã (Mato Grosso do Sul) 21
Itaquaquecetuba (São Paulo) 45
Itararé (São Paulo) 45
Itarema (Ceará) 14
Itaúna (Minas Gerais) 23
Ittihad Riadi de Tanger (Marrocos) 163
Ituano (São Paulo) 45
Ituiutabano (Minas Gerais) 23
Itumbiara (Goiás) 17
Itupiranga (Pará) 25
ITZ Sport (Maranhão) 19
Ivaiporã (Paraná) 28
Ivinhema (Mato Grosso do Sul) 21
IZ Khemisset (Marrocos) 163
Izabelense (Pará) 25
Iztapa (Guatemala) 75
J. Malucelli (Paraná) 28
Jabal Al-Mukaber (Palestina) 183
Jabaquara (São Paulo) 45
Jableh (Síria) 184
Jablonec (República Tcheca) 147
Jaboticabal (São Paulo) 45
Jacareí (São Paulo) 45
Jaciobá (Alagoas) 9
Jacobina (Bahia) 12
Jacobinense (Bahia) 12
Jacuipense (Bahia) 12
Jacutinga (Minas Gerais) 23
Jadran (Croácia) 128
Jagiellonia Bialystok (Polônia) 146
Jaguar (Pernambuco) 30
Jaguaré (Espírito Santo) 16
Jaguares de Chiapas (México) 73
Jaguares de Córdoba (Colômbia) 60
Jaguariúna (São Paulo) 45
Jahn Regensburg (Alemanha) 85
Jaiba Brava Tampico Madero (México) 73
Jamaica (Federação) 69
Japão (Federação) 171
Japão (Federação) 175
Japs (Finlândia) 132
Jaraguá (Goiás) 17
Jaraguá (Santa Catarina) 42
Jardim (Ceará) 14
Jaro (Finlândia) 132
Jarun (Croácia) 128
Jataiense (Goiás) 18
Java Lane (Sri Lanka) 184
Javor Ivanjica (Sérvia) 148
JE Belle (São Vicente e Granadinas) 81
Jeanne d'Arc (Senegal) 167
Jedinstvo (Montenegro) 144
Jedinstvo (Sérvia) 148
Jeju United (Coreia do Sul) 174
Jelgava (Letônia) 140
Jenlai (Andorra) 121
Jeonbuk Hyundai (Coreia do Sul) 174
Jeonnam Dragons (Coreia do Sul) 174
Jequié (Bahia) 12
JET Kintana (Madagascar) 162
Jeuness Esch (Luxemburgo) 141
Jezero (Montenegro) 144
Ji-Paraná (Rondônia) 40
Jimma Aba Buna (Etiópia) 160
Jippo (Finlândia) 132
Jicaral Sercoba (Costa Rica) 74
Joaçaba (Santa Catarina) 42
Joane (Portugal) 107
Johor Darul Tazim (Malásia) 182
Joinville (Santa Catarina) 42
Jolly Roger (Montserrat) 80
Jonava (Lituânia) 141
Jong Colombia (Curaçao) 78
Jong Holland (Curaçao) 78
Jordânia (Federação) 171
Jorge Wilstermann (Bolívia) 57
José Bonifácio (São Paulo) 45
José Gálvez (Peru) 64
Joseense (São Paulo) 45
JS El Omrane (Tunísia) 169
JS Kabylie (Argélia) 155
JS Saoura (Argélia) 155
JS Soualem (Marrocos) 163
Juan Aurich (Peru) 64
Juan Pablo II College (Peru) 64
Juara (Mato Grosso) 20
Juárez (México) 73
Juazeirense (Bahia) 12
Juazeiro (Bahia) 12
Juazeiro (Ceará) 14
Jubilo Iwata (Japão) 175
Junior (Colômbia) 60
Junior Team (Paraná) 28
Juticalpa FC (Honduras) 75
Juve Stabia (Itália) 93
Juvenes/Dogana (San Marino) 148
Juventud (Uruguai) 65
Juventude (Maranhão) 19
Juventude (Rio Grande do Sul) 38
Juventus (Acre) 8
Juventus (Itália) 94
Juventus (Minas Gerais) 23
Juventus (Nicarágua) 80
Juventus (Rio de Janeiro) 34
Juventus (São Paulo) 45
Juventus de Jaraguá (Santa Catarina) 42
Juventus de Seara (Santa Catarina) 42
JV Lideral (Maranhão) 19
Jwaneng Galaxy (Botsuana) 156
KA (Islândia) 138
Kaburé (Tocantins) 51
Kabuscorp (Angola) 154
Kaédi (Mauritânia) 164
Kaerjeng (Luxemburgo) 141
Kafr Qasim (Israel) 139
Kahrabaa Ismailia (Egito) 159
Kairat (Cazaquistão) 126
Karachi United (Paquistão) 183
Kaysar (Cazaquistão) 127
Kaiserslautern (Alemanha) 85
Kaizer Chiefs (África do Sul) 154
Kalba (Emirados Árabes) 177
Kalev (Estônia) 131
Kalmar (Suécia) 149
Kampaniakos (Grécia) 134
Kamuzu Barracks (Malawi) 162
Kano Pillars (Nigéria) 165
Kapaz (Azerbaijão) 123
Kapfenberger (Áustria) 123
Karela United (Gana) 161
Karketu Dili (Timor-Leste) 185
Karlsruher (Alemanha) 85
Karmiotissa (Chipre) 127

Karpaty Lviv (Ucrânia) 151
Karvan IK (Azerbaijão) 123
Karviná (República Tcheca) 147
Kashima Antlers (Japão) 175
Kashiwa Reysol (Japão) 175
Kasimpasa (Turquia) 120
Kastrioti (Albânia) 121
Kasuka (Brunei) 178
Kathmandu Rayzrs (Nepal) 183
Katsina United (Nigéria) 165
Katwijk (Holanda) 111
Kauno Zalgiris (Lituânia) 141
Kavala (Grécia) 134
Kawasaki Frontale (Japão) 175
Kawkab (Marrocos) 163
Kaya Iloilo (Filipinas) 179
Kayserispor (Turquia) 120
Kazincbarcikai (Hungria) 135
Kazma (Kuwait) 181
KB (Dinamarca) 129
KCCA FC (Uganda) 169
Kecskemét (Hungria) 135
Kedah Darul Aman (Malásia) 182
Keflaik (Islândia) 138
Kerry (Irlanda) 136
KF Thróttur (Islândia) 138
KFUM Oslo (Noruega) 144
Khaan Khuns Erchim (Mongólia) 182
Khadamat Rafah Sports Club (Palestina) 183
Khaitan (Kuwait) 181
Khan Research (Paquistão) 183
Khangarid (Mongólia) 182
Khatlon (Tajiquistão) 185
Khimki (Rússia) 118
Khomas Nampol (Namíbia) 164
Khorfkkan (Emirados Árabes) 177
Khovd (Mongólia) 182
Khujand (Tajiquistão) 185
KÍ (Ilhas Faroe) 135
Kickers Offenbach (Alemanha) 86
Kicks United (Anguila) 76
Kigwancha (Coreia do Norte) 179
Kilbarrack (Irlanda) 136
Kilmanorck (Escócia) 116
Kisvárda (Hungria) 135
Kitara (Uganda) 169
Kitchee (Hong Kong) 179
Kiwi (Samoa) 189
Kiyovu Sports (Ruanda) 166
Knokke (Bélgica) 113
Koge (Dinamarca) 129
Kolding (Dinamarca) 129
Kolkheti Khobi (Geórgia) 132
Kolkheti-1913 (Geórgia) 132
Koloale (Ilhas Salomão) 188
Kolos Kovalivka (Ucrânia) 151
Kom (Montenegro) 144
Komárno (Eslováquia) 130
Koninklijke (Holanda) 111
Konyaspor (Turquia) 120
Koper (Eslovênia) 130
Köpetdag (Turcomenistão) 185
Korhogo (Costa do Marfim) 158
Korona Kielce (Polônia) 146
Kortrijk (Bélgica) 114
Kosice (Eslováquia) 130
Kosovo (Federação) 83
Kossa (Ilhas Salomão) 188
Kota Ranger (Brunei) 178
KR (Islândia) 138
Krasava (Chipre) 127
Krasnodar (Rússia) 118
Kremin (Ucrânia) 151
Kristiansund (Noruega) 144
Krka (Eslovênia) 130
Krumovgrad (Bulgária) 126
Krupa (Bósnia e Herzegóvina) 125
Krylya Sovetov (Rússia) 118
Kryvbas Kryvyi Rih (Ucrânia) 151
KTP (Finlândia) 132
Kuando Kubango (Angola) 154
Kukësi (Albânia) 121
Kups (Finlândia) 132
Kuressaare (Estônia) 131
Kustosija (Croácia) 128
Kuwait (Federação) 171
Kuwait (Kuwait) 181
Kwara United (Nigéria) 165
Kyoto Sanga (Japão) 175
Kyzyzhar (Cazaquistão) 127
La Coruña (Espanha) 90
La Equidad (Colômbia) 61
La Fiorita (San Marino) 148
LA Galaxy (Estados Unidos) 71
La Louvière (Bélgica) 114
La Luz (Uruguai) 66
La Massana (Andorra) 122
La Passe (Seicheles) 167
Laagri (Estônia) 131
Laçi (Albânia) 121
Lae City (Papua Nova Guiné) 188
Lafnitz (Áustria) 123
Lagarto (Sergipe) 50
Lages (Santa Catarina) 42
Lago Verde (Maranhão) 19
Lagoa (Amapá) 10
Laguna (Rio Grande do Norte) 37
Lahti (Finlândia) 132
Lajeadense (Rio Grande do Sul) 39
Lalenok United (Timor-Leste) 185
Lalitpur City (Nepal) 183
Lamia (Grécia) 134
Landskrona BOIS (Suécia) 150
Lanús (Argentina) 55
Lao Army (Laos) 181
Laos (Federação) 171
Laranja Mecânica (Paraná) 28
Larne (Irlanda do Norte) 137
Las Palmas (Espanha) 90
Las Vegas Lights (Estados Unidos) 70
Lask (Áustria) 123
Latitude Zero (Amapá) 10
Lausanne-Sport (Suíça) 150
Lautaro de Buin (Chile) 59
Lautoka (Fiji) 188
Laval (França) 104
Lazio (Itália) 93
LDF (Lesoto) 162
LDU Quito (Equador) 62
Le Havre (França) 104
Le Mans (França) 104
Leça (Portugal) 107
Lecce (Itália) 93
Lecco (Itália) 93
Lech Poznan (Polônia) 146
Lechia Gdansk (Polônia) 146
Lee Man (Hong Kong) 179
Leeds United (Inglaterra) 98
Leganés (Espanha) 90
Legia Varsóvia (Polônia) 146
Legião (Distrito Federal) 15
Legion (Estônia) 131
Legon Cities (Gana) 161
Leicester (Inglaterra) 98
Leiknir (Islândia) 138
Leixões (Portugal) 107
Lemense (São Paulo) 45
Lençoense (São Paulo) 46
Lens (França) 104
Leo Parrilla (Gibraltar) 133
Leo Victor (Suriname) 81
Leoben (Áustria) 123
León (México) 73
Leones del Norte (Equador) 62
Leones Negros (México) 73
Leones Vegetarions (Guiné Equatorial) 162
Leônico (Bahia) 12
Leotar (Bósnia e Herzegóvina) 125
Les Anges de Fatima (República Centro-Africana) 166
Les Astres (Camarões) 157
Les Herbiers (França) 104
Lesoto (Federação) 153
Letônia (Federação) 83
Leuven (Bélgica) 114
Levadia (Estônia) 131
Levadiakos (Grécia) 134
Levante (Espanha) 90
Levski Sófia (Bulgária) 126
Leyton (Inglaterra) 98
Líbano (Federação) 171
Libéria (Federação) 153
Libertad (Equador) 62
Libertad (Paraguai) 63
Libertas (San Marino) 148
Líbia (Federação) 153
Librade (Amazonas) 10
Liechtenstein (Federação) 83
Liefering (Áustria) 123
Liège (Bélgica) 114
Liepaja (Letônia) 140
Lierse Kempenzonen (Bélgica) 114
Liga de Loja (Equador) 62
Liga de Portoviejo (Equador) 62
Lija Athletic (Malta) 142
Lijabatho (Lesoto) 162
Lille (França) 103
Lillestrom (Noruega) 144
Limavady United (Irlanda do Norte) 137
Limianos (Portugal) 108
Lincoln (Inglaterra) 98
Lincoln Red Imps (Gibraltar) 133
Linense (São Paulo) 46
Linfield (Irlanda do Norte) 137
Linhares (Espírito Santo) 16
Lioli (Lesoto) 162
Lion City Sailors (Singapura) 184
Lions Gibraltar (Gibraltar) 133
Liphaoke (Lesoto) 162
Liria (Kosovo) 139
LISCR (Libéria) 162
Lisse (Holanda) 111
Lituânia (Federação) 83
Liverpool (Inglaterra) 99
Liverpool (Uruguai) 66
Livingstone (Escócia) 116
Livorno (Itália) 94
Livyi Bereh Kiev (Ucrânia) 151
LKS Lodz (Polônia) 146
Llanelli Town (País de Gales) 145
Llaneros (Colômbia) 61
Llantwit Major (País de Gales) 145
Llapi (Kosovo) 139
LNZ Cherkasy (Ucrânia) 151
Lobi Stars (Nigéria) 165
Lobos UPNFM (Honduras) 75
Locomotive Tbilisi (Geórgia) 132
Logronés (Espanha) 90
Lokeren-Temse (Bélgica) 114
Lokomotiv Leipzig (Alemanha) 86
Lokomotiv Moscou (Rússia) 118
Lokomotiv Plovdiv (Bulgária) 126
Lokomotiv Sófia (Bulgária) 126
Lokomotiv Tashkent (Uzbequistão) 185
Lokomotiva (Croácia) 128
Lommel (Bélgica) 114
Londrina (Paraná) 28
Longford Town (Irlanda) 136
Lorient (França) 104
Los Andes (Argentina) 55
Los Angeles FC (Estados Unidos) 70
Los Caimanes (Peru) 64
Los Chankas (Peru) 64
Lössi (Nova Caledônia) 188
Lota Schwager (Chile) 59
Loto Ha`apai (Tonga) 189
Loughgall (Irlanda do Norte) 137
Louisville City (Estados Unidos) 70
Lovcén (Montenegro) 144
Lovech (Bulgária) 126
Loyola (Filipinas) 179
LPRC Oilers (Libéria) 162
Luanda City (Angola) 154
Luang Prabang (Laos) 181
Lübeck (Alemanha) 86
Lubumbashi (República Democrática do Congo) 166
Lucan United (Irlanda) 136
Lucchese (Itália) 94
Lucerne (Suíça) 150
Ludogorets Razgrad (Bulgária) 126
Lugano (Suíça) 150
Lugo (Espanha) 90
Luminense (Maranhão) 19
Lupe o le Sanga (Samoa) 189
Lupopo (República Democrática do Congo) 166
Lusail (Qatar) 176
Lushnja (Albânia) 121
Lusitânia de Açores (Portugal) 108
Lusitânia de Lourosa (Portugal) 108
Lusitano (Portugal) 108
Lusitanos (Andorra) 122
Luton (Inglaterra) 98
Luverdense (Mato Grosso) 20
Luxembourg City (Luxemburgo) 141
Luxemburgo (Federação) 83
Luziânia (Distrito Federal) 15
Lymers FC (Anguila) 76
Lyn (Noruega) 144
Lyngby (Dinamarca) 129
Lynx (Gibraltar) 133
Lyon (França) 103
Lyra-Lierse (Bélgica) 114
Lys Sassandra (Costa do Marfim) 158
MA Tétouan (Marrocos) 163
Macaé (Rio de Janeiro) 34
Macapá (Amapá) 10
Macará (Equador) 62
Macarthur (Austrália) 173
Macau (Federação) 171
Macau (Rio Grande do Norte) 37
Maccabi Bnei Reineh (Israel) 139
Maccabi Haifa (Israel) 139
Maccabi Herzliya (Israel) 139
Maccabi Jaffa (Israel) 139
Maccabi Netanya (Israel) 139
Maccabi Petah Tikva (Israel) 139
Maccabi Tel Aviv (Israel) 139
Macedônia do Norte (Federação) 83
Machhindra (Nepal) 183
Machico (Portugal) 108
Macva Sabac (Sérvia) 148
Madagascar (Federação) 153
Madang (Papua Nova Guiné) 188
Madre de Deus (Bahia) 12
Madureira (Rio de Janeiro) 34
Mafra (Portugal) 108
Maga (Santa Catarina) 42
Magallanes (Chile) 59
Magdeburg (Alemanha) 86
Mageense (Rio de Janeiro) 34
Magenta (Nova Caledônia) 188
Magesi (África do Sul) 154
Magpies (Gibraltar) 133
Maguary (Pernambuco) 30
Maidenhead United (Inglaterra) 98
Mainz (Alemanha) 86
Makedonija (Macedônia do Norte) 142
Makiso (República Democrática do Congo) 166
Maktaaral (Cazaquistão) 127
Malacateco (Guatemala) 75
Málaga (Espanha) 90
Malahide United (Irlanda) 136
Malásia (Federação) 171
Maláui (Federação) 153
Maldivas (Federação) 171
Mali (Federação) 153
Malisheva (Kosovo) 139
Mallorca (Espanha) 90
Malmö (Suécia) 150
Malole (República Democrática do Congo) 166
Malta (Federação) 83
Mamelodi Sundowns (África do Sul) 154
Mamoré (Minas Gerais) 23
Managua FC (Nicarágua) 80
Manauara (Amazonas) 10
Manaus (Amazonas) 10
Manchester 62 (Gibraltar) 133
Manchester City (Inglaterra) 100
Manchester Futebol (Minas Gerais) 23
Manchester United (Inglaterra) 101
Mangasport (Gabão) 160
Manica Diamonds (Zimbábue) 169
Mansfield Town (Inglaterra) 98
Manta (Equador) 62
Manthiqueira (São Paulo) 46
Mantova (Itália) 94
Manu-Ura (Taiti) 189
Manurewa (Nova Zelândia) 187
Manzini Wanderers (Essuatíni) 160
Mar de Fondo (Uruguai) 66
Maracaju (Mato Grosso do Sul) 21
Maranguape (Ceará) 14
Maranhão (Federação) 7
Maranhão (Maranhão) 19
Marathón (Honduras) 75
Marau (Rio Grande do Sul) 39
Marbella (Espanha) 90
Marcílio Dias (Santa Catarina) 42
Marek (Bulgária) 126
Maribor (Eslovênia) 131
Maricá (Rio de Janeiro) 34
Mariehamn (Finlândia) 132
Marignane (França) 104
Marília (Maranhão) 19
Marília (São Paulo) 46
Maringá (Paraná) 28
Marinhense (Portugal) 108
Marist (Ilhas Salomão) 188
Marist (Tonga) 189
Marítimo (Portugal) 108
Marítimo de La Guaira (Venezuela) 67
Maritsa (Bulgária) 126
Mariupol (Ucrânia) 151
Marquense (Guatemala) 75
Marrocos (Federação) 153
Marsa (Malta) 142
Marsaxlokk (Malta) 142
Martigues (França) 104
Martin Ledesma (Paraguai) 63
Maruinense (Sergipe) 50
Marumo Gallants (África do Sul) 154
MAS de Fez (Marrocos) 163
Mashujaa (Tanzânia) 168
Matara (Sri Lanka) 184
Matavera (Ilhas Cook) 188
Matlama (Lesoto) 162
Mato Grosso (Federação) 7
Mato Grosso (Mato Grosso) 20
Mato Grosso do Sul (Federação) 7
Matonense (São Paulo) 46
Mauá (São Paulo) 46
Mauaense (São Paulo) 46
Maurício (Federação) 153
Mauritânia (Federação) 153
Maxline (Bielorrússia) 124
Mazatlán (México) 73
Mazembe (República Democrática do Congo) 166
Maziya (Maldivas) 182
MB (Ilhas Faroe) 135
Mbabane Highlanders (Essuatíni) 160
Mbabane Swallows (Essuatíni) 160
MC Alger (Argélia) 155
MC El Bayadh (Argélia) 155
MC Oran (Argélia) 155
MC Oujda (Marrocos) 163
Mechal (Etiópia) 160
Mechelen (Bélgica) 114
Medeama (Gana) 161
Meizhou Hakka (China) 177
Melbourne City (Austrália) 173
Melbourne Knights (Austrália) 173
Melbourne Victory (Austrália) 173
Melgar (Peru) 64
Melita (Malta) 142
Melville United (Nova Zelândia) 187
Merelbeke (Bélgica) 114
Mérida (Espanha) 90
Mesquita (Rio de Janeiro) 34
Messina (Itália) 94
Metalist 1925 Kharkiv (Ucrânia) 151
Metalist Kharkiv (Ucrânia) 151
Metropol (Santa Catarina) 42
Metropolitan (Porto Rico) 80
Metropolitano (Santa Catarina) 42
Metropolitanos (Venezuela) 67
Metta (Letônia) 140
Metz (França) 104
México (Federação) 69
México (Federação) 72
Mezokovesdi (Hungria) 135
Miami FC (Estados Unidos) 70
Middlesbrough (Inglaterra) 98
Midtjylland (Dinamarca) 129
Mighty Barrolle (Libéria) 162
Mighty Tigers (Malawi) 162
Migthy Black Pool (Serra Leoa) 167
Miguelense (Alagoas) 9
Mika (Armênia) 122
Mikkelin (Finlândia) 132
Milan (Itália) 95
Millonarios (Colômbia) 61
Millwall (Inglaterra) 98
Milo (Guiné) 161
Milsami Orhei (Moldávia) 143
Minas Boca (Minas Gerais) 23
Minas Brasília (Distrito Federal) 15
Minas Gerais (Federação) 7
Mindelense (Cabo Verde) 156
Mineiros (Goiás) 18
Mineros de Guayana (Venezuela) 67
Mineros de Zacatecas (México) 73
Ming Chuan (Taiwan) 184
Minija (Lituânia) 141
Minnesota United (Estados Unidos) 71
Minsk (Bielorrússia) 124
Miramar (Paraíba) 26
Miramar Misiones (Uruguai) 66
Miramar Rangers (Nova Zelândia) 187
Mirandés (Espanha) 90
Mirassol (São Paulo) 46
Missile Football (Gabão) 160
Misto (Mato Grosso do Sul) 21
Mitre (Argentina) 55
Mixco (Guatemala) 75
Mixto (Mato Grosso) 20
Mjallby (Suécia) 150
MK Dons (Inglaterra) 99
Mladá Boleslav (República Tcheca) 147
Mladost (Montenegro) 144
Mladost GAT (Sérvia) 149
Mladost Lučani (Sérvia) 149
Moata'a (Samoa) 189
Moca (República Dominicana) 80

Moçambique (Federação) 153
Mochudi Centre Chiefs (Botsuana) 156
Modena (ItáNAlia) 94
Modern Sport (Egito) 159
Mogadishu City (Somália) 167
Mogi Mirim (São Paulo) 46
Mohammedan Dhaka (Bangladesh) 178
Mohun Bagan (Índia) 180
MOIK (Azerbaijão) 123
Moldávia (Federação) 83
Molde (Noruega) 144
Molynes United (Jamaica) 76
Monaco (França) 104
Monagas (Venezuela) 67
Mongólia (Federação) 171
Mons Calpe (Gibraltar) 133
Monsoon (Rio Grande do Sul) 39
Mont-Dore (Nova Caledônia) 188
Montana (Bulgária) 126
Monte Azul (São Paulo) 46
Monte Cristo (Goiás) 18
Monte Roraima (Roraima) 41
Montego Bay United (Jamaica) 76
Montenegro (Federação) 83
Montenegro (São Paulo) 46
Monterrey (México) 73
Montes Claros (Minas Gerais) 23
Montevideo Wanderers (Uruguai) 66
Montpellier (França) 104
Montserrat (Federação) 69
Montserrat Police (Montserrat) 80
Monza (Itália) 94
Morada Nova (Ceará) 14
Morecambe (Inglaterra) 99
Moreirense (Portugal) 108
Moreninhas (Mato Grosso do Sul) 21
Mornar (Montenegro) 144
Morrinhos (Goiás) 18
Morumbi (Rondônia) 40
Moss (Noruega) 145
Mossoró (Rio Grande do Norte) 37
Mosta (Malta) 143
Motagua (Honduras) 75
Motherwell (Escócia) 116
Moto Club (Maranhão) 19
Moto Clube (Rondônia) 40
Motor Lublin (Polônia) 146
Mouala (Samoa) 189
Mouna (Costa do Marfim) 158
Mount Pleasant (Jamaica) 76
MS ABDB (Brunei) 178
MTK (Hungria) 135
Muaither (Qatar) 176
Muangthong United (Tailândia) 184
Mufulira Wanderers (Zâmbia) 169
Mukura Victory (Ruanda) 166
Mumbai City (Índia) 180
Municipal (Guatemala) 75
Municipal Grecia (Costa Rica) 74
Municipal Liberia (Costa Rica) 74
Municipal Turrialba (Costa Rica) 74
Mura (Eslovênia) 131
Murata (San Marino) 148
Murici (Alagoas) 9
Mushuc Runa (Equador) 62
Muslim (Paquistão) 183
Must IPO (Macau) 182
MVV Maastricht (Holanda) 111
Myanmar (Federação) 171
Mynai (Ucrânia) 151
NA Hussein-Dey (Argélia) 155
NAC Breda (Holanda) 111
Nação (Santa Catarina) 42
Nacional (Amazonas) 10
Nacional (Aruba) 77
Nacional (Paraguai) 63
Nacional (Paraná) 29
Nacional (Portugal) 108
Nacional (São Paulo) 46
Nacional (Uruguai) 66
Nacional Borborense (Amazonas) 10
Nacional de Cabedelo (Paraíba) 27
Nacional de Muriaé (Minas Gerais) 23
Nacional de Patos (Paraíba) 27
Nacional de Uberaba (Minas Gerais) 23
Nacional Potosí (Bolívia) 57
Nadi (Fiji) 188
Nadroga (Fiji) 188
Naestved (Dinamarca) 129
Naft Al-Wasat (Iraque) 180
Nafta 1903 (Eslovênia) 131
Naftan Novopolotk (Bielorrússia) 124
Nagaworld (Camboja) 179
Nagoya Grampus (Japão) 175
Nairobi City Stars (Quênia) 165
Namíbia (Federação) 153
Nancy (França) 104
Nanjing City (China) 177
Nantes (França) 105
Nantong Zhiyun (China) 177
Napa Rovers (Guam) 179
Napier City Rovers (Nova Zelândia) 187
Napoli (Itália) 94
Napredak (Sérvia) 149
Narva Trans (Estônia) 131
Nasaf (Uzbequistão) 185
Nashville SC (Estados Unidos) 71
National Bank (Egito) 159
Nations FC (Gana) 161
Náuas (Acre) 8
Náutico (Mato Grosso do Sul) 21
Náutico (Pernambuco) 30
Náutico (Roraima) 41
Naval (Chile) 59
Navbahor Namangan (Uzbequistão) 185
Naviraiense (Mato Grosso do Sul) 21
Navutoka (Tonga) 189
Naxxar Lions (Malta) 143
NC Magra (Argélia) 155
NC Nouadhibou (Mauritânia) 164
NC Paraíso (Tocantins) 51
NEA Salamina (Chipre) 127
Nebitçi (Turcomenistão) 185
NEC Nijmegan (Holanda) 112
Necaxa (México) 73
Neftchi Kochkor (Quirguistão) 183
Neftçi (Azerbaijão) 123
Neftekhimik (Rússia) 118
Nejmeh (Líbano) 181
Neman Grodno (Bielorrússia) 124
Nepal (Federação) 171
Neptunas (Lituânia) 141
Neuchâtel Xamax (Suíça) 150
Nevezis (Lituânia) 141
New England Revolution (Estados Unidos) 71
New Radiant (Maldivas) 182
New Vibes (Ilhas Virgens Americanas) 79
New York City (Estados Unidos) 71
New York Red Bulls (Estados Unidos) 71
Newcastle (Inglaterra) 99
Newcastle Jets (Austrália) 173
Newell's Old Boys (Argentina) 55
Newington (Irlanda do Norte) 137
Newport (Inglaterra) 99
Newry City (Irlanda do Norte) 137
Newtown (País de Gales) 145
Newtown United (São Cristóvão e Nevis) 81
Ngezi Platinum Stars (Zimbábue) 169
Nicarágua (Federação) 69
Nice (França) 105
Níger (Federação) 153
Niger Tornadoes (Nigéria) 165
Nigéria (Federação) 153
Nikao (Ilhas Cook) 188
Nimes (França) 105
Ninove (Bélgica) 114
Niteroiense (Rio de Janeiro) 34
NK Zagreb (Croácia) 128
Nkana (Zâmbia) 169
Noah (Armênia) 122
Nomme Kalju (Estônia) 131
Nomme United (Estônia) 131
Nordsjaelland (Dinamarca) 129
Noroeste (São Paulo) 46
North (Minas Gerais) 23
North Leeward Predators (São Vicente e Granadinas) 81
North Village Rams (Bermudas) 78
Northampton (Inglaterra) 99
Northern United All Stars (Santa Lúcia) 81
Noruega (Federação) 83
Norwich City (Inglaterra) 99
Notre Dame (Barbados) 77
Nottingham Forest (Inglaterra) 99
Notts County (Inglaterra) 99
Nouakchott Kings (Mauritânia) 164
Nova Caledônia (Federação) 186
Nova Cidade (Rio de Janeiro) 34
Nova Friburgo (Rio de Janeiro) 34
Nova Iguaçu (Rio de Janeiro) 35
Nova Lavras (Minas Gerais) 24
Nova Mutum (Mato Grosso) 20
Nova Prata (Rio Grande do Sul) 39
Nova Venécia (Espírito Santo) 16
Nova Venécia FC (Espírito Santo) 16
Nova Zelândia (Federação) 186
Nova Zelândia (Federação) 187
Novara (Itália) 94
Novas Russas (Ceará) 14
Novi Pazar (Sérvia) 149
Novo (Mato Grosso do Sul) 21
Novo Esporte (Minas Gerais) 24
Novo Hamburgo (Rio Grande do Sul) 39
Novo Horizonte (Goiás) 18
Novo Horizonte (Rio Grande do Sul) 39
Novorizontino (São Paulo) 46
Nsoatreman (Gana) 161
Ñublense (Chile) 59
Nueva Chicago (Argentina) 55
Nueva Concepción (Guatemala) 75
Nukuhetulu (Tonga) 189
Numancia (Espanha) 90
Nuremberg (Alemanha) 86
Nyasa Big Bullets (Malawi) 162
Nyiregyhaza (Hungria) 135
Nykobing (Dinamarca) 129
Nyva Ternopil (Ucrânia) 151
O'Higgins (Chile) 59
Oakland Roots (Estados Unidos) 71
OB (Dinamarca) 129
Obolon (Ucrânia) 151
Odd (Noruega) 145
Oeiras (Piauí) 32
Oeirense (Piauí) 32
Oeste (Santa Catarina) 42
Oeste (São Paulo) 46
Oeste Brasil (Paraná) 29
OFC – Oceania (Confederação) 186
OFI (Grécia) 134
OFK Belgrado (Sérvia) 149
Ohrid (Macedônia do Norte) 142
Olaine (Letônia) 140
Olancho (Honduras) 75
Olaria (Rio de Janeiro) 35
Old Madrid (Ilhas Virgens Britânicas) 80
Oldham Athletic (Inglaterra) 99
Olé Brasil (São Paulo) 46
Oleksandriya (Ucrânia) 151
Olimp Comrat (Moldávia) 143
Olímpia (Bahia) 12
Olimpia (Honduras) 75
Olimpia (Paraguai) 63
Olímpia (São Paulo) 46
Olímpico (Sergipe) 50
Olimpija Ljubljana (Eslovênia) 131
Olimpik (Bósnia e Herzegóvina) 125
Olinda (Pernambuco) 31
Oliveira do Hospital (Portugal) 108
Oliveirense (Portugal) 108
Olmedo (Equador) 62
Olympiacos (Grécia) 134
Olympiakos Nicosia (Chipre) 127
Olympic (Níger) 164
Olympic Charleroi (Bélgica) 114
Olympic Real (República Centro-Africana) 166
Olympic Safi (Marrocos) 163
Olympic 13 (Gibraltar) 133
Olympique Akbou (Argélia) 155
Olympique de Béja (Tunísia) 169
Olympique de Marselha (França) 105
Omã (Federação) 171
Omonia (Chipre) 127
Omonia Aradippou (Chipre) 127
Once Caldas (Colômbia) 61
One Love United (Ilhas Virgens Britânicas) 80
Ongos (Namíbia) 164
Opatija (Croácia) 128
Opava (República Tcheca) 147
Operário (Amazonas) 10
Operário (Mato Grosso do Sul) 21
Operário (San Tomé e Príncipe) 166
Operário CEOV (Mato Grosso) 20
Operário de Caarapó (Mato Grosso do Sul) 21
Operário de Mafra (Santa Catarina) 42
Operário FC (Mato Grosso) 20
Operário Ferroviário (Paraná) 29
Orange County (Estados Unidos) 71
Oratório (Amapá) 10
Ordabay (Cazaquistão) 127
Ordino (Andorra) 122
Örebro (Suécia) 150
Orenburg (Rússia) 118
Orense (Equador) 62
Örgyte (Suécia) 150
Oriental (Uruguai) 66
Oriente Petrolero (Bolívia) 57
Orijent (Croácia) 128
Orlando City (Estados Unidos) 71
Orlando Pirates (África do Sul) 154
Orlando Pirates (Namíbia) 164
Orléans (França) 105
Orleans (Santa Catarina) 42
Orsomarso (Colômbia) 61
Oruro Royal (Bolívia) 57
OSAN (São Paulo) 46
Osasco (São Paulo) 47
Osasco Audax (São Paulo) 47
Osasuna (Espanha) 90
Osijek (Croácia) 128
Osnabrück (Alemanha) 86
Östers (Suécia) 150
Ostrovets (Bielorrússia) 124
Osvaldo Cruz (São Paulo) 47
Otegul Galati (Romênia) 147
Othellos (Chipre) 127
Otrant-Olympic (Montenegro) 144
Ouanaminthe (Haiti) 79
Oulu (Finlândia) 132
Ourense (Espanha) 90
Oviedo (Espanha) 90
Oxford United (Inglaterra) 99
PAC Omonia (Chipre) 127
Pacajus (Ceará) 14
Pacatuba (Ceará) 14
Pachuca (México) 73
Pacific (Canadá) 74
Pacífico (Peru) 64
Paços de Ferreira (Portugal) 108
Paderborn (Alemanha) 86
Padova (Itália) 94
Paduano (Rio de Janeiro) 35
Pafos (Chipre) 127
Pago Youth (Samoa Americana) 189
Paide (Estônia) 131
País de Gales (Federação) 83
Pakhtakor Tashkent (Uzbequistão) 185
Pakistan Army (Paquistão) 183
Pakistan Navy (Paquistão) 183
PAKS (Hungria) 135
Palermo (Itália) 94
Palestina (Federação) 171
Palestino (Chile) 59
Palestra (São Paulo) 47
Palmácia (Ceará) 14
Palmas (Tocantins) 51
Palmeira (Cabo Verde) 156
Palmeira (Rio Grande do Norte) 37
Palmeiras (São Paulo) 46
Palmeirense (Rio Grande do Sul) 39
Palmeirinha (São Paulo) 47
Pamplemousses (Maurício) 164
Panachaiki (Grécia) 134
Panamá (Federação) 69
Panama City (Panamá) 76
Panambi (Rio Grande do Sul) 39
Panathinaikos (Grécia) 134
Panetolikos (Grécia) 134
Panevezys (Lituânia) 141
Panionios (Grécia) 134
Pansa East (Samoa Americana) 189
Panserraikos (Grécia) 134
Pantanal (Mato Grosso do Sul) 21
Panthers (Benim) 155
PAOK (Grécia) 134
Papua Nova Guiné (Federação) 186
Paquistão (Federação) 171
Pará (Federação) 7
Paracatu (Distrito Federal) 15
Paracatu (Minas Gerais) 24
Paradise FC (Barbados) 77
Paradou AC (Argélia) 155
Paraense (Pará) 25
Paragominas (Pará) 25
Paraguaçuense (São Paulo) 47
Paraguai (Federação) 52
Paraíba (Federação) 7
Paraíba (Paraíba) 27
Paraíba do Sul (Rio de Janeiro) 35
Paraíso (Tocantins) 51
Paraná (Federação) 7
Paraná (Paraná) 29
Paranavaí (Paraná) 29
Paranoá (Distrito Federal) 15
Paraty (Rio de Janeiro) 35
Pardubice (República Tcheca) 147
Paredes (Portugal) 108
Parham (Antigua e Barbuda) 77
Pari Nizhny Novgorod (Rússia) 118
Paris 13 Atlético (França) 105
Paris FC (França) 105
Parma (Itália) 94
Parnahyba (Piauí) 32
Parnamirim (Rio Grande do Norte) 37
Paro (Butão) 178
Partick Thistle (Escócia) 116
Partizan (Sérvia) 149
Partizani Tirana (Albânia) 121
Pas de la Casa (Andorra) 122
Passense (Minas Gerais) 24
Passo Fundo (Rio Grande do Sul) 39
Passos (Minas Gerais) 24
Pastures United (São Vicente e Granadinas) 81
Pato Branco (Paraná) 29
Patriotas (Paraná) 29
Patriotas Boyacá (Colômbia) 61
Patro Eisden (Bélgica) 114
Patrocinense (Minas Gerais) 24
Patrocinense SE (Minas Gerais) 24
Patronato (Argentina) 55
Pau (França) 105
Paulínia (São Paulo) 47
Paulista (São Paulo) 47
Paulistano (Mato Grosso) 20
Paulistinha (São Paulo) 47
Paysandu (Pará) 25
Paysandú (Uruguai) 66
Pedra Branca (Santa Catarina) 42
Pedreira (Pará) 25
Pelister (Macedônia do Norte) 142
Pelotas (Rio Grande do Sul) 39
Penafiel (Portugal) 108
Penapolense (São Paulo) 47
Penarol (Amazonas) 10
Peñarol (Uruguai) 66
Penedense (Alagoas) 9
Pennarossa (San Marino) 148
Penya Encarnada (Andorra) 122
Penybont (País de Gales) 146
Perak (Malásia) 182
Pérez Zeledón (Costa Rica) 74
Perilima (Paraíba) 27
Pernambuco (Federação) 7
Pêro Pinheiro (Portugal) 108
Pérolas Negras (Rio de Janeiro) 35
Persebaya (Indonésia) 180
Persepolis (Irã) 180
Persib Bandung (Indonésia) 180
Persija (Indonésia) 180
Perth Glory (Austrália) 173
Peru (Federação) 52
Perugia (Itália) 94
Pescara (Itália) 94
Pesqueira (Pernambuco) 31
Peterborough (Inglaterra) 99
Petite Rivière Noire (Maurício) 164
Petone (Nova Zelândia) 187
Petro de Luanda (Angola) 154
Petrocub Hincsti (Moldávia) 143
Petrojet (Egito) 159
Petrolero Chaco (Bolívia) 57
Petrolina (Pernambuco) 31
Petrolul Ploiesti (Romênia) 147
Petrópolis (Rio de Janeiro) 35
Petrovac (Montenegro) 144
Petrzalka (Eslováquia) 130
PFC Cajazeiras (Bahia) 12
PFC Sochi (Rússia) 118
Pharco (Egito) 159
PHC Zebras (Bermudas) 78
Philadelphia Union (Estados Unidos) 71
Phnom Penh Crown (Camboja) 179
Phoenix Rising (Estados Unidos) 71
Piacenza (Itália) 94
Piast Gliwice (Polônia) 146
Piauí (Federação) 7
Piauí (Piauí) 32
Picos (Piauí) 32
Picuiense (Paraíba) 27
Pimentense (Rondônia) 40
Pinheirense (Pará) 25
Pinheiro (Maranhão) 19
Pinheiros (Espírito Santo) 16
Pirae (Taiti) 189
Pirapora (Minas Gerais) 24
Pirassununguense (São Paulo) 47
Pirata FC (Peru) 64
Pires do Rio (Goiás) 18
Pirin (Bulgária) 126
Pisa (Itália) 94
Pittsburgh Riverhounds (Estados Unidos) 71
PK-35 (Finlândia) 132

Plácido de Castro (Acre) ... 8
Planaltina (Distrito Federal) ... 15
Plateau United (Nigéria) ... 165
Platense (Argentina) ... 55
Platense (Honduras) ... 75
Platinum (Santa Lúcia) ... 81
Platinum (Zimbábue) ... 169
Plaza Amador (Panamá) ... 76
Plaza Colonia (Uruguai) ... 66
Plymouth Argyle (Inglaterra) ... 99
Pobeda (Macedônia do Norte) ... 142
Poções (Bahia) ... 12
Poconé (Mato Grosso) ... 20
Poços de Caldas (Minas Gerais) ... 24
Podbrezová (Eslováquia) ... 130
Podgorica (Montenegro) ... 144
Pogon Szczecin (Polônia) ... 146
Pohang Steelers (Coreia do Sul) ... 174
Pohronie (Eslováquia) ... 130
Pokhara Thunders (Nepal) ... 183
Police (Guiana) ... 79
Police (Quênia) ... 165
Police (Ruanda) ... 166
Police FC (Trinidad e Tobago) ... 81
Polissya Zhytomyr (Ucrânia) ... 151
Politehnica Iasi (Romênia) ... 147
Politehnica UTM (Moldávia) ... 143
Polokwane City (África do Sul) ... 154
Polônia (Federação) ... 83
Polônia Varsóvia (Polônia) ... 146
Pombal (Paraíba) ... 27
Ponferradina (Espanha) ... 91
Ponta Leste (Timor-Leste) ... 185
Ponta Porã (Mato Grosso do Sul) ... 21
Pontaporanense (Mato Grosso do Sul) ... 21
Ponte Nova (Minas Gerais) ... 24
Ponte Preta (São Paulo) ... 47
Ponte Preta Sumaré (São Paulo) ... 47
Port Loyola (Belize) ... 77
Port of Spain (Trinidad e Tobago) ... 81
Port Vale (Inglaterra) ... 99
Portadown (Irlanda do Norte) ... 137
Portela Teixeira de Freitas (Bahia) ... 12
Portimonense (Portugal) ... 108
Portland Timbers (Estados Unidos) ... 71
Portmore United (Jamaica) ... 76
Porto (Bahia) ... 13
Porto (Pernambuco) ... 31
Porto (Portugal) ... 108
Porto (Santa Catarina) ... 42
Porto Real (San Tomé e Príncipe) ... 166
Porto Rico (Federação) ... 69
Porto Vitória (Espírito Santo) ... 16
Ports Authority (Serra Leoa) ... 167
Portsmouth (Inglaterra) ... 99
Portsmouth Bombers (Dominica) ... 78
Portugal (Federação) ... 106
Portugal (Federação) ... 83
Portuguesa (Amapá) ... 10
Portuguesa (Ceará) ... 14
Portuguesa (Paraná) ... 29
Portuguesa (Rio de Janeiro) ... 35
Portuguesa (São Paulo) ... 47
Portuguesa (Venezuela) ... 67
Portuguesa Santista (São Paulo) ... 47
Posusje (Bósnia e Herzegóvina) ... 125
Potencia (Uruguai) ... 66
Potiguar de Mossoró (Rio Grande do Norte) ... 37
Potiguar de Parnamirim
(Rio Grande do Norte) ... 37
Potros del Este (Panamá) ... 76
Potyguar Seridoense
(Rio Grande do Norte) ... 37
Pouso Alegre (Minas Gerais) ... 24
Power Dynamos (Zâmbia) ... 169
Prankton (Ilhas Virgens Americanas) ... 79
Presidente Prudente (São Paulo) ... 47
Preston North End (Inglaterra) ... 99
Preussen Münster (Alemanha) ... 86
Primavera (São Paulo) ... 47
Primavera AC (Mato Grosso) ... 20
Primavera EC (Mato Grosso) ... 20
Primeira Camisa (São Paulo) ... 47
Primeiro de Agosto (Angola) ... 155
Primorje (Eslovênia) ... 131
Princesa do Solimões (Amazonas) ... 10
Prishtina (Kosovo) ... 139
Pro Patria (Itália) ... 94
Pro Vercelli (Itália) ... 94
Progresso (Angola) ... 155
Progresso (Belize) ... 77
Progresso (Roraima) ... 41
Progresso (Uruguai) ... 66
Propriá (Sergipe) ... 50
Próspera (Santa Catarina) ... 42
Prostejov (República Tcheca) ... 147
Provincial Osorno (Chile) ... 59
PRS (Rio Grande do Sul) ... 39
Prudentino (São Paulo) ... 47
Prudentópolis (Paraná) ... 29
PSG (França) ... 104
PSM Makassar (Indonésia) ... 180
PSTC (Paraná) ... 29
PSV Eindhoven (Holanda) ... 112
Puaikura (Ilhas Cook) ... 188
Púchov (Eslováquia) ... 130
Pueblas (México) ... 73
Puerto Rico Sol (Porto Rico) ... 80
Puerto Rico Surf (Porto Rico) ... 80
Pumas UNAM (México) ... 73
Puntarenas (Costa Rica) ... 74
Puskás Akadémia (Hungria) ... 135
Puszcza Niepolomice (Polônia) ... 146
PVV (Suriname) ... 81
PWD (Camarões) ... 157
Pyongyang (Coreia do Norte) ... 179
Pyramids (Egito) ... 159
Pyunik (Armênia) ... 122
Qarabag (Azerbaijão) ... 124
Qaradag Lokbatan (Azerbaijão) ... 124
Qatar (Federação) ... 171
Qatar SC (Qatar) ... 176
QFC (Rio Grande do Norte) ... 37
Qingdao Hainiu (China) ... 177
Qingdao West (China) ... 177
Queen's Park (Escócia) ... 116
Queens Park Rangers (Inglaterra) ... 100
Queimadense (Paraíba) ... 27
Queimados (Rio de Janeiro) ... 35
Quênia (Federação) ... 153
Querétaro (México) ... 73
Quevilly-Rouen (França) ... 105
Quick Boys (Holanda) ... 112
Quilmes (Argentina) ... 56
Quirguistão (Federação) ... 171
Quirinópolis (Goiás) ... 18
Quixadá (Ceará) ... 14
Raadsan (Somália) ... 167
Rabat Ajax (Malta) ... 143
Rabotnichki (Macedônia do Norte) ... 142
Raça (Goiás) ... 18
Racing (Argentina) ... 55
Racing (Piauí) ... 32
Racing (Uruguai) ... 66
Racing Beirut (Líbano) ... 181
Racing Casablanca (Marrocos) ... 163
Racing Club de Bobo
(Burquina Fasso) ... 156
Racing D'Abidjan (Costa do Marfim) ... 158
Racing de Córdoba (Argentina) ... 56
Racing de Ferrol (Espanha) ... 91
Racing Haitien (Haiti) ... 79
Racing Santander (Espanha) ... 91
Racing Strasbourg (França) ... 105
Racing United (Jamaica) ... 76
Radium (São Paulo) ... 47
Radnicki 1923 (Sérvia) ... 149
Radnicki Nis (Sérvia) ... 149
Radnik (Bósnia e Herzegóvina) ... 125
Radnik Surdulica (Sérvia) ... 149
Radomiak Radom (Polônia) ... 146
Radomjle (Eslovênia) ... 131
Rail Club Kadiogo (Burquina Fasso) ... 156
Raith Rovers (Escócia) ... 116
Raja Casablanca (Marrocos) ... 163
Raja de Beni Mellal (Marrocos) ... 163
Raków Czestochowa (Polônia) ... 146
Ramalat (Pernambuco) ... 31
Rampla Juniors (Uruguai) ... 66
Ranchariense (São Paulo) ... 47
Randers (Dinamarca) ... 129
Rànger's (Andorra) ... 122
Rangers (Chile) ... 59
Rangers (Escócia) ... 116
Rangers (Hong Kong) ... 179
Rapid Bucareste (Romênia) ... 147
Rapid Viena (Áustria) ... 123
Rapperswil-Jona (Suíça) ... 150
Raufoss (Noruega) ... 145
Ravshan Kulob (Tajiquistão) ... 185
Rayo Vallecano (Espanha) ... 91
Rayo Zuliano (Venezuela) ... 67
Rayon Sports (Ruanda) ... 166
RB do Norte (Amazonas) ... 10
RB Leipzig (Alemanha) ... 86
RCA (Aruba) ... 77
RCA Zemamra (Marrocos) ... 163
Reading (Inglaterra) ... 100
Real (Rio Grande do Sul) ... 39
Real (Roraima) ... 41
Real Apodaca (México) ... 73
Real Ariquemes (Rondônia) ... 40
Real Bamako (Mali) ... 163
Real Brasília (Distrito Federal) ... 15
Real Cartagena (Colômbia) ... 61
Real Codó (Maranhão) ... 19
Real Cubatense (São Paulo) ... 47
Real Cundinamarca (Colômbia) ... 61
Real de Banjul (Gâmbia) ... 160
Real España (Honduras) ... 75
Real Estelí (Nicarágua) ... 80
Real Frontera (Venezuela) ... 67
Real Hope (Haiti) ... 79
Real Independente
(Rio Grande do Norte) ... 37
Real Madrid (Espanha) ... 91
Real Murcia (Espanha) ... 91
Real Noroeste (Espírito Santo) ... 16
Real Salt Lake (Estados Unidos) ... 71
Real San Joaquin (Chile) ... 59
Real Santa Cruz (Bolívia) ... 57
Real Santander (Colômbia) ... 61
Real Sociedad (Espanha) ... 91
Real Sociedad (Honduras) ... 75
Real Tomayapo (Bolívia) ... 57
Real Unión (Espanha) ... 91
Rebordosa (Portugal) ... 108
Recoleta FC (Paraguai) ... 63
Recreativo de Libolo (Angola) ... 155
Recreativo Huelva (Espanha) ... 91
Red Arrows (Zâmbia) ... 169
Red Bull Bragantino (São Paulo) ... 47
Red Bull Salzburg (Áustria) ... 123
Red Sea (Eritreia) ... 160
Red Star (França) ... 105
Red Star (República Centro-Africana) ... 166
Redenção (Bahia) ... 12
Redenção (Pará) ... 25
Redfox Stara (Eslováquia) ... 130
Regar Tadaz (Tajiquistão) ... 185
Reggiana (Itália) ... 94
Reichenau (Áustria) ... 123
Remo (Pará) ... 26
Remo Stars (Nigéria) ... 165
Renaissance (Chade) ... 157
Renaissance (República Democrática
do Congo) ... 166
Renegades FC (Bahamas) ... 77
Rennes (França) ... 105
Renova (Macedônia do Norte) ... 142
Renovação (Amapá) ... 10
Renown (Sri Lanka) ... 184
Rentistas (Uruguai) ... 66
República Centro-Africana
(Federação) ... 153
República Democrática do Congo
(Federação) ... 153
República Dominicana (Federação) ... 69
República Tcheca (Federação) ... 83
Requins (Benim) ... 155
Resende EC (Rio de Janeiro) ... 35
Resende FC (Rio de Janeiro) ... 35
Retrô (Pernambuco) ... 31
Rewa (Fiji) ... 188
Rezeknes (Letônia) ... 140
RFS (Letônia) ... 140
Rheidorf Altach (Áustria) ... 123
Rhode Island FC (Estados Unidos) ... 71
Riachão (Sergipe) ... 50
Riacho City (Distrito Federal) ... 15
Riachuelo (Rio Grande do Norte) ... 37
Richards Bay (África do Sul) ... 154
Ried (Áustria) ... 123
Riffa (Barein) ... 178
Riga (Letônia) ... 140
Rijeka (Croácia) ... 128
Rijnsburgse Boys (Holanda) ... 112
Rio Ave (Portugal) ... 109
Rio Branco (Acre) ... 8
Rio Branco (Espírito Santo) ... 16
Rio Branco (Paraná) ... 29
Rio Branco (São Paulo) ... 47
Rio Branco-VN (Espírito Santo) ... 16
Rio Claro (São Paulo) ... 47
Rio de Janeiro (Federação) ... 7
Rio de Janeiro (Rio de Janeiro) ... 35
Rio Grande (Rio Grande do Norte) ... 37
Rio Grande (Rio Grande do Sul) ... 39
Rio Grande do Norte (Federação) ... 7
Rio Grande do Sul (Federação) ... 7
Rio Negro (Amazonas) ... 10
Rio Negro (Roraima) ... 41
Rio Preto (São Paulo) ... 47
Rio São Paulo (Rio de Janeiro) ... 35
Rio Verde (Goiás) ... 18
Riograndense (Rio Grande do Sul) ... 39
Riograndense de Santa Maria
(Rio Grande do Sul) ... 39
Riopardense (Rio Grande do Sul) ... 39
Riostrense (Rio de Janeiro) ... 35
Rioverdense (Goiás) ... 18
Riteriai (Lituânia) ... 141
River (Piauí) ... 32
River (Roraima) ... 41
River Plate (Argentina) ... 56
River Plate (Aruba) ... 77
River Plate (Uruguai) ... 66
Rivers United (Nigéria) ... 165
Rizespor (Turquia) ... 120
RKC Waalwijk (Holanda) ... 112
Roaring Lions (Anguila) ... 76
Robin Hood (Bermudas) ... 78
Robinhood (Suriname) ... 81
Rocha (Uruguai) ... 66
Rochdale (Inglaterra) ... 100
Roda (Holanda) ... 112
Rodez (França) ... 105
Rodina (Rússia) ... 118
Rolim de Moura (Rondônia) ... 40
Roma (Itália) ... 95
Roma United (Ilhas Cayman) ... 79
Romênia (Federação) ... 83
Rondônia (Federação) ... 7
Rondoniense (Rondônia) ... 40
Rondonópolis (Mato Grosso) ... 20
Roraima (Federação) ... 7
Roraima (Roraima) ... 41
Rosario Central (Argentina) ... 56
Rosario Central (Bolívia) ... 57
Rosenborg (Noruega) ... 145
Rosklide (Dinamarca) ... 129
Ross County (Escócia) ... 116
Rostov (Rússia) ... 118
Rot-Weiss Essen (Alemanha) ... 86
Rotherham (Inglaterra) ... 100
Rotor Volgograd (Rússia) ... 118
Rouen (França) ... 105
Rovers (Ilhas Virgens Americanas) ... 79
Royal (Goiás) ... 18
Royal AM (África do Sul) ... 154
Royal Antuérpia (Bélgica) ... 114
Royal Leopards (Essuatíni) ... 160
Royal Pari (Bolívia) ... 57
Royal Puma (Samoa Americana) ... 189
Royn (Ilhas Faroe) ... 135
Royn Hvalba (Ilhas Faroe) ... 135
RPE Paritins (Amazonas) ... 11
RS Berkane (Marrocos) ... 163
RS Futebol (Pernambuco) ... 31
Ruanda (Federação) ... 153
Rubin Kazan (Rússia) ... 118
Rubio Ñu (Paraguai) ... 63
Ruch Chorzów (Polônia) ... 146
Rudar (Eslovênia) ... 131
Rudar (Montenegro) ... 144
Rudar Prijedor (Bósnia e Herzegóvina) ... 125
Rudes (Croácia) ... 128
Ruggell (Liechtenstein) ... 140
Rukh Lviv (Ucrânia) ... 151
Rukinzo (Burundi) ... 156
Rumilly-Valliers (França) ... 105
Runavik (Ilhas Faroe) ... 135
Rússia (Federação) ... 117
Rússia (Federação) ... 83
Rustavi (Geórgia) ... 133
Ruzomberok (Eslováquia) ... 130
RWDM Brussels (Bélgica) ... 114
Ryomyong (Coreia do Norte) ... 179
Saarbrücken (Alemanha) ... 86
Sabah (Azerbaijão) ... 124
Sabail (Azerbaijão) ... 124
Sabiá (Maranhão) ... 19
Sabugy (Paraíba) ... 27
Sacramento Republic (Estados Unidos) ... 71
Sagadam (Turcomenistão) ... 185
Sagrada Esperança (Angola) ... 155
Sahel (Níger) ... 165
Saint George (Etiópia) ... 160
Saint Michel United (Seicheles) ... 167
Saint-Étienne (França) ... 105
Saint-Louis Suns (Seicheles) ... 167
Saint-Priest (França) ... 105
Salaspils (Letônia) ... 140
Saldus Leevon (Letônia) ... 140
Salé (Marrocos) ... 163
Salernitana (Itália) ... 95
Salford City (Inglaterra) ... 100
Salgueiro (Pernambuco) ... 31
Salgueiros (Portugal) ... 109
Salon (Finlândia) ... 132
Salto (Uruguai) ... 66
Salus (Uruguai) ... 66
Samambaia (Distrito Federal) ... 15
Samartex (Gana) ... 161
Samas (Paraná) ... 29
Samgurali Tsqaltubo (Geórgia) ... 133
Samoa (Federação) ... 186
Samoa Americana (Federação) ... 186
Samorin (Eslováquia) ... 130
Sampaio Corrêa (Maranhão) ... 19
Sampaio Corrêa (Rio de Janeiro) ... 35
Sampdoria (Itália) ... 95
Samsunspor (Turquia) ... 120
Samtredia (Geórgia) ... 133
Samtse (Butão) ... 178
San Antonio (Equador) ... 62
San Antonio Bulo Bulo (Bolívia) ... 57
San Antonio FC (Estados Unidos) ... 71
San Antonio Unido (Chile) ... 59
San Carlos (Costa Rica) ... 74
San Cristóbal (República Dominicana) ... 80
San Diego FC (Estados Unidos) ... 71
San Francisco (Panamá) ... 76
San Giovanni (San Marino) ... 148
San José (Bolívia) ... 57
San Jose Earthwquakes
(Estados Unidos) ... 71
San Juan Jablotech
(Trinidad e Tobago) ... 81
San Lorenzo (Argentina) ... 56
San Luis (Chile) ... 59
San Marcos (Peru) ... 64
San Marcos de Arica (Chile) ... 59
San Marino (Federação) ... 83
San Marino Academy (San Marino) ... 148
San Martín de San Juan (Argentina) ... 56
San Martín de Tucumán (Argentina) ... 56
San Miguel (Argentina) ... 56
San Pedro (Costa do Marfim) ... 158
San Pedro Pirates (Belize) ... 77
San Telmo (Argentina) ... 56
Sandefjord (Noruega) ... 145
Sandhausen (Alemanha) ... 86
Sandvikens (Suécia) ... 150
Sanfrecce Hiroshima (Japão) ... 175
Sanjoanense (Portugal) ... 109
Sant Julià (Andorra) ... 122
Santa Ana (Costa Rica) ... 74
Santa Catarina (Federação) ... 7
Santa Catarina (Santa Catarina) ... 42
Santa Clara (Portugal) ... 109
Santa Cruz (Acre) ... 8
Santa Cruz (Mato Grosso) ... 20
Santa Cruz (Pará) ... 25
Santa Cruz (Paraíba) ... 27
Santa Cruz (Pernambuco) ... 30
Santa Cruz (Rio de Janeiro) ... 35
Santa Cruz (Rio Grande do Sul) ... 39
Santa Cruz (Sergipe) ... 51
Santa Cruz de Barra do São Miguel
(Alagoas) ... 9
Santa Cruz de Penedo (Alagoas) ... 9
Santa Cruz FC (Rio Grande do Norte) ... 37
Santa Cruz SC (Rio Grande do Norte) ... 37
Santa Fé (Pernambuco) ... 31
Santa Helena (Goiás) ... 18
Santa Lúcia (Federação) ... 69
Santa Lucia (Malta) ... 143
Santa Maria (Pará) ... 25
Santa Rita (Alagoas) ... 9
Santa Rita (Distrito Federal) ... 15
Santa Rita (Equador) ... 62
Santa Rita (Paraíba) ... 27
Santa Ritense (São Paulo) ... 48
Santa Rosa (Pará) ... 26
Santacruzense (São Paulo) ... 48
Santana (Amapá) ... 10
Santarritense (Minas Gerais) ... 24
Santiago City (Chile) ... 59
Santiago de Cuba (Cuba) ... 78
Santiago Morning (Chile) ... 59
Santiago Wanderers (Chile) ... 59
Santo André (São Paulo) ... 48
Santo Ângelo (Rio Grande do Sul) ... 39
Santo Crucifixo (Cabo Verde) ... 156
Santos (África do Sul) ... 154
Santos (Amapá) ... 10
Santos (Costa Rica) ... 74

Santos (Guiana) **79**
Santos (Pará) **26**
Santos (Paraíba) **27**
Santos (Peru) **65**
Santos (São Paulo) **48**
Santos Laguna (México) **73**
São Benedito (Ceará) **14**
São Bento (Santa Catarina) **42**
São Bento (São Paulo) **48**
São Bernardo EC (São Paulo) **48**
São Bernardo FC (São Paulo) **48**
São Borja (Rio Grande do Sul) **40**
São Caetano (São Paulo) **48**
São Carlos (São Paulo) **48**
São Cristóvão (Rio de Janeiro) **35**
São Cristóvão e Nevis (Federação) **69**
São Domingos (Alagoas) **9**
São Francisco (Acre) **8**
São Francisco (Bahia) **13**
São Francisco (Pará) **26**
São Francisco (Roraima) **41**
São Gabriel (Mato Grosso do Sul) **21**
São Gabriel (Rio Grande do Sul) **40**
São Gonçalo (Ceará) **14**
São Gonçalo (Rio de Janeiro) **35**
São João da Barra (Rio de Janeiro) **36**
São João de Ver (Portugal) **109**
São José (Amapá) **10**
São José (Maranhão) **19**
São José (Rio de Janeiro) **36**
São José (Rio Grande do Sul) **40**
São José (São Paulo) **48**
São José (Tocantins) **51**
São Joseense (Paraná) **29**
São Luís (Maranhão) **19**
São Luiz (Rio Grande do Sul) **40**
São Mateus (Espírito Santo) **16**
São Paulo (Amapá) **10**
São Paulo (Federação) **7**
São Paulo (Rio Grande do Sul) **40**
São Paulo (Roraima) **41**
São Paulo (São Paulo) **49**
São Paulo Crystal (Paraíba) **27**
São Raimundo (Amazonas) **11**
São Raimundo (Pará) **26**
São Raimundo (Roraima) **41**
São Sebastião (Alagoas) **9**
São Tomé e Príncipe (Federação) **153**
São Vicente (São Paulo) **48**
São Vicente e Granadinas (Federação) **69**
São-Carlense (São Paulo) **48**
SAP (Antigua e Barbuda) **77**
Saprissa (Costa Rica) **74**
Sapucaiense (Rio Grande do Sul) **40**
Sarajevo (Bósnia e Herzegóvina) **125**
Sarmiento (Argentina) **56**
Sarpsborg (Noruega) **145**
Sassuolo (Itália) **95**
SC da Praia Cruz (San Tomé e Principe) **166**
SC Gagnoa (Costa do Marfim) **158**
SC Villa (Uganda) **169**
SCAAB (França) **105**
Scaf Tocages (República Centro-Africana) **166**
SCC Mohammedia (Marrocos) **163**
Schaan (Liechtenstein) **140**
Schaffhausen (Suíça) **150**
Schalke 04 (Alemanha) **87**
Schan Azzurri (Liechtenstein) **140**
Scherpenheuvel (Curaçao) **78**
Scholars International (Ilhas Cayman) **79**
Schveningen (Holanda) **112**
Schweinfurt 05 (Alemanha) **86**
SDC Group (Djibouti) **159**
Seattle Sounders (Estados Unidos) **71**
Seicheles (Federação) **153**
Sekhukhune United (África do Sul) **154**
Selangor (Malásia) **182**
Selimbar (Romênia) **147**
Senegal (Federação) **153**
Seongnam (Coreia do Sul) **174**
Sepahan (Irã) **180**
Sepsi Osk (Romênia) **147**
Septemvri Sófia (Bulgária) **126**
Seraing (Bélgica) **114**
Sergipe (Federação) **7**
Sergipe (Sergipe) **51**
Serra (Espírito Santo) **16**
Serra Branca (Paraíba) **27**
Serra Leoa (Federação) **153**
Serra Macaense (Rio de Janeiro) **36**
Serra Negra (São Paulo) **48**
Serra Talhada (Pernambuco) **31**
Serranense (Minas Gerais) **24**
Serrano (Paraíba) **27**
Serrano (Pernambuco) **31**
Serrano (Rio de Janeiro) **36**
Sertãozinho (São Paulo) **48**
Servette (Suíça) **150**
Sérvia (Federação) **83**
SESP Brasília (Distrito Federal) **15**
Sestao River (Espanha) **91**
Sesvete (Croácia) **128**
Sete (Amazonas) **11**
Sete de Junho (Sergipe) **51**
Sete de Setembro (Alagoas) **9**
Sete de Setembro (Pernambuco) **31**
SEV Hortolândia (São Paulo) **48**
Sevilla (Espanha) **91**
Séwé (Costa do Marfim) **158**
Sfera (São Paulo) **48**
Shabab Al Ahli (Emirados Árabes) **177**
Shabab Al-Khalil (Palestina) **183**
Shabab Al-Ordon (Jordânia) **181**
Shabab Rafah (Palestina) **183**
Shafa (Azerbaijão) **124**
Shahdagh (Azerbaijão) **124**
Shaheen Asmayee (Afeganistão) **178**
Shakhtar Donetsk (Ucrânia) **151**
Shakhter (Cazaquistão) **127**
Shakhtyor Soligorsk (Bielorrússia) **124**
Shamakhi (Azerbaijão) **124**
Shamrock Rovers (Irlanda) **136**
Shan United (Myanmar) **182**
Shandong Taishan (China) **177**
Shanghai Port (China) **177**
Shanghai Shenhua (China) **177**
Shao Jiang (Macau) **182**
Sharjah (Emirados Árabes) **177**
SHB Danang (Vietnã) **185**
Sheffield United (Inglaterra) **100**
Sheffield Wednesday (Inglaterra) **100**
Sheikh Jamal (Bangladesh) **178**
Sheikh Russel (Bangladesh) **178**
Shelbourne (Irlanda) **136**
Shenzhen Peng City (China) **177**
Shepherds United (Vanuatu) **189**
Sheriff Tirapsol (Moldávia) **143**
Shijiazhuang Gongfu (China) **177**
Shirak (Armênia) **122**
Shkëndija (Macedônia do Norte) **142**
Shkupi (Macedônia do Norte) **142**
Shmkir (Azerbaijão) **124**
Shonan Bellmare (Japão) **175**
Shooting Stars (Nigéria) **165**
Shrewsbury Town (Inglaterra) **100**
Shturmi (Geórgia) **133**
Siauliai (Lituânia) **141**
Sibenik (Croácia) **128**
Siderúrgica (Minas Gerais) **24**
Siegendorf (Áustria) **123**
Siena (Itália) **95**
Sigma Olomouc (República Tcheca) **147**
Sileks (Macedônia do Norte) **142**
Silkeborg (Dinamarca) **129**
Silver Strickers (Malawi) **163**
Simba (República Democrática do Congo) **166**
Simba (Tanzânia) **168**
Simorgh Alborz (Afeganistão) **178**
Singapura (Federação) **171**
Singida Black Stars (Tanzânia) **168**
Sinop (Mato Grosso) **20**
Sint-Truiden (Bélgica) **114**
Sion (Suíça) **150**
Sioni Bolnisi (Geórgia) **133**
Síria (Federação) **171**
Sirius (Suécia) **150**
Siroki Brijeg (Bósnia e Herzegóvina) **125**
Sivasspor (Turquia) **120**
SJK (Finlândia) **132**
SKA Brasil (São Paulo) **48**
Skala (Ilhas Faroe) **136**
Skalica (Eslováquia) **130**
Skënderbeu (Albânia) **121**
SKU Amstetten (Áustria) **123**
Slask Wroclaw (Polônia) **146**
Slaven Belupo (Croácia) **128**
Slavia Mozyr (Bielorrússia) **124**
Slavia Praga (República Tcheca) **147**
Slavia Sófia (Bulgária) **126**
Sliema Wanderers (Malta) **143**
Sligo Rovers (Irlanda) **136**
Slingerz FC (Guiana) **79**
SLNA FC (Vietnã) **185**
Sloboda (Bósnia e Herzegóvina) **125**
Sloboda (Sérvia) **149**
Sloga (Bósnia e Herzegóvina) **125**
Sloga Jugomagnat (Macedônia do Norte) **142**
Slovácko (República Tcheca) **147**
Slovan Bratislava (Eslováquia) **130**
Slovan Liberec (República Tcheca) **147**
Slutsk (Bielorrússia) **124**
Smiltene (Letônia) **140**
Smorgon (Bielorrússia) **124**
Smouha (Egito) **159**
Soa (Costa do Marfim) **158**
Soar (Guiné) **161**
Sobradinho (Distrito Federal) **15**
Sochaux (França) **105**
Social (Minas Gerais) **24**
Social Sol (Honduras) **75**
Socorrense (Sergipe) **51**
Sokol (Rússia) **118**
Sol (Costa do Marfim) **158**
Sol de América (Paraguai) **63**
Solihull Moors (Inglaterra) **100**
Solin (Croácia) **128**
Solomon Warriors (Ilhas Salomão) **188**
Somália (Federação) **153**
Somerset Trojans (Bermudas) **78**
Sonderjyske (Dinamarca) **129**
Soroksár (Hungria) **135**
Sorriso (Mato Grosso) **20**
Sousa (Paraíba) **27**
South Chi (Hong Kong) **179**
South East (Dominica) **78**
South Melbourne (Austrália) **173**
Southampton (Inglaterra) **100**
Southern Heat (Guam) **179**
Southern Strickers (Papua Nova Guiné) **188**
Southern United (Ilhas Salomão) **188**
SP Falcons (Mongólia) **182**
Spaeri (Geórgia) **133**
SPAL 2013 (Itália) **95**
Sparta (Tocantins) **51**
Sparta Praga (República Tcheca) **147**
Sparta Roterdã (Holanda) **112**
Spartak (Sérvia) **149**
Spartak Moscou (Rússia) **118**
Spartak Trnava (Eslováquia) **130**
Spartak Varna (Bulgária) **126**
Spartaks Jurmala (Letônia) **140**
Spartani Sportul (Moldávia) **143**
Spartans FC (Anguila) **76**
Spartax (Paraíba) **27**
Speranis Nisporeni (Moldávia) **143**
Speranta Drochia (Moldávia) **143**
Spezia (Itália) **95**
Sport (Pernambuco) **31**
Sport (Sergipe) **51**
Sport Ancash (Peru) **65**
Sport Atalaia (Alagoas) **9**
Sport Barueri (São Paulo) **48**
Sport Belém (Pará) **26**
Sport Bissau e Benfica (Guiné-Bissau) **161**
Sport Boys (Bolívia) **57**
Sport Boys (Peru) **65**
Sport Campo Mourão (Paraná) **29**
Sport Capixaba (Espírito Santo) **16**
Sport Chavelines (Peru) **65**
Sport Huancayo (Peru) **65**
Sport Lucena (Paraíba) **27**
Sport Sinop (Mato Grosso) **20**
Sporting (Costa Rica) **74**
Sporting (Macau) **182**
Sporting (Pará) **26**
Sporting (Portugal) **109**
Sporting Bissau (Guiné-Bissau) **161**
Sporting Cabinda (Angola) **155**
Sporting Central Academy (Jamaica) **76**
Sporting Covilhã (Portugal) **109**
Sporting Cristal (Peru) **65**
Sporting Gijón (Espanha) **91**
Sporting Hasselt (Bélgica) **114**
Sporting Kansas City (Estados Unidos) **71**
Sporting Praia (Cabo Verde) **156**
Sporting San Miguelito (Panamá) **76**
Sportivo 2 de Mayo (Paraguai) **63**
Sportivo Ameliano (Paraguai) **63**
Sportivo Carapeguá (Paraguai) **63**
Sportivo Luqueño (Paraguai) **63**
Sportivo San Lorenzo (Paraguai) **63**
Sportivo Trinidense (Paraguai) **63**
Sri Lanka (Federação) **171**
Sri Pahang (Malásia) **182**
SSA (Bahia) **13**
St Joseph's (Gibraltar) **133**
St. Gallen (Suíça) **150**
St. George's (Malta) **143**
St. Johnstone (Escócia) **116**
St. Louis City SC (Estados Unidos) **71**
St. Mirren (Escócia) **116**
St. Mochta's (Irlanda) **136**
St. Patrick's Athletic (Irlanda) **136**
St. Pauli (Alemanha) **86**
St. Pauls United (São Cristóvão e Nevis) **81**
St. Pölten (Áustria) **123**
Stabaek (Noruega) **145**
Stade D'Abijan (Costa do Marfim) **158**
Stade de Reims (França) **105**
Stade Lausanne Ouchy (Suíça) **150**
Stade Malien (Mali) **163**
Stade Mandji (Gabão) **160**
Stade Marocain (Marrocos) **163**
Stade Nyonnais (Suíça) **150**
Stade Renard (Camarões) **157**
Stade Tunisien (Tunísia) **169**
Stal Mielec (Polônia) **146**
Stallion Laguna (Filipinas) **179**
Standard Liège (Bélgica) **114**
Start (Noruega) **145**
Stauceni (Moldávia) **143**
Steal Nouvel Sima (Comores) **157**
Steaua Bucareste (Romênia) **148**
Stella Club (Costa do Marfim) **158**
Stellenbosch (África do Sul) **154**
Stevenage (Inglaterra) **100**
Stjarnan (Islândia) **138**
Stockport (Inglaterra) **100**
Stoke City (Inglaterra) **100**
Stripfing (Áustria) **123**
Stromsgodset (Noruega) **145**
Struga (Macedônia do Norte) **142**
Sturm Graz (Áustria) **123**
Stuttgart (Alemanha) **87**
Stuttgarter Kickers (Alemanha) **87**
Suchitepéquez (Guatemala) **75**
Sud América (Uruguai) **66**
Sudão (Federação) **153**
Sudão do Sul (Federação) **153**
Südtirol (Itália) **95**
Suduroy (Ilhas Faroe) **136**
Suduva (Lituânia) **141**
Suécia (Federação) **83**
Suez (Egito) **159**
Sugar Boys (Ilhas Virgens Britânicas) **80**
Suhereka (Kosovo) **139**
Suíça (Federação) **83**
Sul América (Amazonas) **11**
Sumaré (São Paulo) **48**
Sumgayit (Azerbaijão) **124**
Sunderland (Inglaterra) **100**
Sunshine Stars (Nigéria) **165**
Super Noa (Letônia) **140**
Supersport United (África do Sul) **154**
Suriname (Federação) **69**
Sutjeska (Montenegro) **144**
Suva (Fiji) **188**
Suwon FC (Coreia do Sul) **174**
Suwon Samsung Bluewings (Coreia do Sul) **174**
Svay Rieng (Camboja) **179**
SWA Sharks (Ilhas Turcas e Caicós) **79**
Swansea City (Inglaterra) **100**
Swindon Town (Inglaterra) **100**
Sydney FC (Austrália) **173**
Sydney Olympic (Austrália) **173**
Sydney United (Austrália) **173**
System 3 (São Vicente e Granadinas) **81**
Tabasalu (Estônia) **131**
Taboão da Serra (São Paulo) **49**
Tabor (Eslovênia) **131**
Tacuarembó (Uruguai) **66**
Tacuary (Paraguai) **63**
Taguatinga (Distrito Federal) **15**
Tai Po (Hong Kong) **179**
Taichung Futuro (Taiwan) **184**
Tailândia (Federação) **171**
Taipower (Taiwan) **184**
Taiti (Federação) **186**
Taiwan (Federação) **171**
Taiwan Steel (Taiwan) **184**
Tajiquistão (Federação) **171**
Tala'ea El-Gaish (Egito) **159**
Talentos 10 (São Paulo) **49**
Talleres (Argentina) **56**
Talleres de Remedios de Escalada (Argentina) **56**
Tallinn (Estônia) **131**
Tammeka (Estônia) **131**
Tampa Bay Rowdies (Estados Unidos) **71**
Tampines Rovers (Singapura) **184**
Tamworth (Inglaterra) **100**
Tanabi (São Paulo) **49**
Tanganyika (República Democrática do Congo) **166**
Tanjong Pagar (Singapura) **184**
Tanta (Egito) **159**
Tanzânia (Federação) **153**
Tapajós (Pará) **26**
Tapatío (México) **73**
Taquaritinga (São Paulo) **49**
Taquarussú (Tocantins) **51**
Taranto (Itália) **95**
Taraz (Cazaquistão) **127**
Tarazona (Espanha) **91**
Tarumã (Amazonas) **11**
Tatabányai (Hungria) **135**
Tatran Presov (Eslováquia) **130**
Taubaté (São Paulo) **49**
Tauro (Panamá) **76**
Tatung (Taiwan) **184**
Taveirópolis (Mato Grosso do Sul) **21**
TB (Ilhas Faroe) **136**
TC Sports (Maldivas) **182**
Teachers FC (Ilhas Turcas e Caicós) **79**
Team Wellington (Nova Zelândia) **187**
Técnico Universitario (Equador) **62**
Tecos (México) **73**
Tefana (Taiti) **189**
Tekstilac (Sérvia) **149**
Telavi (Geórgia) **133**
Telstar (Holanda) **112**
Temperley (Argentina) **56**
Tempete (Haiti) **79**
Tenerife (Espanha) **91**
Tensung (Butão) **178**
Tepatitlán (México) **73**
Teplice (República Tcheca) **147**
Terengganu (Malásia) **182**
Teresina (Piauí) **32**
Teresópolis (Rio de Janeiro) **36**
Termalica (Polônia) **146**
Ternana (Itália) **95**
Terra e Mar (Ceará) **14**
Tesfa (Eritreia) **160**
Tesla (Pará) **26**
Teungueth (Senegal) **167**
Teuta (Albânia) **121**
Thaqafi Tulkarem (Palestina) **183**
The Cong Viettel (Vietnã) **185**
The New Saints (País de Gales) **146**
The Strongest (Bolívia) **57**
Thep Xanh Nam Dinh (Vietnã) **185**
Thes (Bélgica) **114**
Thimphu City (Butão) **178**
Thor (Islândia) **138**
Thróttur (Islândia) **138**
Thun (Suíça) **151**
Tianguá (Ceará) **14**
Tianjin Jinmen Tiger (China) **177**
Tiene (Bélgica) **114**
Tiffy Army (Camboja) **179**
Tiga (Nova Caledônia) **188**
Tigre (Argentina) **56**
Tigres (México) **73**
Tigres do Brasil (Rio de Janeiro) **36**
Tigres FC (Colômbia) **61**
Tijuana (México) **73**
Tikvesh (Macedônia do Norte) **142**
Timbaúba (Pernambuco) **31**
Timon (Maranhão) **19**
Timon (Piauí) **32**
Timor-Leste (Federação) **171**
Tiradentes (Ceará) **14**
Tiradentes (Pará) **26**
Tiradentes (Piauí) **32**
Tiradentes (Santa Catarina) **42**
Tirana (Albânia) **121**
Tirapsol (Moldávia) **143**
Tirol (Áustria) **123**
Tirol Cefat (Ceará) **14**
Tishreen (Síria) **184**
Titikavea (Ilhas Cook) **188**
Titograd (Montenegro) **144**
Tivoli Gardens (Jamaica) **76**
Tlaxcala (México) **73**
Tobol (Cazaquistão) **127**
Tocantinópolis (Tocantins) **51**
Tocantins (Federação) **7**
Tocantins (Tocantins) **51**
Togo (Federação) **153**
Tokyo Verdy (Japão) **175**
Toledo EC (Paraná) **29**

Tolmin (Eslovênia) 131
Toluca (México) 73
Tombense (Minas Gerais) 24
Tondela (Portugal) 109
Toofan Harirod (Afeganistão) 178
Top Oss (Holanda) 112
Torino (Itália) 95
Toronto FC (Estados Unidos) 71
Torpedo (Rússia) 118
Torpedo Kutasai (Geórgia) 133
Torpedo-Belaz Zhodino (Bielorrússia) 125
Torre Fuerte (Bolívia) 57
Torreense (Portugal) 109
Torres (Pernambuco) 31
Tottenham Hotspur (Inglaterra) 101
Toulouse (França) 105
Township Rollers (Botsuana) 156
Trabzonspor (Turquia) 120
Tractor Sazi (Irã) 180
Trairense (Ceará) 14
Tranmere Rovers (Inglaterra) 100
Transinvest (Lituânia) 141
Transport United (Butão) 178
Transvaal (Suriname) 81
Trasandino (Chile) 59
Travadores (Cabo Verde) 156
Tre Fiori (San Marino) 148
Tre Penne (San Marino) 148
Treaty United (Irlanda) 136
Trem (Amapá) 10
Trencín (Eslováquia) 130
Trepça (Kosovo) 139
Três Lagoas (Mato Grosso do Sul) 21
Três Passos (Rio Grande do Sul) 40
Treze (Paraíba) 27
Tricordiano (Minas Gerais) 24
Triesen (Liechtenstein) 140
Triesenberg (Liechtenstein) 140
Triestina (Itália) 95
Triglav (Eslovênia) 131
Trindade (Goiás) 18
Trinidad e Tobago (Federação) 69
Trio (Minas Gerais) 24
Tripoli (Líbano) 181
Tristán Suárez (Argentina) 56
Trofense (Portugal) 109
Tromso (Noruega) 145
Troyes (França) 105
Trujillanos (Venezuela) 67
TS Galaxy (África do Sul) 154
TSC (Sérvia) 149
Tubarão (Santa Catarina) 42
Tukums 2000 (Letônia) 140
Tulevik (Estônia) 131
Tuna Luso (Pará) 26
Tunísia (Federação) 153
Tuntum (Maranhão) 19
Tupã (São Paulo) 49
Tupan (Maranhão) 19
Tupapa (Ilhas Cook) 188
Tupi (Minas Gerais) 24
Tupi (Rio Grande do Sul) 40
Tupuji Imere (Vanuatu) 189
Tupy (Espírito Santo) 16
Tupy (Goiás) 18
Tupynambás (Minas Gerais) 24
Turan (Cazaquistão) 127
Turan Tovuz (Azerbaijão) 124
Turcomenistão (Federação) 171
Türkgücü Munique (Alemanha) 87
Turquia (Federação) 119
Turquia (Federação) 83
Turun (Finlândia) 132
Tusker (Quênia) 165
Tuzla City (Bósnia e Herzegóvina) 125
Twente (Holanda) 112
Uberaba (Minas Gerais) 24
Uberlândia (Minas Gerais) 24
UCD (Irlanda) 136
Ucrânia (Federação) 83
UCSA Tarasivka (Ucrânia) 151
UD Songo (Moçambique) 164
Udinese (Itália) 95
UE Santa Coloma (Andorra) 122
Uefa - Europa (Confederação) 82
Uganda (Federação) 153
Ugyen Academy (Butão) 178
Uirapuru (Mato Grosso) 20
Újpest (Hungria) 135
Ulaanbaatar (Mongólia) 182
Ulisses (Armênia) 122
Ulm (Alemanha) 87
Ulsan (Coreia do Sul) 174
UMECIT (Panamá) 76
Umm-Salal (Qatar) 176
Unaí (Distrito Federal) 15
Undrid (Ilhas Faroe) 136
Ungheni (Moldávia) 143
União (Alagoas) 9
União (Mato Grosso) 20
União (Paraná) 29
União (Tocantins) 51
União ABC (Mato Grosso do Sul) 21
União Bandeirante (Paraná) 29
União Barbarense (São Paulo) 49
União Bissau (Guiné-Bissau) 161
União Cacoalense (Rondônia) 40
União Central (Rio de Janeiro) 36
União de Leiria (Portugal) 109
União de Palmas (Tocantins) 51
União de Santarém (Portugal) 109
União Frederiquense (Rio Grande do Sul) 40
União Harmonia (Rio Grande do Sul) 40
União Inhumas (Goiás) 18
União Luziense (Minas Gerais) 24
União Mogi (São Paulo) 49
União Paraense (Pará) 26
União São João (São Paulo) 49
União Suzano (São Paulo) 49
União Timbó (Santa Catarina) 42
Unidos do Alvorada (Amazonas) 11
Unión (Argentina) 56
Union Berlim (Alemanha) 87
Union Brescia (Itália) 95
Unión Comercio (Peru) 65
Union Douala (Camarões) 157
Unión Española (Chile) 59
Union Flamengo Santos (Botsuana) 156
Unión Huaral (Peru) 65
Unión La Calera (Chile) 59
Unión Magdalena (Colômbia) 61
Union Namur (Bélgica) 114
Unión San Felipe (Chile) 59
Union St. Gilloise (Bélgica) 114
Union Touarga (Marrocos) 163
Union Tubize (Bélgica) 114
Unionistas (Espanha) 91
Unique (Ilhas Virgens Americanas) 79
Unirb (Bahia) 13
Unirea Slobozia (Romênia) 148
Unisouza (Rio de Janeiro) 36
Unisport Bafanga (Camarões) 157
United City (Filipinas) 179
United FC (Emirados Árabes) 177
Univap Apodi (Rio Grande do Norte) 37
Univassouras Artsul (Rio de Janeiro) 36
Univer Comrat (Moldávia) 143
Universidad Católica (Chile) 59
Universidad Católica (Equador) 62
Universidad Central (Venezuela) 67
Universidad César Vallejo (Peru) 65
Universidad de Chile (Chile) 59
Universidad de Concepción (Chile) 59
Universidad O&M (República Dominicana) 80
Universidad San Martin (Peru) 65
Universidad Técnica Cotopaxi (Equador) 62
Universitario (Panamá) 76
Universitario (Peru) 65
Universitario de Pando (Bolívia) 57
Universitario de Sucre (Bolívia) 57
Universitario de Vinto (Bolívia) 57
Universitatea Cluj (Romênia) 148
Universitatea Craiova (Romênia) 148
University of Guam (Guam) 179
Unterhaching (Alemanha) 87
Ural (Rússia) 118
Urartu (Armênia) 122
Urawa Red Diamonds (Japão) 175
Ureña (Venezuela) 67
URSO (Mato Grosso do Sul) 21
URT (Minas Gerais) 24
Uruaçu (Goiás) 18
Uruburetama (Ceará) 14
Uruguai (Federação) 52
Uruguay de Coronado (Costa Rica) 74
Uruguay Montevideo (Uruguai) 66
US Ben Guerdane (Tunísia) 169
US Biskra (Argélia) 155
US Bitam (Gabão) 160
US Forces Armées (Burquina Fasso) 156
US Gorée (Senegal) 167
US Monastirienne (Tunísia) 169
US Ouakam (Senegal) 167
US Tataouine (Tunísia) 169
US Tshinkunku (República Democrática do Congo) 166
US Zilimadjou (Comores) 157
USC Bassam (Costa do Marfim) 158
USGN (Níger) 165
USM Alger (Argélia) 155
USM de Loum (Camarões) 157
UTA Arad (Romênia) 148
UTC (Peru) 65
Utrecht (Holanda) 112
Uwi Blackbirds (Barbados) 77
UWS SC (Ilhas Virgens Americanas) 79
Uzbequistão (Federação) 171
Vaca Díez (Bolívia) 57
Vaduz (Liechtenstein) 140
Vahe Kolo (Tonga) 189
Vaiala (Samoa Americana) 189
Vaipuna (Samoa) 189
Vaivase (Samoa) 189
Valadares (Minas Gerais) 24
Valbona (Albânia) 121
Valencia (Espanha) 90
Valencia (Maldivas) 182
Valenciennes (França) 105
Valerenga (Noruega) 145
Valeriodoce (Minas Gerais) 24
Valinhos (São Paulo) 49
Valladolid (Espanha) 91
Valledupar (Colômbia) 61
Valletta (Malta) 143
Valmiera (Letônia) 140
Valour (Canadá) 74
Valur (Islândia) 138
Van (Armênia) 122
Vancouver FC (Canadá) 74
Vancouver Whitecaps (Estados Unidos) 71
Vanuatu (Federação) 186
Vaprus (Estônia) 131
Varazdin (Croácia) 128
Vardar (Macedônia do Norte) 142
Vargas Torres (Equador) 62
Varginha (Minas Gerais) 24
Varnamo (Suécia) 150
Varnsdorf (República Tcheca) 147
Varzim (Portugal) 109
Vasas (Hungria) 135
Vasco (Acre) 8
Vasco (Rio de Janeiro) 35
Västeras (Suécia) 150
VEC (Rondônia) 40
Veitongo (Tonga) 189
Vejle (Dinamarca) 129
Velez Mostar (Bósnia e Herzegóvina) 125
Vélez Sarsfield (Argentina) 56
Velo Clube (São Paulo) 49
Venados de Yucatán (México) 73
Vendée Poiré-Sur-Vie (França) 105
Vendyssel (Dinamarca) 129
Venezia (Itália) 95
Venezuela (Federação) 52
Ventspils (Letônia) 140
Vênus (Pará) 26
Vênus (Rio Grande do Norte) 37
Venus (Taiti) 189
Vera Cruz (Pernambuco) 31
Vera Cruz (Rio de Janeiro) 36
Veraguas United (Panamá) 76
Veranópolis (Rio Grande do Sul) 40
Verdes (Belize) 77
Verdes Mares (Ceará) 14
Verê (Paraná) 29
Veres Rivne (Ucrânia) 151
Verl (Alemanha) 87
Versailles 78 (França) 105
Vesta (Curaçao) 78
Vestri (Islândia) 138
Vestur (Ilhas Faroe) 136
VG United (Ilhas Virgens Britânicas) 80
Viana (Maranhão) 19
Vianense (Portugal) 109
Viborg (Dinamarca) 129
Vicenza (Itália) 95
Victoria (Honduras) 75
Victoria Chisinau (Moldávia) 143
Victoria United (Camarões) 157
Vida (Honduras) 75
Viengchanh (Laos) 181
Vietnã (Federação) 171
Viimsi (Estônia) 131
Viking (Noruega) 145
Vikingur (Ilhas Faroe) 136
Vikingur (Islândia) 138
Viktoria Berlim (Alemanha) 87
Viktoria Colônia (Alemanha) 87
Viktoria Pilsen (República Tcheca) 147
Viktoria Sumy (Ucrânia) 151
Vila Nova (Goiás) 18
Vila Real (Ceará) 14
Vila Real (Portugal) 109
Vila Rica (Pará) 26
Vilavelhense (Espírito Santo) 16
Vilaverdense (Portugal) 109
Vilhenense (Rondônia) 40
Villa Clara (Cuba) 78
Villa Española (Uruguai) 66
Villa Nova (Minas Gerais) 24
Villa Real (Minas Gerais) 24
Villa Teresa (Uruguai) 66
Village Superstars (São Cristóvão e Nevis) 81
Villarreal (Espanha) 91
Villefranche (França) 105
Vinotinto (Equador) 62
Violette (Haiti) 79
Vion Zlaté (Eslováquia) 130
Vipers SC (Uganda) 169
Virton (Bélgica) 114
Virtus (San Marino) 148
Visakha (Camboja) 179
Visão Celeste (Rio Grande do Norte) 37
Vision (Gana) 161
Vissel Kobe (Japão) 175
Vital'o (Burundi) 156
Vitebsk (Bielorrússia) 125
Vitesse (Holanda) 112
Vitiaz (Papua Nova Guiné) 188
Vitória (Bahia) 12
Vitória (Espírito Santo) 16
Vitória da Conquista (Bahia) 13
Vitória das Taboacas (Pernambuco) 31
Vitória de Guimarães (Portugal) 109
Vitória de Setúbal (Portugal) 109
Vitória do Mar (Maranhão) 19
Vitória Riboque (San Tomé e Príncipe) 166
Vizela (Portugal) 109
Vllaznia Shkoder (Albânia) 121
VOCEM (São Paulo) 49
Voitberg (Áustria) 123
Vojvodina (Sérvia) 149
Volcan (Comores) 157
Volcano Observatory (Montserrat) 80
Volendam (Holanda) 112
Volos (Grécia) 134
Volta Redonda (Rio de Janeiro) 36
Voluntari (Romênia) 148
Voorwaarts (Suriname) 81
Vora (Albânia) 121
Vorskla Poltava (Ucrânia) 151
Voska Sport (Macedônia do Norte) 142
Votoraty (São Paulo) 49
Votuporanguense (São Paulo) 49
VPS (Finlândia) 132
VSAD (Santa Lúcia) 81
Vukovar (Croácia) 128
Vulcânico (Cabo Verde) 156
VVV Venlo (Holanda) 112
W Connection (Trinidad e Tobago) 81
Wadi Degla (Egito) 159
Wagiya (Belize) 77
Waitakere United (Nova Zelândia) 187
Waldhof Mannheim (Alemanha) 87
Wallidan (Gâmbia) 160
Wally Daan (Senegal) 167
Walsall (Inglaterra) 101
Walter Ferretti (Nicarágua) 80
Wanderers (Malawi) 163
Wapda Lahore (Paquistão) 183
Watanga (Libéria) 162
Waterford (Irlanda) 136
Waterhouse (Jamaica) 76
Watford (Inglaterra) 101
We United (Dominica) 78
Wehen Wiesbaden (Alemanha) 87
Welco (Estônia) 131
Wellington Olympic (Nova Zelândia) 187
Wellington Phoenix (Austrália) 173
Wellington Phoenix (Nova Zelândia) 187
Werder Bremen (Alemanha) 87
West Armenia (Armênia) 122
West Bromwich (Inglaterra) 101
West Coast Rangers (Nova Zelândia) 187
West Ham (Inglaterra) 101
Westerlo (Bélgica) 114
Western Sydney Wanderers (Austrália) 173
Western Tigers (Guiana) 79
Western United (Austrália) 173
Western Warriors (Bahamas) 77
Wexford (Irlanda) 136
Weymouth Wales (Barbados) 77
Widzew Lodz (Polônia) 146
Wigan (Inglaterra) 101
Wijaya (Brunei) 178
Wil (Suíça) 151
Wiliete (Angola) 155
Willem II (Holanda) 112
Wimbledon (Inglaterra) 101
Wings (Guam) 179
Winterthur (Suíça) 151
Wisla Cracóvia (Polônia) 146
Wisla Prock (Polônia) 146
WIT Georgia (Geórgia) 133
Woking (Inglaterra) 101
Wolfsberger (Áustria) 123
Wolfsburg (Alemanha) 87
Wolmido (Coreia do Norte) 179
Wolues (Ilhas Virgens Britânicas) 80
Wolverhampton (Inglaterra) 101
Wotton (Barbados) 77
Wrexham (Inglaterra) 101
Wuham Three Towns (China) 177
Wusum Stars (Serra Leoa) 167
Wycombe (Inglaterra) 101
Wydad (Marrocos) 164
Xelajú (Guatemala) 75
Xinabajul Huehue (Guatemala) 75
XV de Caraguá (São Paulo) 49
XV de Jaú (São Paulo) 49
XV de Piracicaba (São Paulo) 49
XV Uber (Minas Gerais) 24
Yadanadon (Myanmar) 182
Yangon United (Myanmar) 182
Yaracuyanos (Venezuela) 67
Yeelen (Mali) 163
Yeovil Town (Inglaterra) 101
Yokohama F. Marinos (Japão) 175
York City (Inglaterra) 101
York United (Canadá) 74
Young African (Namíbia) 164
Young Africans (Tanzânia) 168
Young Apostles (Gana) 161
Young Boys (Suíça) 151
Young Buffalos (Essuatíni) 160
Young Elephants (Laos) 181
Young Sports (Camarões) 157
Young Stars (Sudão do Sul) 168
Youssoufia Berrechid (Marrocos) 164
Ypiranga (Amapá) 10
Ypiranga (Bahia) 13
Ypiranga (Pernambuco) 31
Ypiranga (Rio Grande do Sul) 40
Yunnan Yukun (China) 177
Yverdon-Sport (Suíça) 151
Zabbar St. Patrick (Malta) 143
Zacapa (Guatemala) 75
Zacatepec (México) 73
Zaglebie Lubin (Polônia) 146
Zalaegerszeg (Hungria) 135
Zalgiris (Lituânia) 141
Zamalek (Egito) 159
Zâmbia (Federação) 153
Zamora (Espanha) 91
Zamora (Venezuela) 67
Zanaco (Zâmbia Zâmbia) 169
Zaqatala PFK (Azerbaijão) 124
Zaragoza (Espanha) 91
ZED (Egito) 159
Zeleznicar (Sérvia) 149
Zeljeznicar (Bósnia e Herzegóvina) 125
Zemplín Michalovce (Eslováquia) 130
Zemun (Sérvia) 149
Zenit (Rússia) 118
Zesco United (Uganda) 169
Zesco United (Uganda) 169
Zestaponi (Geórgia) 133
Zhejiang (China) 177
Zhenis (Cazaquistão) 127
Zhetysu (Cazaquistão) 127
Zilina (Eslováquia) 130
Zimbábue (Federação) 153
Zimbru Chisinau (Moldávia) 143
Zinza (Rio de Janeiro) 36
Zira (Azerbaijão) 124
Zob Ahan (Irã) 180
Zorya Luhansk (Ucrânia) 151
Zrinjski (Bósnia e Herzegóvina) 125
Zrinski Osjeko (Croácia) 128
Zulte Waregem (Bélgica) 114
Zumbi (Alagoas) 9
Zurique (Suíça) 151
Zvijezda (Bósnia e Herzegóvina) 125
Zwolle (Holanda) 112

AUTORES

RODOLFO RODRIGUES nasceu em São Paulo, em 1975, é jornalista há mais de trinta anos e apaixonado por números e estatísticas do futebol. Foi repórter e editor da revista *Placar*, do *Diário Lance!*; editor do site netgol.com; gerente de conteúdo na Traffic Sports Marketing; blogueiro do *IG*, *Estadão*, *R7* e *UOL do UOL*; e diretor de conteúdo do site torcedores. com. É coordenador editorial do prêmio Bola de Prata na ESPN Brasil; colunista no site da revista *Placar*. É autor de treze livros sobre futebol: *O livro das datas do futebol*; *Escudos dos times do mundo inteiro*; *A história das camisas dos 12 maiores times do Brasil* (duas edições); *A história das camisas de todos os jogos das Copas* (duas edições); *Almanaque das Confederações do mundo inteiro*; *Infográficos das Copas*; *A história das camisas dos 10 maiores times da Europa*; *Vencemos Juntos, o Anuário do Flamengo em 2019*; *Jogamos Juntos, o Anuário do Flamengo em 2020*; e *Flamengo Tricampeão da América e Tetracampeão da Copa do Brasil: Anuário 2022*; e *Cássio, o Gigante do Timão* em 2024.

X @rodolfo1975
Instagram @futebol_em_numeros
Agradecimentos: à minha esposa Luciana e meus filhos Vinícius, Gustavo e João

ROMILSON DE LIMA nasceu em terras potiguares em 1983, se formou em Designer Gráfico, influenciado pela sua paixão por escudos de futebol, gosto que herdou do seu irmão que colecionava os distintivos que recortava de revistas esportivas no inicio dos anos 90. Logo, começou a fazer a sua própria coleção seguindo o mesmo método. Com o acesso facilitado a internet decidiu fazer a sua coleção de forma digital, mas esbarrou na má qualidade dos escudos disponíveis na web, então decidiu redesenhar os escudos para melhorar a definição e disponibilizar de forma gratuita. Nasceu assim em 2009 o site *"Um Grande Escudeiro"*, que é atualizado semanalmente com as novidades envolvendo os escudos. Atualmente mantém ativa a sua página nas redes sociais *"@blog.uge"* que mescla, futebol alternativo, escudos e geografia. Dessa mistura nasceram os projetos digitais anuais: *Mapas do Futebol: América do Sul e Europa*; *Mapas dos Estaduais*, além de outros projetos impressos. Em 2024 lançou o livro digital: *Escudos, Arquiteturas e Monumentos - Viaje pelo mundo através dos escudos*.

Facebook: /UmGrandeEscudeiro
Instagram: @blog.uge
Agradecimentos: À minha esposa Rayane